古代歷史文化研究輯刊

十八編

王明蓀 主編

第5冊

北魏王言制度

王興振 著

國家圖書館出版品預行編目資料

北魏王言制度／王興振 著 — 初版 — 新北市：花木蘭文化事
業有限公司，2017〔民106〕
目 4+286 面：19×26 公分
（古代歷史文化研究輯刊 十八編：第 5 冊）
ISBN 978-986-485-184-3（精裝）
1. 中國政治制度 2. 南北朝
618   106014291

ISBN-978-986-485-184-3

9 789864 851843

古代歷史文化研究輯刊
十八編 第 五 冊   ISBN：978-986-485-184-3

北魏王言制度

作　　者　王興振
主　　編　王明蓀
總 編 輯　杜潔祥
副總編輯　楊嘉樂
編　　輯　許郁翎、王筑　美術編輯　陳逸婷
出　　版　花木蘭文化事業有限公司
社　　長　高小娟
聯絡地址　235 新北市中和區中安街七二號十三樓
　　　　　電話：02-2923-1455／傳眞：02-2923-1452
網　　址　http://www.huamulan.tw 信箱 hml 810518@gmail.com
印　　刷　普羅文化出版廣告事業
初　　版　2017 年 9 月
全書字數　247259 字
定　　價　十八編 18 冊（精裝）台幣 36,000 元

北魏王言制度

王興振 著

作者簡介

王興振，公元一九八九年生，安徽碭山人，二〇一三年獲蘭州大學歷史學學士學位。二〇一六年獲華東師範大學歷史學碩士學位，師從牟發松先生，主修魏晉南北朝政治制度。二〇一六年入復旦大學中國歷史地理研究中心，受業於周振鶴先生，致力於學習魏晉南北朝時期的政治地理。

提　要

　　王言制度是文書學研究的重要內容，也是中古時代文書行政研究的題中之義。自秦始皇建皇帝號，改「命」曰「制」、「令」曰「詔」，經西漢的發展完善後，王言形成制書、詔書、策書（冊書）、戒敕四種較為規整的御用文書體制（文體），歷漢魏而不移。北魏的王言之制承繼魏晉，其文體亦與之同。作為皇帝御用文書，制書、詔書、冊書、敕書四者具有書式、行用場合、行政機能之差異。以行政機能而言，制書、詔書與敕書皆可在官僚系統中流通並發揮政令效力，如頒行法令、處理政務，而冊書則與前三者存在較大差異，最直接的體現有兩點：其一，冊書作為禮儀性皇帝文書，不需要官僚署位；其二，冊書的生成必須以冊命制書或冊命詔書為前提。據書式而言，制書行用「制詔御史」（西漢）、「制詔三公」（東漢魏晉），詔書行用「制詔某官某」式，冊書行用「皇帝咨某官某」式等。北魏制書、詔書的書式，見於史載的既有「制詔」式亦有「門下」式，這是南北朝時期王言生成與出納程序發生變革之後的政治現象。除了以上四種文書體之外，還存在一種文書——璽書。璽書雖然屬於詔書體的分支，因具有獨立的公文書式與行用方式，所以本文將其特列為一類文書體進行討論。

　　制書、詔書等四種王言，既然是北魏皇帝的命令文書，則必以皇帝的名義發出，但皇帝並不一定要親自草擬，故而皇帝設立草詔機構，以協助完成王言製作。拓跋珪建魏之初已經效法魏晉制度，設立中書省「綰司王言」。太武帝至獻文帝時內侍省成為王言草擬、出納的主要機構，居於外朝的中書省雖有草詔權，主要體現在「職典文詞」，卻無參議詔旨之權。職是之故，在北魏皇帝親擬詔書之外出現復合式草詔機構。在孝文帝前期，馮太后臨朝時開始恢復中書省的擬詔權，但並未跳脫出前朝模式。至孝文帝廢內侍省，中書省的草詔權才回歸到兩晉時的軌道上。即便中書省恢復了制度內的草詔權，卻非穩定不移，在孝明帝時期，具有內侍性質的門下省一度侵奪中書草詔權，形成草詔、出納合二為一的政治現象。確切而言，門下省自胡太后返政後參預到草詔環節，直至高澄任中書監才將草詔權扳回中書省，這一段時期的草詔權基本處於遊移狀態。這或許與皇帝權力的式微不無關聯。作為皇帝的秘書機構，無論中書省還是內侍省，亦或一度掌草詔的門下省，其草詔權來源一則在政治運作層面受制於皇帝，或隨皇帝意志而調整，二則在政治機理層面受制於拓跋氏的內侍傳統。

　　草詔權是王言生成的核心，其所指與歸屬，決定了王言的生成機制與操作原理。除了皇帝是當然的草詔者外，在北魏的制度設定中，中書省是法定草詔機構，並受旨草詔，構成王言生成機制的一種。中書省草詔是王言生成的重要渠道，卻非唯一渠道，因為王言的生成機制並不只有草詔行為這一種，還包括由上行文書轉化為王言的生成機制。根據北魏王言的生成機制與程序，本文將皇帝親擬詔書（或制書）、中書省（或內侍機構）草擬詔書（或制書）這兩種方式

生成的皇帝文書目爲「第一品王言」；將官僚機構奏書、臣僚表疏啓（上行文書）所引發的皇帝詔答——「詔曰（云云）」、「詔可（制可）」目爲「第二品王言」。《魏書》所載皇帝文書在皇帝手詔、中書草詔方面並無明確劃分，所以對第一品王言的考察主要基於兩點原則：一，史料明確稱「手詔」或皇帝草詔者，劃爲第一品王言的第一種；二，史料明確稱某某官草詔者，劃爲第一品王言的第二種。若不滿足二者，如見於史載的「制曰：云云」或「詔曰：云云」，是歸入第一品王言抑或第二品王言的範疇，尚無判定標準，只能依據內容與語境作出判斷。第三章所探討的草詔者與草詔機構，是第一品王言生成機制的運作媒介。由皇帝批答奏書或表疏啓而產生詔書或制書的程序，構成第二品王言的生成模式，這一模式有兩套系統：一，官僚機構（尚書省）上奏書，皇帝詔答「可」（或「詔曰：云云」），奏書署位與皇帝詔答是王言由生成、執行到調整、再執行的兩個關鍵環節，二者支撐著第二品王言生成出納的程序；二，臣僚上表疏啓，皇帝詔答。在第二品王言生成的模式中，兩套系統雖然相互獨立，但絕非完全隔絕，二者溝通的關節點在皇帝，確切的說是引導文書流通的「詔」。當皇帝下詔「付外詳議」，將臣僚的表疏啓轉入官僚機構中時，第一個系統的王言生成程序便被啓動。無論是第一品王言還是第二品王言，最頂端的裁決者皆是皇帝，皇帝之下還有一套輔助草詔或答詔的秘書機構（中書省、門下省），所以即便是在第二品王言生成程序中，草詔機構也會參與其中。在王言生成系統中，無論是作爲命令文書的制書或詔書，還是作爲草詔者的皇帝或中書省（內侍省），皆構成王言制度的不同面向，並在同一政治行爲中發揮相應的功能，共同將「皇帝」、「皇帝——臣僚」兩種意志轉換爲國家意志或國家政策、制度。

作爲皇帝權力的象徵，王言既是制度革創的載體，亦是政治決策的最重要方式，經皇帝下達的命令文書，第一須遵循王言之體的書式、用語，第二須遵循王言的生成與出納機制，二者構成王言制度的雙重面向。包括北魏在內的魏晉南北朝的王言，在參與制度革創與決策過程中，必然具有這兩個面向。在這兩個面向中，王言既是改革制度、完成國家決策的媒介，亦是我們反向考察北魏及南北朝政治史成立的一扇窗。

目

次

序　章

　　出於研究的需要，有必要對「王言」作一界定。在周代，「王言」即天子（周王）之言，秦漢已降，「王言」成為皇帝（天子）命令性文書——制詔，如漢代蔡邕《獨斷》所云「天子之言曰制詔」〔註1〕、《唐六典》所云「凡王言之制有七：一曰冊書，二曰制書（云云）」〔註2〕。本文所採用的「王言」概念及其類型，便是基於此。本文不採用「制詔」或「詔令」作為研究標題，一是考慮到二者與「王言」概念相校而言，後者更具有概括性和說明性；二是「王言」作為學術研究用語，已經為學界所公認〔註3〕，故本文沿用了這一研究用法。

　　至於本文的選題，有一個重要的緣起。中華書局點校本《魏書》「出版說明」云：

> 　　不管紀傳和志，《魏書》都載入大量無關重要的詔令、奏議，以致篇幅臃腫。但却也保存了一些有價值的史料，例如《李安世傳》載請均田疏，《張普惠傳》載論長尺大斗和賦稅疏等，有助於對北魏均田制和殘酷剝削的瞭解。〔註4〕

〔註1〕　〔南朝梁〕劉勰著，黃叔琳注，李詳補注，楊明照校注拾遺：《增訂文心雕龍校注》卷四《詔策第十九》，北京：中華書局，2012年，第262頁。

〔註2〕　〔唐〕李林甫撰，陳仲夫點校：《唐六典》卷九「中書省·中書令」條，北京：中華書局，1992年，第274頁。

〔註3〕　如後文所提到的中村裕一的專著《隋唐王言の研究》，以及李錦繡〈唐「王言之制」初探——讀唐六典札記之一〉（李錚、蔣忠新主編：《季羨林教授八十華誕紀念論文集》，南昌：江西人民出版社，1991年）等。

〔註4〕　《魏書》「出版說明」，北京：中華書局，1974年，第7頁。

《魏書》所載大量詔令、奏議是否眞如「出版說明」所言，大都「無關重要」呢？「均田疏」等上行文書的政治價值是靠什麼實現的呢？案《魏書·李安世傳》「後均田之制起於此矣」、《魏書·高祖紀》載太和九年十月丁未詔，已然說明均田制是在丁未詔頒佈時才產生的，李安世的「均田疏」並非均田制產生的必然前提。若「均田疏」與「均田制」之間存在必然聯繫，那麼其中的關樞便是詔令。易言之，在北魏的政治運作中，「詔令」不僅十分關鍵，而且決定著「均田疏」能否轉變爲「均田制」。詔令與奏議、疏的關係，還只是北魏制度創設與政治運作的冰山一角。當政治制度研究在北魏史領域大行其道的時候，促成各項制度創立、運作的關鍵因素——王言（詔令），卻鮮被關注。「出版說明」折射出的「秦女楚珠」現象，便反映了這一問題。

在討論北魏王言問題之前，本文擬對北魏及南北朝王言研究的學術史作一回顧，以便揭示北魏王言制度在魏晉南北朝王言制度轉型過程中所處地位。前人研究的成果與研究路徑，是本文的借鑒，其不足與缺陷，則是本文需要注意和討論的。

第一節　王言研究的學術史回顧

之所以將北魏王言研究置於魏晉南北朝學術史研究的大背景中進行考察，原因在於北魏前期承續了魏晉制度，後期又與南朝制度並軌，所以對魏晉南朝王言制度的梳理就顯得尤爲必要。不過，在北魏制度史上，拓跋氏既效法了魏晉制度，又融合了鮮卑舊制，這一現象在王言制度領域同樣有所表現。所以學界對鮮卑舊制問題的研究，也構成學術史梳理的重要內容。

一、北魏及南北朝王言之制問題

以專題形式研究北魏詔令或文書制度的論著，管窺所及，尚未見一例，這或許是北魏沒有簡牘、文書資料遺澤後世的緣故。因史料的匱乏，學界對北魏王言制度涉論不多，而且個別問題的討論還是附於其它研究課題之中，如日本學者中村裕一。中村裕一氏《唐代制勅研究》第一章第五節對北魏詔書式進行了探討，涉及到北魏詔書式的復原問題。中村裕一指出，北魏是隋唐詔書式的成立期，並形成中書省覆奏詔草與皇帝畫可的程序、詔書式，只是北魏的詔書式與隋唐仍有較大差異〔註5〕。而在《唐代公文書研究》中，中

───────────────

〔註5〕　〔日〕中村裕一：《唐代制勅研究》，東京：汲古書院，1991年，第142～147頁。

村氏提出了《魏書》所載「制」、「詔」屬於同義使用的觀點〔註6〕。以上兩點皆是中村氏討論隋唐王言問題的附屬內容〔註7〕，所以呈現在學界中的北魏王言制度還只是冰山一角。

　　相較於北魏而言，學界對南朝的王言問題頗有研究，其中涉及到南北朝的一些共同問題。除了中村裕一對南朝詔書式、慰勞詔書用語進行了解明〔註8〕外，中村圭爾氏、金子修一氏對南朝王言問題亦有論及。在《南朝期の上奏文の一形態について——『宋書』禮儀志を史料として》一文中，金子修一指出公文書的形式是對國家意志的形成過程以及各機構統屬關係的反映，並根據《宋書‧禮儀志》保留的當時尚書奏案文本，提煉出了上奏文的形態，即「尚書下符咨禮官——禮官詳議——尚書總括意見（參議）」，而後由皇帝裁「可」〔註9〕。這意味著，經皇帝畫可的奏案，已經不是進入王言生成系統之前的形態，而是轉化成了王言。金子修一氏的研究成果，爲本文解明北魏「詔可」、「制可」類王言生成機制提供了有益啓發。魏晉南北朝文書行政的研究領域不可忽視的另一位學者是中村圭爾。中村氏《魏晉南北朝における公文書と文書行政の研究》一文對劉宋「皇太子監國儀注」、詔書「門下」式、吐魯番出土的北涼公文書書式等問題進行了討論，其中包括「門下」冒頭式與詔書經門下的關係。並敏銳地把握住了「議」與皇帝意志、王言生成的關係，只是未將「議」納入到王言生成機制的研究中〔註10〕，這一不足則是本文重點討論的問題之一。

　　關於南朝王言問題的專題研究主要集中在兩個方面——文本內容的研究

〔註6〕　〔日〕中村裕一：《唐代公文書研究》，東京：汲古書院，1996 年，第 513～514、518 頁。

〔註7〕　討論北魏詔書式，是基於唐代詔書式之源問題；述及《魏書》對「詔曰可」與「制曰可」、「詔曰」與「制曰」的同義用法的討論，意在說明北魏已降的史書記載中，已經存在這種認知。〔日〕中村裕一：《唐代公文書研究》，第505 頁。

〔註8〕　〔日〕中村裕一：《唐代制勅研究》，第 147～156、289～292 頁。

〔註9〕　〔日〕金子修一：〈南朝期の上奏文の一形態について——「宋書」禮儀志を史料として〉，《東洋文化》第 60 號，1980 年，第 43～56 頁。

〔註10〕　〔日〕中村圭爾：《魏晉南北朝における公文書と文書行政の研究》（研究成果報告書），大阪：株式會社共榮印刷所，2001 年，第 34～35 頁。對「議」、尚書省「詳議」等問題的研究，可參閱中村圭爾：〈南朝における議について——宋・齊代を中心に〉，《人文研究》第 40 卷第 10 號，1988 年，第 669～719 頁。

〔註 11〕和草詔機構的研究〔註 12〕。二者雖然屬於南北朝王言制度研究的題中之義，但各有偏重，對關乎王言制度的其它重大問題論述不足，以致難以形成南朝王言制度的整體而系統地研究架構。南北朝時期，公文書研究的重點還是集中在吐魯番出土的北涼、高昌文書的研究領域。

　　這裡值得一提的是北涼、高昌文書與北魏王言制度的關係。中村圭爾在研究魏晉南北朝公文書的展開過程與傳播路徑時提出一種觀點——「在形式上奉西晉正朔的諸涼政權，必然受到西晉文書制度的影響，而吐魯番出土北涼文書的位置，也表明北朝時期公文書的傳播問題。滅亡北涼政權的拓跋魏，極有可能於此時受到文書行政的影響」〔註 13〕。這種觀點與祝總斌關於高昌文書的觀點存在相互呼應之處。祝先生認爲「高昌文書的程序，與南朝劉宋的有司儀注幾乎相同，說明深受內地漢族政治制度的影響」，並斷言該制度「直接淵源當是北魏」，「高昌文書的存在，就是北朝行用這種制度、儀注的一個證明」〔註 14〕。

〔註 11〕 李方曉：《劉宋詔書研究》，山東大學歷史學碩士學位論文，2009 年。該文在文本內容層面將詔書的種類分爲「國計民生詔書」、「刑罰詔書」。並認爲詔書最基本的功能是人事任命和處理日常政務，常見功能是勸誡、賞罰、主導輿論等。該文在詔書生成問題上的一個觀點是「不論詔書的來源和內容有什麼不同，一旦旨意從皇帝口中闡發出來，就是詔書作爲行政公文形成過程的開始」（第 31 頁）。然而此說有一個學理性漏洞——皇帝旨意不能與行政公文直接掛鉤，二者之間還存在複雜的王言生成運作過程。該文所言「詔書」屬於廣義用法，但李氏對「詔書」似乎沒有清楚的概念，而忽略了中村裕一氏「公王言」、「私王言」的詔書劃分，而且並非所有的詔書都可視爲「行政公文」。這是該文的研究缺陷所在。閔庚堯在《中國古代公文簡史》中指出魏晉南北朝時期的公文書制書包括了公文名稱、寫作程序、文件簽押、官印移交、公文用紙等方面，基本沿用了兩漢制度。參見閔庚堯：《中國古代公文簡史》，北京：檔案出版社，1988 年，第 69～74 頁。

〔註 12〕 付國良：《魏晉南朝草詔制令制度變化述論》，青海師範大學碩士學位論文，2011 年，第 5～28 頁。該文以曹魏時尚書臺草詔權轉向新設的中書省省作爲切入點，梳理草詔制令的職掌變化以及中樞機要決策權的轉移、發展過程，並對西晉已降中書省內部草詔權下移的過程進行了論述。付國良雖然通過該文梳理了魏晉南朝草詔權的演變過程，卻對王言如何生成運作的問題未有述及，而只是停留於草詔機構層面，以致「草詔制度」偏重於機構而失之於草詔程序問題。與付文相似的還有趙春娥《南朝宣詔呈奏機樞制度略論》（《青海師專學報》，2003 年第 4 期），今不煩贅述。

〔註 13〕 〔日〕中村圭爾：《魏晉南北朝における公文書と文書行政の研究》，第 163～164 頁。

〔註 14〕 祝總斌：《兩漢魏晉南北朝宰相制度研究》，北京：社會科學文獻出版社，1990 年，第 314 頁。

北涼、高昌文書爲解讀北魏王言書式提供了線索，因爲北涼、高昌文書所反映的門下省署位〔註15〕、皇帝畫可的程序，便屬於王言生成機制。

生成機制與操作程序是王言制度的另一結構面向，在這一面向中負責草詔、出納的官僚機構，則是北魏王言研究的題中之義。學界雖未將北魏的內省、中書省、門下省冠以「王言生成機構」之名，但學界的研究成果，無疑爲本文探討王言生成機制提供了一個必要的平臺與研究基礎。

二、王言草擬、出納機構研究回顧

王言文書的生成（草擬、出納）必須藉助中樞官僚系統才能實現，所以在魏晉南北朝的制度設定中，中書省是法定的草詔機構，至於出納機構，因中樞構造屢有改易而幾經調整。北魏前期，中書省雖然一度掌握草詔權，但在太武朝至孝文朝前期，草詔權主要由內侍省掌握，中書省的草詔權被分化，出納權也是如此。至北魏後期，王言生成、運作程序與南朝制度並軌時，草詔與出納權再次產生變革。作爲北魏的中樞機構，內侍省、中書省、門下省是中外學界研究的重要課題，不過將職官制度納入到文書行政（王言生成運作）維度的研究，似乎是北魏史研究的薄弱環節。然而學界在北魏職官制度的研究成果之宏贍，無疑爲本文研究的展開提供了堅實基礎。今以王言草擬、出納之權爲線索，對職官制度研究做一回顧與反思。

（一）中書省研究述評

中書省是魏晉南北朝乃至隋唐時期王言生成的法定機構，在制度設計中掌管草詔權。北魏初建臺省時，便仿倣魏晉制度設立中書省，以中書令爲首揆、草擬詔書，其後有所變革，大體可劃分爲兩大階段——北魏前期與北魏後期。鄭欽仁在《北魏中書省考》一書中對北魏早期、前期、後期的演變進

〔註15〕祝先生指出「北朝門下平省、參決尚書奏事之制度，已固定、落實在儀注上」。祝總斌：《兩漢魏晉南北朝宰相制度研究》，第 313 頁。陳仲安先生根據高昌文書（奏行文書）所見門下校郎、通事令史等署名格式，並參照《宋書》「關事儀」，認爲「經奏准向下頒行的文書中，其簽署格式是有定規的，即年月日右方是門下省官員簽署的地方，可稱門下位；年月日左方是尚書省官員簽署的地方，可稱尚書位。」在對高昌門下諸部的考源中，陳仲安先生提出了門下、尚書署位式「沿襲魏晉」的觀點。參加陳仲安：〈鞠氏高昌時期門下諸部考源〉，武漢大學歷史系魏晉南北朝隋唐史研究室著：《敦煌吐魯番文書初探》，武漢：武漢大學出版社，1990 年，第 5 頁。

行了系統的考疏，並以建置爲線索，窮究職官沿革、職掌，認爲中書長官「職掌贊詔命，起草詔書」。特別是針對北魏後期舍人省與中書舍人由宣詔到草詔的考察，指出孝文帝設置的舍人省雖隸屬於中書省，卻是皇帝的秘書機構，而且舍人省在魏末漸奪中書省之權。〔註16〕這對解明北魏後期草詔權的轉移問題具有較高的學術價值。該書對中書省的考察，採用的是官僚機構研究的路數，雖然言及中書省的草詔權及其演變，但限於研究方式而未將視角拓展至王言生成的維度。此外，可能是因爲不以「草詔」權作爲研究線索，所以鄭氏未能述及另一草詔機構——內秘書，以及二者在草詔權上的關係。

在中書省草詔權這一問題上，祝總斌先生的觀點與鄭欽仁不同。祝氏認爲北魏的中書省雖有「管司王言」之名，但也只是「職典文詞」而很少參與旨意，並且在中樞系統內中書省的權勢也不重。祝先生強調，在北魏前期中書長官一直是鮮卑貴族兼領，統攝中書省，即使漢人士族在後期出任中書長官，也多屬榮譽頭銜。〔註17〕至於曾任中書監、令的高允、高閭，是在加給事中這一內侍官號之後才掌握草詔權、參預機密，二例可視爲北魏前、後期中書省轉型階段的產物。在北魏後期，中書省的變化體現在草詔權下移、中書舍人「上位」方面，鄭欽仁雖言及舍人省奪中書監、令以及中書侍郎草詔權一事，但對這種現象的實態未作解明。據陳琳國研究，北魏早期的中書省曾一度掌詔誥，但不久「中書機構及官屬已經殘缺不全」，草詔權基本轉歸內侍省〔註18〕。馮太后臨朝稱制以後，中書省「典詔命」的職權才被重新確定下來〔註19〕。即便在北魏後期中書省重掌草詔權、地位有所上升，但並非決策機構，地位也不及門下省，至於草詔權，則出現下移並漸歸中書舍人的局面。這一論述與鄭欽仁、祝總斌二氏大體相同。據陳琳國氏研究，宣武帝以後北魏出現了「中書事移門下，門下綜平決尙書奏事與草詔出詔於一省」的王言生成與運作現象，此時的門下省已然是決策中樞〔註20〕。但陳琳國及鄭欽仁、祝總斌諸氏所未指出的是，這一現象不僅表面上與東晉初「中書職入

〔註16〕鄭欽仁：《北魏中書省考》，臺北：國立臺灣大學文學院，1965年，第7～79，85～103頁。後收入《北魏官僚機構研究續篇》，臺北：稻禾出版社，1995年。

〔註17〕祝總斌：《兩漢魏晉南北朝宰相制度研究》，第368～370頁。

〔註18〕陳琳國：《魏晉南北朝政治制度研究》，北京師範大學歷史學博士學位論文，1989年，第97～98頁。後（1994年）在台北文津出版社印行，內容、頁碼與博論相同。

〔註19〕陳琳國：《魏晉南北朝政治制度研究》，第115～116頁。

〔註20〕陳琳國：《魏晉南北朝政治制度研究》，第117～124頁。

散騎省」相似，也與中書侍郎入居西省草詔存在相近之處，但北魏與之相比，性質卻又不同〔註21〕。對於中書省的定位，嚴耀中先生與以上諸位先生有相同之處，然而在草詔權的操作上，嚴先生指出北魏前期中書省「僅是根據皇帝或八部大人等權臣的意見起草文件和詔書」〔註22〕，這與祝先生所認為的中書省不參旨意的觀點相合。

在北魏前期中書省的考察中，以上諸位先生或直接或間接地言及了北魏獨創的機構——內侍省草詔、出納王命問題。

（二）內侍省研究述評

1、關於內侍省的總體性研究與定性

「內侍省」又被稱作「內朝」、「內省」，存在於北魏前期。學界對北魏內侍省的研究，當以鄭欽仁、川本芳昭、陳琳國、嚴耀中等人的成果最為宏贍。鄭欽仁認為內侍省是北魏前期中樞決策機構〔註23〕，並將研究重點集中在內秘書省和中散官系統，但對內侍省的整體性論述似乎著墨不多。川本芳昭認為「內朝」是後宮諸官的總稱，將北魏的內朝分為廣義和狹義，學界所研究的屬於廣義的內朝，而且川本氏的研究也是圍繞廣義的內朝展開〔註24〕。川本氏認為內朝官的設置沿襲了鮮卑族的政治習慣，並梳理了起源於北族的內朝官號以及職掌，其中包括出入王命之權，故而皇帝詔命的出入權大部份掌握在北族系內官手中〔註25〕。川本氏在研究內朝傳宣詔命的問題上，提出了「言語二重性」的概念，即在草詔及出納環節存在鮮卑和漢族二元運作體制，這種構造既體現在內侍省與中書省之關係上，也體現在內侍省與門下省的關係中〔註26〕。川本氏對北魏內朝機構及職掌的研究，為本文解明北魏前期王言生成機制的構造提供了研究基礎。與川本

〔註21〕 所謂性質不同，指草詔權仍在中書官手中，只是中書省本部淪為外朝後，中書官在門下省草詔，但並不意味著門下省官員具有草詔權，除非加中書舍人銜。這種情況又與東晉劉宋時期，中書侍郎值西省草詔相似。

〔註22〕 嚴耀中：《北魏前期政治制度》，長春：吉林教育出版社，1990 年，第 56 頁。

〔註23〕 鄭欽仁指出，北魏拓跋氏的權力集中在內朝，參見鄭欽仁：《北魏官僚機構研究》，台北：牧童出版社，1976 年，第 59 頁。

〔註24〕 〔日〕川本芳昭：〈北魏の內朝〉，《九州大學東洋史論集》1977 年第 6 號，第 53 頁。後收入氏著《魏晉南北朝時代の民族問題》，東京：汲古書院，1998 年，第 189～227 頁。

〔註25〕 〔日〕川本芳昭：《北魏の內朝》，第 53～56 頁。

〔註26〕 〔日〕川本芳昭：《北魏の內朝》，第 59～63 頁。

氏相比較而言，陳琳國與嚴耀中二氏的研究作出了新的推進，主要體現在對內侍官系統的系統性論述以及與魏晉制的比較研究層面。在對內侍官的定性上，陳琳國的觀點基本與鄭、川本二氏的觀點相近，陳氏認爲內侍官「是從扈從隊制度發展和衍變而成的」，在此過程中，內侍系統「出現了文武分職」的現象，這與川本氏提出的起源於北族的武官系統和文官系統之觀點〔註27〕相同。

在王言生成與出納機制的問題上，陳琳國認爲「出納詔命之權不在中書、門下，而在內侍官的手中」，以此判定內侍省是爲北魏的機要中樞〔註28〕。對於內侍省的職掌，陳琳國先生總結爲「起草詔誥文書」，「覆奏內、外」，「傳宣詔命」〔註29〕。雖然陳氏在討論內侍制度時言及了魏晉制度框架中的中書、門下兩省，但似乎未將二者之間的關係討論清楚，在這一點上，嚴耀中先生的研究則基本解決了這一問題。嚴先生將內朝定義爲「淵源於拓跋游牧行國時代的君主自率之部」，後隨著事務和機構的擴大而形成獨特的行政系統〔註30〕。對於內朝在北魏前期政治構造中的地位，嚴耀中認爲：

> 北魏前期政治體制複雜之處在於與三省等外朝官相呼應，另有一個內行官系統（內朝），與外朝形成一種特殊的複合體系。內朝與外朝是既相關連又分庭抗禮的兩個並列行政系統。〔註31〕

對於內侍省的職掌，嚴耀中先生總結爲：一、職掌政務，形同尙書省；二、參決機要，職如中書省；三、出納駁議，權如門下〔註32〕。所以這就涉及到內侍機構在王言生成與出納程序中，職權與外朝機構之職權的對應問題，前述諸位先生的研究，皆有不同程度的述及。

2、內秘書省

對於「內秘書」之名，胡三省曰「秘書省在禁中，故謂之內秘書」，嚴耕

〔註27〕陳琳國：《魏晉南北朝政治制度研究》，第101～102頁。川本氏的研究，參見《北魏の內朝》，第56頁。

〔註28〕陳琳國：《魏晉南北朝政治制度研究》，第103頁。

〔註29〕陳琳國：《魏晉南北朝政治制度研究》，第108頁。

〔註30〕嚴耀中：《北魏前期政治制度》，第62頁。

〔註31〕嚴耀中：《北魏前期政治制度》，第61頁。對於內朝系統和外朝系統形成的過程，可參見第62至63頁嚴耀中先生的論述。

〔註32〕嚴耀中：《北魏前期政治制度》，第64、66、70頁。至在政治運作中，內朝與外朝的關係，嚴耀中認爲內朝與外朝的關係是「內重外輕、以內制外」，參見《北魏前期政治制度》，第73頁。

望氏認為「內秘書」與秘書省「實即一職，非一內一外也」〔註33〕。對此，鄭欽仁氏進行了辨析，認為內秘書省與秘書省不同，並討論了內秘書的職掌——「典禁中文書」，提出了內秘書的職掌與外朝中書省「官僚性格畢竟相近」的觀點。〔註34〕鄭氏的研究已經觸及二省關係，惜未作出進一步的探究，以致未解明內秘書與王言機制的具體關聯。陳琳國也支持胡注說法並進行了論證，認為中秘書與秘書省不僅建置不同，職掌也不同〔註35〕，這與鄭氏相同。不過在草詔權的問題上，陳琳國指出，北魏前期中書省之監、令品秩雖高，然中書省長官居於禁外「權勢遠遜於內秘書令」，關乎重大政務的詔書皆是內秘書起草〔註36〕。此論直接觸及了內秘書的核心權力，或者說把握到了內秘書省與王言機制的關鍵問題。內秘書掌握草詔權時，「中書省的主要職掌是主持中書學、參與修史（或律令）」〔註37〕。嚴耀中先生認為「內秘書系統起著中書省的同等作用」，第一類秘書系統中散的使命包括了「掌贊詔命」〔註38〕。不過草詔權並非學界研究內秘書的旨歸，它只是作為內秘書的一項職權以及與中書省的比較研究而被論及。諸位先生關於內秘書草詔權的研究成果，揭示了與中書省對置的內秘書才是北魏前期王言生成的核心場合。或許是囿於研究對象與主題，學界在系統性論述北魏內朝制度時，鮮有學者論及王言在內朝生成與運作的實態這一問題。即便是學界所論述的詔書出納問題，也只是內朝制度研究的附屬內容，中散官的研究即是例證。

3、中散官研究述評

中散作為北魏內朝運作的重要內侍官，備受學界矚目。鄭欽仁認為，中

〔註33〕嚴耕望：〈北魏尚書制度考〉，《中研院歷史語言研究所集刊》第十八本，1948年，第349～350頁。

〔註34〕鄭欽仁：《北魏官僚機構研究》，第47～59頁。鄭欽仁氏在研究內秘書時與太和中設立的舍人省之間的關係進行了大膽推測，即「內秘書廢除之後，（職掌由舍人省所吸收）」、「使得新建立的舍人省確實成為天子所掌握之側近機構」。這一推測雖與孝文帝省併內侍機構的思路相合，但無證可據。參見《北魏官僚機構研究》，第60頁。

〔註35〕陳琳國：《魏晉南北朝政治制度研究》，第109頁。

〔註36〕陳琳國：《魏晉南北朝政治制度研究》，第111頁。太武帝已降，雖然內秘書掌握草詔權，但並不意味著中書省完全喪失了傳統權勢，太武帝誅崔浩時命中書侍郎高允草詔即是一例。對於高允草詔之例，川本氏認為中書即使草詔，也是在禁外進行，王言之權仍在禁中，參見《北魏の內朝》，第60～61頁。

〔註37〕陳琳國：《魏晉南北朝政治制度研究》，第110頁。

〔註38〕嚴耀中：《北魏前期政治制度》，第66、69頁。

散之職掌「如『侍中』之值宿禁中，是在左右服務的官」，中散有種種分職，出納王言只是其中一種職權〔註 39〕。不過「中散」並非魏晉制度中的單一官職，而是鮮卑制下「有系統的職官」，在職務上可分爲中散、主文中散、奏事中散、侍御中散，而入職於內侍省的「內秘書中散」無疑具有「班下詔命」之權〔註 40〕。對於秘書中散是否具有草詔權，鄭氏提出了疑問，但並未進行解答〔註 41〕。張金龍明確提出了「草詔參政」是中散的政治機能之一，這與北魏前期中樞機構不完善、權責歸屬不明相關〔註 42〕。對於中散職掌問題，陳琳國氏認爲「中散官主要給事於內侍諸曹」，是比較特殊的內侍官，依其職務可分爲主文中散和奏事中散〔註 43〕。在中散官問題的討論上，陳氏的研究與鄭氏相較，並無明顯的推進。但在內侍官出納王言的問題上卻立論鮮明，陳琳國氏認爲：

> 北魏前期，出納詔命之權不在中書、門下，而在內侍官的手中，
> 證明內侍官的機構才是當時中央的機要中樞。〔註 44〕

這說明北魏前期王言的出納權，並不專屬門下省，這與魏晉中書出納王言、南朝門下省掌喉舌之任不同。川本芳昭對北魏的內朝官多有垂注，認爲出入詔命是內朝文官系統的職掌之一，並主顧問、掌機密，使得北族起源的內官職掌與門下省職掌相似〔註 45〕。相對於川本氏提出的內官職掌與門下省相似的說法，陳琳國的研究表明，內侍諸曹中的中曹、侍御之職「與魏晉門下省相類，而門下省官職成了虛銜」〔註 46〕。也就是說，在北魏前期王言出納的問題上，內侍省與門下省皆有分擔。

（三）關於門下省兩個問題的研究回顧

言及門下省，學界不可迴避的問題是，魏晉南北朝時期門下省在文書行

〔註 39〕 鄭欽仁：《北魏官僚機構研究》，第 170、177 頁。

〔註 40〕 鄭欽仁：《北魏官僚機構研究》，第 291、229～230 頁。

〔註 41〕 針對內秘書中散「班下詔命及御所覽書多其跡也」，鄭欽仁提出的問題是「其中有關詔命之事除繕寫之外，詔書起草，是否仍出其手？」見氏書《北魏官僚機構研究》，第 230 頁。

〔註 42〕 張金龍：〈北魏「中散」諸職考〉，《中國史研究》1993 年第 2 期。後收入氏著《北魏政治與制度論稿》，蘭州：甘肅教育出版社，2003 年，第 293、295 頁。

〔註 43〕 陳琳國：《魏晉南北朝政治制度研究》，第 113～114 頁。

〔註 44〕 陳琳國：《魏晉南北朝政治制度研究》，第 103 頁。

〔註 45〕 〔日〕川本芳昭：《北魏の內朝》，第 56 頁、63 頁。

〔註 46〕 陳琳國：《魏晉南北朝政治制度研究》，第 112 頁。

政過程中的平省尙書奏事、出納王言兩項機能。北魏前後期門下省的這兩項
機能支撐著王言生成機制的第二種運作模式。

1、門下省職權一種——出納王言之研究述評

北魏前期，在內朝主導中樞系統的情況下，門下省被置於何處是學界較
爲關注的問題。川本芳昭指出，門下諸官與北族內官存在某種關聯，即門下
省職掌與北族起源的內官存在相似之處，近侍左右、出入詔命即是二者的共
同特點。但是在以內侍省爲中心的運作體制下，門下省與中書省一樣皆與北
族內侍官存在區別。這種狀況至孝文帝改革內朝體制時才消失。〔註47〕討論
北魏前期的門下省，無法迴避的是內侍省，嚴耀中先生的研究也是如此。嚴
耀中先生認爲，北魏前期的門下省具有內侍的性質，這構成門下官近侍左右、
出入王命的重要前提〔註48〕。然而門下省的整體機能並不明顯，以致太武帝
已降，基本被內侍省排擠〔註49〕。基於對中書、門下、尙書三省地位與機構
權力的解讀，嚴耀中認爲三者屬於外朝系統〔註50〕。陳林國的研究觀點與此
論有相呼應之勢。要言之，嚴先生之論對本文探究北魏前期王言生成與運作
的機制極具啓發意義。

在研究北魏前期的門下省時，還不能忽略的是門下省的組織構造，這關
係到王言出納權歸屬問題。嚴耀中氏將門下視爲一省，未深入剖析門下省內
部的組織構造。實際上，門下省出納詔命，是在門下省所統轄的散騎省進行，
因爲在拓跋珪的制度設定中，散騎常侍具有「出入王命」之權。這一職權反
映了北魏門下省組織構造的實態。如《資治通鑒》宋文帝元嘉二十九（452）
年九月「宗愛爲宰相，錄三省」條胡注曰：

> 魏蓋以尙書、侍中、中秘書爲三省，亦猶今以尙書、門下、中
> 書爲三省也。〔註51〕

〔註47〕川本芳昭：《北魏の内朝》，第62～63頁。

〔註48〕嚴耀中：《北魏前期政治制度》，第58頁。

〔註49〕嚴耀中認爲，門下省出納詔命主要體現在侍中、散騎常侍身上，不過近侍權、
　　　出納王命則主要集中在內侍省手中，門下省作爲一機構所發揮的行政作用則
　　　不及尙書、中書二省。參見《北魏前期政治制度》，第60頁。

〔註50〕嚴耀中基於北魏前期行政運作的尙書省長官不主省務等現象，認爲「三省是
　　　屬於主要治理被統治民族和對外事務的外朝」，參見《北魏前期政治制度》，
　　　第61頁。

〔註51〕《資治通鑒》卷一二六《宋紀》宋文帝元嘉二十九年九月條，北京：中華書
　　　局，1956年，第3980頁。

侍中省隸屬於門下。祝總斌先生「據此推定西晉有侍中省」，西晉的「門下三省」當是指門下省本部、侍中省、散騎省而言〔註52〕。根據祝先生的推論，北魏也當存在門下三省的格局，平城時代的侍中省便是其證。不過俞鹿年認爲北魏前期的門下省「僅作爲虛名存在」，則是針對侍中不理省務而言〔註53〕。日本學者窪添慶文在研究北魏前期的門下省時，將其劃分爲道武帝‧明元帝、太武帝至於孝文帝太和中兩個階段。在兩個階段的考察中，窪添氏認爲第一階段的門下省具有王言出納權，詔令經門下直接下達；在第二階段，侍中成爲尚書的加官。〔註54〕在門下省出納王言問題上，窪添氏所言並不明確，而且在討論第二階段門下省的職掌時，窪添氏已不再言及出納王言之權。與祝總斌先生一樣，窪添氏雖然指出第一階段的門下省具有「出納詔命」之權，但未論及的是，這一詔命權到底出自門下本部、侍中省還是散騎省？職是之故，門下省出納詔命，不是十分準確的表述。這也是本文旨在釐清的問題之一。

　　在門下省出納王言的問題上，祝先生考察了門下省何以出納王言以及與「門下」式出現之間的關聯性，並認爲門下省掌出納王言之後，使得中書省、門下省在王言草擬與出納方面出現程序分工，此時「門下與尚書的關係大體相當於東漢尚書（草詔）與三公（出納）的關係」〔註55〕。祝先生的結論意味著門下省繼中書省成爲「喉舌之任」後，王言生成與運作程序之中出現了中書省（草詔）、門下省（出納）基本取代漢代尚書（草詔）、三公（出納）的制度格局，新型的王言生成機制初步形成。但是門下省在王言生成與運作中的職權還不成熟，如封還詔書之權尚未形成制度〔註56〕。以太和中孝文帝

〔註52〕 祝總斌：《兩漢魏晉南北朝宰相制度研究》，第283～284頁。根據俞鹿年研究，道武帝建臺省時，以散騎常侍以下的侍從官組成散騎省，參見俞鹿年：《北魏職官制度考》，北京：社會科學文獻出版社，2008年，第79頁。北魏後期，孝文帝改組門下省，將侍中省併入門下省本部，散騎省分出改設集書省，「門下三省」格局消失，參見祝書第311～312頁。

〔註53〕 參見俞鹿年：《北魏職官制度考》，第79～80頁。陳琳國也認爲北魏「門下省官職成爲了虛銜」，陳琳國：〈北魏重要官制述略〉，《中華文史論叢》1985年第2輯，第183頁。

〔註54〕 〔日〕窪添慶文：《魏晉南北朝官僚制度研究》第二章〈北魏門下省初稿〉，東京：汲古書院，2003年，第75～82頁。該文原刊於《お茶水の史學》第32卷，1990年。

〔註55〕 祝總斌：《兩漢魏晉南北朝宰相制度研究》，第296頁。

〔註56〕 祝先生言東晉時未見門下省封回詔書「當因南朝（以及北朝）封還詔書的制

改革內朝、廢除內侍省爲契機，門下省得以改組，原屬內朝的權力被門下省、中書省分化〔註 57〕。川本氏將改革前後的內朝權力與門下省權力進行了比較，指出門下省繼承了內朝的大部份職掌，成爲北魏後期的樞要之地〔註 58〕。其後，學界研究成果的推進體現在兩個方面：其一，門下省草詔權已經固化於署位中，以陳仲安和祝總斌兩位先生的研究爲代表〔註 59〕；其二，門下省權勢重於中書，北魏末期出現中書草詔權移入門下的制度，代表性的研究者是陳琳國、窪添慶文與金聖熙等〔註 60〕。特別一述的是，窪添氏在分析北魏末期草詔權轉入門下省現象時，認爲北魏存在中書舍人草詔、（侍中）黃門侍郎草詔和黃門侍郎領中書舍人銜於門下省草詔三種形態〔註 61〕。至於草詔權轉入門下省之後，王言機制受到了怎樣的影響，則未有學者論及，這亦是本文需要解明的問題。

在研究北魏門下省職權的問題上，平省尙書奏事無疑是不可迴避的研究課題。本文之所以將其納入學術史回顧中，是因爲門下省覆奏畫可環節屬於王言生成的第二種模式。

度并未固定下來」，祝總斌：《兩漢魏晉南北朝宰相制度研究》，第 300 頁。

〔註 57〕 川本芳昭：《北魏の內朝》，第 63～64、66、71 頁。川本氏指出，內侍省被廢除後產生的權力空隙，由門下省和中書省填充。

〔註 58〕 川本芳昭：《北魏の內朝》，第 71～72 頁。

〔註 59〕 陳先生指出，在王言生成環節「詔書一定要由門下省覆奏，一定要有侍中署名」，陳仲安：〈關於魏晉南北朝門下省的兩個問題〉，《中國古代史論叢》，1982 年第 3 輯，福州：福建人民出版社，1982 年，第 16 頁。祝先生認爲「詔書通過門下省，由門下審署、下達」，此即門下省出納王言的具體表徵，祝總斌：《兩漢魏晉南北朝宰相制度研究》，第 315 頁。

〔註 60〕 陳琳國研究指出「中書職事移門下，就是將中書職事移屬門下省。以給事黃門侍郎兼中書舍人是一種方式，以給事黃門侍郎參詔誥是另一種方式，中書侍郎在門下主詔誥也是一種方式」，中書長官被架空而成爲虛銜。參見陳琳國：《魏晉南北朝政治制度研究》，第 119 頁。俞鹿年先生指出，北魏前期原屬內侍機構的參預機密之權，後期轉歸門下省，參見俞鹿年：《北魏職官制度考》，第 263 頁。在門下省的權勢上，黃惠賢先生認爲北魏門下省位總樞機，權勢較南朝爲重，參見白鋼主編：《中國政治制度通史》第四卷，黃惠賢著：《魏晉南北朝》，北京：社會科學文獻出版社，2011 年，第 86～87 頁。金聖熙討論了北魏後期中書草詔權移入門下省後，門下省政治機能的變化問題，參見〔韓〕金聖熙：《北魏의 門下侍中——그性格과割役變化를中心으로》，梨花女子大學校大學院史學科碩士學位論文，1998 年，第 68～76 頁。筆者不識韓文，該文查找及部份翻譯工作承蒙復旦大學留學博士生徐光錫（韓國）、山東大學碩士生姜博（2015 年赴韓國西江大學交流）二位幫助，特此申謝。

〔註 61〕 〔日〕窪添慶文：《魏晉南北朝官僚制度研究》，第 66～67 頁。

2、門下省職權二種——平省奏事研究述評

平省尚書奏事是門下省的另一重要職權，產生於西晉時期。至於北魏前期設立門下省時，是否有此職掌，學界論述不多，已知的研究者有窪添慶文氏。窪添氏考證了侍中與尚書直接的關係，認爲侍中具有「評尚書事」的權力，但窪添氏並未對平省奏事問題展開討論。另外，在陳仲安、祝總斌、川本芳昭、陳琳國等諸位先生的研究中，未曾言及北魏前期門下省是否具有平省奏事的權力〔註62〕。根據以上學者對內朝制度的研究，可知尚書文案傳達禁中的渠道主要是給事中和中散官，而門下省或許很少參預，所以學界涉論不多。與此形成對比的是，學界對北魏後期門下省平省奏事之權的研究較爲豐富。在研究門下省平省奏事的問題上，祝先生援引《宋書·禮志》所載皇太子監國儀注以及吐魯番出土北涼、高昌文書，論證這一權力在南北朝時期已經落實到文書儀注上〔註63〕。

在學界的研究中，北魏後期的門下省，特別是宣武帝已降，出現政歸門下的中樞運作現象，即門下省集王言草擬、出納以及平省尚書奏案三種權力於一體，這種局面一直持續到東魏時期〔註64〕。陳琳國認爲，北魏後期門下省尤重的原因是，繼承了北魏前期「重內侍官的傳統」〔註65〕，宣武以後中書事移門下使得「門下綜平決尚書奏事與草詔出詔於一省，成了唯一的決策機構」，陳琳國指出門下「平省尚書奏事」又稱「門下處奏」，經皇帝畫可後形成詔書〔註66〕。陳氏雖未在王言生成的視角將王言草擬出納、平省奏事兩個環節放在一起考察，卻間接涉及了這一問題。而在漢代王言制度的研究中，這一問題已經浮現，請見下文。

經過研究史回顧之後，筆者認爲在官僚制度的層面雖然難以有更進一步的推進，但仍存在個別有待廓清的問題。職是之故，在前人研究的基礎上，

〔註62〕陳仲安先生指出，魏晉南朝時期「門下省對上行文書奏案表章等具有駁議之權」，而且也具有「平尚書奏事」之權，參見《關於魏晉南北朝門下省的兩個問題》，第13～14頁。

〔註63〕祝總斌：《兩漢魏晉南北朝宰相制度研究》，第300頁。

〔註64〕陳琳國：《魏晉南北朝政治制度研究》，第122～124頁。窪添氏對政歸門下的現象也有述及，認爲門下省官「同釐庶政」即是「參決尚書奏事」，參見〔日〕窪添慶文：《魏晉南北朝官僚制度研究》，第68～74頁。

〔註65〕陳氏此說與川本氏的「內侍官廢止、門下省繼承權力空隙」存在異曲同工之妙，皆說明北魏後期門下省保留了北魏內侍制度的因素。

〔註66〕陳琳國：《魏晉南北朝政治制度研究》，第124頁。

本文將以王言生成與運作機制爲線索，對官僚構造重新編排，以疏通王言制度如何展開、其程序如何運行的問題。這也是筆者對官僚制研究框架的反思，擬以官僚制度爲基礎，在政務運行層面對王言機制進行探索。在這一點上，漢代的王言制度以及文書行政的研究，是本文需要借鑒的。要之，北魏在王言制度之內存在承續了漢代制度的一面，所以有必要對漢代的王言研究做一簡要的學術史回顧。

三、漢代王言研究述評

在學界中，漢代王言的研究存在兩種維度〔註67〕：第一種基於傳統文獻，研究漢代的王言體例，包括王言的分類問題；第二種是基於簡牘文書研究王言書式，以及生成運作、傳達問題。兩種維度得以開展的主要依據是蔡邕《獨斷》，居延、敦煌出土的簡牘文書（特別是詔書冊）。兩種研究維度對本文探究北魏王言制度啓發良多，所以對漢代研究狀況的述評，擬從以上維度展開。

（一）王言形態與分類的研究

王言文書的體例，是研究漢代公文書形態的基本內容。王國維在研究流沙墜簡時，依據蔡邕《獨斷》討論了敦煌所出「制詔酒泉太守」漢簡的王言文書之體例，以及制詔式〔註68〕（包括署尾現象）、詔書出納傳達等問題〔註69〕。而漢代王言研究問題的重大突破，由日本學者大庭脩實現。氏著《秦漢法制史研究》第三篇第一章集中討論了漢代制詔的形態問題，指出《獨斷》的記載是如今區分王言之體的「最重要的標準」，但又認爲「書寫材料和書寫字體在原件均已不存在，把它（《獨斷》）作爲分類的基準已無意義」，所以大庭脩認爲對王言之制的研究應考慮以文體形式和「制詔內容」兩個標準進行〔註70〕。在對漢代制詔的形態進行研究時，大庭脩指出「漢代的制詔按其內容可分爲三種

〔註67〕 漢代王言的研究領域，還存在王言傳達、執行過程等文書行政的研究課題，這一研究課題與簡牘研究直接相關，而北魏則缺乏這方面材料與研究，本文在這一領域尚難以開展，所以不作本文學術史梳理的對象。

〔註68〕 「制詔式」即以「制詔」發辭或「制詔」起首的皇帝文書，「制詔酒泉太守」便屬於「制詔式」。此處的「制詔式」以及前文所言及的「門下式」皆屬學界研究用語。

〔註69〕 王國維：〈敦煌所出漢簡跋（十四首）〉，《觀堂集林》卷一七，北京：中華書局，1959 年，第 839～845 頁。

〔註70〕 〔日〕大庭脩：《秦漢法制史研究》，林劍鳴等譯，上海人民出版社，1991 年，第 167～170 頁。

形式」〔註71〕：

第一形式是「皇帝憑自己的意志下達命令」，「是最重要的（王言），它採取制書的形式」。行用於施行大政、赦令、詔授官爵的場合。

第二形式是臣僚奏請獻策，皇帝制可，作爲皇帝的命令而發佈。這種詔書大多是行政事務的範圍內可以處理的事項。元康五年詔書冊「制曰可」式即是其例。第一、第二兩種形式，是漢代制詔的基本形式。

第三形式是「皇帝以自己的意志」下制詔（第一形式），「其對象僅限於一部份特定的官僚」，並要求其答申，然后皇帝畫可的場合（第二形式）。第一、第二復合爲一道命令公佈，即第三形式。〔註72〕

不過大庭脩的一些觀點也受到其它學者的商榷。如針對王言如何分類的問題，李均明、劉軍在《簡牘文書學》一書中認爲漢代皇帝的文書泛稱詔書，《獨斷》所言乃是狹義層面的王言分類〔註73〕。汪桂海在《漢代官文書制度》中亦持此觀點〔註74〕。對於漢代王言形態的研究，代國璽在討論四種王言文書時，基於體例的基準研究了如何以書式或文書用語、文書功能與施行場合來解決制書與詔書易混淆的問題。除了對制書與策書的性質、功能進行討論外，代文還探討了四種文書之外的璽書，包括璽書特徵、行用場合、書式、功能等問題〔註75〕。在王言文體的問題上〔註76〕，劉后濱先生認爲「《獨斷》對於詔書的概況（特別是第二種），後人可能存在嚴重的誤讀」，《獨斷》對策書、制書、詔書、

〔註71〕 〔日〕大庭脩：《秦漢法制史研究》，第 189 頁。

〔註72〕 〔日〕大庭脩：《秦漢法制史研究》，第 170～174、189～190 頁。大庭脩認爲，第一形式的制詔大致是制書，而第三形式可以說是制書和詔書的復合，參見氏書第 190 頁。

〔註73〕 李均明、劉軍：《簡牘文書學》，桂林：廣西教育出版社，1999 年，第 215 頁。

〔註74〕 汪桂海：《漢代官文書制度》，桂林：廣西教育出版社，1999 年，第 26 頁。

〔註75〕 代國璽：〈漢代公文新探〉，《中國史研究》2015 年第 2 期，第 31～38、42～48 頁。新近出版的鷹取祐司《秦漢官文書の基礎的研究》，在學界已有研究的基礎上，對官文書的種類、用語、書式，以及詔書傳達的形態、路徑展開了精微地考證。〔日〕鷹取祐司：《秦漢官文書の基礎的研究》，東京：汲古書院，2015 年。筆者目前尚無緣閱讀氏書，只知其研究的大概內容，所以無法對氏書研究的具體問題展開述論。

〔註76〕 關於漢代王言文體問題，魏昕在其博論《漢代詔令研究》一文中梳理了詔令文體形式日臻成熟的過程，在對制書、策書等四類王言文體進行專項研究中，所涉及的「策」體及其在詔令體系中的功能進行了剖析。該文的研究重心在於漢代詔令的文體演變、分類以及文書功能與漢代政治文化，述論平實。參見魏昕：《漢代詔令研究》，東北師範大學文學博士學位論文，2015 年。

戒敕的劃分基準十分明確。而且漢代的四種命令文書的具體形態和運行機制，會隨著奏事文書的變化而變化〔註77〕。劉氏的觀點或許涉及了一個問題，即大庭脩的劃分方式與《獨斷》對制書、詔書、策書、戒敕的文體劃分已經屬於兩個問題——王言之體與王言生成機制。馬怡也注意到了這一問題，認爲《獨斷》所言詔書三品，表面是王言分類，實際上是等級劃分，「應是由詔書的形成過程來決定的」〔註78〕。相似的，代國璽雖然也以文書形式來劃分漢代王言形態——純皇帝詔命的單一式詔書；章奏文書和皇帝批答共同構成的復合式詔書，卻已經觸及到制詔分類與王言生成的關係問題〔註79〕。如此一來，大庭脩所言及的制詔分類問題，在學界就出現了向「制詔生成運作」轉變的傾向，在這一問題的研究上，馬怡經歷了詔書分類研究向王言生成研究的轉變過程〔註80〕，而郭洪伯則將這一問題完全納入王言生成與運作的流程中進行考察。

（二）王言生成機制問題研究述評

　　王言生成的程序，會烙印在詔書冊中。在《秦漢法制史研究》一書中，大庭脩的一大創獲是，根據居延肩水金關遺址出土的漢簡復原了元康五年詔書冊〔註81〕，這與此前提出的「第三形式的詔書只有在形式被完整保留時才有意義」〔註82〕相印合。雖然大庭脩的關照點是制詔內容，但按照制詔內容劃分出三種形式，實際上可以歸入王言生成的範疇。馬怡基於《獨斷》，認爲「三品」詔書即詔書的三種形成途徑〔註83〕，而這並不限於詔書，制書也是如此。第一品王言（包括「制詔御史」、「制詔某官」等制書、詔書）與皇帝最直接、最密切，因而品級最高；其次是「經皇帝批覆而下」的詔書，爲第二品；第三品是「奏聞皇帝而下」。後兩品王言雖非皇帝主動發佈，內容卻極

〔註77〕劉后濱：《唐代中書門下體制研究——公文形態・政務運行與制度變遷》，濟南：齊魯書社，2004 年，第 69～70、79 頁。

〔註78〕馬怡對學界存在的王言文書如何分類的三種說法進行了分析，指出李俊明、劉軍之說較爲妥切並在已有研究基礎上，針對如何分類的問題進行了申論。馬怡：《漢代詔書之三品》，北京大學中國古代史研究中心編：《田餘慶先生九十華誕頌壽論文集》，北京：中華書局，2014 年，第 65～68 頁。

〔註79〕代國璽：《漢代公文形態新探》，第 38～39 頁。

〔註80〕2008 年，馬怡向「第 20 屆日本秦漢史年會」（2008 年，日本松山）提交的初稿以《漢代詔書的分類》爲題，經三稿後，2014 年刊行的題目便是現在的《漢代詔書之三品》，從對「三品」的考察來看，馬怡可能已經形成研究思路的轉型。

〔註81〕〔日〕大庭脩：《秦漢法制史研究》，第 200～201 頁。

〔註82〕〔日〕大庭脩：《秦漢法制史研究》，第 174 頁。

〔註83〕馬怡：《漢代詔書之三品》，第 68 頁。

爲重要，甚至關乎制度。〔註84〕至於第二品王言的結構，馬怡未作討論。代國璽基於武威出土《王杖詔書令》認爲第二品王言由「上章」、「制曰」與「（制曰）云云」（皇帝批答內容）三部份構成〔註85〕。在王言生成機制的研究中，郭洪伯將制詔的產生途徑分爲兩種流程進行討論，即西漢的制詔生成主要有兩種模式：其一，皇帝「主動」發令的「制詔御史」模式；其二，皇帝對上行文書的批答「制曰可」模式。〔註86〕郭洪伯則認爲「制曰可」類王言一般由兩部份構成——「前半部份是（兩府）奏請，後半部份是皇帝批答的『制曰可』」，二者是第二品王言的核心內容，不過在二者之間還存在兩個環節——「尚書奏和御史中丞奏」〔註87〕。這一問題在代國璽討論章奏批覆與詔書形成的問題上也被述及，不同的是，代國璽認爲章奏經（東漢）尚書臺後「會在章奏文書末題『制曰』二字，以俟皇帝批答」〔註88〕，也就是說皇帝眞正出現的環節是「制曰」之後的批答。所以第二品王言的三部份構成要素，是不同環節、不同機構協同配合時留下的烙印。需要提請注意的一點是，本文在討論王言生成與分類的問題時，所言及的第二品王言的生成來源不只限於章奏，還包括章奏在內的上行文書與王言機制的關係，但這層關係在學界尚未被系統討論，不僅漢代如此，魏晉南北朝亦復如是。

四、學術史小結

劉后濱先生曾指出「漢唐之間的公文書形態，則缺乏完整的史料和系統的研究」〔註89〕，誠然如是。北魏及魏晉南北朝王言制度以及文書行政

〔註84〕馬怡：《漢代詔書之三品》，第68～75頁。

〔註85〕代國璽：《漢代公文形態新探》，第25～26頁。

〔註86〕郭洪伯：《「天憲王言」——西漢的制詔生成運作》，北京大學第九屆史學論壇論文，2013年3月，第64～73頁。郭洪伯對「制詔」的含義進行的討論，引發出「殿中朝」生成運作王言的問題。「中朝」的「殿中」和「省中」則是生成制詔的行政組織。在研究制詔生成的問題上，郭洪伯參照了中村裕一復原的制書式和奏抄式，考索詔令內容背後的運作流程。郭氏認爲，在此流程中，西漢眞正的制書生成與發佈機關是御史臺，「制詔御史」意味著制書由「殿中朝」生成並發佈。因該文尚未刊出，故筆者在引述時曾徵詢郭洪伯博士意見，承蒙概允，特此致謝。

〔註87〕郭洪伯《「天憲王言」——西漢的制詔生成運作》，第64～65頁。

〔註88〕代國璽：《漢代公文形態新探》，38～39頁。

〔註89〕劉后濱：《唐代中書門下體制研究——公文形態・政務運行與制度變遷》，第80頁。

的研究，受出土資料的限制較大，故而學界的研究重心偏於敦煌、吐魯番
出土的北涼、高昌等國文書領域，而缺乏出土文書的北魏，在漢唐文書行
政研究的領域，似乎一直未引起學界重視，所以關於北魏文書行政的研究
成果比較少。《魏書》記載了大量詔令，以及臣僚奏表疏，不過在北魏史領
域，這些資料只是作爲某制度、某政治問題研究的「佐料」，其本身的學術
價值並未被學界充分發掘。所以圍繞北魏王言制度的研究成果並不多見。
與之相較，王言的生成、出納機構在官僚制度研究領域卻蔚然大觀。在這
一研究領域，學界不可迴避的是北魏官僚機構的組織構造、職權等，其中
便涉及王言的草擬、出納、執行問題。然限於官僚制研究以職官設置爲中
心的研究路徑，並無學者在王言草擬、出納的程序上進行專項探究。王言
制度的運行需要以官僚制度爲依託，學界在官僚制領域的研究成果，爲本
文討論王言生成與運作問題提供了夯實的前期基礎。至於王言具有怎樣的
生成機制、生成類型以及王言之制，北魏典志資料雖無明確的記載，但規
制確存在與漢魏制度相通的一面，且後者在學界不乏研究成果。職是之故，
基於北魏承續了兩漢魏晉制度，本文擬通過回顧漢代王言研究史，爲探究
北魏的王言體制及生成、運作機制尋找源流。根據郭洪伯的研究，漢末以
來官僚制度的變革，特別是魏晉南北朝中書、門下等作爲新官僚機構參與
到王言制度中的情況，仍在相當程度上承續了漢代的王言生成流程與內在
理路。

　　綜上所述，在既有研究中，北魏的王言以及以王言（文書行政）爲線索
的北魏政治史維度，長期受到了忽略，迄今尚無專題研究面世。有鑒於此，
本文擬以王言制度爲研究主題，探究北魏王言之制、王言生成機制，並以王
言爲線索，在政治史的面向中考察北魏制度、政策的形成過程。

第二節　本文的主旨與行文結構

　　通過以上學術史的回顧可以概知，北魏王言研究基本處於空白區，同時
也說明是北魏史研究的「硬骨頭」，最直接且重要的原因是囿於實物資料。漢
代因簡牘資料的海量出土，爲漢代王言制度、文書行政的研究提供了直觀而
詳實的史料。本文在學術史回顧中雖未述及隋唐王言研究的問題，但無可否
認的是敦煌吐魯番文書以及其它豐富的史料爲隋唐王言研究提供了支持，所

以隋唐王言制度研究的成果較爲宏富，其中尤以中村裕一的四部力著最具貢獻〔註90〕。與漢唐相較，北魏王言研究的史料類別有限，可資探究的空間同樣有限，抑或是難以形成研究課題，所以學界涉獵不多。本文之所以將北魏王言制度作爲研究主題，與《魏書》所載看似冗雜的詔令文書背後所遮蔽的北魏制度革創、政策制定不無關聯。附文《孝文帝門閥政策的設計與制定——以姓族詔書爲中心》考察的便是幾道詔令文書所遮蔽的政策制定過程，其中融合了幾道詔令形成過程中的「議」以及皇帝、臣僚之間意志的交流與抉擇。這篇個案研究論文形成了筆者研究北魏王言制度的初衷——以王言爲線索重新考察北魏史。本文的開展便是爲了踐行初衷。在具體操作過程中，本文的研究主旨是，建立起北魏王言的制度內容與框架，爲以王言爲線索探究北魏政治運作過程鋪墊平臺。以上研究主旨，貫徹於正文和附文中。

本文除了「序章」外，可分爲正文（包括第五章）、附文兩個部份，正文部份在制度史維度對北魏王言之體、草詔出納機構、王言機制三個核心單元展開論述；「附文」是在政治史維度，以詔令內容及其生成、運作爲線索，通過專題論文的形式展開北魏政策、制度的成立、維持與革創問題的研究。這便是本文的總體構造。下面分別對二部份作簡要介紹。

第一，關於王言文體問題的探究（第一章）。這一單元的展開，參照的是蔡邕《獨斷》對漢代王言體制的四類劃分，以及《文心雕龍·詔令篇》所載南朝王言門類，而將北魏的王言劃分爲制書、詔書、冊書、敕書、璽書五類。對於以上五種王言文書的討論，主要是在體例、書式、功能與頒行場合幾個方面展開，其中也會對不同王言文類在北魏文書行政中的關係一併考察。這一部份是後文三個單元主題得以開展的前提。

第二，關於王言生成與運作機構的探究。這一部份包括兩個研究板塊：其一，「制詔」式向「門下」式演變，以及與魏晉南北朝時期草詔、出納機構的轉型的關係問題（第二章）；其二，北魏前、後期王言草擬出納機構的格局與演變（第三章）。第一板塊重點討論了「制詔」式向「門下」式轉變的原因，在「門下」式行用之後「制詔」式的處境，以及「制詔」式向「門下」式轉

〔註90〕 〔日〕中村裕一：《唐代制敕研究》，東京：汲古書院，1990 年。中村裕一：《唐代官文書研究》，京都：中文出版社，1990 年。中村裕一：《唐代公文書研究》，東京：汲古書院，1996 年。中村裕一：《隋唐王言の研究》，東京：汲古書院，2003 年。

型背後所具有的政治學意義——中樞體制轉型與王言生成、運作程序的改變。北魏處於這一過渡期，故而王言生成、出納機構亦幾經變移。所以在第二板塊中，本文重點梳理了北魏王言生成、出納機構的變遷史，並將其分爲前、後兩期進行討論。其間與南朝制度變遷進行了比較研究，揭示了北魏前期王言生成、出納機構的鮮卑性（內亞性）特徵，以及北魏王言生成、出納機制與南朝並軌的過程。這就爲討論北魏王言生成機制奠定了前提。

第三，對王言生成機制的探討（第四章）。這一部份的研究借鑒了漢代王言生成運作的研究成果，而將北魏王言劃分爲第一品和第二品兩類機制〔註91〕。第一品是包括皇帝親詔、皇帝敕中書草詔兩種類型；第二品較第一品複雜，所以筆者分尚書省奏行文書（奏案）、臣僚表書啓、議三部份討論王言生成的類型、屬性與操作程序等問題。

以上三部份爲正文的研究問題與旨趣。如前所言，北魏王言的生成與運作關係到北魏各項政治制度的設計、醞釀與頒佈實施等環節，職是之故，研究北魏制度無法忽視王言的運作與功能，這是第四部份要討論的內容。

第四，在詔令的文本內容層面，依靠王言生成與運作機制，討論北魏政治決策、制度革創的形成過程，這便是「附文」的研究旨趣。「附文」中的《孝文帝門閥政策的設計與制度——以姓族詔書爲中心》一文，勾勒出詔書、制書、敕書等王言在孝文帝構築門閥制度與選舉制度中的作用與功能，便是本文探討王言政治史的一次嘗試。因限於時間與篇幅，本文在這一研究中並未完全展開，只暫時列一「附文」，以待日後充實。

綜上，本文由「序章」、正文、「附文」三個部份構成。正文側重王言制度史維度，而「附文」側重王言政治史維度，二者構成研究北魏王言的兩個面向。正文雖是本文的主體內容，但並不意味著「附文」被邊緣化，二者存在內在理路的連結。「附文」是基於正文而在「詔曰」、「制曰」關節中延展開的另一層維度，即落實到「詔曰」的實體中探究其文本內容。藉此，本文嘗試通過「附文」建立起王言與北魏政治運作的關聯，進而回歸到皇帝通過王言處理政務、行使皇權的本質上來。

〔註91〕「第一品王言」與「第二品王言」並非北魏當時的稱呼或用法，本文借用漢代王言分類作爲研究北魏王言制度的分類標準，是出於研究王言生成程序與類型等問題需要。對於這一問題，筆者在參加2016年3月北京大學第十二屆史學論壇並宣讀《北魏的「議」與王言生成》一稿時，曾受葉煒副教授的質疑，故在此處對主言之「品」特別作出交代，並致謝葉老師。

　　因文書行政關係到王朝的支配問題，而王言又是文書行政的核心內容，故而可通過王言之制的研究管窺一王朝的支配體制與支配理念〔註92〕。本文開展的北魏王言制度課題的研究，在試圖呈現北魏王言體制、文書樣貌的同時，亦希冀在其生成、出納以及執行層面探究王言的運作流程與功能，呈現以「王言」爲線索的北魏政治史。

〔註92〕　〔日〕中村裕一：《隋唐王言の研究》，第 19 頁。

第一章　王言的種類與制式

秦王嬴政建皇帝號時，改「命」爲「制」、「令」爲「詔」〔註1〕。里耶秦簡第八層 8-461 記載「王遣曰制遣。以王令曰【以】皇帝詔。承【命】曰承制。」又云「受（授）命曰制。□命曰制。爲謂□詔。」〔註2〕與之相較，《漢禮儀》云「天子稱尊號曰皇帝，言曰制，補制言曰詔」〔註3〕。兩類記述雖有不同，然皆證明「制」的等級高於「詔」〔註4〕。

漢承秦制，在「制」、「詔」基礎上形成四種王言之制。據《漢制度》載：

> 帝之下書有四：一曰策書，二曰制書，三曰詔書，四曰誡敕。
〔註5〕

又蔡邕《獨斷》曰：

> 天子之言曰制詔，其命令，一曰策書，二曰制書，三曰詔書，四曰戒書。〔註6〕

〔註1〕　《史記》卷六《秦始皇本紀》，北京：中華書局，1959 年，第 236 頁。

〔註2〕　陳偉主編：《里耶秦簡牘校釋》（第一卷），武漢：武漢大學出版社，2012 年，第 156 頁。「□命曰制」，校勘【16】認爲「命曰制」之前疑爲「出」，見第 158 頁。

〔註3〕　應劭撰：《漢官儀》卷上引《漢禮儀》，〔清〕孫星衍等輯，周天遊點校：《漢官六種》，北京：中華書局，1990 年，第 124 頁。

〔註4〕　馬怡研究指出，「命」、「令」有別，「制」、「詔」亦有別，「作爲告諭文書的詔書，即狹義之詔書，其等級不及制書」。參見馬怡：《漢代詔書之三品》，第 67 頁。

〔註5〕　《後漢書》卷一《光武帝紀》建武元年九月「辛未詔」所引李賢注，北京：中華書局，1965 年，第 24 頁。

〔註6〕　〔南朝梁〕劉勰著，黃叔琳注，李詳補注，楊明照校注拾遺：《增訂文心雕龍校注》卷四《詔策第十九》，北京：中華書局，2012 年，第 262 頁。《唐六典》「中書省‧中書令」條注文引《獨斷》稱「漢制，天子之書，一曰冊書，二曰制書，三曰詔書，四曰戒敕。」〔唐〕李林甫撰，陳仲夫點校：《唐六典》

四者形制與體例存在差異，對此，《漢制度》與《獨斷》皆有明確記載，詳細討論見於後文。據《獨斷》，漢代已將嬴秦的皇帝「命令」文書擴展爲「策書」、「制書」、「詔書」、「戒書」四類，成爲魏晉南北朝因襲不改的基本體制。《文心雕龍》所載雖是漢制，實與南朝的王言制度基本契合。《唐六典》「中書省‧中書令」條「王言之制有七」後的注文曰：

> 自魏、晉已後因循，有冊書、詔、敕，總名曰詔。皇朝因隋不改。〔註7〕

魏晉已降，「詔」已經具有狹義和廣義用法，《唐六典》所言「總名曰詔」即是言之。《文心雕龍》與《唐六典》雖然皆未述及南北朝的「制書」，卻不意味著「制書」已然淡出文書行政領域〔註8〕，它在南北朝時期依然行用，特別是北魏創制立事過程中起到了極強的政治功能，詳見後文。即便如此，魏晉南北朝時期的王言制度，依然發生了多重面向的變動，文書體制便屬於其中一種。

晉氏中興以後，詔書「體憲風流矣」，出現「今詔重而命輕」現象〔註9〕，詔書的文書地位超過了制書。並且在王言體制內，形成一種文書理論，據《文心雕龍‧詔策》記載：

> 夫王言崇秘，大觀在上……故授官選賢，則義炳重離之輝；優文封策，則氣含風雨之潤；敕戒恒誥，則筆吐星漢之華；治戎燮伐，則聲有洊雷之威；眚災肆赦，則文有春露之滋；明罰敕法，則辭有秋霜之烈：此詔策之大略也。〔註10〕

卷九「中書省‧中書令」條，北京：中華書局，1992 年，第 274 頁。馬怡認爲，要分辨漢代詔書的種類，應以文書用語「其文」作爲依據，然而又退一步指出「其文」只是詔書的局部表徵，亦不能作爲唯一根據，參見馬怡：《漢代詔書之三品》，第 67 頁。

〔註7〕〔唐〕李林甫等撰，陳仲夫點校：《唐六典》卷九「中書省‧中書令」條，第 274 頁。

〔註8〕代國璽認爲制書在魏晉南北朝時期已經消失，參見代國璽：《漢代公文書形態新探》，第 49 頁。代氏的立論根據是《唐六典》未言及魏晉南北朝時期的制書，筆者不贊同代氏之說。本文對制書的討論詳見下文。

〔註9〕〔南朝梁〕劉勰著，黃叔琳注，李詳補注，楊明照校注拾遺：《增訂文心雕龍校注》卷四《詔策第十九》，第 262、264 頁。制書與詔書的文本屬性不同，前者側重制度之命，訓誥典章；後者乃告諭性質，偏重文學，南朝詔書之盛行，賴文學之力。

〔註10〕〔南朝宋〕劉勰著，黃叔琳注，李詳補注，楊明照校注拾遺：《增訂文心雕龍

然而繼承漢魏傳統的北魏，其王言制度並未走向「晉氏中興」以後的南朝系統中，而是持護著漢魏與鮮卑舊制，這一點鍛造了北魏不同於南朝的政治性格。直至孝文帝改易新制，南北朝的王言制度才出現合流之勢，並孕育出新的王言生成與運作風貌。隋唐承之，成就典式。

在論述北魏王言制度之前，還需要粗述淵源有自的唐代王言，以之反觀北魏。據《唐六典》「中書省‧中書令」條載：

> 凡王言之制有七：一曰冊書，二曰制書，三曰慰勞制書，四曰發日敕，五曰敕旨，六曰論事敕書，七曰敕牒。皆宣署申覆而施行焉。〔註11〕

漢代形成的策書、制書、詔書、戒敕四種王言之制，至唐發展為七種王言，其中最為穩定的是策書，而變化最大的則是「詔書」，即武則天天授元年「改詔為制」，原「制書」依舊。原本璽封的詔書單獨發展為一種文書——慰勞制書。詔書至唐時已經細化為發日敕、敕旨、敕牒三項，而戒敕已經不再沿用，以論事敕書（慰諭公卿，誡約臣下則用之）的形式出現〔註12〕。

《漢制度》、《獨斷》在記載漢代王言種類時，一併對不同王言的體制進行了詳細闡釋，而《唐六典》在這句正文之後，不厭其煩的注解漢代王言的宣行之制，可知王言的範疇並不局限於幾種文書類型，還涵括了生成機制、適用場合、公文書式等面向。這也是學界孜孜以求的研究課題。自大庭脩藉助簡牘復原漢武帝元康五年詔書冊，至中村裕一對隋唐王言及公文書式的整體性研究，先後為漢唐公文書學與文書行政研究樹立了標杆。而處於漢唐之間的魏晉南北朝，因史料有限，使得王言體制與公文書式成為學界研究的薄弱環節。這便是本章重點討論的第二個問題。

本章的第一個研究問題是北魏的王言之體，依漢制可劃分為策書（冊書）、制書、詔書、敕書四種，但魏晉南北朝時期產生了一種「璽書」體制，雖然與詔書有關，但書式、生成程序不同，故單獨列一種，所以本章所探究的王言之制有五類。

校注》卷四《詔策第十九》，第 263 頁。

〔註11〕　〔唐〕李林甫等撰，陳仲夫點校：《唐六典》卷九「中書省‧中書令」條，第273～274 頁。

〔註12〕　宋靖：《唐宋中書舍人研究》，哈爾濱：黑龍江大學出版社，2010 年，第 39頁。

第一節 策書（冊書）

策書，作為王言的一種，構成中古冊封制度的主要研究內容。中村裕一將冊書定位為「禮儀性的王言」、「最重要的王言形式」，同時也是漢唐之際最為穩定的一種王言體制〔註13〕。北魏及魏晉南北朝的策書體制（包括文書體、書式、功能與使用對象），基本承續了漢制。

一、兩漢魏晉的策書形態簡述

策書作為王言之體，形成於漢代，蔡邕《獨斷》曰：

> 策書者，簡也。禮曰：不滿百文，不書於策。其制長二尺，短者半之，其次一長一短。兩編，下附篆書，起年、月、日，稱「皇帝曰」，以命諸侯王、三公。其諸侯王、三公之薨於位者，亦以策書諸謚其行而賜之，如諸侯之策。三公以罪免，亦賜策，文體如上策而隸書，以一尺木兩行，唯此為異者也。〔註14〕

「策書」是古代冊封制度的核心文書之一，依漢制，其功能在於冊封諸侯、封拜三公，策書起首式是「年月日，皇帝曰」。至於策書的文本載體——簡，存在二尺、一尺的固定規格，而普通簡的長度是一尺〔註15〕。僅就文書規格而言，策書與詔書、制書存在明顯的差異。另外，封策以篆書書寫，一簡一行，免三公之策則以隸書書寫，規格降為一尺木兩行。

這一制度至北齊時期，仍有明顯的傳承迹象，據《隋書‧禮儀志》載：

> 諸王、三公、儀同、尚書令、五等開國、太妃、妃、公主恭拜冊，軸一枚，長二尺，以白練衣之。用竹簡十二枚，六枚與軸等，六枚長尺二寸。〔註16〕

至北齊冊封諸王、三公等仍以竹簡作為載體。策書由十二枚竹簡構成，二尺簡與尺二寸簡各六枚，與漢制「其制長二尺，短者半之」基本相同，那麼這十二

〔註13〕〔日〕中村裕一：《隋唐王言の研究》，第29、20、389頁。
〔註14〕〔漢〕蔡邕：《獨斷》卷上，〔清〕永瑢、紀昀等編纂：《文淵閣四庫全書》第850冊《子部十‧雜家類二》，上海：上海古籍出版社，2003年，第850～78頁。《漢制度》基本與之相同，不煩引述，可參見《後漢書》卷一上《光武帝紀》引《漢制度》注「詔曰」，第24頁。
〔註15〕關於漢代簡牘長度的考察，參見〔日〕富谷至：《文書行政的漢帝國》，劉恒武、孔李波譯，南京：江蘇人民出版社，2013年，第25～42頁。
〔註16〕《隋書》卷九《禮儀志》，北京：中華書局，1973年，第175頁。

枚簡的編排次序也應當是一長一短。作爲禮儀性的策書，使用長短簡互相編綴，但「材料同一」當無疑義﹝註17﹞。北齊時期使用的策封文字亦是篆書。

　　不過《獨斷》與《漢制度》都沒有記述的是，策書的形成前提是冊命詔書。即便策書是策封程序中的最重要文書，可是整個策封程序的完成必然要頒行冊命詔書﹝註18﹞。據丁孚《漢儀》載：

　　　　夏勤策文，曰：「維元初六年三月甲子，制詔以大鴻臚勤爲司徒。曰：『朕承天序惟稽古，建爾于位爲漢輔。（云云）可不慎與！勤〔其〕戒之！』」﹝註19﹞

依《獨斷》和《漢制度》，疑「曰」之前略去了「皇帝」。這篇策書屬於策拜三公的情況，就策文內容可以推知該策書是在策命制書的基礎上加工而成。策拜夏勤爲司徒屬於策拜三公的類型，在整個策封程序中，第一道程序是「制詔以大鴻臚卿勤爲司徒」，即「制詔以某爲某」，第二道程序是付有司擬定策書﹝註20﹞，即「皇帝曰：云云」，而「維元初六年三月甲子」則是「制詔」生成的時間。兩道程序完成後，便是擇日舉行策封儀式﹝註21﹞。整個策封程序由制詔、策書、策封禮儀（包括宣讀策命﹝註22﹞、受印綬等儀式）三個環節構成。

　　不過《漢制度》與《獨斷》所載只是策書的一種類型，即封策（立策、廢策），卻未述及策書的其它類型。據史載，策拜三公亦有使用策書的情況﹝註23﹞，這種功能與冊封諸侯不同。關於「冊書」的使用，存在諸種類型，

﹝註17﹞〔日〕大庭脩：《漢簡研究》，徐世虹譯，第11頁。

﹝註18﹞李俊芳指出在策封禮儀中，制書、策書在整個策封程序中產生於不同的環節，並且在不同環節中發揮效能，不過只有制書下達後，策書才能產生。參見李俊芳：〈漢代冊命諸侯王禮儀研究〉，《中國史研究》2010年第2期，第96頁。代國璽在李氏研究基礎上指出，在策封爵位、任命三公的過程中，策書和制書分司著不同的職能，制書是任命文書，下達對象是官僚機構；而策書則是一種禮儀性文書，下達對象是個人，參見《漢代公文形態新探》，第36、38頁。

﹝註19﹞《後漢書志·禮儀志中》「制詔其某爲某」注文，第3121頁。「可不慎與！勤〔其〕戒之」乃冊書結束語。

﹝註20﹞相關研究可參閱李俊芳：〈漢代冊命諸侯王禮儀研究〉，第96～97頁。

﹝註21﹞漢代策封儀式可參見《後漢書志·禮儀志中》，第3120～3121頁。

﹝註22﹞在冊封儀式中宣讀策書，是告誡王公，並提出期許和要求，確立封爵體系內的君臣關係，參見代國璽：《漢代公文形態新探》，第37頁。

﹝註23﹞如冊拜董賢爲大司馬、衛將軍，冊書用語是「可不慎與」，《漢書》卷九三《恩倖·董賢傳》，北京：中華書局，1962年，第3736頁。

如以「冊書」批答臣下上疏，書式是「皇帝問」〔註24〕，功能類似於璽書。漢丞相翟方進被冊免、自殺後，皇帝採用「冊書」賜贈，即「贈冊」。

漢代已降，冊書之體略有發展，種類、功用亦趨繁雜，據《文體明辨序說》：

> 古者冊書施於臣下而已，後世則郊祀、祭享、稱制、加諡、寓哀之屬，亦皆用之，故其文漸繁。彙而辨之，其目凡十有一：一曰祝冊，郊祀祭享用之。二曰玉冊，上尊號用之。三曰立冊，立帝、立后、立太子用之。四曰封冊，封諸侯用之。五曰哀冊，遷梓宮、及太子諸王大臣薨逝用之。六曰贈冊，贈號、贈官用之。七曰諡冊，上諡、賜諡用之。八曰贈諡冊，贈官並賜諡用之。九曰祭冊，賜大臣祭用之。〔註25〕

冊書按用途可分為立冊、哀冊、即位冊、諡冊和尊號冊，這也是其使用場合不同、功用亦不同的表現。西晉時的策書在漢制「皇帝曰」的基礎上又產生「皇帝咨某官某」的書式，如馬汧督之子敦卒，皇帝下策書：

> 策書曰：「皇帝咨故督守關中侯（馬汧督）：馬敦忠勇果毅，率屬有方，固守孤城，危逼獲濟，寵秩未加，不幸喪亡，朕用悼焉。今追贈衙門將軍，印綬，祠以少牢。魂而有靈，嘉茲寵榮。」
> 〔註26〕

這是策書使用類型之一種——策贈，「咨」的對象既可以是生者，也可以是已故者。據《晉書・元敬虞皇后傳》載：

> 太興三年，冊曰：「皇帝咨前琅邪王妃虞氏：朕祇順昊天成命，用陟帝位。……今遣使持節兼太尉萬勝奉冊贈皇后璽綬，祀以太牢。魂而有靈，嘉茲寵榮。」〔註27〕

〔註24〕 《漢書》卷五八《公孫弘傳》，第 2618 頁。《漢書》卷八四《翟方進傳》，第 3422～3424 頁。興振案：冊免丞相翟方進，與漢末哀帝時冊詔免彭宣大司徒官相同。參見《漢書》卷七一《彭宣傳》，第 3052 頁。

〔註25〕 〔明〕吳訥著，于北山校點：《文章辨體序說》；〔明〕徐師曾著，羅根澤校點：《文體明辨序說》，北京：人民文學出版社，1982 年，第 116 頁。

〔註26〕 〔梁〕蕭統編，〔唐〕李善、呂延濟、劉良、張銑、呂向、李周翰注：《六臣注文選》卷五七《馬汧督誄文》（晉元康七年九月十五日卒），北京：中華書局，2012 年，第 1054 頁下欄。

〔註27〕 《晉書》卷三二《后妃下・元敬虞皇后傳》，北京：中華書局，1974 年，第 971 頁。

這屬於冊贈的情況，即贈皇后封號使用冊書。封太子、太子妃〔註28〕亦用冊書。

北魏策書體制，近習魏晉之法，策書類型多與魏晉時期相似，主要體現在策書的類型與書式方面。

二、北魏策書的基本類型

北魏的策書按照使用對象、功能可分爲封策、諡冊、贈策、祝冊、金冊、立冊六種。

（一）諡冊、贈冊、封策

《魏書》所見賜太子諡號的冊文，被剔除了冊書書式，據《魏書·世祖紀下》載世祖賜太子拓跋晃諡冊：

> （正平元年六月庚午）冊曰：「嗚呼！惟爾誕資明叡，岐嶷夙成。正位少陽，克荷基構。賓於四門，百揆時敘；允釐庶績，風雨不迷。宜享無疆，隆我皇祚，如何不幸，奄焉徂殞，朕用悲慟于厥心！今使使持節兼太尉張黎、兼司徒竇瑾奉策，即柩賜諡曰『景穆』，以顯昭令德。魂而有靈，其尚嘉之。」〔註29〕

拓跋晃諡冊冊書原貌已不可見，若與元敬虞皇后冊諡書書式相較，則可將「冊曰：云云」視作「策曰：云云」，唯「皇帝咨」部份闕。冊文結束語「魂而有靈，其尚嘉之」與虞皇后冊文「魂而有靈，嘉茲寵榮」屬於同一模式。

這道諡冊文還涉及「冊」與「策」的用法問題，從史臣用語「冊曰」與冊文「司徒竇瑾奉策」一語來看，「冊」與「策」在北魏是通行的。北魏的策書還行用於贈官場合，如《司馬悅墓誌》（北魏永平四年二月）所載：

> （司馬悅卒）朝遣謁者，策贈平東將軍青州刺史，諡曰莊，禮也。〔註30〕

「策贈」的情況並不是很多，與之相較，「詔贈」似乎更爲常用，這種情況的記載常見於墓誌。據《宗欣墓誌》（武定三年十月）：

> （興和三年）詔曰：宣威將軍平遙縣令宗君妻韓，能循法度，多所閑習，出入宮掖，抑有劬勞。可北□州定□郡君。〔註31〕

〔註28〕《晉書》卷三一《后妃上·惠賈皇后傳》，第963頁。
〔註29〕《魏書》卷四下《世祖紀下》，第109頁。
〔註30〕趙超：《漢魏南北朝墓誌彙編》，天津：天津古籍出版社，2008年，第58頁。
〔註31〕趙超：《漢魏南北朝墓誌彙編》，第367頁。

「可北□州定□郡君」屬於策命用語，下達對象是有司，由有司擬定策書下達，這一問題詳見於下文對策書製作的探討中。從策命對象「宣威將軍平遙縣令宗君妻韓」來看，文書要下達到平遠縣，文書傳達者是「謁者」之類的專使，即「謁者奉冊」。如孝文帝冊傅永，「遣謁者就豫州策拜永安遠將軍、鎮南府長史、汝南太守、貝丘縣開國男，食邑二百戶」〔註32〕。

策封屬於政務性活動，卻與政務系統的公文書制書、詔書的傳遞方式存在差異，特別是在策書中，「皇帝」出現於起首語中，制書、詔書等政令文書則無此用法，體現在文書用語上便是「皇帝咨某官某」、「皇帝問某官某」與「制詔御史」、「門下」的文書模式。在整個策封過程中，冊命詔書屬於公文書，故而行用詔書式，需要經過門下省審署下達，如貞觀十二年冊封公主詔即是如此。冊書則行用「皇帝問某官某」的書式，屬於禮儀性的文書，由冊封詔書形成的冊書在下達程序上則不需要經過門下省的審查〔註33〕。二者的不同，由行政程序及行用對象所決定。

（二）金　冊

據《魏書・高祖紀》載：

> （太和五年）夏四月己亥，行幸方山。建永固石室於山上，立碑於石室之庭，又銘太皇太后終制於金冊。〔註34〕

「金冊」即玉冊金字，係馮太后生前所頒行的遺命文書。馮太后去世後，圍繞諒闇一事，群臣根據馮太后書於「金冊」之上的「終制」（遺囑）〔註35〕屢屢進諫孝文帝，甚至上演宗室、勳臣逼宮勸諫的一幕。（太和十四年）九月，安定王休等宗室、勳臣，率百僚詣闕上表曰：

> 上靈不弔，大行太皇太后崩背，溥天率土，痛慕斷絕。伏惟陛下孝思烝烝，攀號罔極。臣等聞先王制禮，必有隨世之變；前賢創法，亦務適時之宜。良以世代不同，古今異致故也。三年之喪，雖則自古，然中代已後，未之能行。先朝成式，事在可準，聖后終制，刊之金冊。……請展安兆域，以備奉終之禮。〔註36〕

〔註32〕《魏書》卷七○《傅永傳》，第1552頁。
〔註33〕〔日〕中村裕一：《唐代公文書研究》，第619頁。
〔註34〕《魏書》卷七上《高祖紀上》，第150頁。
〔註35〕屬於金冊之中的「終制」凝結了馮太后的法令權威。「終制」是死者身後之葬禮、子女服制的規定。〔梁〕蕭繹撰，許逸民校箋：《金樓子校箋》（上）卷二《終制篇第四》，北京：中華書局，2011年，第442～443頁。
〔註36〕《魏書》卷一○八《禮志・喪服上》，第2777～2778頁。

終馮太后臨朝時期，有一部金冊典垂後世，即太和四年終制金冊，而這也是孝文帝與宗室、勳臣在馮太后喪制上的分歧所在。金冊之文已不可考，根據前引史料來看，金冊所記內容的核心應該是喪制，推此而言，金冊可能是以制書（詔書）頒佈的冊文，文書屬性已經超出了冊命的範疇。

（三）禪讓冊

除了上文所述常規性的冊書，還有一種較爲特殊的冊書，即禪讓冊。這種文書產生於漢代，在魏晉南北朝時期王朝交替中演化爲一種獨立的文書體制，而且在禪讓程序中構成幾種文書的重要一環。

禪讓冊文用語，是從封冊用語演化而來，其最初用語是「咨爾某」，始於王莽篡漢之時的策書「咨爾嬰：……往踐乃位，毋廢予命」〔註37〕。至漢獻帝禪位曹丕：

> 使兼御史大夫張音持節奉璽綬禪位，冊曰：「咨爾魏王：昔者帝堯禪位於虞舜……君其祗順大禮，饗兹萬國，以肅承天命。」

〔註38〕

漢獻帝禪讓冊書用語「咨爾魏王：（云云）」當是由「咨爾嬰」演化而來。禪讓冊還有另一版本，據袁宏《漢紀》載：（十月）乙卯，冊詔魏王禪代天下曰：「惟延康元年十月乙卯，皇帝曰，咨爾魏王：夫命運否泰，依德升降……使使持節行御史大夫事太常卿音，奉皇帝璽綬，王其永君萬國，敬御天威，允執其中，天祿永終，敬之哉！」〔註39〕，曹魏陳留王禪讓司馬炎的策書用語是「咨爾晉王：（云云）」〔註40〕，至東晉恭帝禪位於劉裕，也是採用的「咨爾某」的冊書用語〔註41〕。漢魏、兩晉的禪讓程序，存在禪讓詔書與禪讓冊書兩、璽書三類王言。至東晉恭帝禪位於劉裕時，則具有敦諭性質的璽書已固化到禪讓程序的系列文書中，璽書曰「王其允答人神，君臨萬國，時膺靈

〔註37〕《漢書》卷九九中《王莽傳中》，第4099～4100頁。

〔註38〕《三國志·魏書》卷二《文帝紀》，北京：中華書局，1959年，第62頁。

〔註39〕在《漢紀》中，這道冊書在魏王上書中被記爲「璽書」，書曰「皇帝陛下：奉被今月乙卯璽書，伏聽冊命（云云）」。同月壬戌冊詔「皇帝問魏王言：遣宗奉庚申書到，所稱引，聞之。（云云）」亦被記爲「壬戌璽書（云云）」，其書式「皇帝問某」與兩晉南北朝書式相同。《三國志·魏書》卷二《文帝紀》「改延康爲元康，大赦」注引袁宏《漢紀》，北京，中華書局，1959年，頁67、70～71。

〔註40〕《晉書》卷三《武帝紀》，第50頁。

〔註41〕《宋書》卷二《武帝紀》，北京：中華書局，1974年，第46～47頁。

祉，酬於上天之眷命」。在東晉的禪讓程序中，首先由中書官起草禪讓詔書，形成詔草後交由晉恭帝「使書之」，而後製作禪讓冊書，與禪讓詔書屬於不同文本，且內容不同。最後，在兩個文書環節完成後，頒佈禪讓璽書，使使者奉璽綬禪位〔註42〕。齊、梁之制，亦復如是。

在禪讓程序中增加一道本來就具有告諭性質的璽書，一則強化了禪讓程序，二則使得敦諭、勸勉劉裕「受天命」的功能更加強烈了，如此也強化了皇權轉移的合法性。

漢魏南朝的禪讓冊基本出現於王朝更替之際，與之相較，北魏的禪讓冊既出現於王朝更替中，亦出現於帝位更替之時，且頻率之繁已非魏晉南朝所能相比。北魏最早的禪位冊見於獻文帝時期，皇興五年（471）八月丙午冊命太子宏曰：

（i）昔堯舜之禪天下也，皆由其子不肖。若丹朱、商均能負荷者，豈搜揚反陋而授之哉？爾雖沖弱，有君人之表，必能恢隆王道，以濟兆民。（ii）今使太保、建安王陸馛，太尉源賀持節奉皇帝璽綬，致位於爾躬。（iii）其踐升帝位，克廣洪業，以光祖宗之烈，使朕優游履道，頤神養性，可不善歟？〔註43〕

丙午冊〔註44〕的內容可分為三部份，第一部份屬於禪讓的理論根據是「恢隆王道」，第二部份陳述禪讓儀式的執行者，第三部份旨在告諭拓跋宏即帝位後「克廣洪業」。與漢魏南朝王朝更替時的禪讓冊相較，該冊書不涉及天命轉移的問題，這或許是兩類禪讓冊的區別所在。

一般而言，禪位冊意味著帝位的轉移，同時王言之權亦隨之轉移，但是北魏的這一情況比較特殊。獻文帝禪位後，稱太上皇帝，仍具有王言之權，這種情況與北齊武成帝稱太上皇帝時仍行用王言相同。

在載錄丙午冊時，不像南朝史書所保留的「咨爾宋王」、「咨爾齊王」書式那般，《魏書》進行了裁減，只保留了主體內容，這為北魏的冊書式研究造成了很大障礙。今僅見的保留了書式的一道禪讓冊書，載於《洛陽伽藍記》：

（尒朱）世隆等廢長廣而立焉。禪文曰：「皇帝咨廣陵王恭：自我皇魏之有天下也，累聖開輔，重基衍業，奄有萬邦，光宅四海，

〔註42〕《宋書》卷二《武帝紀》，第45～48頁。

〔註43〕《魏書》卷六《顯祖紀》，第131頁。

〔註44〕興振案：依詔書採用干支命名之法，稱此冊書為丙午冊。

故道溢百王，德漸無外。而孝明晏駕，人神乏主。柱國大將軍大丞
相太原王榮，地實封陝，任惟外相，乃心王室，大懼崩淪，故推立
長樂王攸以繼絕業。……於是天下之望，俄然已移。竊以宸極不
可久曠，神器豈容無主？故權從眾議，暫馭兆民。今六軍南邁，已
次河浦，瞻望帝京，赧然興愧。自惟寡薄，本枝疏遠，豈宜仰異天
情，俯乖民望？惟王德表生民……便敬奉璽綬，歸於別邸。王其寅
踐成業，允執其中，雖休勿休，日慎一日，敬之哉！」〔註45〕

據《魏書》，這道禪讓書的政治背景是，莊帝建義三年（530）十月尒朱世隆、
尒朱兆共立長廣王曄為主，十二月甲子弒莊帝於晉陽，建明二年（531）二月己
巳元曄禪位於元恭。《魏書》未將長廣王曄列為一帝，然而建明二年的禪位儀式
中，元曄確然行使了皇帝之權，將北魏的法統交給了廣陵王恭，即前廢帝。

　　元曄禪位的原因是「尒朱世隆等以元曄疏遠」，「將謀廢立」。元曄為景穆
太子一系，元恭與莊帝為獻文之孫、孝文之侄，兩形相較，元恭為近屬。與
丙午冊相較，元曄的禪讓冊在謀篇佈局上更勝一籌，而且冊書用語採用的是
王朝內部帝位禪讓的用語，注重在同宗共祖的廟制序列中基業與神器的傳承。

　　禪讓冊是一種特殊形態的文書，只產生於皇位禪讓之際，這種政治現象
終北魏一朝有五例——獻文帝禪位於孝文帝、長廣王曄禪位於前廢帝恭、後
廢帝禪位於孝武帝（出帝）、東魏孝靜帝禪位於高洋、西魏恭帝禪位於宇文
覺。前三例只是在拓跋宗室之內禪讓，未影響到北魏的國祚，而第四、第五
例是異姓禪讓，意味著北魏天命與國祚的轉移。在這種情形下，孝靜帝、恭
帝的禪位冊與魏晉南朝的禪讓冊具有相同的政治功能。

　　說到禪讓冊的政治功能，前揭北魏五例禪讓冊書，存在兩種政治功能：
其一，象徵一朝或一王朝最後一道王言，第四、五例屬此情況；其二，構建
下一代皇帝或王朝的法統（合法性），五例皆是如此。

　　然而禪讓冊書只是禪位程序中的一環，在王言體制中，還有一種與禪位
冊密切相關的王言——禪位詔書（制書）。在北魏乃至魏晉南北朝禪讓程序
中，禪位冊並非完全獨立地支撐著皇權與國運的轉移。作為冊書體的一種類
型，禪讓冊與冊封文書一樣，不是作為單獨的一種王言發揮著文書機能。禪
讓冊的形成與效力，還離不開禪讓詔書，後者是前者的充分條件。如：

〔註45〕【魏書】楊衒之撰，周祖謨校釋：《洛陽伽藍記校釋》卷二「城東・平等寺」
　　　　條，北京：中華書局，2010年第2版，第82～84頁。

> （中興二年，高歡敗尒朱氏，入洛）使斛斯椿奉勸進表。……
> 於是假廢帝安定王詔策而禪位焉。〔註46〕

後廢帝禪位於孝武帝，同樣是以與孝文帝的親疏爲標準。後廢帝禪位時，採用了詔書和禪位策書，但二文不見史載。毋庸置疑的是，在北魏末期的禪讓程序中，禪讓詔書必先於冊書產生。東魏武定八年五月丙辰，孝靜帝下禪位詔，戊午，高洋即帝位，便反映了這種程序，據《北史》載：

> 及將禪位於文宣，襄城王旭及司徒潘相樂、侍中張亮、黃門郎趙彥深等求入奏事。帝在昭陽殿見之，旭曰……帝便斂容答曰：「此事推挹已久，謹當遜避。」又云：「若爾，須作詔書。」侍郎崔劼、裴讓之奏云：「詔已作訖。」即付楊愔進於帝，凡十條，書訖，曰（後略）〔註47〕

這條材料反映了禪讓詔書是禪位程序中的必經程序，即孝靜帝對中書省草擬的禪讓詔草「十條」畫可——「書訖」，這是禪讓程序中最關鍵的一環。禪讓詔書下達之後，孝靜帝遜位別宮「又使兼太尉彭城王韶、兼司空敬顯儁奉冊禪位，致璽書於帝（高洋），並奉皇帝璽綬」〔註48〕。這不僅與前揭南朝禪位程序、制度相同，亦與西魏恭帝禪讓程序別無二致〔註49〕。原本奉皇帝璽綬與冊書一同下達，現在奉皇帝璽綬轉移到璽書下達的環節中了。在禪讓詔書之後形成的禪讓冊書、璽書，已經不需要孝靜帝參與，純屬禮儀性的文書活動。

在孝靜帝禪位的過程中，運作著三類王言文書：禪位詔書、禪位冊書、璽書，三者的文書功能各不相同——禪位詔書是禪讓程序中的第一道文書，即「須作詔書」，意味著禪讓命令的形成；禪位冊書是禪讓程序的第二環節，與之並行的是「奉皇帝璽綬」，皇權轉移；璽書乃告諭文書，勸勉新帝「祗順天命」、早登帝位，應當是輔助性文書，可從高洋「上表固辭」的做作中佐證之。

北魏的五次禪讓活動，皆有外部因素的干預，而且臣僚在禪位活動中所扮演的角色也不同。獻文帝禪位孝文帝之前，其意在弟，因群臣固諫，方禪位於孝文。北魏第一次禪位活動是當時政局變動的結果；而第二、三次禪位，突出的則是孝文帝的法統。

〔註46〕 《北史》卷五《魏紀・孝武帝紀》，北京：中華書局，1974 年，第 170 頁。
〔註47〕 《北史》卷五《魏紀・東魏孝靜帝紀》，第 197 頁。
〔註48〕 《北史》卷七《齊紀・文宣帝紀》，第 245 頁。
〔註49〕 西魏恭帝三年十二月庚子，頒佈禪位於宇文覺的詔書之後「又使大宗伯趙貴持節奉冊書」，《周書》卷三《孝閔帝紀》，第 45 頁。

（四）皇帝與天命的建構載體：祝冊

祝冊不僅是冊書中的特殊一種，亦是王言體制中風貌、屬性完全不同於其它文書的存在。「諭祭文，自古及今用之，蓋王言之一體也。」〔註50〕

祝冊是較爲特殊的一種冊書體，不僅是因爲使用對象與場合較爲特殊，而且用法、功能也比較複雜。作爲行用於臣下的冊書，建構出了一種「皇帝——臣」關係模式——冊封。同是冊書的一種，祝冊旨在建構的關係模式不是通過冊封，而是通過郊天祭地建構出一種「天地（君）——天子（臣）」的關係模式。尾形勇氏研究指出，「天子」與「天地」之間所確立的是一種「君臣關係」，以「天子」臣「天地」，以「皇帝」臨「眾臣」，並構造出三者之間的關係特徵〔註51〕：

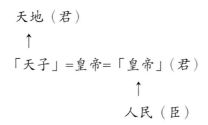

這種構造存在兩個環節：其一，建立皇帝號；其二，郊祀「柴燎告天」。前者成立的標誌是「受皇帝璽綬」，後者成立的媒介是郊祀天地的祝冊文與祭祀儀式〔註52〕。祝冊在第二個環節中發揮的功能就是實現「皇帝」號與「天子」號的對接，宣示皇帝天命所由。從這一點來看，祝冊在冊書體乃至王言中所處的地位較爲特殊，已經超出了冊封臣僚的範疇。

天興元年（398），拓跋珪於平城即皇帝位後，即取魏晉之法「立壇兆告祭天地」，據《魏書·禮志》載：

> 祝曰：「皇帝臣珪敢用玄牡，昭告于皇天后土之靈：上天降命，乃眷我祖宗世王幽都。珪以不德，纂戎前緒，思寧黎元，龔行天罰。殪劉顯，屠衛辰，平慕容，定中夏。羣下勸進，謂宜正位居尊，以

〔註50〕吳訥著，于北山校點：《文章辨體序説》；徐師曾著，羅根澤校點：《文體明辨序説》，北京：人民文學出版社，1982年，第119頁。

〔註51〕〔日〕尾形勇：《中國古代的「家」與國家》，張鶴泉譯，北京：中華書局，2010年，第214～215頁。

〔註52〕無論北魏還是南朝，王朝建立之際的即位禮儀都有兩個環節，相關論述可參閲〔日〕尾形勇：《中國古代的「家」與國家》，第211～213頁。

　　副天人之望。珪以天時人謀，不可久替，謹命禮官，擇吉日受皇帝
　　璽綏。惟神祇其丕祚於魏室，永綏四方。」〔註53〕

這道祝文由兩部份構成：祝文起首語，「皇帝臣珪敢用玄牡，昭告於皇天后土
之靈」，在行祝文時拓跋珪的身份是「皇帝」，「皇帝臣珪」的使用對象是「皇
天后土之靈」，這一「臣某」形式是皇帝與天地建立臣屬關係、確立天子地位
的禮儀性程序。第二部份是祝文的主體內容，陳述了王業之基、稱帝之由、
祈願魏祚永昌三點主旨。通過祭祀天地這種「咒術性儀式」，拓跋珪建立了與
皇天后土的身份關係，即受「上天降命」而為「天子」。這一套理論承續魏晉
制度而來。

　　西晉泰始元年（265）十二月丙寅設壇於南郊，晉武帝柴燎告類於上帝曰：
　　　　皇帝臣炎敢用玄牡明告於皇皇后帝：魏帝稽協皇運，紹天明命
　　以命炎。昔者唐堯，熙隆大道，禪位虞舜（云云）〔註54〕

西晉的祝冊書儀被南朝所繼承，祭祀的對象都是「皇皇后帝」。北魏祝冊制
度雖然效法魏晉，然書儀用語則改變為「皇天后土之靈」。魏晉革命之際，
司馬氏稱帝後，即以「皇帝臣某」的形式郊祀天地，確立「天子」身份，通
過祝冊與祭祀大典建立與天地的臣屬關係。道武帝通過祝冊稱「皇帝臣珪」，
舉行祭天，亦是如此。

　　關於「皇帝臣某」模式，尾形勇氏有精闢論述：
　　　　王朝交替之際，新王朝的第一代皇帝首先通過領受「皇帝璽綏」
　　的儀式即「皇帝」位。接著舉行柴燎祭天的儀式，以「皇帝」的身
　　份親臨祭祀天地鬼神，昭告接受「皇帝」位的經過，重新乞求對「皇
　　帝」即位的追認和「受命」。通過這種咒術性儀式，「皇帝」又即了
　　「天子」之位。繼而大赦改元，把新王朝的建立宣告天下。〔註55〕

拓跋珪的祝冊文，正如尾形勇氏所分析，是拓跋珪即皇帝位後，以「皇帝臣」
的身份確立天命所屬。而且從祝冊書的內容也可以看出拓跋珪建立皇帝號的
關鍵是「平慕容，定中夏」，所「受皇帝璽綏」出自慕容燕〔註56〕，故祝冊
所昭示的法統出自慕容氏。

〔註53〕《魏書》卷一○八《禮志四‧郊祀上》，第2734頁。「后土之靈」後的標點乃
　　　　筆者所改，其根據在於後文出現的祝文書式。
〔註54〕《晉書》卷三《武帝紀》，第50～51頁。
〔註55〕〔日〕尾形勇：《中國古代的「家」與國家》，第213頁。
〔註56〕皇始二年十月甲申獲北燕所傳皇帝璽綏，《魏書》卷二《太祖紀》，第31頁。

　　與之相較，劉裕即皇帝位後，也同樣採用了祝冊的形式，據《宋書‧禮志》載：

> 永初元年（420）六月丁卯，設壇南郊，受皇帝璽綬，柴燎告類。策曰：「皇帝臣裕，敢用玄牡，昭告皇皇后帝：晉帝以卜世告終，曆數有歸，欽若景運，以命于裕。夫樹君司民，天下爲公，德充帝王，樂推攸集。……敬簡元日，升壇受禪，告類上帝，用酬萬國之嘉望。克隆天保，永祚于有宋。惟明靈是饗。」〔註57〕

劉裕的祝冊文與曹丕祝冊祭文「皇帝臣丕敢用玄牡昭告皇皇后帝」〔註58〕同。尾形勇氏的論述內容同樣可以用來解讀劉裕祝冊文。該祝冊晚於拓跋珪的祝冊，卻勝在天命理論之詳贍，且直言法統承續晉氏，而實現方式是「升壇受禪」，即受晉帝禪讓冊、皇帝璽綬。這是不同於拓跋珪祝冊的重要內容。

　　皇帝憑藉祝冊與天地建立起了溝通渠道，然而祝冊卻非唯一一道與天地鬼神溝通的王言文書。北魏除了確立法統與天命的祝冊文外，在祭祀系統的王言還有與山嶽河瀆（五嶽四瀆）之靈溝通的祭文。如《後魏高允祭岱宗文》：

> 維皇興二年，敢昭告於岱宗之靈：（前略）今大化既同，奄有淮岱，謹薦於岳宗之靈，尚饗。〔註59〕

「維某年，皇帝昭告於某」是祭文的文書用語，該祭文「敢昭告」之前可能省略了「皇帝」，引兩例爲證。其一，《後魏孝文帝祭河文》：

> 維太和十九年，皇帝告于河瀆之靈：坤元涌溢，黃瀆作珍，浩浩洪流，實裨陰淪。……朕承寶歷，克纂乾文，騰鶩淮方……保我大儀，惟爾作神。〔註60〕

其二，《後魏文帝祭濟文》：

> 維太和十九年，皇帝遣太常寺守散騎常侍景，昭告于濟瀆之靈：（云云）〔註61〕

此祭文仍是「皇帝昭告於某」的形式，只是孝文帝沒有親祭，而由散騎常侍

〔註57〕　《宋書》卷一六《禮志三》，第425～426頁。
〔註58〕　《三國志》卷二《魏書‧文帝紀》「改延康爲黃初，大赦」注文載《獻文帝傳》，第75頁。
〔註59〕　〔唐〕徐堅等著：《初學記》卷五「泰山」條，北京：中華書局，1962年，第96頁。
〔註60〕　〔唐〕徐堅等著：《初學記》卷六「河」條，第123頁。
〔註61〕　〔唐〕徐堅等著：《初學記》卷六「濟」條，第131頁。

充使者代爲祭祀。以上所舉兩例的對象爲二瀆，案漢魏之制「五嶽視三公，四瀆視諸侯」〔註62〕，北魏亦當如此。前揭祭文是皇帝直接下達給四瀆五嶽，與「皇天后土」（「皇皇后帝」）屬於不同等級的祭祀王言：前者（四瀆五嶽）在「皇帝——臣」的關係模式中，居於「臣」的地位；後者在「天（君）——皇帝（臣）」模式中，則居於「君」的地位，皇帝稱「臣」。祭祀王言在兩類關係模式中，建構起「皇帝」與天地神靈的溝通渠道。

作爲王言的祭文，製作完成後由侍臣充任使者宣祭，皇帝則不一定親臨。與祝冊文不同的是，在這一類祭冊中，沒有出現「皇帝臣某」的形式，而是直言「皇帝」，表明作爲祭祀的對象「四瀆五嶽」之地位不及「皇皇后帝」。

三、策書書式

冊書作爲王言的一種，體現的是「皇帝——臣下」關係模式的公文書，如前所揭，漢代已降，策書的書式有「皇帝問某官某」、「皇帝咨某官某」，即使祭祀系統的祝冊，也是以「皇帝臣某」或「皇帝某」起首，呈現了君臣關係模式。在對冊書類型的討論中，本文已經涉及到北魏冊書式，如禪讓冊中的「皇帝咨廣陵王恭」（元曄禪讓元恭）、「咨爾周公」（西魏恭帝禪讓宇文覺），以及祝冊中的「維太和十九年，皇帝告于河瀆之靈」。這兩種冊書用語，與漢魏冊書式相同。

前引《獨斷》載策書格式「起年、月、日，稱『皇帝曰』」，冊書皆以時間起首，自漢以來皆然，但起首時間的含義，學者存在爭議。李俊芳認爲「冊書起首即是冊命儀式舉行的時間」〔註63〕，亦即冊書施行而非製作的時間；王建榮則認爲是皇帝御畫日，亦即策書的生成的時間〔註64〕。本文採用後一種說法，即起首年月日是冊書的生成時間。

三國時期，漢中王劉備冊劉禪爲王太子，冊書書式爲：「惟章武元年五月辛巳，皇帝若曰：（云云）」〔註65〕。「皇帝若曰」始見於王莽依《周書》作大誥，其文曰「惟居攝二年十月甲子，攝皇帝若曰：（云云）」，因限於史料而難

〔註62〕《後漢書志・祭祀中》「禮比太社也」注文，第3185頁。《晉書》卷一九《禮志上》「吉禮」，第598頁。

〔註63〕李俊芳：《漢代冊命諸侯王禮儀研究》，第99頁。

〔註64〕王建榮：《五方唐代〈皇帝詔命〉冊書刻石考釋》，《文博》2014年第6期，第64頁。

〔註65〕《三國志・蜀書》卷三三《後主傳》，第893頁。

以確知這一用法在魏晉南北朝時期是否依然通行，至於南北朝常見的冊書式——「皇帝咨某」，或許說明「皇帝若曰」這一冊書用語廢而不用。

自宇文氏仿傚周制，「皇帝若曰」這一用法歷隋唐而成爲冊書固定用語，冊書的完整起首書式是「某年某月日，皇帝若曰：（云云）」，如：

乃下冊書，拜（楊）雄爲司空，曰：「維開皇九年八月朔壬戌，皇帝若曰：（云云）」〔註66〕

唐因隋制，武德八年李鳳（三歲）封國王冊書云：「維武德八年歲次乙酉二月乙丑朔五日乙巳，皇帝若曰：（云云）」〔註67〕。包括該冊書石刻在內，王建榮在研究李鳳墓出土的五通冊書刻石時，認爲其「起草、頒佈必然有嚴格的程序，從體例上看，唐高祖、太宗、高宗時期的冊書文體爲一種刻板模式，表現在冊書式上是『維年號年月日，皇帝若曰：云云』，冊書套用《尚書》帝王居高臨下的口諭爲其必用辭，形成次序僵化的行文規範」〔註68〕，此即針對冊書書儀而言。而這五通冊書「只是鳳閣所擬開篇的聖旨部份，並不完整」，「可不慎與的聖旨結束之後尙保存日期和官員的職銜署名」，即「日期爲鳳閣遵照指示草擬冊書後，皇帝前述表示同意的『御畫日』，與冊書之前的日期相同」。「冊書（詔書）作爲皇帝文書，應與詔書一樣，須經三省週旋，有司會簽，皇帝畫可」〔註69〕。

日本學者中村裕一根據唐昭宗乾寧四年（897）錢鏐鐵券署尾推定的冊書式是：

維元號某年歲次干支、某月干支朔、御畫日干支、皇帝若曰、咨爾云云。

中書令具官封姓名宣

中書侍郎具官封姓名奉

中書舍人具官封姓名行〔註70〕

中村氏復原的冊書起首式與周隋之制相同，根據漢末魏晉時期的冊書用語，似乎可以將南北朝時期的冊書起首式推斷爲「維元號某年歲次干支、某月干

〔註66〕《隋書》卷四三《楊雄傳》，第1216頁。

〔註67〕富平縣文化館，陝西省博物館、文物管理委員會編：《唐李鳳墓發掘簡報》，《考古》1979年第5期，第321～324頁。

〔註68〕王建榮：《五方〈唐代詔命〉冊書刻石考釋》，第63～64頁。

〔註69〕王建榮：《五方〈唐代詔命〉冊書刻石考釋》，第61頁。

〔註70〕〔日〕中村裕一：《隋唐王言の研究》，第29～30頁。

支朔、御畫日干支，皇帝咨某：云云」。因史料所缺，這一推斷是否成立還有待證驗。

四、策書的製作

策書在製作過程中，雜糅了多種因素，既有王言生成程序的問題，亦有文體風格的因素。策書的製作，至為重要的是程序問題。

據前文所揭，在策書生成之前，必有冊命詔書下達，魏晉時期已成定制，北魏因循不改。在北魏冊封體制中，策書的製作已成常規性活動，如元延明「服闋，初襲爵土……奉詔冊以流漣。」〔註71〕至於策書的製作是如何體現常規性的，可於生成的流程中管窺一斑。據《北史・高肇傳》載：

> （高）颺卒。景明初，宣武追思舅氏，徵肇兄弟等。錄尚書事、北海王詳等奏：「颺宜贈左光祿大夫，賜爵勃海公，諡曰敬。其妻蓋氏，宜追封清河郡君。」詔可。〔註72〕

由錄尚書事元詳領銜署位的奏行文書，提供了尚書省擬定的封贈方案，宣武帝御畫「可」表示同意，這意味著尚書省的奏書轉變為封贈命令的詔書。「詔可」是針對奏案中提出的方案——「宜贈」、「宜追封」而言，宣武帝對奏案畫可意味著後續運作——策書與冊封程序得以展開。可惜《高肇傳》所載只是整個封贈流程的前半部份，未能述及策書草擬及策書內容，以至於難以窺知後續運作的實態。

從上述事例來看，尚書省在奏行文書中提出的方案，構成策書生成的來源。要言之，「詔可」將尚書奏案納入到策書製作的環節中，是生成冊命詔書的第二種常規模式，具體論述詳見後文。在第二種模式中，還有與「詔可」不同的「詔曰」式冊命生成方式，據《李謐傳》載：

> 四門小學博士孔璠等學官四十五人上書曰：（云云）事奏，詔曰：「謐屢辭徵辟，志守沖素，儒隱之操，深可嘉美。可遠傍惠、康，近準玄晏，諡曰貞靜處士，並表其門閭，以旌高節。」遣謁者奉冊，於是表其門曰文德，里曰孝義云。〔註73〕

「事奏」即尚書奏事（奏案），「詔曰」是對奏案的批答，建立在奏案之上的

〔註71〕趙超：《漢魏南北朝墓誌彙編》，第287頁。

〔註72〕《北史》卷八〇《外戚・高肇傳》，第2684頁。

〔註73〕《魏書》卷九〇《逸士・李謐傳》，第1939頁。

「詔曰」與前揭「詔可」屬於冊書生成的兩種方式。謁者所奉之冊，則是根據冊命詔書擬定的冊書，而「表其門曰文德，里曰孝義云」大概就是冊書的主要內容。

根據前引「詔可」、「詔曰」來看，在策書製作的整個流程中，詔書是起草策書的文本依據。冊命詔書形成後，下達有司（主者施行），待策書草擬完成後，一併由使者宣行。前文所見「奉詔冊以流漣」及墓誌中多見的冊命詔書，便由此而來。

依據上述兩個事例，在策書製作流程中，尚書省可能扮演著不可或缺的角色，除尚書省的參與外，中書省和門下省是否在策書的製作流程中亦佔有一席之地呢？據《元湛墓誌》（建義元年七月）載：

> （永平四年）後以才麗，旨除中書侍郎。詔策優文，下筆兩流
> （後略）〔註74〕

草擬詔策乃中書省職任所繫，而詔策優文莫不引經據典、敦諭勸勉，或如《文心雕龍》所云「策封三王，文同訓典；勸誡淵雅，垂範後代」〔註75〕。又據《唐六典》「中書舍人」條載：

> 中書舍人掌侍奉進奏，參議表章。凡詔旨、制敕及璽書、冊命，
> 皆按典故起草進畫；既下，則署而行之。〔註76〕

「冊命」即冊命詔書，否則無由「起草進畫」、「署而行之」。詔敕文書通關署位乃公文行政運作的基本方式。中書省官員負責起草冊命文書，經皇帝畫可後，在竹簡上謄寫、傳達〔註77〕。由中書舍人「署而行之」可知，冊命詔書須「進畫」、經中書省官員「署行」，前揭詔書式所見中書省官員「宣奉行」即是證明。

作為草詔機構，中書省在策書的草擬與署行環節中，不能闕位。遇有重要的冊文，因涉及訓典、故事，如冊封藩國王、禪位冊，都有專職官員或皇帝親派重臣負責起草。如太武帝冊封沮渠蒙遜的冊文，便由河北碩儒、司徒崔浩起草。

北齊時，冊封諸王、三公等「（冊書）文出集書，書皆篆字。哀冊、贈冊

〔註74〕趙超：《漢魏南北朝墓誌彙編》，第239頁。

〔註75〕〔南朝宋〕劉勰著，黃叔琳注，李詳補注，楊明照校注拾遺：《增訂文心雕龍校注》卷四，北京：中華書局，2012年，第262頁。

〔註76〕〔唐〕李林甫等撰，陳仲夫點校：《唐六典》卷九「中書舍人條」，第276頁。

〔註77〕〔日〕中村裕一：《隋唐王言の研究》，第29頁。

亦同」〔註78〕。集書省是孝文帝改制後，在散騎諸官的基礎上所設，「文出集書」應該是指冊書經由集書省由散騎官宣行，因爲集書省在北魏並非草詔機構，那麼「文出集書」〔註79〕的解釋只有這一種。

五、策書的宣行儀式

「政治儀式是政治權力的一種表達」〔註80〕，策書作爲禮儀性王言，在宣行過程中演化出一道系統的冊封儀式。作爲「君命」的體現，冊封儀式既具有塑造「君臣」關係模式、天下秩序的功能，又是地位等級的象徵。冊封儀式關乎策書頒行的對象、宣行場合等問題。因冊命對象不同，地點與禮儀等級亦不同，策書的執行規格亦隨之而異。作爲君臣關係塑造的媒介，策書具有確定的下發對象。侯旭東認爲，策書中的受命者之名「意味著名見於策者與收藏策者建立一種持久的隸屬與統轄關係」，即「君臣關係」〔註81〕。這種由冊書所強調的統轄關係，被嚴格規約在了冊封禮儀式之中。

北魏的冊封儀式，被北齊所沿襲，其制如下：

後齊將崇皇太后，則太尉以玉帛告圓丘方澤，以幣告廟。皇帝乃臨軒，命太保持節，太尉副之。設九儐，命使者受璽綬冊及節，詣西上合。其日，昭陽殿文物具陳，臨軒訖，使者就位，持節及璽綬稱詔。二侍中拜進，受節及冊璽綬，以付小黃門。黃門以詣合。皇太后服褘衣，處昭陽殿，公主及命婦陪列於殿，皆拜。小黃門以節綬入，女侍中受，以進皇太后。皇太后興，受，以授左右。復坐，反節於使者。使者受節出。冊皇后，如太后之禮。

後齊冊皇太子，則皇帝臨軒，司徒爲使，司空副之。太子服遠遊冠，入至位。使者入，奉冊讀訖，皇太子跪受冊於使，以授中庶子。又受璽綬於尚書，以授庶子。稽首以出。就冊，則使者持節至東宮，宮臣內外官定列。皇太子階東，西面。若幼，則太師抱之，主衣二人奉空頂幘服從，以受冊。明日，拜章表於東宮殿庭，中庶子、中舍人乘軺車，奉章詣朝堂謝。擇日齋於崇正殿，服冕，乘石

〔註78〕《隋書》卷九《禮儀志四》，第175頁。
〔註79〕《魏書》卷二一上《廣陵王羽傳》，第549頁。
〔註80〕羅新：《黑氈上的北魏皇帝》，《田餘慶先生九十華誕頌壽論文集》，第414頁。
〔註81〕侯旭東：《中國古代人「名」的使用及其意義——尊卑、統屬與責任》，《歷史研究》2005年第5期，第11頁。

山安車謁廟。擇日羣臣上禮，又擇日會。明日，三品以上牋賀。

> 冊諸王，以臨軒日上水一刻，吏部令史乘馬，齎召版，詣王第。
> 王乘高車，鹵簿至東掖門止，乘軺車。既入，至席。尚書讀冊訖，
> 以授王，又授章綬。事畢，乘軺車，入鹵簿，乘高車，詣閤闥門，
> 伏闕表謝。報訖，拜廟還第。就第，則鴻臚卿持節，吏部尚書授冊，
> 侍御史授節。使者受而出，乘軺車，持節，詣王第。入就西階，東
> 面。王入，立於東階，西面。使者讀冊，博士讀版，王俛伏。興，
> 進受冊章綬茅土，俛伏三稽首，還本位，謝如上儀。在州鎮，則使
> 者受節冊，乘軺車至州，如王第。〔註82〕

因冊封對象的身份不同，冊封的方式、場合、儀式亦隨之而異。冊皇太后，似乎不需要讀冊文，而是由太師「稱詔」後將璽綬節冊付二侍中，由之轉交小黃門，再入呈皇太后。冊封皇太子、諸王時，禮儀亦不相同，前者臨軒，後者在朝廷冊拜，然皆先讀冊文，而後受冊。冊拜儀式結束後，受封者「稽首而出」，而後使者就第（東宮、王第）授冊，甚至冊諸王時仍需謁王第再讀冊文。

據《北齊書》的這幾段材料，可知在冊封皇太子與冊諸王時，存在兩個「讀冊」、「授冊」環節，這需要留意。首先就冊封皇太子儀式而言，第一個環節的「讀冊」、「授冊」是在「皇帝臨軒」時進行，第二個環節的「讀冊」、「授冊」是在東宮進行。其次就冊封諸王儀式而言，第一個環節的「讀冊」、「授冊」是在「臨軒」進行，第二個環節的「讀冊」、「授冊」是在「還第」之後由吏部尚書就第時進行。顯而易見，這兩個環節的「冊」必不屬於同一道文書，否則兩種場合的「受冊」便說不通。既然兩個環節的「冊」不屬於同一道文書，那只有一種可能——一道為冊命詔書（制書）、一道為冊書。前文已經說明，一些見於墓誌的封贈詔書即是冊命詔書，《北齊書》對冊封儀式的記載更確切地說明冊命詔書、冊書是一併授予受封者，只是授予的環節不同。那麼問題在於，在兩個冊封環節中，冊命詔書、冊書各居於哪一個環節？筆者認為，在臨軒時所讀之冊是冊命詔書，就東宮或王第宣讀之冊是冊書。根據有二：其一，依據冊封的一整套程序，冊命詔書早於冊書生成，而且前者是後者的文本根據，其命令性遠重於後者；其二，就「讀冊」場合而言，顯然皇帝臨軒所讀之冊比就東宮或王第所讀之冊更具有權威，且就東宮或王第所讀之冊完全是禮儀性行為。綜合這兩點，可以判斷冊命詔書和冊書分別

〔註82〕《隋書》卷九《禮儀志四》，第 174 頁。

在前後兩個環節中頒行。最後，根據《北齊書》的記載，兩個受冊環節完成後，受封者須奉章表謝，這時在冊封程序中，皇帝與臣僚間的文書關係才得以完成。冊封程序之繁瑣、等級可見一斑。

以上冊書所體現的禮制，亦表明王言的推行必然受到禮制、禮儀規則的護持。因冊封對象、冊封等級的不同，冊書在頒行過程中往往存在與之相配套的禮儀。策書與冊封儀式所暗含的等級與身份制問題，是其它王言所不具有的獨立屬性，憑藉自身的文書功能與禮制內涵，而獨立構成一冊封體制。

第二節　制　書

蔡邕《獨斷》曰：

> 制書，帝者制度之命也。其文曰「制詔三公」，赦令、贖令之屬是也。……凡制書，有印、使符，下遠近皆璽封，尚書令印重封。唯赦令、贖令，召三公詣朝堂受制書，司徒印封，露布下州郡。〔註83〕

此東漢之制，記載的是制書的一種〔註84〕。《獨斷》將制書的定性很明確——「帝者制度之命」，對於制書的定性，又見於曹魏景元元年（260）有司奏書，這這道奏書中，針對「皇帝敬問大王侍御」這一詔書式，認爲「至於制書，國之正典，朝廷所以辨章公制，宣昭軌儀於天下者也」，要求將「皇帝敬問」式詔書改爲「制詔燕王」式制書〔註85〕。這說明制書乃國之正典，等級與權威重於詔書。

兩漢時代，制書是最重要的王言，常用書式是「制詔御史（云云）」（西漢）、「制詔三公（云云）」（東漢）。但在《漢書》中又常常簡寫爲「制曰（云云）」〔註86〕，魏晉已降亦是如此。代國璽認爲，魏晉已降王言體制發生了重大變化，制書消失，並認爲這與新政治體制的建立、中書省權力明確化有著非

〔註83〕蔡邕：《獨斷》（上），〔清〕永瑢、紀昀等編纂：《文淵閣四庫全書》第850冊《子部十·雜家類二》，第850～78頁下欄。

〔註84〕代國璽認爲《獨斷》所載不能涵括制書的所有種類，而漢代的制書大體可分爲兩類：一類面向州郡，一類下達給官僚機構。參見代國璽：《漢代公文形態新探》，第31～32頁。

〔註85〕《三國志》卷四《魏書·陳留王紀》，第148頁。

〔註86〕《漢書》卷四四《淮南厲王長傳》，第2142頁。在文書中，「制曰（云云）」屬於制書，與「制可」、「制曰可」不同。參見郭洪伯：《「天憲王言」——西漢的制詔生成運作》，第60頁。

常密切的關係〔註87〕。這一論斷存在可商榷之處：其一，代文的論說根據是《唐六典》所言「王言之制有七」的注文，沒有細緻考察南北朝時期的王言體制；其二，對《唐六典》解讀可能出現偏差，《唐六典》未言及魏晉的制書，並不意味著魏晉沒有制書。即便如此，根據《文心雕龍》對當時「詔策」的記述以及代國璽的研究，或許間接說明了南北朝時期的制書所存在的問題。此問題暫置不論，至唐代，制書的文書功能重見於典志。據《唐六典》載：

> 二曰制書：行大賞罰，授大官爵，釐年舊政，赦宥降虜則用之。

〔註88〕

唐代制書的功用仍延續了漢代「帝者制度之命」，所不同的是，唐代的制書形貌、體制與漢魏相較已經屬於另一詔令體系〔註89〕。

中村裕一曾指出，唐王朝號令天下的王言是制書，體現唐王朝國家意志的最重要的王言亦是制書〔註90〕。同樣的，制書在北魏制度草創、變革中所發揮的功能，亦值得審視。

一、制書的檢討

「制書」在北魏制度史上佔有特殊地位，它既是王言的文本載體，亦是北魏制度產生、演繹、革創的重要媒介。除了具有構建制度的功能外，制書亦是法令條文，如北魏前期條制、科制，多通過「制詔」頒行，這與兩漢之制相同〔註91〕。然而經魏收之手編纂的《魏書》，已很難覓尋北魏制書的形態與體例，甚至將「制書」、「詔書」通用，這無疑又增加了疑團，提高了研究難度。

北魏建國後，取魏晉之法並雜糅鮮卑傳統，草創制度，王言之制亦是如此。要探究北魏前期的制書體制，就需要藉助魏晉之制進行管窺。西晉雖然在王言生成與運作的流程上改變了漢代的舊制，但並沒有改變王言的體例，僅從《文心雕龍》所載便可證明。此處所要梳理清楚的一個問題是，如何破

〔註87〕　代國璽：《漢代公文形態新探》，第49頁。

〔註88〕　〔唐〕李林甫撰，陳仲夫點校：《唐六典》卷九「中書令」條注文，第274頁。需要注意的一點是，唐代前期（武則天改「詔」曰「制」之前）的制書可以視爲魏晉南北朝體制下的「制書」。

〔註89〕　代國璽：《漢代公文形態新探》，第49頁。

〔註90〕　中村裕一：《隋唐王言の研究》，第33、47～48頁。中村裕一：《唐代公文書研究》，第621頁。

〔註91〕　頒佈法令是漢代制書的三大功能之一，代國璽：《漢代公文形態新探》，第33頁。

除《魏書》中「制書」與「詔書」混淆的疑團？

北魏前期的王言體制既然取法魏晉，那麼制書的功能、用語自然與漢魏相同。魏晉因襲漢制，制書起首語是「制詔」，無論是制度法令還是大赦令，皆是如此。據《晉起居注》載：

> 成帝咸和五年（330），<u>制詔殿內</u>曰：「平天、通天冠，並不能佳，可更修理之。」〔註92〕

其一，這道制書的最爲明顯的標識是「制詔殿內」起首語，符合漢魏「制詔」式體例。其二，制書內容則針對通天冠之制而言，符合制書「帝者制度之命」的屬性。令人扼腕的是，「制詔」式的制書在《晉書》中極少見到，所以難以管窺西晉的制書體例。成書於唐代的《晉書》，存在的這個記載問題應該是由於唐代史官改寫的緣故。即便如此，見諸《晉書》的「制曰」仍可判定爲漢魏體制中的制書。不過，除了這項表徵外，被史官改寫的制書卻是以「詔曰」的形貌出現在《晉書》中，如《晉書》所載大赦制書，便是以「詔曰」的形式出現的。以「簡文帝即位大赦詔」爲例，《晉書·簡文帝紀》記爲：

> （咸安元年十一月）戊午，<u>詔曰</u>：「王室多故，穆哀早世，皇胤凋遷，神器無主。……朕以寡德，猥居元首，實懼眇然，不克負荷，戰戰兢兢，罔知攸濟。<u>思與兆庶更始，其大赦天下</u>，大酺五日，增文武位二等，孝順忠貞鰥寡孤獨米人五斛。」〔註93〕

同一道大赦制書，《文館詞林》則記爲：

> <u>制詔</u>：昔王室多故，穆哀早崩，皇胤凋零，神器無寄。……朕以寡德，猥居元首，<u>司牧群黎，奉主社稷。永惟先帝，受命中興，光隆盛業</u>，實懼眇然。<u>弗克負荷</u>，戰戰兢兢，罔知攸濟。思與兆庶，<u>革心更始</u>，其大赦天下，大酺五日，增文武位二等。〔註94〕

戊午大赦制書只有一道，而《晉書》與《文館詞林》的記載卻存在較多出入，兩相比較，可從兩個面向進行分析。其一，《文館詞林》記載中的「制詔」與《晉書》記載中的「詔曰」。兩漢魏晉時代，大赦令以制書頒佈，這延續了《獨斷》所言「赦令、贖令」行用制書的傳統。「制詔」是大赦制書的書式，《晉

〔註92〕《隋書》卷一二《禮儀志七》所引《晉起居注》，第 265 頁。

〔註93〕《晉書》卷九《簡文帝紀》，第 221 頁。

〔註94〕〔唐〕許敬宗編，羅國威整理：《日藏弘仁本文館詞林校證》卷六六八，第 334 頁。參與《晉書》編修的許敬宗，後來奉敕編撰秦到唐的文類總集，彙成《文館詞林》。

書》將「制詔」改爲「詔曰」，乃隋唐時期「制曰」與「詔曰」互通的用法〔註95〕。推此而言，《晉書》所言「詔曰」乃史臣之語，《文館詞林》筆端的「制詔」才是赦書頒佈時的文書用語。其二，從赦書內容來看，《晉書》與《文館詞林》存在文字上的差異，後者的記載較前者詳當（劃線部份）。

又據《晉書・孝武帝紀》載：

> （太元元年）夏五月癸丑，地震。甲寅，詔曰：「頃者上天垂監，譴告屢彰，朕有懼焉，震惕于心。思所以議獄緩死，赦過宥罪，庶因大變，與之更始。」於是大赦，增文武位各一等。〔註96〕

而《文館詞林》載東晉孝武帝「地震大赦詔」曰：

> 制詔：夫政道未弘，風華爲淳，求人之事，理盡爲遠。……頃者上天垂監，譴告屢彰，朕有懼然，震惕于心，<u>思所以存誠致感，修近應遠者</u>，在於議獄緩死，赦過宥罪。<u>庶因天變</u>，與之更始，<u>其大赦天下</u>。……<u>其追增文武位各一等</u>。（後略）〔註97〕

《晉書》將「地震大赦詔」的內容進行了簡略化處理，而且取斷也存在問題，如「思所以議獄緩死」，明顯讀不通，對比《文館詞林》後便可發現其問題所在。而其它幾處，《晉書》的改寫又比較嚴重，完全破壞了赦書的原貌，不煩詳述。

對比《晉書》、《文館詞林》二者所載赦書，可證後者無論是在制書書式還是制詔內容層面，都較前者更切近晉代大赦制書原本。

在比較《晉書》與《文館詞林》所載赦書時，除了見於記載的「制詔」式之外，還有「門下」式赦書，這種現象開始出現於東晉時期，但已經屬於王言生成機制的範疇，留待後文討論。

與《晉書》相似，制書的書式多被改寫成了史官筆下的「詔曰」，也就是中村裕一所說的史書編修中「制曰」與「詔曰」混淆的問題。如此一來，將制書還原，則是討論北魏制書的一個重要前提。

據前文所述，「制曰」屬於史臣筆下的制書用語，「制：云云」也是如此。如明元帝泰常六年（421）三月乙亥：

〔註95〕　〔日〕中村裕一：《唐代公文書研究》，第513〜518頁。
〔註96〕　《晉書》卷九《孝武帝紀》，第227頁。
〔註97〕　〔唐〕許敬宗編，羅國威整理：《日藏弘仁本文館詞林校證》卷六六七，第318〜319頁。

　　　　制：六部民，羊滿百口輸戎馬一匹。〔註98〕

而《食貨志》則記爲：

　　　　詔：六部民羊滿百口，調戎馬一匹。〔註99〕

同一道法令在《魏書》中被記爲「制」、「詔」，必然屬於制書或詔書中的一種。據前文所述，這條史料存在兩種解釋：其一，「制」、「詔」通用；其二，這道法令符合漢魏制度中的制書性質與功能，屬於「制詔」式制書，在《魏書》編纂時被簡寫成「制」或「詔」。在明元帝時期，北魏王言尚未行用「門下」式，所以無論是哪一種解釋，都可判定爲史官對「制詔」式的改寫。再根據第二種解釋，以及「制詔」式殘跡，則可以將這道法令目爲制書。

　　不僅在北魏早期，太和中孝文帝頒佈的制書也被《魏書》改成了「制：云云」的形式，據《高祖紀》載：

　　　　（太和十六年正月）乙丑，制：諸遠屬非太祖子孫及異姓爲王，皆降爲公，公爲侯，侯爲伯，子男仍舊，皆除將軍之號。〔註100〕

這道制書對拓跋宗室影響巨大，而且這道制書在孝文帝改制脈絡中亦非孤立地存在，與太和十五年七月頒佈的「定昭穆詔」（以道武帝爲太祖）相呼應。不過這道制書似非直錄，據《南齊書‧魏虜傳》載：

　　　　（太和十六年正月）又詔：「王爵非庶姓所僭，伯號是五等常秩。烈祖之胄，仍本王爵，其餘王皆爲公，〔公〕轉爲侯，侯即爲伯，子男如舊。雖名易於本，而品不異昔。公第一品，侯第二品，伯第三品，子第四品，男第五品。」〔註101〕

《南齊書》所載詔書即《魏書‧高祖紀》所載制書。兩相校讎，則可證「皆除將軍之號」乃「公第一品，伯第二品」云云，即五等爵皆有不同品級的將軍號相匹。《南齊書》將「制：云云」作「詔：云云」，說明《南齊書》與《魏書》、《晉書》存在相同的書寫現象。

　　與「制：云云」相較，「制曰：云云」是制書用語的另一種改寫。據《魏

〔註98〕《魏書》卷三《太宗紀》，第61頁。原文作「制六部民」，今斷爲「制：六部民」。
〔註99〕《魏書》卷一一〇《食貨志》，第2850頁。
〔註100〕《魏書》卷七下《高祖紀下》，第169頁。
〔註101〕《南齊書》卷五七《魏虜傳》，北京：中華書局，1972年，第991頁。《資治通鑑》卷一三七《齊紀》永明十年正月乙丑條，第4319頁。興振案：《南齊書》將此事繫於齊武帝永明九年（太和十五年）之下，而《魏書》、《通鑑》皆記載爲太和十六年（永明十年），今從《魏書》、《通鑑》。

書・吐谷渾傳》載：

> （大將軍、西秦王）慕璝表曰：「……<u>願並敕遣使，恩洽遐荒，存亡感戴。</u>」世祖詔公卿朝會議答施行。太尉長孫嵩及議郎、博士二百七十九人議曰：「前者有司處以爲秦王荒外之君，本非政教所及，來則受之，去則不禁。……<u>可敕秦州送詣京師，隨後遣還。</u>所請乞佛三人，昔爲賓國之使，來在王庭，國破家遷，即爲臣妾，<u>可勿聽許。</u>」<u>制曰</u>：「公卿之議，未爲失體。西秦王所收金城、枹罕、隴西之地，彼自取之，朕即與之，便是裂土，何須復廓。西秦款至，綿絹隨使疏數增益之，非一匹而已。」〔註102〕

太武帝下詔集議，太尉長孫嵩領銜上議書「議答施行」，提出意見並請求畫可，「制曰」則是太武帝針對「可敕（云云）」、「可勿聽許」的批答。筆者將「制曰」判定爲制書的根據在於，孝明帝熙平中（517），蠕蠕主醜奴「抗敵國之書，不修臣禮」，大司農少卿張倫上表建言「應頒制詔，示其上下之儀」〔註103〕，這與前文所揭魏元帝「制詔燕王」制書相同。此時見於《魏書》「制曰」顯然是指制書而言。

這道制書是由太武帝批答臣僚奏行文書而形成，像這樣的例子不止一處。據《魏書・靈徵志》載：

> （太平眞君五年，張掖郡上受命之符）於是衛大將軍、樂安王範，輔國大將軍、建寧王崇，征西大將軍、常山王素，征南大將軍、恒農王奚斤上奏曰：「臣聞帝王之興，必有受命之符……<u>謹與羣臣參議：宜以石文之徵，宣告四海，令方外僭竊知天命有歸。</u>」<u>制曰</u>：「此天地況施，乃先祖父之遺徵，豈朕一人所能獨致。<u>可如所奏。</u>」〔註104〕

「制曰」是太武帝採用制書批答臣下奏案的證明，不過對於奏行文書而言，太武帝批答語的關鍵是「可如所奏」，即將臣下的奏案轉變爲體現太武帝意志的制書。「可」針對的內容是「參議：宜以石文之徵，宣告四海（後略）」。除「可如所奏」之外，「制曰」的其它內容，只是太武帝對北魏符命之徵的認識。但這並不影響制書的性質與「宣告四海，令方外僭竊知天命有歸」功能。反

〔註102〕《魏書》卷一○一《吐谷渾傳》，第 2235～2237 頁。

〔註103〕《魏書》卷二四《張袞傳附倫傳》，第 618 頁。

〔註104〕《魏書》卷一一二下《靈徵志下》，第 2954～2955 頁。「參議」後的「，」改爲「：」，以便於討論參議的內容。

而說明太武帝在這道制書中直觀地傾注了自己的意志。案大庭脩復原的漢代元康五年詔書冊〔註105〕,「制曰可」附於御史大夫丙吉奏案之下,作爲批答議書的「制曰」,亦當如此。太武帝給出的這道制書,附於奏書之後,使得議者提出的方案形成制書並下有司遵照執行。

北魏後期見於史載的「制曰:云云」,如永熙三年(534)八月戊辰大赦制書,在《魏書》中是較爲難見的制書痕跡,筆者對這道制書的討論詳見於下文。

除了「制:云云」與「制曰:云云」用語之外,《魏書》記載了直言「制書」的情況,如北魏末期孝武帝與高歡對峙時:

> (孝武)帝乃敕文武官自北來者任其去留,遂下制書數歡咎惡,召賀拔勝赴行在所。〔註106〕

這道「制書」原文不見史載。孝武帝時期還有一道制書,《魏書》記爲「制曰」,即後文所引述的大赦制書。

除了「制:云云」、「制曰:云云」可視爲北魏的制書外,還存在另一種形態——「今制」,即樓勁先生所說的以制詔頒行的條制〔註107〕,也可能屬於制書的範疇。這種情況存在於北魏前期,如獻文帝和平六年(465)七月丙午詔曰:

> 先朝以州牧親民,宜置良佐,故敕有司,班九條之制,使前政選吏,以待俊乂,必謂銓衡允衷,朝綱應敘。然牧司寬惰,不祗憲旨,舉非其人,愆于典度。今制:刺史守宰到官之日,仰自舉民望忠信,以爲選官,不聽前政共相干冒。若簡任失所,以罔上論。〔註108〕

就內容而言,這道王言下達的是行政法,屬於「帝者制度之命」的範疇〔註109〕;

〔註105〕 〔日〕大庭脩:《漢簡研究》,徐世虹譯,第19頁。

〔註106〕 《資治通鑑》卷一五六《梁紀》武帝大通六年六月條,第4848頁。

〔註107〕 樓勁認爲,馮氏和孝文帝自太和元年定《律》、《令》以來推出的一些列改革舉措,無論是均田制、三長制還是俸祿等制,一開始都是以制詔、條制的形式頒佈施行的。參見樓勁:《太和元年至十六年定〈律〉、〈令〉及相關問題》,《田餘慶先生九十華誕頌壽論文集》,第460頁。

〔註108〕 《魏書》卷六《顯祖紀》,第126頁。時乙渾專權。

〔註109〕 馬怡認爲制書之「制」必是指制度、法令,參見馬怡:《漢代詔書之三品》,第69頁。代國璽在判定「制詔」是否爲制書的一項重要依據在於是否符合「帝者制度之命」。但就書式而言,北魏前期的制書與詔書起首式皆是「制詔」,這種情況甚至在北魏後期還有遺跡,那麼這道王言雖然在史官筆下被記爲「詔曰」,實際卻是「制詔曰」,那麼以「今制」及「詔曰」的內容來判定,這道

文書用語「今制：云云」與「制：云云」一樣，都屬於制詔頒佈的法令條文。

　　將「今制：云云」視爲制書的範疇，可能缺乏說服性，這也是對北魏制書定性、還原難度比較大的緣故。在體例方面，作爲制書象徵的「制詔」式已經不見於《魏書》，故而只能依據魏晉制度推斷、還原北魏的制書風貌與體例。與之相似，制書的書式也存在類似的問題。

二、制書書式

　　北魏的制書書式，極少見於史載，除了可以判斷起首式在北魏前期是「制詔」式、北魏後期是「門下」式外，已很難找到其它相關史料。爲了對北魏制書式進行有益探索，先將繼承北朝制度的隋唐（初期）制書式作爲參考。

　　隋大業令制書式，見於唐初武德四年（621）《唐高祖封越國公誥》〔註110〕，制書風貌如下：

```
　　　　　　　　　　　　　　　　　　奉
　　　　　　　　　　　　　　　　天承運
　　　　　　　　　　　　　　皇帝制曰：門下：（云云）主者施行。
　　　　　　　　　　　武德四年九月二十二日
　　　　　　　　　中書舍人顏師古行
　　　　　　　左衛白渠府統軍誥
　　　前欽州總管汪華
```

這道制書書式載於石刻，可能並非制書原貌，但亦可作爲瞭解隋末制書式的直接史料。日本學者中村裕一根據敦煌公式令殘卷（P.2819背）復原唐代制書式，筆者一併參照貞觀十五年（641）臨川公主石刻製書整理如下：

　　　　王言當屬於制書無疑。對漢代制書體例的研究，可參閱代國璽：《漢代公文形態新探》，第31～33頁。

〔註110〕北京圖書館金石組編：《北京圖書館藏中國歷代石刻拓本彙編》（第11冊），鄭州：中州古籍出版社，1989年，第12頁。

門下：云云。主者施行。

制書如右，符到奉行

　　　年月日

尚書某部侍郎具官封臣姓名

尚書僕射具官封臣姓名

尚書令具官封臣姓名

可

　　　年月日某受書

　　　年月日

制書如右。請奉

制付外施行。謹言。

給事黃門侍郎具官封臣姓名　　等言（云云）

黃門侍郎具官封臣姓名

侍中具官封臣姓名

中書舍人具官封臣姓名　　行

中書侍郎具官封臣姓名　　奉

中書令具官封臣姓名　　宣

與臨川公主制書告身相較，《唐高祖封越國公誥》在轉刻時可能隱去了大部份中書官、門下官和尚書官的署名。中村氏在探究唐代制書式的起源時認為，唐代前期制書式的起源是隋王朝的開皇公式令詔書式、大業令詔書式。

　　根據中村裕一對隋唐制書式和詔書式的研究，除了「制書如右」、「詔書如右」這一用語不同之外，制書式與詔書式基本相同。而在中村氏針對南北朝隋唐王言制度的系列研究中，卻可以發現隋唐的詔書式可在北魏的詔書式中找到淵源〔註111〕，即《平魔赦文》。筆者根據《廣弘明集》所載《平魔赦文》〔註112〕及中村氏的研究〔註113〕，將北魏詔書式整理為：

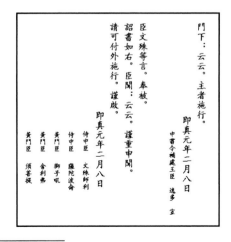

門下：云云。主者施行。

　　即真元年二月八日

中書令補處王臣　遠多　宣

臣文殊等言。奉被。

詔書如右。臣聞：云云。

請可付外施行。謹啟。

　　即真元年二月八日

侍中臣　文殊師利

黃門臣　薩陀波侖

黃門臣　獅子吼

黃門臣　舍利弗

黃門臣　須菩提

謹重申聞。

謹啟。

〔註111〕興振案：或許南朝也存在隋朝詔書式的淵源，但因無相關史料，故不能直接
　　　　證明之。

〔註112〕〔梁〕僧祐撰：《弘明集》，〔唐〕道宣撰：《廣弘明集》卷二九《平魔赦文》，
　　　　上海：上海古籍出版社，1991年，第357～358頁。

〔註113〕〔日〕中村裕一：《唐代制勅研究》，第143～144頁。

對北魏制書式作如是復原的其它根據是，北魏時期已經形成中書省署詔、門下省覆奏（「詔須覆奏」）、皇帝畫可的制度，而這正與北魏詔書式相合。根據皇帝只對奏行文書或中書省草擬的詔書（制書）畫可，以及門下省在「制書如右」、「可」之上注「制（詔）」來看，南北朝時期的制書或詔書之別當產生於這兩個環節〔註114〕。而在這兩個環節中，則是臣僚「云云」與皇帝的意志共同傾注於制書式中。推此而言，「制書式」不僅僅是文書格式，也暗含了深切的政治內涵。這或許也是大庭脩孜孜於漢代詔書式的復原、中村裕一氏皓首於隋唐王言書式復原的深層志趣。中村氏認為，中書省根據皇帝意志草擬制書，門下省把關〔註115〕——「請奉制付外施行」，共同輔助皇帝將其意志轉化為國家意志，形成大政方針政策。除了在整體上體現出這種王言的「共同塑造」外，制書式所體現的王言生成與運作程序、官僚機構的協同（請可）、皇帝裁決（畫可），都集中在制書式的相應位置，而且王言生成程序也是嚴格按照這個格局（格式）進行。

由此可知，王言生成機制（模式）的不同，使得制書式的風貌亦隨之而異，即便如此，王言生成的來源卻也不出兩類範疇——一種來源於皇帝親詔、中書省草詔的第一品王言，一種來源於臣僚上書與尚書奏案的第二品王言。第一、二品王言的生成機制（模式），是本文第四章的核心論題。

一言以蔽之，制書式在一定程度上亦可視為一道制書從生成到運作執行的程序，如同後文展開討論的北魏詔書式。

三、制書使用的場合與行政功能

制書使用的場合，即是其功用的展示。北魏制書的功能有三：其一，佈政、立制；其二，立法；其三，拜授高官。特別是前兩者，在北魏制度草創、變革的過程中得以淋漓盡致地展現。

（一）創制立式與政令頒行

在兩漢時代，「凡布告天下的政令，如大赦、改元、大賞、普賜民爵等，都要用制書來宣佈」〔註116〕。魏晉南北朝重大政治活動，如象徵國運法統

〔註114〕這是門下省與皇帝在王言生成運作環節中的關係形態，與中書省不同，在整個生成運作中，皇帝要分別針對中書省和門下省畫兩次「可」。而中書和門下官署位，則發生在皇帝每一輪畫「可」之前，「可」意味著一道程序完成，到皇帝在門下署位左部畫可後，門下省才謄寫一通並在「可」上注「制」或「詔」（有時也不注），頒下尚書省。

〔註115〕〔日〕中村裕一：《唐代公文書研究》，第623頁。

〔註116〕代國璽：《漢代公文形態新探》，第34頁。

的禪讓文書，便是採用制書。舉例而言，漢魏革命時，魏文帝改元黃初大赦詔，採用的即是「制詔三公」式的制書〔註117〕。孝靜帝禪位高歡，亦是採用制書〔註118〕。《文館詞林》所載兩晉時期的大赦詔，同樣是以制書發佈，北魏亦然。

作為行政運作的最重要王言，制書在北魏重大政事的議定中，具有定令的功能。如《高祖紀》所載頒行宗室祿秩的制書：

> （太和九年）二月己亥，制：皇子封王者、皇孫及曾孫紹封者、
> 皇女封者歲祿各有差。〔註119〕

在太和年間，孝文帝不斷推出具有制度變革內容的制詔或條制〔註120〕，本書「附文」所考察的北魏門閥政策的制定過程，便包含了以制書頒行的門品令和官品條制。不過在《魏書》中，即使原本屬於「制詔」式的法令，似乎皆被魏收改成了「詔曰」的形式，如以詔書頒行的均田制十五條，實際上是孝文帝以制詔下達的條制〔註121〕。這沿襲了北魏早期的王言體制。因為北魏早期的制書和詔書書式皆是魏晉的「制詔」式，當這一文書用語在《魏書》中基本被改寫成「詔曰」或徑直抹除後，本文藉以推斷某道王言可能是制書的依據便是「制：云云」。

據《官氏志》載：

> （天賜三年）又制：諸州置三刺史，刺史用品第六者，宗室一
> 人，異姓二人，比古之上中下三大夫也。郡置三太守，用七品者。
> 縣置三令長，八品者。〔註122〕

這道制書符合「制書者，帝者制度之命」的標準，設定了州的管理方式。在書式方面，若按照當時制書「制詔」式的原則，可將這道制書作如下復原：

> 制詔：諸州置三刺史，刺史用品第六者，宗室一人，異姓二人，
> 比古之上中下三大夫也。（後略）

「制詔：云云」作「制：云云」，一如北魏後期「門下：云云」皆作「詔曰：

〔註117〕《三國志・魏書》卷二《文帝紀》所引《獻帝傳》，第62頁。
〔註118〕《資治通鑑》卷一六三《梁紀》簡文帝大寶元年五月丙辰條，第5044頁。
〔註119〕《魏書》卷七上《高祖紀上》，第155頁。
〔註120〕樓勁：《魏晉南北朝隋唐立法與法律體系：敕例、法典與唐法系源流》（上卷），
北京：中國社會科學出版社，2014年，第128頁。
〔註121〕樓勁：《魏晉南北朝隋唐立法與法律體系：敕例、法典與唐法系源流》（上卷），
第134頁。
〔註122〕《魏書》卷一一三《官氏志》，第2974頁。

云云」，無論是制書還是詔書，書式都被剔除了。這種處理即便掩藏了制書的風貌，也難掩制書在北魏早期的創式立制的功能。與這道制書相比較，在天賜元年（404）九月頒行的一道針對中央官制的制書，也是同樣的風貌與功能，據《官氏志》載：

> 又制：散官五等：五品散官比三都尉，六品散官比議郎，七品散官比太中、中散、諫議三大夫，八品散官比郎中，九品散官比舍人。〔註123〕

從「又制」來看，這道制書之前還存在一道制書，根據《官氏志》所載，「又制：散官五等」可能是相對於前面「減五等之爵」而言。

「減五等之爵」無論是以制書還是詔書形式頒佈的制度法令，《官氏志》在採錄這道王言時不是進行直錄，而是在史臣筆下將「制」或「詔」之名抹除了。若以制書的功能作為判斷標尺，並參照「又制」之語，或可將「減五等之爵」視為制書在爵制領域的塑造功能。

不僅在北魏早期的制度創建中，在太和改制時期的制書也同樣發揮了創制立式的功能，前文所揭太和十六年正月己丑制書便是在爵制領域的又一次改革。

依漢魏之制，制度革創主要通過制書頒行，而依據《魏書》所保留的有關制書的零星記載，可以判定制書在北魏前期的功用依然巨大。不僅如此，在制書的行用場合，依然可以尋到漢魏制度的傳統，如大赦制書。

（二）大赦用制書

蔡邕《獨斷》曰制書乃「赦令贖令之屬」，而在《魏書》中，明確記載以制書頒行大赦的例子並不多見。管窺所及，可資引證的是魏末的一道大赦制書，據《魏書‧出帝紀》載：

> （永熙三年八月）辛酉，齊獻武王西迎車駕。戊辰，制曰：「晦為明始，亂實治基，爰著天道，又符人事。故姬祚中微，踐土有勤王之役；劉氏將傾，北軍致左袒之舉。用能隆此遠年，克茲卜世。永熙之季，權佞擅朝，羣小是崇，勳賢見害。官緣價以貴賤，獄因貨而死生。宗祐飄若綴旒，民命棄如草莽。大丞相位居晉鄭，任屬桓文，興甲汾川，問罪伊洛。羣姦畏威，擁迫人主，

〔註123〕《魏書》卷一一三《官氏志》，第 2973 頁。

> 以自蔽衛，遠出秦方。雖車駕流移，未即返御，然權佞將除，天
> 下延頸。<u>魏邦雖舊，其化惟新，思與兆民，同茲更始。可大赦天
> 下。</u>」〔註124〕

這道大赦制書正與漢制「赦令」行用制書相合。如果魏晉赦令行用制書，那
麼或許可以證明南北朝時期，無論是「制詔」式赦令還是「門下」式赦令，
都屬於制書的範疇〔註125〕。

　　戊辰制書所體現的大赦行用制書，在北魏歷史上絕非個案或特例，如前
文所言，在史官的改寫下，很多制書的形貌被「詔曰」消解了。與《魏書》
相較而言，《文館詞林》雖然保留了一些大赦文書的起首語，如《後魏孝文帝
祭圓丘大赦詔》、《後魏孝文帝遷都洛陽大赦詔》的「門下」式，卻已被史官
目爲詔書類。

（三）制書頒行法令

　　前揭制書，已經述及由「制：云云」、「今制：云云」所產生的法令（賦
稅法、官爵法），一如樓勁先生所指出的，「制詔」、制書對北魏法令體系具有
塑造功能。

　　如《魏書・世祖紀》載：

> （太平眞君五年正月）庚戌，詔曰：「自頃以來，軍國多事，
> 未宣文教，非所以整齊風俗，示軌則於天下也。今制：自王公已下
> 至於卿士，其子息皆詣太學。其百工伎巧、騶卒子息，當習其父兄
> 所業，不聽私立學校。違者師身死，主人門誅。」〔註126〕

神䴥四年「徵士詔」便提出了「文教」理念，並以徵士之法踐行之。這道制
書的頒行，意味著北魏的文教理念已經具象化，成爲「整齊風俗」過程中操
作的法令。不過在這道制書所設計的「整齊風俗」中，施行的卻是文教的階
層分化政策——王公卿士之子孫入太學，百工、騶卒之子孫襲業而不得入學
校。

　　這道制書在頒佈之後，會作爲法令條文編入《律》、《令》之中。這便是
北魏的立法慣例，樓勁先生認爲：

〔註124〕《魏書》卷一一《出帝紀》，第291頁。這道制書並不是出自孝武帝，而是出
　　　　自高歡等人，卻是以孝武帝的名義頒行。
〔註125〕北齊的大赦儀式或許可以作為一個佐證。
〔註126〕《魏書》卷四《世祖紀下》，第97頁。

凡修正或補充以往《律》、《令》的規定，每多以制詔或條制的
形式實時頒下施用，然後再據以修入將要編纂或正在編纂的新
《律》、《令》。〔註127〕

因太武帝禁止私立學校，所以至獻文帝即位時已經出現「道肆陵遲，學業遂
廢」的文教問題，故而中書令高允奉詔集議之後，上表請獻文帝立州郡學校
制度，曰：

> （前略）請制大郡立博士二人、助教四人、學生一百人，次郡
> 立博士二人、助教二人、學生八十人，中郡立博士一人、助教二人、
> 學生六十人，下郡立博士一人、助教一人、學生四十人。其博士取
> 博關經典、世履忠清、堪爲人師者，年限四十以上。助教亦與博士
> 同，年限三十以上。若道業夙成，才任教授，不拘年齒。學生取郡
> 中清望，人行修謹，堪循名教者，先盡高門，次及中第。〔註128〕

「請制」或許可理解爲「請下制書」。因高允爲中書令，掌握中書省草詔、
草制之權，所以「請制」亦在草詔之限。那麼「顯祖從之」則意味著高允草
擬的這份「請制」經獻文帝認可後，由中書省草擬成制書下達州郡，「郡國
立學，自此始也」〔註129〕即是所指。後來任相州刺史的李欣上疏求立學校
〔註130〕，便是依據這道制書。

又文成帝和平四年（463）十二月壬寅，詔曰：

> 夫婚姻者，人道之始。是以夫婦之義，三綱之首，禮之重者，
> 莫過於斯。尊卑高下，宜令區別。然中代以來，貴族之門多不率法，
> 或貪利財賄，或因緣私好，在於苟合，無所選擇，令貴賤不分，巨
> 細同貫，塵穢清化，虧損人倫，將何以宣示典謨，垂之來裔。令制：
> 皇族、師傅、王公侯伯及士民之家，不得與百工、伎巧、卑姓爲婚，
> 犯者加罪。〔註131〕

與其父太武帝一樣，文成帝延續了王公卿士與百工伎巧、卑姓的階層化策
略，並將之從文教延伸到婚媾，以制書出臺了限制「非類婚偶」的科禁法令。

〔註127〕樓勁：《太和元年至十六年定〈律〉、〈令〉及相關問題》，《田餘慶先生九十華
誕頌壽論文集》，第460頁。

〔註128〕《魏書》卷四八《高允傳》，第1077～1078頁。

〔註129〕《魏書》卷四八《高允傳》，第1078頁。

〔註130〕《魏書》卷四六《李欣傳》，第1040頁。

〔註131〕《魏書》卷五《高宗紀》，第122頁。

頒行天下「咸使聞知」。太和二年（478），這道制書「著之律令，永爲定準」，觸犯者「以違制論」〔註132〕。

以上幾例是制書形成的文教、風俗法令。獻文帝時由高允「請制」而形成的制書法令，兼具行政法的功能，這一道制書雖然要下州郡，但可能不會像壬寅制書〔註133〕一樣露布州郡〔註134〕。由制書頒佈的行政法，只適用於官僚機構系統，直接下達相關機構即可。如和平六年九月丙午制書：

> 先朝以州牧親民，宜置良佐，故敕有司，班九條之制，使前政選吏，以待俊乂，必謂銓衡允衷，朝綱應敘。然牧司寬惰，不祗憲旨，舉非其人，愆於典度。今制：刺史守宰到官之日，仰自舉民望忠信，以爲選官，不聽前政共相干冒。若簡任失所，以罔上論。
> 〔註135〕

「若簡任失所，以罔上論」意味著這道制書生成後便著於律令〔註136〕，成爲州郡長官行政的科條法規。另外「今制」也意味著北魏的法令以及行政制度的革創中，會伴隨以制詔形式頒行的「條制」〔註137〕，而這道制書產生的「條制」正與「九條之制」屬於同類法令。所以在後續的律令編纂中，這類條制會形成「內容相當系統的專項條制集」〔註138〕。

在兩漢魏晉時代，制書是等級最高的王言，具有較強的政務性和權威性，就文書性質而言，制書就是法令條文。正是基於這一點，北魏前期的制度革

〔註132〕《魏書》卷七上《高祖紀上》，第145頁。

〔註133〕古時詔令無定名，常以頒佈之日或主要內容稱之，參見何德章：《說〈皇詰〉》，《魏晉南北朝史叢稿》，北京：商務印書館，2010年，第331頁。所謂頒行之日，即干支日，如「（太和）十四年秋，閭上表曰：『奉癸未詔書（云云）』」，《魏書》卷五四《高閭傳》，第1204頁。

〔註134〕《獨斷》曰赦令、贖令須「露布下州郡」、明示天下，前文所舉太武帝、文成帝制書法令，皆是頒行天下、使「咸與聞知」的法令，而不像立學校學官屬於地方政務，下達州郡衙署即可。

〔註135〕《魏書》卷六《顯祖紀》，第126頁。和平六年五月，獻文帝即位，時乙渾專弄朝權。

〔註136〕樓勁先生指出，北魏前期沿襲漢代制詔「著令」方式形成律令的編纂，然後以之推進制度創建與累積，參見樓勁：《魏晉南北朝隋唐立法與法律體系：敕例、法典與唐法系源流》（上卷），第26～27頁、第27頁注①。

〔註137〕樓勁：《魏晉南北朝隋唐立法與法律體系：敕例、法典與唐法系源流》（上卷），第29頁。

〔註138〕樓勁：《魏晉南北朝隋唐立法與法律體系：敕例、法典與唐法系源流》（上卷），第30頁。

創、頒佈法令，相當倚重制書。而且毫無疑問的是，北魏早期的制書式繼承的是魏晉的「制詔」式，文曰「制曰：云云」。不過在史臣筆下，「制曰」多混用成「詔曰」，以致制書多堙沒於「詔曰」之下。所以對制書的釐定，除了「制曰」用語外，所憑藉的便是「制：云云」、「今制：云云」，因為這兩種用語皆屬於「制度之命」，符合制書的文體性質。對於無「制：云云」的詔書，無論內容是否屬於制度法令，鑒於難以坐實，故而暫不歸入制書範疇。這種處理方式與後文討論的敕書問題——「詔曰：其敕（云云）」相一致。

第三節　詔　書

一、詔書的檢討

「詔書」雖為四種王言體制之一，卻有廣義和狹義之分，狹義即皇帝告諭文書〔註139〕，而廣義即《唐六典》所言「冊書、詔、敕，總名曰詔」〔註140〕。在《魏書》中出現的「詔曰」大概就屬於這一用法。同時「詔曰」也是史臣編纂用語，而非詔書文本中的用語，這是需要注意的一點。中村裕一氏認為，包括《魏書》在內的史書中，「制」與「詔」存在互通的用法，這一用法成為南北朝隋唐時期史書編纂的傳統〔註141〕。所以前文在對制書進行考察時，便必須將「詔曰」這一史臣用語剝離，才能根據制書的特徵對其進行歸位。

根據《獨斷》所載，詔書在漢代存在「三品」之制，馬怡認為「三品」即「三等」，是基於詔書的生成方式進行的劃分。若就詔書的生成方式而言，北魏則存在皇帝手詔、中書省草詔（前期是有內秘書草詔）、皇帝畫「可」（或「詔曰：云云」）的尚書奏案等類別。王言生成途徑、程序不同，三類詔書的地位與性質亦不相同。這屬於王言生成機制的範疇，詳見於第四章。

除了在生成途徑上，「詔書」存在不同類別外，作為皇帝的常用文書，詔書還存在種類繁多的名目，如「手詔」、「墨詔」、「密詔」、「優詔」等。「手詔」的論述詳見於第四章第一節，此處按下不表。

〔註139〕馬怡：《漢代詔書之三品》，第65、67頁。
〔註140〕〔唐〕李林甫等撰，陳仲夫點校：《唐六典》卷九中書省‧中書令職掌條「凡王言之制有七」注文，第274頁。
〔註141〕〔日〕中村裕一：《唐代公文書研究》，第535頁。

（一）密　詔

據史載，「密詔」在北魏並不多見，管窺所及，魏末孝武帝曾使用過密詔。據《北史·齊紀》載：

> （永熙二年）六月丁巳，密詔神武曰：「宇文黑獺自平破秦、隴，多求非分，脫有變非常，事資經略。但表啓未全背戾，進討事涉忽忽。遂召羣臣，議其可否。僉言假稱南伐，内外戒嚴，一則防黑獺不虞，二則可威吳楚。」時魏帝將伐神武，神武〔衍〕部署將帥，慮疑，故有此詔。〔註142〕

所謂「密詔」，即不經詔書常規流程，直接從禁中出納。據《晉書·楚王瑋傳》載：

> （賈后）使惠帝爲（青紙）詔曰：「太宰、太保欲爲伊霍之事，王宜宣詔，令淮南、長沙、成都王屯宮諸門，廢二公。」夜使黄門齎以授（衞將軍、楚王）瑋。瑋欲覆奏，黄門曰：「事恐漏泄，非密詔本意也。」瑋乃止。〔註143〕

「覆奏」是詔書正式出納執行之前的常規流程，「密詔」不遵循這一常規流程，直接由皇帝發出後便即執行。依晉故事類推，孝武帝的這道密詔也沒有走王言生成機制中的常規程序，而是在禁中加封後直接向高歡宣詔，以防漏泄。孝武帝採用「密詔」，本身因爲「密詔」具有防止泄漏、不使外人聞知的功能，另一方面則如史言「慮（高歡）疑」，防止高歡起疑心。

對於孝武帝的「密詔」，還有另外一個版本，據《通鑑》載：

> 六月，丁巳，魏主密詔丞相歡，稱「宇文黑獺、賀拔勝頗有異志，故假稱南伐，潛爲之備；王亦宜共爲形援。讀訖燔之。」
> 〔註144〕

《通鑑》所載與《北史》出入較大，不知《通鑑》是否有別本爲據，抑或二家所載皆是截取了「密詔」的部份内容。從「讀訖燔之」來看，正體現了「密詔」不可示於外人。

〔註142〕《北史》卷六《齊紀·神武帝紀》，第219～220頁。關於「神武」之衍，參見「校勘記」〔一七〕。

〔註143〕時楚王瑋屯司馬門。《晉書》卷五九《楚王瑋傳》，第1596頁。賈后令惠帝作密詔一事，又見於《晉書》卷三一《后妃·惠賈皇后傳》，第964頁。

〔註144〕《資治通鑑》卷一五六《梁紀》武帝大通六年六月條，第4845頁。

（二）優　詔

「優詔」一般用於批答臣僚上表、啓、疏等上行文書。北魏時期「優詔」的用法與魏晉南朝相同，大體不出三類：其一，優詔（答表）許之（或不許）；其二，優詔拜官；其三，優詔辟諭〔註145〕。但「優詔」的詔書內容在《魏書》中並不見記載，今據其名目，簡單論述。

其一，皇帝「優詔」答表疏。據《魏書‧叔孫建傳》載：

> （徐州刺史、鎮南將軍）建表曰：「（前略）臣雖衰弊，謀略寡淺，過蒙殊寵，忝荷重任，討除寇暴，臣之志也。是以秣馬枕戈，思效微節。願陛下不以南境爲憂。」世祖優詔答之，賜以衣馬。〔註146〕

叔孫建上表陳說南境形勢、思效守土之志。太武帝覽表「優詔答之，賜以衣馬」，說明「優詔」具有撫慰的功能。

這道優詔作爲臣僚上表的批答，既有撫慰功能，同時也具有命令功能。比如，孝文帝遷洛後，穆氏家族捲入太子恂事件中，《魏書‧穆亮傳》載：

> 及亮兄羆預穆泰反事，亮以府事付司馬慕容契，上表自劾。高祖優詔不許，還令攝事。亮頻煩固請，久乃許之。〔註147〕

穆亮「上表自劾」，孝文帝下優詔慰勞之，不許自劾。「優詔不許」既具有撫慰的功能，同時也是對穆亮「自劾」的否決。從後來「亮頻煩固請，久乃許志」的記載來看，優詔似乎沒有絕對的強制性。又宣武帝初，太尉、侍中元雍「以旱故，再表遜位，優詔不許」〔註148〕，也屬於同樣的情形。要言之，「優詔不許」是針對臣下陳情，皇帝下詔慰勉之，用以體現皇帝恩德。

其二，皇帝「優詔」敦諭。據《魏書‧元繼傳》載：

> （都督北討諸軍事）繼以高車擾叛，頻表請罪，高祖優詔喻之。〔註149〕

〔註145〕今據《晉書》分舉一例。鄭沖「表乞骸骨。優詔不許」（卷三三《鄭沖傳》第992頁）；「優詔徵峻爲大司徒」（卷七〇《蘇峻傳》第2629頁）；「上疏遜位，帝不聽。遣侍中宣旨，優詔敦諭」（卷四四《李胤傳》第1254頁）。魏晉南北朝至於隋唐，「優詔」的用法基本沿襲不變。中村裕一氏研究指出，唐代的「優詔」存在四種用途：一、優詔表彰軍國、治績例；二、優詔答獻書例；三、優詔答奏請例；四、優詔答「上表請辭」例。參見《唐代制勅研究》，第363～368頁。
〔註146〕《魏書》卷二九《叔孫建傳》，第704頁。
〔註147〕《魏書》卷二七《穆崇傳附亮傳》，第671頁。
〔註148〕《魏書》卷二一上《高陽王雍傳》，第552頁。
〔註149〕《魏書》卷一六《京兆王黎傳附繼傳》，第402頁。

這則例子雖然與上面所據「優詔」答表有些相似，但這則例子則可視爲「優詔」敦諭的類型，即孝文帝下優詔，一則慰勞元繼「請罪」之心，二則譬喻北討之事。這是與前文所舉「優詔不許」的最大差別。

其三，皇帝「優詔」徵、拜。據《魏書・崔玄伯傳》載：

> 太宗以郡國豪右，大爲民蠹，乃優詔徵之，民多戀本，而長吏逼遣。〔註150〕

在徵「郡國豪右」時，「優詔」或許不同於一般行政命令的「詔」，而是帶有「綏撫」、勸勉的傾向。至於「長吏逼遣」，則可能是爲了實現「徵之」的效果，而忽略了「優詔」的性質。從「長吏逼遣」的行文來看，這道「優詔」是下達地方機構執行的，顯然是一道政令，這便與前面所述「優詔」直接下達臣僚個人不同。

作爲政令型的「優詔」，還存在拜官的情形，據《元璨墓誌》（正光五年十一月）載：

> 君以帝胄美名，凤招令問，特被優詔，擢秘書佐郎。〔註151〕

「特被優詔」，即優選美官。這種「優詔」其實已經等同於普通的拜官詔書，屬於常規的政令詔書，只是仍保存了「優詔」所具有的慰勉功能。

（三）墨　詔

今見於《魏書》的「墨詔」僅有一處，據《魏書・刑罰志》載：

> （延興四年）先是諸曹奏事，多有疑請，又口傳詔敕，或致矯擅。於是事無大小，皆令據律正名，不得疑奏。合則制可，失衷則彈詰之，盡從中墨詔。〔註152〕

下文在討論王言生成問題時也使用了這條史料。這則材料記錄了北魏「墨詔」的一種存在實態——墨詔發於禁中，用於批答奏行文書。錢大昕在《（唐）右武衛將軍乙速孤行儼碑》的跋尾中云：

> 「墨制」猶云「墨敕」，不由中書門下，而出自禁中者也。〔註153〕

「墨制」相當於唐之前的「墨詔」，用於拜授官爵，行儼碑文所載神龍二年

〔註150〕《魏書》卷二四《崔玄伯傳》，第622頁。
〔註151〕趙超：《漢魏南北朝墓誌彙編》，第152頁。
〔註152〕《魏書》卷一一一《刑罰志七》，第2876頁。
〔註153〕錢大昕：《潛研堂金石文跋尾》卷三《右武衛將軍乙速孤行儼碑》，線裝書，第46頁。本文所引《潛研堂金石文跋尾》藏於華東師範大學圖書館古籍特藏部，書號爲231220愚史20200。

（706）「墨制授右武衛將軍」便屬此制。中村氏認爲，墨詔是皇帝直筆批答、墨敕、手詔的別名，皇帝批答（包括皇帝直筆批答）的表現是「墨詔批」，因此「墨詔」可理解爲「皇帝直筆的意志」〔註154〕。墨詔制度在北魏似乎很難見到具體事例，今舉劉宋一例，作爲對「墨詔」的觀感。

據《宋書・謝莊傳》載：

> （大明五年）于時世祖（孝武帝）出行，夜還，敕開門，（侍中、領前軍將軍謝）莊居守，以榮信或虛，執不奉旨，須墨詔乃開。
> 〔註155〕

謝莊把守的「門」是宮門，夜開則須皇帝「墨詔」。所謂「墨詔」即謝莊所言皇帝「神筆」，證明「墨詔」乃皇帝「執筆詔書」〔註156〕、發自禁中。北魏延興四年（474）確立的墨詔之制與宋武帝大明五年（461）行用的墨詔制度存在相似之處。

以上所論述的是詔書的幾種類別，不過在《魏書》中出現的頻率並不是很高，用途與功能大體如上所述。如前所言，「密詔」不關門下而由皇帝直接發出，「墨詔」作爲皇帝「執筆詔書」也具有這種屬性。與之相較，大多數詔書還是需要走一般文書程序，落實到詔書儀注上，便是中書、門下署位的詔書式。

二、詔書的書式

《魏書》在編纂過程中，皆省略了詔書的首尾，即在詔書內容之前省去了「制詔」、「門下」冒頭，而詔書之末則省去了「年月日」與三省官員的署位。即使《魏書》保存了「制曰可」、「詔可」或「奏可」的皇帝御畫痕跡，卻已將一道完整的詔書割裂，而專錄「門下：云云」的「云云」部份。今日所見殘本的《文館詞林》，雖然皆略去了署位式，卻保留了「門下：云云」的狀貌，爲解讀北魏的詔書式提供了一條線索。前文已經述及，這一條線索比較單薄，下面主要討論一下第二條線索。

據《廣弘明集》載北魏釋僧懿〔註157〕《伐魔詔》〔註158〕：

〔註154〕中村裕一：《隋唐王言の研究》，第341、338頁。

〔註155〕《宋書》卷八五《謝莊傳》，第2176頁。

〔註156〕中村裕一：《唐代制勅研究》，第351頁。

〔註157〕釋僧懿即京兆王子推之子太興，太武帝之孫，孝文帝時（南討）爲沙門，更名僧懿，太和二十二年卒。《魏書》卷一九上《京兆王子推傳附太興傳》，第444頁。

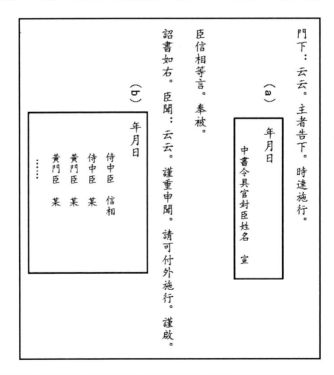

門下：（前略）可簡將練卒，隨機拯撲，勿使
滄生懷予複置歎。主者告下。時速施行。

隨機猛撲

滄生懷予復置歎

滄生復

臣信相等言。奉被。

詔書如右。臣聞：見機者則承風以先附，守迷
者必威加而後降。……心之所向，則無思不服。
四魔區區，焉足以規慮哉。但今聚結未散，事
須平蕩。輒依分處，星言宿駕。謹重申聞。
請可付外施行。謹啟。

本文根據中村裕一氏在《伐魔詔》原文上的復原，整理如下〔註 159〕：

門下：云云。主者告下。時速施行。

（a）

年月日
中書令具官封臣姓名　宣

臣信相等言。奉被。

詔書如右。臣聞：云云。謹重申聞。請可付外施行。謹啟。

（b）

年月日

侍中臣　信相
侍中臣　某
黃門臣　某
黃門臣　某
……

〔註 158〕〔梁〕僧祐撰：《弘明集》，〔唐〕道宣撰：《廣弘明集》卷二九《伐魔詔》，第
353 頁中～下欄。

〔註 159〕〔日〕中村裕一：《唐代制勅研究》，第 145 頁。

　　（a）、（b）是中村氏的復原部份。本文認為這一復原可能忽略了一點
——「臣信相等言。奉被」應該位於「臣等」諸人署名之後，也就是說，（b）
部份的署名應該位於（a）之後、「臣信相等言」之前。而且這還可用中村氏復
原的隋開皇令詔書式以及唐代詔書式作為佐證。有鑒於此，本文將《伐魔詔》
所反映的北魏詔書式，重新整理、復原如下：

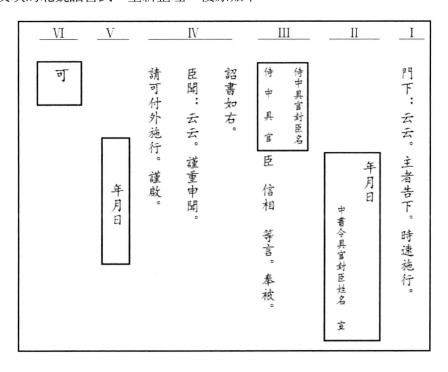

中村氏的復原成果保留在了第 II、V 兩部份。另外，本文根據北魏及南朝「詔
須覆奏」、皇帝畫可的制度，復原出第 VI 部份「可」。

　　中村氏已經指出，南北朝的詔書式是隋代開皇公式令的起源〔註160〕，並
根據唐公式令制書式對開皇令詔書式進行了復原〔註161〕：

　　因避諱，楊隋將「侍中」改為「納言」、「中書」改為「內史」。中村氏指
出，雖然北魏北齊、隋開皇時期的詔書是唐代詔書的成立時期，但北魏詔書
的外形樣式與隋唐詔書式存在較大差別〔註162〕。現將北魏的詔書式與隋代的
詔書式進行比較，可發現二者諸多相同與不同之處：

〔註160〕參見中村裕一：《唐代制勅研究》，第 141 頁。
〔註161〕中村裕一：《隋唐王言の研究》，第 65～66 頁。
〔註162〕中村裕一：《唐代制勅研究》，第 147 頁。

```
ⅥⅤⅣ              Ⅲ            Ⅱ                   Ⅰ

詔  臣  給      納                              門
書  聞  事      言                              下
如  云  黃      具                              ：
右  云  門      官                              云
。  。  侍      封                              云
   臣  郎      臣                              。
請  等  具      名                              主
奉  云  官                                      者
       封                       年              施
       臣                       月              行
       名                       日              。
          等
          言                          內
                   謹                 史
                   奉                 令
                                      具
                                      官
                                      封
                                      臣
                                      姓
                                      名
                                      宣
                           內
                           史
                           侍
                           郎
                           具
                           官
                           封
                           臣
                           姓
                           名
                           奉
                  內
                  史
                  舍
                  人
                  具
                  官
                  封
                  臣
                  姓
                  名
                  行
```

　　第一，筆者對詔書式進行了六部份劃分，即Ⅰ、Ⅱ、Ⅲ、Ⅳ、Ⅴ、Ⅵ分別對應詔書式的不同部份，本文將北魏詔書式劃分出的六部份格局，參照了中村氏的研究成果（復原隋開皇令詔書式）。

　　第二，在詔書起首式上，隋代沿襲了南北朝時期形成的「門下」式，《文館詞林》可資為證。而北魏「門下」式結尾的「主者告下。時速施行」則與開皇令「主者施行」屬於相同的詔書用語。第Ⅲ、Ⅳ部份在詔書式中的位置，原本就處於《平魔詔》中，屬於「詔須覆奏」的環節，這正與開皇令詔書式的第Ⅲ、Ⅳ部份相合。

　　第三，北魏詔書式與隋開皇令詔書式的區別在第Ⅳ部份。在北魏詔書式中，「詔書如右」處於「臣聞：云云」之前，與「謹重申聞」相照應。而開皇令詔書式正與之相反，且「詔書如右」之後言「請奉」，正與「謹重申聞」不同。

　　以上所呈現的是北魏「門下」發辭的詔書式，然而這並非唯一的詔書發辭式。除「門下」式外，北魏還存在「制詔」式詔書。如《元偃墓誌》（北魏太和廿二年十二月）所載三道「制詔」，今舉其一：

　　　　太和十五年十二月廿七日<u>制詔使持節安北將軍賀侯延</u>、<u>鎮都大</u>
<u>將始平公元偃</u>：今加安西將軍。〔註163〕

這屬於兩漢魏晉詔書式中的「制詔某官某」的書式。關於「門下」與「制詔」書式並存現象的討論，詳見第二章。

　　以上是對北魏詔書式的復原，通過這一復原，對理解第三章所涉及的中書草詔，門下省出納詔命、覆奏詔書、署名奏可等王言生成環節，提供了直觀的認識。而且詔書式不僅僅是文書格式，其中還包含了王言生成程序、中書省與門下省（以及尚書省）在各環節所發揮的功能等內容。

三、詔書的施用對象──域內之臣與藩國之臣

　　太平眞君（440～451）末年，太武帝車駕南伐，至彭城，遣劇應「宣世祖詔，勞問（宋文帝弟、太尉、江夏王）義恭等」。又遣比部尚書李孝伯面會劉宋徐州長史張暢，孝伯曰「主上有詔（云云）」，暢曰：「<u>有詔之言，政可施於彼國，何得稱之於此</u>？」〔註164〕張暢之問，正道明了詔書的施用範圍問題。而孝伯的反駁「<u>縱爲鄰國之君，何爲不稱詔於鄰國之臣</u>？」雖然是在論證太武帝對稱「詔」於南國徐州刺史、武陵王駿，太尉、江夏王義恭的合法性，但也說明詔書頒行於域外的可能性。詔書頒行域外存在常規的實現方式，即藩國上表稱臣。要言之，詔書存在兩種頒行對象（範圍）──域內、藩國。對於沒有臣屬關係的敵國，則使用相應的敵國之禮──有書不稱詔。

　　那麼什麼樣的詔書通行於域內，什麼樣的詔書施用於藩國？

（一）頒行於天下的詔書：「咸使聞知」

　　道武帝天興元年（398）六月議定國號爲「魏」，並下詔「布告天下，咸知朕意」〔註165〕。即將定國號爲「魏」詔由平城發往各州郡，張牓於衢道，

〔註163〕趙超：《漢魏南北朝墓誌彙編》，第36頁。筆者在趙氏錄文的基礎上，對標點符號進行了調整。

〔註164〕《魏書》卷五三《李孝伯傳》，第1168～1169頁。

〔註165〕《魏書》卷二《太祖紀》，第33頁。

布告天下。又太武帝始光二年（425）五月「詔天下十家發大牛一頭，運粟塞上」〔註166〕。亦是將詔書發往各州郡後，由之張榜告示，作為州郡徵發的依據。與徵發相比，延和三年（434）二月戊寅則下達了一道「寬徭賦」的詔書，頒行天下，詔曰：

> 朕承統之始，羣凶縱逸，四方未賓，所在逆僭。蠕蠕陸梁於漠北，鐵弗肆虐於三秦。是以旰食忘寢，抵掌扼腕，期在掃清逋殘，寧濟萬宇。故頻年屢徵，有事西北，運輸之役，百姓勤勞，廢失農業，遭離水旱，致使生民貧富不均，未得家給人足，或有寒窮不能自贍者，朕甚愍焉。今四方順軌，兵革漸寧，宜寬徭賦，與民休息。其令州郡縣隱括貧富，以為三級，其富者租賦如常，中者復二年，下窮者復三年。刺史守宰當務盡平當，不得阿容以罔政治。明相宣約，咸使聞知。〔註167〕

這道詔書有三個層面的內容「朕甚愍焉」云云、「宜寬徭賦，與民休息」的施政意志、「隱括貧富」分為三等的執行方案。這道詔書的一半內容在陳述「朕甚愍焉」的意志，以體現其「仁德」的一面。即太武帝在這道頒行於天下的詔書中，將自己的「賢君」形象展現在了天下人面前，而後續的「其令」云云則是將刺史守宰推到了「德政」開展的前沿。

在頒行於天下的詔書中，也不乏嚴刑峻法的詔書，如太平真君五年（444）正月戊申「禁私養沙門詔」：

> 愚民無識，信惑妖邪，私養師巫，挾藏讖記、陰陽、圖緯、方伎之書；又沙門之徒，假西戎虛誕，生致妖孽。非所以壹齊政化，布淳德於天下也。自王公已下至於庶人，有私養沙門、師巫及金銀工巧之人在其家者，皆遣詣官曹，不得容匿。限今年二月十五日，過期不出，師巫、沙門身死，主人門誅。明相宣告，咸使聞知。〔註168〕

這道詔書傳達的意志是「壹齊政化，布淳德於天下」，該詔是繼「詔誅長安沙門」並令留臺（平城）下符四方（「依長安行事」）之後的第二道。「明相宣告，

〔註166〕《魏書》卷四上《世族紀上》，第70頁。
〔註167〕《魏書》卷四上《世祖紀上》，第83頁。
〔註168〕《魏書》卷四下《世祖紀下》，第97頁。這道詔書又見於卷一一四《釋老志》，第3034頁。兩處記載略有不同。

咸使聞知」即意味著詔書要盡可能地散佈於天下。

「咸使聞知」的詔書頒佈範圍是盡可能的廣泛，要求有司在下發詔書時「宣諸遠近」〔註169〕，達到詔書頒行範圍的最大化。最具有這項功能的當推大赦詔書。如孝文帝「祭圜丘大赦詔」：

> 門下：（前略）且天元之後，萬務更新，宜開大始，彰厥猷瑞，可大赦天下，與人肇旦。諸謀反大逆外叛殺人殊死已下已發覺未發覺、繫囚禁錮，自太和年月日長至昧爽已前，一皆原除。……有司詳準舊式，備爲條格。……<u>咸相申告，稱朕意焉</u>。〔註170〕

大赦詔須露布下州郡、張榜於衢道坊里「咸相申告」，必使人盡皆知，在逃罪人亦不例外。推此而言，大赦詔當是傳佈最廣泛的一種詔書。北魏的大赦詔以域內之天下作爲頒行範圍（曲赦詔另當別論），這是大赦詔本身所具有的功能，甚至大赦詔就自帶某些「恒式」〔註171〕。

以上所述爲詔書頒行於天下的幾種類型，可總結爲三種：大赦詔；民生詔書；告諭詔書。這三類詔書的執行者是政務系統（包括州郡縣），所以必然要經政務文書運作的程序（如臺省下符）。而有些詔書雖然下達到了政務系統，但只在系統內運作，不必「咸使聞知」。

（二）頒行於政務系統的詔書

下達政務機構並由之執行的政務詔書，屬於行政指令，只在政務機構中運作。如神䴥三年（430）七月己亥，詔曰：

> 昔太祖撥亂，制度草創，太宗因循，未遑改作，軍國官屬，至乃闕然。今諸征鎮將軍、王公仗節邊遠者，聽開府辟召；其次，增置吏員。〔註172〕

「開府辟召」、「增置吏員」是太武帝通過己亥詔書下達給「諸征鎮將軍、王公仗節邊遠者」的行政指令，對象與命令很明確，不符合條件的征鎮將軍、持節王公則不在下詔之限。易言之，這道詔書所確立的「開府辟召」只是在政務機構內的有關單元展開。

〔註169〕《魏書》卷九《肅宗紀》，第226頁。

〔註170〕〔唐〕許敬宗編，羅國威整理：《日藏弘仁本文館詞林校證》卷六六五，第258頁。

〔註171〕見於前廢帝（廣陵王）大赦詔。〔北魏〕楊衒之撰，周祖謨校釋：《洛陽伽藍記校釋》卷二「城東‧平等寺」條，第85頁。

〔註172〕《魏書》卷四上《世祖紀上》，第76頁。

太安五年（459）九月文成帝所下詔書，則是針對地方州郡系統，據《高宗紀》載戊辰詔書：

> 夫襃賞必於有功，刑罰審於有罪，此古今之所同，由來之常式。牧守荏民，侵食百姓，以營家業，王賦不充，雖歲滿去職，應計前逋，正其刑罪。而主者失於督察，不加彈正，使有罪者優游獲免，無罪者妄受其辜，是啟姦邪之路，長貪暴之心，豈所謂原情處罪，以正天下。自今諸遷代者，仰列在職殿最，案制治罪。克舉者加之爵寵，有愆者肆之刑戮，使能否殊貫，刑賞不差。主者明為條制，以為常楷。〔註173〕

針對州郡牧守存在的「侵食百姓，以營家業」問題，文成帝要求「主者明為條制，以為常楷」，作為考核、賞罰牧守的根據。因離職審查而形成的「條制」會成為政務系統運作的行政法，與已經存在的行政法令共同「彌補著行政領域的規範缺口」〔註174〕。

在中央政務運作系統，皇帝下詔百司敦諭職責，亦不乏其例。如太武帝延和元年（432）正月己巳詔書，則是施用於整個政務系統，詔曰：

> 朕以眇身，獲奉宗廟，思闡洪基，廓清九服。……其王公將軍以下，普增爵秩，啟國承家，修廢官，舉儁逸，蠲除煩苛，更定科制，務從輕約，除故革新，以正一統。羣司當深思效績，直道正身，立功立事，無或懈怠，稱朕意焉。〔註175〕

這道詔書的頒行對象既包括了「羣帥文武」、「王公將軍以下（包括將士）」，對其「普增爵秩」；又包括「百司」，詔令其「深思效績」、「立功立事」。而「修廢官，舉儁逸，蠲除煩苛，更定科制」便是針對政務系統「除故革新」的行政指令。

頒行於行政系統的詔書，因頒行對象是否具有針對性而形成不同的運

〔註173〕《魏書》卷五《高宗紀》，第117～118頁。樓勁指出此詔的大意是「蓋因以往《律》、《令》的規定中，缺少遷代關於的離職審查和相應的賞罰條款，故命『有司明為條制』」，並認為「作為專門針對有關政務而制定、頒行的系統規定，條制在靈活適用等方面……經常是《律》、《令》規定的已匯總延伸」。參見樓勁：《魏晉南北朝隋唐立法與法律體系：敕例、法典與唐法系源流》（上卷），第71、72～73頁。

〔註174〕樓勁：《魏晉南北朝隋唐立法與法律體系：敕例、法典與唐法系源流》（上卷），第76頁。

〔註175〕《魏書》卷四上《世祖紀上》，第80頁。

作、宣行路徑，如下邊遠征鎮將軍的詔書，在詔書運作的路徑上無疑經過了中央的政務機構，但最終落實與產生功能的環節仍在下達對象——征鎮將軍、持節王公一端。若是適用於整個行政系統的詔書命令，則會責令有司擬定「科條」、提出方案並執行。在這種情況下，詔書所發揮的功能便是統籌行政系統，對某項政策開展運作。本文第四章討論的王言生成的一種來源——詔「議」，便是詔書頒行於行政系統，發動某項政策或政治決策生成的程序。概言之，詔書頒行於政務系統，必然攪動一輪政務運作。

（三）頒行於臣僚個人的詔書：私王言

前文所述及的「優詔」、「密詔」以及後文將要述及的「手詔」、對臣僚表疏啓的詔答，皆屬於這一範疇〔註176〕，可以視爲「私王言」。這種頒行於臣僚個人的詔書，基本上與頒行於政務系統的詔書屬於兩套系統，詔書性質與功能亦相差甚大。雖然如此，皇帝頒行於臣僚個人的詔書在北魏王言系統中的分量仍舉足輕重，甚至在某些渠道下，這種私王言可以通過轉換機制流入政務系統，形成私王言與公王言相溝通的王言運作格局。這種格局即是第四章所討論的臣僚上書（表疏啓）通過「詔付外議」機制而流入政務運作系統，成爲影響政治運作與王言生成的重要因素。關於頒行於臣僚個人的詔書，本部份不作展開，詳見於第四章。

（四）頒行於域外藩國的詔書

以上所揭詔書的三種頒行對象，皆是域內之臣。還有一種「臣」屬於皇帝詔書的頒行對象——藩臣（外臣）〔註177〕。在前文討論策書時，筆者言及了北魏對蕃國行用策書一事，在此需要強調的一點是，詔書與策書一併下達藩國，藩國君主受策書、詔書而行臣子之禮（拜伏受詔）〔註178〕。

〔註176〕「優詔」拜官不屬於此例，由答表、疏而存在的「優詔」其實與皇帝詔答表疏啓屬於同類情況。
〔註177〕高明士指出，在天下秩序中，存在內臣與外臣兩大單元，皇帝對內、外臣的統治存在區別。參見高明士：《天下秩序與文化圈的探索——以東亞古代的政治與教育爲中心》，上海：上海古籍出版社，2008年，第18頁。本文無意於「天下秩序」的討論，僅因討論詔書頒行範圍的需要而點到爲止。
〔註178〕據李順本傳載，沮渠蒙遜稱藩內附，崔浩建言「宜令清德重臣奉詔褒慰」，李順奉策並褒慰之詔使北涼。再度出使時，沮渠蒙遜不欲拜伏受詔，受李順所責。《魏書》卷三六《李順傳》，第830～831頁。

　　藩國君主上表稱臣，北魏皇帝以詔書（制詔〔註179〕）答之。前文在討論制書生成的問題時，曾援引太武帝以制書（制詔）答吐谷渾慕璝上表一事，這道上表是吐谷渾稱藩之後的上行文書，而太武帝的答表制書，則是北魏王言行用於吐谷渾的一種表現。今以吐谷渾作為北魏西南諸國建藩稱臣的例子，討論北魏詔書頒行的情況。

　　據《魏書‧吐谷渾傳》載：

> 世祖時，慕璝始遣其侍郎謝大寧奉表歸國，尋討禽赫連定，送之京師。世祖嘉之，遣使者策拜慕璝為大將軍、西秦王。慕璝表曰：（云云）〔註180〕

北魏與吐谷渾藩屬關係的形成，經歷了兩個環節：第一，慕璝上表稱臣、貢獻方物；其二，太武帝策拜慕璝官爵，將之納入到北魏內臣的序列中。「慕璝表曰：云云」則是慕璝與太武帝君臣關係建立之後，所提出的陳請——「願並敕遣（乞佛日連等三人），使恩洽遐荒，存亡感戴」。太武帝下制詔不許，並以「綿絹」慰喻之。太延二年（436），慕璝之弟慕利延繼位後，北魏下詔「策諡慕璝曰惠王」，並策拜慕利延為鎮西大將軍、儀同三司、西平王。「鎮西大將軍」、「儀同三司」皆北魏內臣官號。自太武帝已降，吐谷渾雖有不謹守臣道之跡，並上表謝過再三，但詔書一直頒行於彼國。這種狀態，一直持續到東魏。

　　在吐谷渾稱臣納貢、受北魏詔命的歷史時段，出現過一種異相。據《吐谷渾傳》載：

> 伏連籌內修職貢，外並戎狄……準擬天朝，樹置官司，稱制諸國，以自誇大。世宗初，詔責之曰：「梁州表送卿報宕昌書，梁彌邕與卿並為邊附，語其國則鄰藩，論其位則同列，而稱書為表，名報為旨，有司以國有常刑，殷勤請討。朕慮險遠多虞，輕相構惑，故先宣此意，善自三思。」伏連籌上表自申，辭誠懇至。〔註181〕

所謂「異相」，指吐谷渾在北魏的藩屬格局中，衍生出附屬於自己的小藩屬。具言之，伏連籌以「內臣」的身份「內修職貢」，對魏帝上表稱臣；卻又於西南「稱制諸國」，責令鄰藩（北魏藩臣）「稱書為表」，伏連籌報答曰「旨」。

〔註179〕前文在討論制書問題時，曾引用太武帝議答吐谷渾慕璝上表時，採用的便是「制詔」。

〔註180〕《魏書》卷一〇一《吐谷渾傳》，第2235頁。

〔註181〕《魏書》卷一〇一《吐谷渾傳》，第2239頁。

伏連籌此舉違背臣禮，干擾了北魏在西南的藩屬格局，所以有司欲加之刑。故而宣武帝下詔責伏連籌。在北魏藩屬格局與詔書的規約下，伏連籌「上表自申」，以明謹守臣節之志。這道詔書中所言及的宕昌國，與吐谷渾一樣皆屬北魏藩國，也是詔書行用對象。

在討論詔書行用於吐谷渾時，筆者所未言及而見諸史載的是，北魏曾對吐谷渾用兵，即使未直接用兵（如太武帝征沮渠蒙遜），吐谷渾仍處於北魏的兵威之下。吐谷渾國主數次上表謝罪、「復修藩職」，皆與此相關。需要特別點明的是，吐谷渾建藩稱臣後，是受北魏皇帝冊封的，歷代國主的繼任，多不跳脫出這一規則〔註182〕。然而在北魏蕃臣序列中，亦有未受冊封的藩臣，這類藩臣不具有內臣官號。

再援引東境藩胤之一的百濟為例，以瞭解詔書在東北亞地區的行用情況〔註183〕，並與受魏帝冊封的高句麗相區別。據《魏書·百濟傳》，延興二年（472），百濟王餘慶始遣使上表曰：

> 臣建國東極，豺狼隔路，雖世承靈化，莫由奉藩，瞻望雲闕，馳情罔極。涼風微應，伏惟皇帝陛下協和天休，不勝係仰之情，謹遣私署冠軍將軍、駙馬都尉弗斯侯，長史餘禮，龍驤將軍、帶方太守、司馬張茂等投舫波阻，搜徑玄津，託命自然之運，遣進萬一之誠。冀神祇垂感，皇靈洪覆，克達天庭，宣暢臣志，雖旦聞夕沒，永無餘恨。〔註184〕

餘慶上表稱臣，稱獻文帝為「皇帝陛下」，並表獻「錦布海物」。餘慶表數上、使數遣，並貢獻疑似北魏之鞍。但單方面上表稱臣並無法獲得藩臣的身份，百濟與北魏建立藩屬關係還需要獻文帝的一道重要手續——詔書。獻文帝得表後，詔答曰：

> 得表聞之，無恙甚善。卿在東隅，處五服之外，不遠山海，歸誠魏闕，欣嘉至意，用戢于懷。朕承萬世之業，君臨四海，統御羣

〔註182〕自慕璝伊始，後繼者慕利延、拾寅、伏連籌相繼受魏帝冊封。
〔註183〕對於詔書行用於高句麗情況，最典型的一道詔書是孝文帝太和十六年的「與高麗王雲詔」，載於〔唐〕許敬宗等編，羅國威整理：《日藏弘仁本文館詞林校證》卷六六四，第241～242頁。姜維東通過這道詔書解讀了太和中的北魏、高句麗兩國的關係、形勢，可資參閱。姜維東：《〈後魏孝文帝與高句麗王雲詔〉中所見魏、麗形勢及雙方關係》，《史學集刊》2006年第6期，第68～73頁。
〔註184〕《魏書》卷一○○《百濟傳》，第2217頁。

生。今宇内清一，八表歸義，襁負而至者不可稱數，風俗之和，士馬之盛，皆餘禮等親所聞見。卿與高麗不穆，屢致陵犯，苟能順義，守之以仁，亦何憂於寇讎也。……卿所送鞍，比校舊乘，非中國之物。不可以疑似之事，以生必然之過。經略權要，已具別旨。〔註185〕

在詔書中，獻文帝對餘慶上表稱臣進行了認可——「得表聞之，無恙甚善」。在後文討論表疏啓與王言生成的關係時，便存在「省表聞之」的詔答用語，以明君臣之義，獻文帝詔答餘慶上表所用詔答語，功能與詔答內臣相同。而詔書所言「經略權要，已具別旨」，即另一詔書，詔曰：

（前略）但以高麗稱藩先朝，供職日久，於彼雖有自昔之釁，於國未有犯令之愆。卿使命始通，便求致伐，尋討事會，理亦未周。……良由高麗即敍，未及卜征。今若不從詔旨，則卿之來謀，載協朕意，元戎啓行，將不云遠。便可豫率同興，具以待事，時遣報使，速究彼情。師舉之日，卿爲鄉導之首，大捷之後，又受元功之賞，不亦善乎。所獻錦布海物雖不悉達，明卿至心。今賜雜物如別。〔註186〕

「卿使命始通」、「別旨」意爲百濟藩臣身份初建，所以有「從詔旨」而不得「違詔」的義務。另外，這道詔書也道出了藩國稱臣之後的一種政治形態——「供職」奉令，歲歲朝貢（「修藩臣」），馮太后敕令高句麗王高璉奉女〔註187〕、獻文帝詔璉送邵安入百濟，皆屬此類〔註188〕。

值得留意的問題是，僅據《百濟傳》無法確認北魏皇帝是否對百濟君主進行了冊封，因爲高句麗、吐谷渾、北涼沮渠氏、鄧至皆有冊封記載，而百濟、高昌、勿吉國則不見冊封的記載。這或許說明在北魏的藩國中，存在冊封與不冊封的分殊，若存在這種現象，說明在藩臣中存在著「臣」之等級，吐谷渾所出現的「異相」或許就與此有關。退一步而言，無論藩國是否受冊封〔註189〕，在上表稱臣的前提下，北魏詔書便可頒行其國。

〔註185〕《魏書》卷一○○《百濟傳》，第2218頁。

〔註186〕《魏書》卷一○○《百濟傳》，第2218～2219頁。

〔註187〕《魏書》卷一○○《高句麗傳》，第2215頁。

〔註188〕但此二事，高句麗皆各種託辭拒命，以致有狡詐之名。

〔註189〕高明士認爲，冊封是爲中國天子對諸國國王所作的「君長人身」統治。藉冊封完成的君臣關係，便是「政」之要素的具體表現。高明士：《天下秩序與文化圈的探索——以東亞古代的政治與教育爲中心》，第121頁。筆者認爲，冊封固然具有此項功能，但與冊封同時頒行的詔書卻往往不受重視。如前所言，

　　綜上所言，詔書頒行域外，存在兩種類型：其一，強行施與，而授受方不存在君臣關係，亦無君臣之禮相接〔註190〕；其二，域外之國上表稱臣，與北魏建立起藩附君臣關係，詔書行於其國，蕃臣拜伏受詔。第一種類型並不常見，但在北魏確實存在。在第二種類型中，則存在受冊封與未受冊封的兩種蕃臣，前者憑藉所受官爵而參與到北魏的官爵序列中，具有內臣的身份，而後者則無此權力與資格。至於詔書在藩國的權威與執行力度，則因各蕃臣態度、國勢而各有差異。

　　北魏詔書的文書功能與施用範圍建立在北魏政治運作的基礎之上，具有可調適性與差異性。詔書作爲北魏四種王言體制之一，與制書、敕書、冊書三者相較，運用範圍最廣泛，並且具有配合其它三種文書的功能，甚至冊書的生成必須以詔書爲前提，這是敕書、冊書二者所不具備的文書功能。此外，詔書的生成程序也是最複雜、牽涉文書系統最廣的一種王言，可詳見第四章。作爲皇帝頒行政令的重要公文書，詔書在生成與運作中的每一個重要環節都落實到了詔書式中，並直觀體現出北魏詔書之制。筆者據《廣弘明集》所載北魏詔書以及中村氏的研究成果，對詔書式（第一品詔書）進行了進一步復原。在此基礎上，本文將其與隋唐詔書式進行了比對，窺見二者的同與異。至於北魏詔書式中所缺失的尚書省署位，則可根據隋唐詔書式以及北魏尚書署奏、門下省覆奏畫可的制度，復原出北魏中書、門下、尚書三省署位格式，以及第二品詔書式。這便與第四章所討論的王言生成機制相契合。

第四節　敕　書

一、敕書的檢討

　　依漢制，「敕書」又稱「戒敕」，文曰「有詔敕某官」。《漢制度》曰：

　　　　誠敕者，謂敕刺史、太守，其文曰<u>有詔敕某官</u>。它皆仿此。

〔註191〕

　　　　冊書是一種禮儀性王言，而具有權威合法性的卻是詔書，即使沒有冊書，通過詔書所體現的君臣關係依然成立。

〔註190〕這種情況，出現在前文所揭太武帝遣李孝伯向劉宋徐州刺史宣詔即是此例子，而徐州長史張暢拒詔之言，則表明北魏無權向劉宋域內臣子頒行詔書。不過對於劉宋的域外之臣，如藩附兩家的吐谷渾慕璝、高句麗王璉，則有頒行詔書之權。

〔註191〕《後漢書》卷一上《光武帝紀》引《漢制度》注「詔曰」，第24頁

敕刺史、太守的「有詔敕某官」即「詔敕某州刺史（某郡太守）」，如「詔敕曰：故左將軍袁術（云云）」〔註192〕，與南北朝的「敕某官某：云云」相似。北魏的敕書，則是「敕曰」作為起首語，亦或行用「詔曰：……敕（云云）」，這兩種用法具有承續魏晉制度的一面，同時在起首語上也有改變。

據《魏書‧食貨志》載：

> （神瑞二年，明元）帝以飢將遷都於鄴，用博士崔浩計乃止。於是分簡尤貧者就食山東。敕有司勸課留農者曰：「前志有之，人生在勤，勤則不匱。凡庶民之不畜者祭無牲，不耕者祭無盛，不樹者死無椁，不蠶者衣無帛，不績者喪無衰。教行三農，生殖九穀；教行園圃，毓長草木（後略）」〔註193〕

「有司」即尚書諸曹，是敕書的受文者。又如太武帝時：

> 乃敕諸尚書曰：凡軍國大計，卿等所不能決，皆先咨浩，然後施行。〔註194〕

敕以行事，這是敕書的文書功能。這兩例敕書在史官的筆端是為「敕某官某：（云云）」的書式，有時亦被記為「敕曰」，又孝文帝南征時：

> 蕭鸞遣將率眾據渚，邀斷津路。高祖敕曰：「能破中渚賊者，以為直閤將軍。」〔註195〕

這道敕書與前幾例相較，並不針對某個具體個人。所以從駕諸軍皆有觀敕之權，奚康生得知孝文帝敕令後「遂便應募」便說明了這一特點。

在北魏敕書的頒行對象中，與「有司」相對的是臣僚個人，如《元瓛墓誌》（神龜三年三月）載：

> 特被優詔，擢秘書佐郎。時尋有敕，專總東觀，〔註196〕

詔、敕授官本是常態，而「敕」則往往與具體事務相關聯，秘書佐郎受敕「專總東觀」即是其例。又孝文帝將遷洛，時馮熙困篤，帝乃「密敕宕昌公王遇曰：『太師萬一，即可監護喪事。』」〔註197〕也是敕書下臣僚個人、行用「敕某官某」式的情況。這道「密敕」出自孝文帝之手，而不經中書草詔機構，

〔註192〕《三國志‧吳書》卷四六《孫策傳》注引《江表傳》，第1104頁。
〔註193〕《魏書》卷一一○《食貨志》，第2850頁。
〔註194〕《魏書》卷三五《崔浩傳》，第819頁。
〔註195〕《魏書》卷七三《奚康生傳》，第1629頁。
〔註196〕趙超：《漢魏南北朝墓誌彙編》，第152頁。
〔註197〕《北史》卷八○《外戚‧馮熙傳》，第2678頁。

即所謂「手敕」。如宣武帝延昌三年（514）楊昱諫言「陛下若召太子，必降手敕，令臣下咸知，爲後世法」，於是宣武帝詔曰：

> 自今已後，若非朕手敕，勿令兒輒出。宮臣在直者，從至萬歲門。〔註198〕

「手敕」是敕書生成的一種方式。另一種方式則是中書官草敕，《北史》記載：

> （天平二年六月）辛未，（孝武）帝復錄在京文武議意，以答神武。使舍人溫子昇草勒，子昇逡巡未敢作，帝據胡牀拔劍作色，子昇乃爲勒曰：「前持心血，遠以示王，深冀彼此共相體悉，而不良之徒，坐生間貳。近孫騰倉卒向彼，致使聞者疑有異謀。故遣御史中尉蔡儁，具申朕懷。今得王啓，言誓懇惻，反覆思之，猶所未解。以朕眇身，遇王武略，不勞尺刃，坐爲天子。……本望君臣一體，若合符契，不圖今日，分疏到此！……朕既親王，情如兄弟，所以投筆拊膺，不覺歔欷。」〔註199〕

這則材料表明，中書舍人具有草敕權，受皇帝旨意草敕。這道敕書是孝武帝進行軍事布置過程中與高歡文書往來的一種，前文所揭孝武帝發給高歡的密詔，亦是其中的一種，而敕書中所言「今得王啓」即是高歡收到密詔後的上表。

在北魏答表稱詔的慣例中，孝武帝用敕書答表雖然鮮見，但並非特例。孝明帝批答尒朱榮上表也採用了敕書。據《魏書·尒朱榮傳》載：

> （尒朱榮以山東賊盛）復上書曰：「……使還，奉敕云：『念生梟剗，寶夤受擒，醜奴、明達並送誠款，三輔告謐，關隴載寧。費穆虎旅，大翦妖蠻；兩絳狂蜀，漸已稽顙。』……」〔註200〕

「使還，奉敕云」即前「（尒朱榮）表求遣騎三千東援相州，肅宗不許」〔註201〕一事，所謂「不許」，即孝明帝對尒朱榮上書「請令精騎三千馳援相州」（「表求遣騎三千東援相州」）批答，這份批答文書也就是被使者傳達的「敕」。很顯然，這道上書所保存的「敕云：云云」並非敕書全文。

需要補充說明的一點是，函使所奉敕書，必是函封之後的。據《宋書·

〔註198〕《魏書》卷五八《楊播傳附昱傳》，第 1292 頁。

〔註199〕《北史》卷六《齊紀·神武帝紀》，第 220～222 頁。

〔註200〕《魏書》卷七四《尒朱榮傳》，第 1645～1646 頁。時萬榮並杜洛周，山東賊勢轉盛，故尒朱榮上書請遣軍防之。

〔註201〕《魏書》卷七四《尒朱榮傳》，第 1645 頁。

杜驥傳》載：

> （青冀二州刺史杜）坦長子琬爲員外散騎侍郎，<u>太祖嘗有函詔</u>
> <u>敕坦，琬輒開視。信未發又追取之</u>，敕函已發，大相推檢。丞都答
> 云：「諸郎開視。」<u>上遣主書詰責</u>，（杜）驥答曰：「開函是臣第四子
> 季文，伏待刑坐。」<u>上特原不問</u>。〔註202〕

「函詔敕坦」之「函」乃「函封」之意，函封「詔敕」即「敕函」。「信未發
又追取之」說明函詔尚未出散騎省，在此之前，「琬輒開視」表明函詔經散騎
常侍之手，琬因「開視」而造成「大相推檢」的局面，說明經散騎常侍之手
的函詔已經璽封。南北朝時期頒下牧守的敕書，皆須函封，驛傳至州郡，由
牧守開視。

　　除了「敕曰：云云」、「敕旨：云云」、「敕某官：云云」可以判定屬於敕
書外，還存在一種難以判明是否屬於敕書的「敕」，據《魏書・高祖紀》載：

> （太和四年二月）癸巳，詔曰：「朕承乾緒，君臨海內，夙興
> 昧旦，如履薄冰。今東作方興，庶類萌動，品物資生，膏雨不降，
> 歲一不登，百姓飢乏，朕甚懼焉。<u>其敕天下</u>：祀山川羣神及能興雲
> 雨者，修飾祠堂，薦以牲璧。民有疾苦，所在存問。」〔註203〕

因「詔曰」被史臣加於其上，很難判定這道敕令是以詔書還是敕書頒行。這
種情況不止一例，今且按下不表。那麼在當時人的文書往來中，「詔」和「敕」
是一種怎樣的存在？二者關係如何？這也是下文有待廓清的問題。

二、「詔」與「敕」的關係——論「詔敕」與「別敕」

　　《文心雕龍・詔策》曰：

> <u>戒敕爲文，實詔之切者</u>……晉武敕戒，備告百官……有訓典
> 焉。〔註204〕

這段話頗值得細究。「戒敕爲文，實詔之切者」與《獨斷》、《漢制度》所言「有
詔敕某官」所言及的「敕」與「詔」之關係似有相通之處。前文曾言及詔、
策、敕皆統稱爲「詔」的問題，或與之有暗合之處。推此而言，史稱將敕書

〔註202〕《宋書》卷六五《杜驥傳》，第1722頁。杜坦爲杜驥之兄。
〔註203〕《魏書》卷七上《高祖紀上》，第148頁。
〔註204〕〔南朝宋〕劉勰著，黃叔琳注，李詳補注，楊明照校注拾遺：《增訂文心雕龍
　　　　校注》卷四《詔策第十九》，第263頁。

編入「詔曰」的名目之下，亦屬題中之意。當「詔」與「敕」被放在一起時，宜視爲詔書，還是敕書呢？

據《魏書・刑罰志》載：

> 先是諸曹奏事，多有疑請，又口傳詔敕，或致矯擅。〔註205〕

又《魏書・勿吉國傳》載：

> 詔敕三國（高句麗、百濟、勿吉國）同是藩附，宜共和順，勿相侵擾。〔註206〕

《刑罰志》所言「詔敕」可能是詔書和敕書的合稱，但《勿吉國傳》所言「詔敕（云云）」是對勿吉國謀攻高句麗「請其可否」的批答文書，只能是詔書或敕書中的一種。如前文所舉「函詔敕坦」，實際上是函封的敕書（「敕函」），可能敕書有「詔敕」之名。中村氏認爲，「敕嚴格而言是『制敕』（詔敕）」〔註207〕，「敕」即「詔敕」，這似乎可以作爲北魏「敕：云云」被記載爲「詔曰：云云」的一種解釋。

在《魏書》編纂中，「旨敕」被史官徑書爲「詔曰」的現象，見於《食貨志》：

> 熙平初，尚書令、任城王澄上言：「……去永平三年，都坐奏斷天下用錢不准式者，時被敕云：『不行之錢，雖有常禁，其先用之處，權可聽行，至年末悉令斷之。』……」詔曰：「錢行已久，今東尚有事，且依舊用。」澄又奏：「……臣比奏求宣下海內，依式行錢。登被旨敕，『錢行已久，且可依舊』。……符旨一宣，仍不遵用者，刺史守令依律治罪。」詔從之。〔註208〕

「都座奏斷天下用錢不准式者」一事不見於別處，所以無法將宣武帝的批答與「時被敕云」形成比照。但是孝明帝對元澄的批答「詔曰」則可與元澄的奏文「登被旨敕（云云）」進行比較。在孝明帝批答之前的「詔曰」，是史臣之語，「旨敕」乃元澄對孝明帝批答文書的稱呼，而且還不止使用一次。推此而言，孝明帝此時應該是採用敕書對尙書奏案進行批答。而且「詔曰」與「旨敕」相較，後者屬於奏事者對皇帝文書的稱謂，較史臣之語更堪信從。

將尙書受敕書稱爲受詔，並非只此一例，據《魏書・樂志》載：

〔註205〕《魏書》卷一一一《刑罰志》，第 2876 頁。
〔註206〕《魏書》卷一〇〇《勿吉國傳》，第 2220 頁。
〔註207〕〔日〕中村裕一：《隋唐王言の研究》，第 75 頁。
〔註208〕《魏書》卷一一〇《食貨志》，第 2863～2865 頁。

世宗知（右僕射高）肇非才，詔曰：「（前略）可令太常卿劉芳
亦與主之。」〔註209〕

其後，御史中丞元匡彈劾高肇曰：

肇前被敕旨，共芳營督（云云）〔註210〕

所言「敕旨」即是史臣筆下的「詔曰」。後文「尚書請議」部份所舉宣武帝頒
下尚書省的「詔曰」，在尚書李崇的奏案中被稱爲「旨敕」，在史臣筆下亦是
同樣用法。說明敕書也是皇帝下達尚書省命令的重要文書，只是多被改寫成
「詔曰」的形式。如此而言，在史臣的認知中，「敕書」是可以通過「詔曰」
的形式載於史冊的。

那麼以「詔曰」形式出現的「其敕（可敕）：云云」是否可以判爲敕書
呢？這是前文按下未表的疑團。除前文所舉一例之外，今再舉相似案例，以
資討論。據《魏書‧高宗紀》載：

（和平四年）八月丙寅，遂畋於河西。詔曰：「朕順時畋獵，
而從官殺獲過度，既殫禽獸，乖不合圍之義。其敕從官及典圍將校，
自今已後，不聽濫殺。其畋獲皮肉，別自頒賚。」〔註211〕

和平四年（463）頒行的丙寅詔（敕？）以「其敕」爲分界點，可分爲兩個部
份：前半部份講畋獵濫殺之過，可視爲「訓典」；後半部份則是戒敕「不聽濫
殺」，可目爲「備告」。可執行的內容是在「其敕」部份。又太和元年（477）
三月丙午，詔曰：

朕政治多闕，災眚屢興。去年牛疫，死傷太半，耕墾之利，當
有虧損。今東作既興，人湏肆業。其敕在所督課田農，有牛者加勤
於常歲，無牛者倍庸於餘年。一夫制治田四十畝，中男二十畝。無
令人有餘力，地有遺利。〔註212〕

丙午詔（敕？）的格局與丙寅詔（敕？）相同，可執行的指令同樣是在「其
敕」部份。「其敕」用語，不僅見於北魏，西晉（武帝朝）、石趙亦有相同的
記載〔註213〕，可見北魏的「詔曰：……其敕」形式具有繼承魏晉制度的一面。

〔註209〕《魏書》卷一○九《樂志》，第2831～2832頁。
〔註210〕《魏書》卷一九上《廣平王洛侯傳附匡傳》，第454頁。
〔註211〕《魏書》卷五《高宗紀》，第121頁。
〔註212〕《魏書》卷七上《高祖紀上》，第144頁。
〔註213〕如晉武帝太康九年正月壬申朔，詔曰「其敕：云云」，《晉書》卷三《世祖紀》，
第78頁；《晉書》卷一○五《石勒載紀》，第2745頁。呂光所下詔書亦存在

若這種書寫形式是對漢魏敕書「有詔敕某官：云云」的改寫，那麼北魏亦不會例外。目前因史料所限，雖很難對這一推斷坐實，若剔除「詔曰」而直接根據文書性質與用語進行判定的話，「詔曰：……其敕」類王言當屬於敕書的範疇。

除了「詔曰」中存在的「其敕」、「可敕」用語外，還存在一種與之不同的情況——「別敕」、「後敕」。考諸北魏詔令，「別敕」、「後敕」不乏其例。如太和十六年（492）二月丁酉詔：

> （前略）凡在祀令者，其數有五。……其宣尼之廟，已〔置〕於中省，當<u>別敕</u>有司。饗薦之禮（云云）〔註214〕

「宣尼之廟」即孔廟，因置於「中省」（中書省）而不在「當界牧守」祭祀之限，故特為「別敕」。「別敕」之事，即二月癸丑孝文臨宣文堂引見有司「授策孔子」，並令劉昶等至中書省「就廟行事」，既而孝文帝「齋中書省，親拜祭於廟」〔註215〕。而這些程序與內容，皆不見於丁酉詔，當出自「別敕」。又同月丙午「詔有司克吉亥，備小駕，躬臨千畝，官別有敕」〔註216〕，亦是一證。

「別敕」往往為前道詔書之輔，具有補充前道詔書旨意或內容的功能，又如太和十九年十月「出師詔」所載：

> 門下：（前略）<u>今歲便敕</u>豫、郢、東荊、東豫、東郢、南兗、南徐等，嚴兵勒眾，南入楊威。迎降納附，廣張聲略。……若致稽疑，軍法從事，<u>一二亦有別勑耳</u>。（後略）〔註217〕

這與詔答「所請軍宜，別敕一二」〔註218〕情況相同。皆說明「別敕」是繼詔書發出後的單行文書，並不附於前詔之下。這種補充詔書的「別敕」極有可能是敕書。其與原詔書的關係，類似於前文言及的「別旨」，皆屬於一項政務運作中多種王言文書協同運作的文書行政現象。

敕書作為皇帝御用文書的一種，與詔書一樣，皆須中書省草擬（手敕除

這一情況，可參見《晉書》卷一二二《呂光載紀》，第 3060 頁。

〔註214〕《魏書》卷一〇八《禮志一》，第 2750 頁。

〔註215〕《魏書》卷一〇八《禮志一》，第 2750 頁。

〔註216〕《魏書》卷一〇八《禮志一》，第 2750 頁。

〔註217〕〔唐〕許敬宗編，羅國威整理：《日藏弘仁本文館詞林校證》卷六六二，第 226～227 頁。

〔註218〕《魏書》卷七一《夏侯道遷傳》，第 1583 頁。

外），因而便存在中書官「發署詔敕」〔註219〕的文書署位現象。不過，作為不同於詔書的文書之體，與署位相關的敕書式是怎樣的風貌呢？

三、敕書式問題

　　作為皇帝御用公文書，敕書與詔書、制書同樣具有起首式與署位式。西晉的敕書起首式是「敕：云云」，劉宋的「宋文帝與彭城王義康敕」的起首語是「皇帝敬問彭城王」〔註220〕。北魏的敕書不見於殘本《文館詞林》，而北齊的敕書起首語是「太上皇帝敕旨」、「敕旨」兩種，實際上屬於「皇帝敕旨：云云」的格式〔註221〕。隋唐時期的敕書起首語則是「敕（旨）：云云」、「敕某官某甲：云云」，二者用法上的區別是，後者下達臣僚個人，前者頒行於某一類群體或更大範圍的「天下」。

　　對於北魏的敕書起首語，只能根據北齊推斷為「敕旨：云云」，因史料付之闕如，而難以進一步坐實。茲引北齊武成帝「除崔士順散騎侍郎敕」一例，以資參閱：

　　　　太上皇帝敕旨：龍驤將軍考功郎中崔士順，識懷溫正，詞藝清

　　華，入陪輿輦，時談允屬。可散騎侍郎，仍郎中將軍如故。〔註222〕

這道敕書的起首語雖然是「太上皇弟敕旨」，反映的敕書格式卻是「敕某官某」，與《獨斷》、《漢制度》所載「敕某官某」用語相同。與詔書起首式「門下：云云」而非「詔曰」相較，便可直接判定出皇帝所下王言是詔書（制書）還是敕書。與北齊文書制度一體的北魏亦是如此。

　　敕書式另一重要的部份位於署位環節。唐武則天遣制使王本立向中書舍

〔註219〕《南齊書》卷五六《幸臣傳》，第972頁。《魏書》卷三一《于栗磾傳附忠傳》，
　　　　第745頁。
〔註220〕西晉敕書如「晉武帝誡計吏敕」、「晉武帝誡郡國上計掾史還各告守相敕」等
　　　　皆是「敕：云云」。〔唐〕許敬宗編，羅國威整理：《日藏弘仁本文館詞林校證》，
　　　　第402、403頁。
〔註221〕〔唐〕許敬宗編，羅國威整理：《日藏弘仁本文館詞林校證》卷六九一，第
　　　　410～415頁。「太上皇帝敕旨：云云」是「敕旨：云云」的短暫變異，因為
　　　　當時齊武成帝高湛應天文之變「有易王」而禪位於皇太子緯（後主），皇太子
　　　　時年九歲，所以武成帝稱「太上皇帝」、「軍國大事咸以奏聞」。《北齊書》卷
　　　　七《武成帝紀》，第94頁。後主高緯主政後，北齊敕書起首語回歸到正常的
　　　　格式中，曰「敕旨：云云」。
〔註222〕〔唐〕許敬宗編，羅國威整理：《日藏弘仁本文館詞林校證》卷六九一，第
　　　　410頁。

人劉禕之「宣敕」時，劉對「敕」提出質疑曰「不經鳳閣鸞臺，何名爲敕？」
〔註223〕。所謂「經鳳閣鸞臺」，即中書、門下二省官員署位，劉提出這一質
疑，正說明王本立所奉敕書未經中書、門下署位。易言之，由於中書、門下
署位的缺失，使得原本掌握草敕權、監管王言生成程序的劉禕之對這道敕書
的合法性提出了質疑。那麼隋唐公式令下的敕書署位，是怎樣一種格式呢？

今援引中村裕一氏復原的隋唐敕書式〔註224〕如下：

門下省「敕書如右，牒到奉行」與詔書式中的「詔書如右，請可付外施行」
存在相似之處，皆反映了門下省的文書用語。這一敕書式表明，敕書與制書、
詔書相同，皆須經門下省官員的審查、覆奏等環節〔註225〕。中書省署位，
意味著敕書由中書省生成〔註226〕，在此環節之後，門下省亦需署位。祝先

〔註223〕《舊唐書》卷八七《劉禕之傳》，北京：中華書局，1976年，第2848頁。
〔註224〕〔日〕中村裕一：《唐代公文書研究》，第625頁。
〔註225〕〔日〕中村裕一：《唐代公文書研究》，第627頁。
〔註226〕「中書省生成」包括了中書舍人於門下省草敕、殿中草敕的情況，無論生成
　　　　場所在哪裏，皆須中書省關於進行署位。

生認爲，「敕」從東晉以後例經門下省官吏審核、頒下〔註227〕，推此而言，北魏敕書亦當存在門下省署位的制度。

因限於史料，雖暫時不能像中村氏那樣復原出隋唐敕書的完整風貌，卻可根據魏永熙三年（534）冀儁「依舊勅模寫，及代舍人、主書等署」〔註228〕所包涵的敕書署位格式與《文館詞林》所載北齊敕書式，試對北魏敕書式作如下復原：

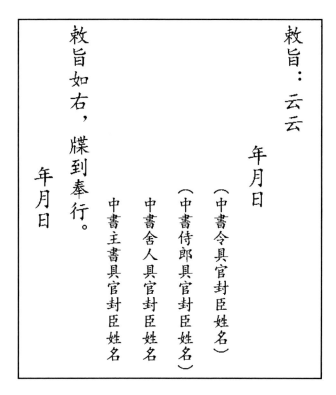

敕旨：云云

　　　　年月日

（中書令具官封臣姓名）

（中書侍郎具官封臣姓名）

中書舍人具官封臣姓名

中書主書具官封臣姓名

敕旨如右，牒到奉行。

　　　　年月日

因限於史料，目前還無法對北魏敕書式作整體性復原。

以上所討論的敕書式是皇帝或中書省草擬的類型，除此之外還存在用於批答奏行文書的「敕曰」式類型。如北涼玄始十年「兵曹牒爲補代差佃守代事」〔註229〕文書：

〔註227〕祝總斌：《高昌官府文書雜考》，《材不材齋史學叢稿》，北京：中華書局，2009年，第435頁。

〔註228〕《周書》卷四七《藝術·冀儁傳》，北京：中華書局，1971年，第838頁。

〔註229〕〔17〕的【注釋〔二〕】認爲這道文書是「玄始十二年」。唐長孺主編：《吐魯番出土文書》（壹），第31頁。

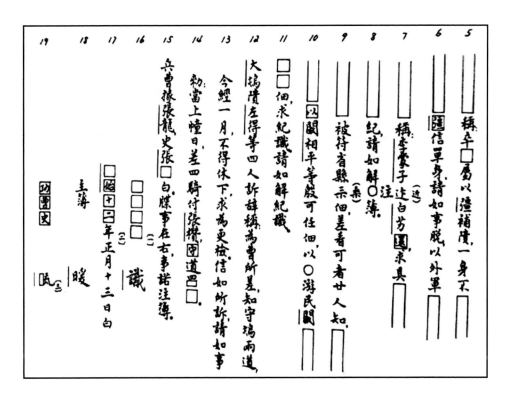

這則文書由三部份構成——〔5-11〕上報兵曹的文書、〔12-19〕兵曹奏報涼主請畫諾及署位、〔14〕涼主敕書批答。第12列「大塢隤左得等四人訴稱（云云）」是兵曹收到的上行文書，並留曹為案。「信如所訴，請如事」是兵曹將此案轉化為奏行公書，請國主畫「諾」。「請如事」、「牒事在右，事諾注簿」，即奏請畫「諾」（可）。其中「事諾注簿」與「事諾屬敕」、「事諾連敕奉行」〔註230〕一樣，皆是請諾的文書用語。第14列是兩個部份的合體：「敕」是兵曹所注，類似門下省注「制」或「詔」，「敕」之下是兵曹奏行文書的留白，便於涼主批答；「敕」之下的「當上幢日」云云屬於涼主批答內容。根據第14列可以判定，北涼國主並未對奏案直接畫諾，而是通過「敕曰」的形式直接提出了可供執行的指令。這類用於批答奏行文書的「敕曰」式，在署位制度上與前揭屬於不同的性質，進一步而言是王言的生成機制使然。

〔註230〕至於具體行用哪一種請諾用語，則須根據所請事項而異，「只需登記上簿則稱『注簿』」，而「通常交付執行則書『奉行』，無須多說」。「事諾奉行」則是呈請畫諾執行之意思。參見唐長孺：《吐魯番文書中所見高昌郡縣行政制度》，《山居存稿》，第359～360頁。

四、敕書使用的場合與類別

作為皇帝御用文書的一種，敕書在諸多方面具有與制書、詔書相似的文書功能，如頒行政令、除授、批答上行文書等。

（一）施行政令

如前文所言太武帝「敕諸尚書：（云云）」便是對尚書處理政務提出的行政指令。此外，宣武帝所下敕書「不行之錢，雖有常禁，其先用之處，權可聽行，至年末悉令斷之」，則是一項禁斷「不行之錢」的法令。這道敕書原貌已不可考，只能通過元澄的奏書管窺大概〔註231〕。

除了本身可以頒行政令外，敕書也存在執行政令、大政方針的現象，據《故徵士奚（智）君墓誌》（北魏正始四年三月）載：

> 逮皇業徙嵩，更新道制，勒姓奚氏。〔註232〕

這道敕書當屬於孝文帝下敕改姓的文書之一，具有配合改姓詔書、執行孝文帝改姓政令的效果。

（二）授官、任事

南北朝隋唐時期，除官方式存在「詔授」和「敕授」之別。嚴耕望認為，北魏「凡府佐自參軍以上皆由敕除，已釋褐。州佐唯別駕、治中、釋褐敕除」〔註233〕。按北魏後期考課之制，「六品以下，例由敕判」〔註234〕。前文所舉北齊武成帝敕授散騎侍郎之例，與北魏之制相同。今略舉幾例，以資討論。

據《封延之墓誌》（興和三年十月）載永安二年「敕假節征虜將軍防境都督行渤海郡事」〔註235〕。又《王休墓誌》（天平四年三月）載：

> 時為武皇帝所重，敕補左右冗從僕射……（建義元年後）敕君
> 為都督，委以戎機。〔註236〕

〔註231〕因敕書多被改寫成「詔曰」的風貌，而難以還原出文書類型，若前文置疑的「其敕」、「可敕」屬於敕書的範疇，那麼敕書所具有的頒行政令的功能便愈發明顯了。

〔註232〕趙超：《漢魏南北朝墓誌彙編》，第50頁。

〔註233〕嚴耕望：《北朝地方政府屬佐制度考》，《中研院歷史語言研究所集刊》第十九本，1948年，第298頁。

〔註234〕《魏書》卷一九中《任城王澄傳》，第478頁。

〔註235〕趙超：《漢魏南北朝墓誌彙編》，第344頁。

〔註236〕趙君平、趙文成編：《秦晉豫新出墓誌搜佚》第一冊，北京：國家圖書館出版社，2012年，第40頁。

敕授之例，不煩贅舉。與敕授相對的是，敕以本官行某事，如前文所揭元匡彈劾高肇「肇前被敕旨，共芳營督，規立鍾石之名，希播製作之譽」之例，便說明高肇受敕書營督樂事。又如《閭伯升墓誌》（興和二年十月）所言「建義初，拜給事黃門侍郎，敕爲京西慰勞大使」。〔註237〕

敕除、敕令行某職事，皆是南北朝時期敕書的一種常用之法，其頒行範圍、功用不煩贅言。

（三）批答上行文書

這種功能僅見於北魏末期。前文所揭孝武帝令溫子昇草敕答高歡，孝明帝敕答尚書都座奏事、元澄奏事，便是敕書批答上行文書的表現，這種批答功能正與詔書相同，但這種現象在史載中似乎並不多見。

大略同時的蕭梁也存在敕書批答的現象，據《梁書・蕭子雲傳》載：

> （蕭子雲）啓曰：「（前略）臣職司儒訓，意以爲疑，未審應改定樂辭以不？」敕答曰：「此是主者守株，宜急改也。」〔註238〕

這則材料與前揭北魏之例皆證明，南北朝時期敕書亦是皇帝批答上行文書的一種文體。這也說明，在皇帝批答的文書用語中，存在「制可」（制曰：云云）、「詔可」（詔曰：云云）和「敕曰：云云」三種方式。

敕書是北魏四種王言文書之一，與詔書、制書皆屬於公文書，其使用範圍、功能與詔書存在相似之處。在具體的行政運作中，敕書既可獨立運作，亦可配合詔書，並以「別敕」的形貌參與王言運作。但在《魏書》中，敕書出現的頻次並不多，這與史臣對敕書用語的處理有關。在《魏書》中可以明確判定爲敕書的根據是「敕曰」、「敕旨：云云」等用語，至於以「詔曰」形式出現的敕書，則要結合其它有關史料方能證實敕書的身份。這種以「詔曰」統括其它王言文書的現象，不僅見於敕書，在前文所討論的制書中，同樣存在。即便如此，敕書作爲一種王言之制，卻可以通過敕書式——「敕旨：云云」、「敕：云云」或「敕某官某：云云」與詔書相區別。

在《魏書》中，不僅敕書可以「詔曰」的形式呈現於史官筆端，璽書亦是如此，但不同的是，璽書與詔書既有相通處，亦有分殊。

〔註237〕趙超：《漢魏南北朝墓誌彙編》，第338頁。
〔註238〕《梁書》卷三五《蕭子雲傳》，北京：中華書局，1973年，第514頁。

第五節 璽 書

「璽書」之名在漢代已經存在，《後漢書志‧輿服志》劉昭注引《漢舊儀》曰：

> 璽皆以武都紫泥封，青囊白素裏，兩端無縫，尺一板中約署。……奉璽書使者乘馳傳。其驛騎也，三騎行，晝夜千里爲程。〔註239〕

所謂「璽書」，即「鈐蓋了皇帝的印璽，或以皇帝印璽封緘的文書」〔註240〕，被封緘的文書則是制書或詔書〔註241〕。實質上就文書體而言，璽書仍屬於「一尺詔書」（尺一板），宋人王觀國曰：

> （一尺詔書）必封之以囊，中約之。而書題其封，又用璽焉，故謂之璽書。人君降詔命，謂之賜璽書。〔註242〕

《漢制度》、蔡邕《獨斷》皆未將「璽書」與策書、制書、詔書、敕書並列，也證明「璽書」並非獨立的王言之制，而是詔書或制書經由特殊加工而成。易言之，璽書兼備詔書和制書的形制，卻又有不同於二者的風貌〔註243〕，在王言體制中別具一格。《文章辨體序說》所言「夫制、詔、璽書皆曰王言」〔註244〕，便很好地解明了這一點。

一、璽書的檢討

璽書在北魏前期已經存在，據《司馬楚之傳》載，神䴥三年（430）司馬楚之出任安南大將軍後，太武帝根據「汝潁以南，望風翕然」的情況，「璽書

〔註239〕《後漢書志‧輿服志下》「五百首」注引《漢舊儀》，第3673頁。

〔註240〕馬怡對「璽書」是制書還是詔書的問題進行了討論，並對王國維所認爲的璽書即制書的觀點進行了商榷，提出了「璽書是制書，有時也是詔書」的觀點。馬怡：《漢代詔書之三品》，第69頁。

〔註241〕《獨斷》曰「凡制書，有印、使符，下遠近皆璽封，尚書令重封」，這是璽書的一種文書形態。另一種是詔書，如漢宣帝賜太原太守陳遂璽書曰「制詔太原太守：云云」。馬怡認爲這屬於狹義的詔書，馬怡：《漢代詔書之三品》，第69頁。

〔註242〕〔宋〕王觀國撰，田瑞娟點校：《學林》，北京：中華書局，1988年，第153頁。

〔註243〕璽書本質上屬於制書或詔書，只是在用印方式和下達方式與二者存在分殊。對這一問題的研究，可參閱卜憲群：《秦漢公文文書與官僚行政管理》，《歷史研究》1997年第4期，第40頁。

〔註244〕吳訥著，于北山校點：《文章辨體序說》；徐師曾著，羅根澤校點：《文體明辨序說》，第34頁。

「勞勉」之，「賜前後部鼓吹」〔註245〕。令人扼腕的是，璽書的內容不見史載。
據《隋書・禮儀志》載北魏之制曰：

> 天子六璽：文曰「皇帝行璽」，封常行詔勒則用之。「皇帝之璽」，
> 賜諸王書則用之。「皇帝信璽」，下銅獸符，發諸州征鎮兵，下竹使
> 符，拜代徵召諸州刺史，則用之。並白玉爲之，方一寸二分，螭獸
> 鈕。「天子行璽」，封拜外國則用之。「天子之璽」，賜諸外國書則用
> 之。「天子信璽」，發兵外國，若徵召外國，及有事鬼神，則用之。
> 並黃金爲之，方一寸二分，螭獸鈕。〔註246〕

根據用璽之制，頒行域內用皇帝三璽，頒行藩國用天子三璽。那麼太武帝賜
給司馬楚之的璽書用什麼璽呢？據楚之本傳，太武帝下璽書時，楚之的身份
是安南大將軍、琅琊王，依據用璽之制，這道璽書應當是矜蓋了「皇帝之璽」。

又據《魏書・焉耆傳》載：

> （太平眞君九年九月）時世祖幸陰山北宮，（成周公，萬）度
> 歸破焉耆露板至，世祖省訖，賜司徒崔浩書曰：「萬度歸以五千騎經
> 萬餘里，拔焉耆三城，獲其珍奇異物及諸委積不可勝數。自古帝王
> 雖云即序西戎，有如指注，不能控引也。朕今手把而有之，如何？」
> 浩上書稱美，遂命度歸鎮撫其人。〔註247〕

「賜司徒崔浩書」即璽書〔註248〕，崔浩位屬三公，這道璽書應當是用「皇帝
之璽」──「與諸侯及三公書用之」〔註249〕。這道璽書的內容是太武帝與崔
浩討論國事，含有皇帝與臣下個人關係的意味〔註250〕。

孝文帝定鼎洛陽後，追賜高聰璽書一事：

> 追詔聰（時使於蕭昭業）等曰：「比於河陽敕卿，仍屆瀍洛，
> 周視舊業，依然有懷，固欲先之營之，後乃薄伐。且以釁喪甫爾，
> 使通在昔，乘危幸凶，君子弗取。是用輟茲前圖，遠期來會，爰息
> 六師，三川是宅，將底居成周，永恢皇宇。今更造璽書，以代往詔，

〔註245〕《魏書》卷三七《司馬楚之傳》，第 855 頁。
〔註246〕《隋書》卷九《禮儀志四》，第 239 頁。
〔註247〕《魏書》卷一○二《焉耆國傳》，第 2266 頁。
〔註248〕如王觀國所言，璽書即「賜書」。代國璽指出，皇帝所賜璽書常謂之「賜書」，
　　　　《漢代公文形態新探》，第 42 頁。
〔註249〕後周、隋之制。《隋書》卷九《禮儀志四》，第 250、255 頁。
〔註250〕卜憲群：《秦漢公文文書與官僚行政管理》，第 40 頁。

比所敕授，隨宜變之，善勖皇華，無替指意。」〔註251〕

這道璽書屬於命令性文書，可能是以「封常行詔勑」的「皇帝行璽」。既然是「追詔」，那麼必是驛騎「晝夜千里爲程」。史臣將這道璽書稱爲「詔」，則說明這道璽書是在詔書之上按照璽書規範製作而成。而璽書中所言及的「往詔」，無外乎指河陽之敕。璽書最後的「善勖皇華，無替指意」則屬於敦諭之語，這是璽書較爲常見的用法和功能，且按下不表。

孝文帝頒給高聰的璽書，由何人奉達，史未明言。據《魏書》記載，北魏前期的秘書中散曾有「奉璽書慰之」〔註252〕的事跡。北魏後期，當是散騎官（兼散騎官）、中書舍人或門下官頒行於外，甚至直接作爲使者傳詔〔註253〕。前文所舉劉宋員外散騎侍郎杜琬，在頒行詔書時私啓敕函一事，可作爲佐證。

以上兩例中，太武帝賜崔浩璽書，意在告知萬度歸破焉耆一事；孝文帝賜高聰的璽書，則是對其出使蕭齊一事做出調整，慰喻高聰「隨宜變之」。因璽書下達的對象身份，而行用不同的璽封。並且，後者說明璽書是根據下達對象而發揮相應的效能。又如宣武帝賜給都督東討諸軍事、安東將軍邢巒的璽書，曰：

> （前略）將軍忠規協著，火烈霜摧，電動岱陰，風掃沂嶧，遂令遺誅之寇，一朝殲夷……但揚區未安，餘燼宜蕩，乘勝掎角，勢不可遺。便可率屬三軍，因時經略，申威東南，清彼江介，忘此仍勞，用圖永逸，進退規度，委之高算。〔註254〕

這道璽書涵括了慰勉——「將軍忠規協著，火烈霜摧」和敦諭——「便可率屬三軍，因時經略，申威東南」兩部份內容。在這道璽書之後，針對東討之事，宣武帝再賜璽書，詔曰：

> 淮陽、宿豫雖已清復，梁城之賊，猶敢聚結，事宜乘勝，並勢摧殄。可率二萬之眾渡淮，與征南掎角，以圖進取之計。

這兩道璽書關係到軍事部署機密，必然採用「皇帝信璽」封之，同時「晝夜千里爲程」，以保障軍令及時行下。

〔註251〕《魏書》卷六八《高聰傳》，第1520頁。
〔註252〕《魏書》卷八六《孝感·董洛生傳》，第1883頁。
〔註253〕如孝靜帝初，欲招慰樊子鵠，遣「散騎常侍陸琛、兼黃門郎張景徵齎璽書勞」之。《魏書》卷八○《樊子鵠傳》，第1779頁。
〔註254〕《魏書》卷六五《邢巒傳》，第1444頁。

　　以上是璽書行用域內而使用不同璽封的情況。北魏還存在璽書頒行於藩國之例，如孝文帝延昌五年（475）頒下百濟的璽書——「賜餘慶璽書，褒其誠節」〔註255〕，則是用「天子之璽」。還有一種璽書——「封拜外國則用」天子行璽，可能在冊命蕃臣，如高句麗、沮渠蒙遜、吐谷渾等時使用，但未見「璽書」之名，所以不便述及。

　　前舉高聰一例，《魏書》將璽書呼為「詔」，說明璽書與詔書存在關聯性。璽書稱「詔」的情況，在《魏書》編寫中有明確記載。據于烈本傳載「賜烈及李沖璽書，述金策之意。語在《陸叡傳》」〔註256〕，而《陸叡傳》則記載為「詔僕射李沖、領軍于烈曰：（云云）」〔註257〕。烈、沖拜璽書後，上表曰：

　　　　臣等邀逢幸會，生遇昌辰。……不以臣等背負餘黨，別垂明詔，
　　再申齊信之恩，實虧憲典，伏讀悲慚，惟深愧惕。〔註258〕

這亦表明璽書確可稱詔書。烈、沖拜璽書後上表，是否意味著璽書下達後，臣僚皆須上表報答？前文所舉太武帝賜崔浩璽書後崔浩「上書稱美」，璽書下達邢巒後，邢巒上表諫其不可，以及高閭上表回應孝文帝璽書〔註259〕，皆說明璽書下達後，臣僚需要上表答詔。

二、璽書書式

　　據前文所揭，璽書存在「制詔某官」的起首式，這是漢代璽書式的一種，另一種是「皇帝問某官」，這也是璽書的常用格式〔註260〕。魏晉南北朝已降，璽書式是「皇帝（敬）問某官：（云云）」，而「制詔某官」式似乎不再是璽書式。

　　對於璽書書式，《魏書》並無記載。據《廣弘明集》載道武帝「與朗法師書」云：

　　　　皇帝敬問太山朗和尚：承妙聖靈，要須經略。已命元戎上人德
　　同海嶽，神筭遐長，冀助威謀，克寧荒服。今遣使者送素二十端，
　　白氈五十領，銀缽二枚，到願納受。〔註261〕

〔註255〕不過這道璽書並未順利送達百濟。《魏書》卷一○○《百濟傳》，第2219頁。
〔註256〕《魏書》卷三一《于栗磾傳附烈傳》，第738頁。
〔註257〕《魏書》卷四○《陸俟傳附叡傳》，第913頁。
〔註258〕《魏書》卷四○《陸俟傳附叡傳》，第914頁。
〔註259〕《魏書》卷五四《高閭傳》，第1207～1208頁。
〔註260〕代國璽：《漢代公文形態新探》，第44頁。
〔註261〕〔梁〕僧祐撰：《弘明集》，〔唐〕道宣撰：《廣弘明集》卷二八上，第333頁中欄。

　　《廣弘明集》記載了「與朗法師書」六則，除了出自道武帝外，還有出自孝武帝（司馬昌明）、前秦苻堅、後燕慕容垂、南燕慕容德、後秦姚興。璽書之末有「鑒見朕意」、「稱朕心焉」等慰勉之語。受璽書之後，朗和尚基本皆有答書，書曰「僧朗頓首頓首：云云」。推此而言，包括北魏在內，十六國北朝的璽書式是「皇帝敬問某」的形式〔註262〕。與北魏同時期的南朝，則可見到數例璽書式。如昇明三年（479）宋順帝禪讓璽書曰：

　　　　皇帝敬問相國齊王：大道之行，與三代之英，朕雖闇昧，而有

　　　　志焉。……王其允副幽明，時登元后，寵綏八表，以酬昊天之休命。

　　　　〔註263〕

又如蕭齊建元元年（479），吐谷渾河南王拾寅使來獻，詔答曰：

　　　　皇帝敬問使持節、散騎常侍、都督西秦河沙三州諸軍事、車騎

　　　　大將軍、開府儀同三司、領護羌校尉、西秦河二州刺史、新除驃騎

　　　　大將軍、河南王：（云云）〔註264〕

從宋順帝禪讓璽書格式「皇帝問某」可以推斷，這道詔書亦是璽書。據璽書的起首語來看，「皇帝敬問」之後則是受詔對象的官爵，包括宋朝新晉的官號。這道璽書是用「皇帝行璽」之例。至於「皇帝問某官」的書式，見於《宋書·高句麗國傳》：

　　　　少帝景平二年，（高）璉遣長史馬洛等詣闕獻方物，遣使（璽

　　　　書）慰勞之，曰：「皇帝問使持節、散騎常侍、都督營平二州諸軍事、

　　　　征東大將軍、高句驪王、樂浪公：……其茂康惠政，永隆厥功，式

　　　　昭往命，稱朕意焉。」〔註265〕

將這道璽書的起首式與前面一例相較，可發現二者的官爵順序是相同的。略有區別的是後一例起首語無「敬」字。在「皇帝問某」上加一「敬」字，則意為「少順聖敬，加崇儀稱」〔註266〕。

〔註262〕對北朝璽書式的解明，可參閱中村裕一：《唐代制勅研究》，第283～289頁。西晉時，史載一璽書式「皇帝咨某官某」，即晉昇平元年（357）八月，穆帝下何琦的版文璽書，曰「皇帝咨前太尉參軍何琦：（云云）」（《晉書》卷二一《禮夫·下》，第666頁），與太興三年（320）晉元帝冊琅邪王妃虞氏的冊書屬同一書氏。故對何琦璽書式姑且存疑。

〔註263〕《南齊書》卷一《高帝紀》，第21～23頁。

〔註264〕《南齊書》卷五九《河南吐谷渾傳》，第1026頁。

〔註265〕《宋書》卷九七《夷蠻·高句麗國傳》，第2392頁。

〔註266〕《三國志》卷四《魏書·陳留王紀》，第148頁。

　　宋文帝元嘉二年（425）頒下百濟的璽書書式，亦與景平二年（424）之例相同。而孝文帝延昌五年（475）頒下百濟的璽書，不知是否與劉宋末年的璽書式相同。

三、璽書的適用場合與功能

　　在討論北魏璽書的行用問題時，前文曾對頒行對象、文書功能略有言及，但未及展開。前文所引北魏璽書，常見「慰喻」、「勞勉」等用語，這便是璽書的特性所在。這一特性與璽書下達的對象、場合、功能直接相關。

　　根據前文所言，璽書雖然在本質上屬於詔書，但與在行政系統運作的詔書又有不同，具體表現是，璽書直接驛傳臣僚個人，而行政系統運作的詔書則需層級下達。所以璽書的功能也更為直接、明確，如「褒勸警飭」〔註267〕，這或許也是《魏書》常言璽書之頒行曰「賜」的緣由。

　　如景明元年（500）正月，宣武帝「又賜（裴）叔業璽書曰」：

　　　前後使返，有敕，想卿具一二。……卿兼茲智勇，深具禍萌，翻然高舉，去彼危亂。朕興居在念，深嘉乃勳。前即敕豫州緣邊諸鎮兵馬，行往赴援。楊大眼、奚康生鐵騎五千，星言即路；彭城王勰、尚書令肅精卒十萬，絡繹繼發。……卿其并心勠力，同斯大舉。殊勳茂績，職爾之由，崇名厚秩，非卿孰賞？并有敕與州佐吏及彼土人士，其有微功片效，必加褒異。〔註268〕

這是「前後使返」所奉璽書中的一道，具陳各路兵馬調度情況，並敦諭裴叔業「并心勠力，同斯大舉」、「崇名厚秩，非卿孰賞」。而璽書中所言「并有敕（云云）」，說明宣武帝在賜裴叔業璽書的同時，亦有一道函封的敕書下達裴叔業之州佐。其功能與璽書相同。

　　除了褒賞、慰勞的功能外，璽書還具有「警飭」的效果。如「世祖賜（楊）難當璽書，責其跋扈，難當乃引還仇池」〔註269〕。

　　作為溝通皇帝與臣僚紐帶關係的文書，璽書所承載的功能不止於「褒勸警飭」，還具有咨詢臣僚治國方略的功能。如游明根致仕後，孝文帝「國有大

〔註267〕吳訥著，于北山校點：《文章辨體序說》；徐師曾著，羅根澤校點：《文體明辨序說》，第34頁。
〔註268〕《魏書》卷七一《裴叔業傳》，第1567頁。
〔註269〕《魏書》卷五一《呂羅漢傳》，第1138頁。

事，恒璽書訪之」〔註270〕，因璽書涉及國家大事，所以機密性自不待言。通過這一點，也可顯示出皇帝與臣僚關係之密切。又如孝文帝「廢馮后，（平）陸叡、穆泰等事，皆賜（王）質以璽書，手筆莫不委至，同之戚貴。質皆寶掌以爲榮」〔註271〕。

作爲溝通皇帝與臣僚文書往來的媒介，璽書亦具有答表的功能。如梁、秦二州刺史夏侯道遷遣兼長史張天亮奉表請「進趣之略，願速處分」，宣武帝同時下兩道詔書：一道是答表詔書——「得表，聞之……所請軍宜，別敕一二」；第二道是璽書，文曰：

> 得表，具誠節之懷。卿忠義凤挺，期委自昔。……今授卿持節、散騎常侍、平南將軍、豫州刺史、豐縣開國侯，食邑一千户。并同義諸人，尋有別授。王師數道，絡繹電邁。遣使持節、散騎常侍、都督征梁漢諸軍事、鎮西將軍、尚書邢巒，指授節度。卿其善建殊效，稱朕意焉。〔註272〕

在這道璽書中，宣武帝對道遷所請進行了安排——遣都督征梁漢諸軍事、鎮西將軍邢巒持節「指授節度」。易言之，這道璽書即前詔所言「別敕」，並同前詔共同構成批答道遷上表的王言文書。除了指授軍宜之外，這道璽書仍保持了一貫的敦諭功能——「卿其善建殊效，稱朕意焉」。一如前揭，道遷受璽書後，「表受平南、常侍，而辭豫州、豐縣侯」。

以上是對璽書若干問題的考察。璽書雖然屬於王言文書，但並非一種獨立的王言之體，就其文書體制而言，可以置於詔書的名下，臣僚將璽書稱爲「明詔」即是其證。璽書雖然可納入詔書的名下，但是文書的加工處理、頒行方式、功能以及書式，皆與詔書存在較大的差異，前文已揭，不煩贅述。至隋唐時期，璽書演變爲「慰勞詔書」，形成一種獨立王言，與冊書、制書、發日敕等共同構成唐代的王言體系。

第六節　本章結論

北魏王言之制有四——制書、詔書、敕書、冊書，沿襲了兩漢魏晉之制。這四種王言文書，皆有相應的書式和使用範圍、功能。不過在這四種王言中，

〔註270〕《魏書》卷五五《游明根傳》，第1215頁。
〔註271〕《魏書》卷九四《閹官·王質傳》，第2025頁。
〔註272〕《魏書》卷七一《夏侯道遷傳》，第1582～1583頁。

冊書與前三者存在顯著差異。制書、詔書、敕書皆屬於皇帝的御用公文書，需要經相關機構參與製作、署位（密詔、密敕除外），是皇帝處理政務的載體。在三者所構成的王言系統中，制書是法令性最強、最具國家意志的文類，必經行政系統生成運作。詔書則是北魏皇帝使用最廣泛的門類，甚至由制書頒行的制度、法令，亦可通過詔書頒行。與制書不同的是，詔書種類較爲龐雜，而且具有公王言和私王言兩種行用領域，以致廣義的詔書（詔令）可以用來概稱制書、敕書、冊書、璽書等。至於敕書，則一般行用於具體事務中，與具有告諭功能的詔書不同，而且在政務運作中具有補充詔書的作用。同在公文書系統中，制書、詔書與敕書三者之間還具有協同運作的效果，而非一種文類單獨發揮政治機能。與三者不同的是，冊書則屬於禮儀性文書，並且在政務系統中不具有流通性〔註273〕，這是冊書與制書、詔書、敕書的根本分野所在。即便如此，冊書的生成卻不能脫離皇帝、行政系統而單獨存在，冊書的產生是以皇帝頒行的冊命詔書爲前提，而且冊書亦須與冊命詔書一前一後共同行下。

　　作爲皇帝的王言文書，制書、詔書、敕書、冊書存在明確的書式差異。北魏前期，制書採用的是「制詔」式，至於北魏後期，則是「門下」式，但用語是「制書如右」云云。詔書的書式雖然也採用了「制詔」式和「門下」式，但詔書用語「詔書如右」云云卻與制書不同。而敕書既不以「制詔」起首，亦不以「門下」發辭，而是有專屬於自己的「敕旨」式（「敕」式或「敕某官某」式），這與詔書式中的「制詔某官某」略有相似。與三者不同的是，冊書採用的是「維某年月日皇帝若曰」式，頒行對象只是臣僚個人。這一點與「敕某官某」、「詔某官某」相似，但後兩者屬於命令性文書，冊書則是禮儀性文書。書式之別，將四者的文類區分開來。

　　在四種王言文書之外，還存在一種特殊的文書——璽書，所謂「特殊的文書」，是指璽書既隸屬於詔書名下，又自成一種文書門類。璽書的書式是「皇帝（敬）問某官」，而且璽封種類包括了用以璽封「常行詔敕」的「皇帝行璽」。璽書在王言中的地位與特殊性，使其在隋唐時期發展爲與詔書（制書）、冊書、敕書並立的王言之一。而且璽書的王言機能，已經發揮於諸多重要場合，如南北朝皇帝禪讓程序中，璽書與禪讓詔書（制書）、冊書共同構成皇權交接的載體；又如頒下蕃臣的冊封璽書，承載了「天子」權威。

〔註273〕所謂「流通性」，是指某文書在各機構中流轉、運作，被層層執行。

　　北魏以及南北朝的王言體制，前承漢魏、後啓隋唐，轉承的表徵之一便是制書、詔書書式的變化。書式的變化體現在起首語、署位式兩個部份，而這兩個部份的變化，則是魏晉南北朝時期政治體制與王言生成運作機制變革的一個縮影。

第二章　魏晉南北朝王言生成機制的變革——以詔書式「制詔」、「門下」爲線索

一、「制詔」式演變爲「門下」式的過程與政治意義

（一）「制詔」式與王言生成機制的變革

　　中村圭爾氏曾曰「文書式的分析是解明官僚體制運作時態的載體」〔註1〕，作爲王言制度內容之一的詔書式——「制詔」式，與兩漢官僚制度、王言生成運作機制渾然一體。「制詔」式是兩漢魏晉時代的制書、詔書書式，因中樞系統的演變，「制詔」式的用語隨著王言生成、出納機構的變化而改易。西漢時，「制詔」式主要有兩類——「制詔御史」式、「制詔某官某」式。學界對「制詔御史」的解讀有三種：其一，「詔書發文機構」說〔註2〕；其二，「制書由『殿中朝』生成並發佈」說〔註3〕；其三，詔書由侍御史擬制、御

〔註 1〕中村氏指出，至唐成熟的文書制度，形成於六朝時代，而文書制度與官僚制度不可分割的關係，使得文書制度的變化與官僚制的變化密切勾聯。〔日〕中村圭爾：《南朝における詔》，唐史研究會編：《東アジア古文書の史的研究》（唐代史研究會報告第Ⅶ集），東京，刀水書房，1990 年，第 325 頁。

〔註 2〕嚴耕望先生指出，「當時御史大夫實猶後漢之尚書令」，爲皇帝近侍宮官。嚴耕望：《中國地方行政制度史・秦漢地方行政制度》，上海古籍出版社，2007 年，第 270～271 頁。

〔註 3〕郭洪伯所謂的「殿中朝」由御史大夫寺、殿中加官（「中朝官」）構成，在王言生成運作中，御史大夫寺是行政組織的基礎，「中朝官」構成一種「補充」。郭洪伯：《「天憲王言」——西漢的制詔生成運作》，北京大學第九屆史學論壇論文，2013 年 3 月，第 70 頁。郭洪伯對「制詔」的含義進行的討論，引發出「殿中朝」生成運作王言的問題。「中朝」的「殿中」和「省中」則是生成制詔的行政組織。在研究制詔生成的問題上，郭洪伯參照了中村裕一復原的制書式和奏抄式，考索詔令內容背後的運作流程。郭氏認爲，在此流程中，西

史大夫頒下〔註4〕，即詔書經御史大夫寺發佈。御史大夫作爲御史大夫寺的長官，無論是在制詔報送皇帝批准的環節，還是在皇帝批准頒行的環節，都具有參預之權〔註5〕。要之，御史大夫是王言生成與出納的關樞。郭洪伯將「制詔」式置於行政流程中解讀「制詔御史」、「制詔侍御史」、「制詔某某」等制詔用語，創立了「殿中朝」這一概念解讀漢代王言生成與運作的場所問題〔註6〕。

「制詔御史」作爲公文書用語，是西漢王言生成機制與草詔機構運作的表徵。到東漢，尚書臺取代御史大夫成爲王言生成與出納機構，確立了新型的制度運作風貌——尚書臺草詔出納、三公受詔執行。「制詔御史」及其所依託的制度框架消解，在公文書的面向中，「制詔御史」式被「制詔三公」式取代，《漢制度》與《獨斷》所載即是其制。從「制詔御史」到「制詔三公」，亦即「制詔」＋「御史」轉變爲「制詔」＋「三公」，後者與西漢的「制詔丞相」（「制詔某官某」式）屬於同一用法。東漢時，三公位同丞相，「制詔三公」就具有三公受詔執行的含義，祝先生認爲，「制詔三公」即三公府受尚書臺所下制書、詔書，然後頒下，監督百官施行〔註7〕。「制詔三公」與「制詔御史」相比較而言，已經具有不同的政治含義。

漢魏革命之際，魏文帝曹丕燎祭天地後頒行改元大赦制，採用的是東漢「制詔三公」式。據《獻帝傳》載：

> 制詔三公：「上古之始有君也，必崇恩化以美風俗，然百姓順教而刑辟厝焉。今朕承帝王之緒，其以延康元年爲黃初元年，議改正朔，易服色，殊徽號，同律度量，承土行，大赦天下；自殊死以下，諸不當得赦，皆赦除之。」〔註8〕

漢眞正的制書生成與發佈機關是御史臺，「制詔御史」意味著制書由「殿中朝」生成並發佈。因該文尚未刊出，故筆者在引述時曾徵詢郭洪伯博士意見，承蒙概允，特此致謝。

〔註4〕代國璽：《漢代公文形態新探》，《中國史研究》2015年第2期，第32頁。郭洪伯指出，在「制詔御史」的運作流程中，侍御史承皇帝意志寫定製書，由御史大夫「下某某」，《「天憲王言」——西漢的制詔生成運作》，第70頁。

〔註5〕「制詔御史」甚至具有審核詔令的含義，祝總斌《兩漢魏晉南北朝宰相制度研究》，北京，社會科學文獻出版社，1990年，第36～37頁。

〔註6〕郭洪伯：《「天憲王言」——西漢的制詔生成運作》，第64～73頁。

〔註7〕祝總斌：《兩漢魏晉南北朝宰相制度研究》，第123～125頁。

〔註8〕《三國志·魏書》卷二《文帝紀》「改延康爲黃初，大赦」注文〔三〕所引《獻帝傳》，北京，中華書局，1959年，第75頁。

這道制書頒佈之時，劉放任秘書令、孫資任秘書丞，並掌詔命〔註9〕。魏文帝頒行的改元大赦制，還存在一個制度背景，即秘書省（中書省的前身）架空以尚書臺爲核心的制度框架，從而將「制詔三公」式所依託的王言制度，逼迫到了深度變革的前夜。

在漢魏革命時開啓的王言制度的深度變革，先後經歷了三個階段。在這三個階段中，兩漢王言制度的遺產——「制詔」式亦面臨了三次變局，最終從公文書用語的核心位置退居一隅。王言制度深度變革的三個階段，分別在漢魏革命、魏晉革命與晉室左遷時期迭次展開，這種過程伴隨著中樞系統全面「官僚化」的蛻變。

在第一階段的變革中，首先從兩漢制度中分化出來的是草詔權。東漢時，尚書臺既是草詔機構，又居「喉舌之任」，出納王命〔註10〕，「制詔三公」揭示了尚書臺與三公在文書行政上的關係。漢魏革命之際，中書省（魏王時稱爲「秘書省」）取代尚書臺的地位，成爲草詔、出納王命的中樞機構。據《晉書·職官志》載：

> 魏黃初初，中書既置監、令，又置通事郎，次黃門郎。黃門郎
> 已署事過，通事乃署名。已署，奏以入，爲帝省讀，書可。〔註11〕

案，黃初（220-226）是魏文帝的年號。漢魏革命之初，魏文帝分秘書機構設立中書省「掌王言」，完全取代漸失草詔權的尚書臺，並設計了與之匹配的王言生成機制。在這套制度設計中形成的官員依次署位之制，可基本視爲曹魏對漢代文書署位原理的繼承。經中書省官員署名後所上奏書或詔草，無需再經其他機構而直接傳達到皇帝手中，待皇帝畫可（或修改）後，發回中書省以黃紙寫出，這也是中書省既「管司王言」又爲「喉舌之任」的根據。

草詔權被劃歸新設立的中書省的同時，平省（三公）奏事權亦歸中書省，形成中書省「典尚書奏事」〔註12〕的文書行政程序，進而掏空原本屬於尚書臺的草詔、平省奏事兩項權力。在權力重組過程中，失權的尚書臺通過獲得三公奏事權，成爲中書省文書下行機構——尚書省，其與皇帝的關係由近拉遠、由秘書型轉變爲行政型。在第一階段，皇帝（當然草詔者）與中書省、

〔註9〕　「黃初初，改秘書爲中書，以放爲監，資爲令，各加給事中。」掌機密，《三國志·魏書》卷一四《劉放傳》，第457頁。
〔註10〕　「尚書出納王命」，《後漢書》卷六三《李固傳》，第2076頁。
〔註11〕　《晉書》卷二四《職官志》，北京，中華書局，1974年，第734頁。
〔註12〕　《晉書》卷二四《職官志》，第734頁。

尚書省在王言生成運作機制中的關係模式如下：

王言生成流程圖（一）

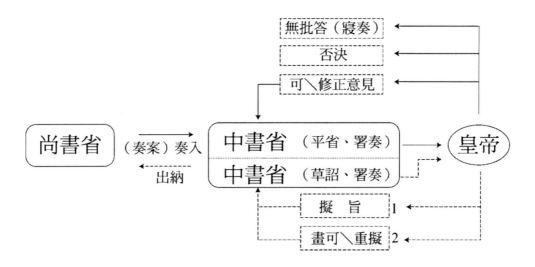

「王言生成流程圖（一）」（以下簡稱「圖一」）說明在王言生成運作程序上，曹魏初步改變了兩漢制度框架中的三公九卿制運作模式，呈現出的是王言生成運作的官僚化傾向。新設立的中書省，在曹魏時成為皇帝文書、臣下奏行文書流動的關樞，故其長官中書令「身處機密」〔註13〕。中書省作為皇帝的秘書機構「專管機事」，到西晉時，權勢與聲望極重，以至於中書監荀勗有「奪我鳳皇池」之恨〔註14〕。

在第一階段，中樞組織構造的變動，為王言制度變革創作了可操作的政治空間，表現在兩個維度：其一，尚書臺權勢的擴張，使其取代三公府成為文書受納、審署、執行機構，尚書權力向宰相權力轉化〔註15〕；其二，曹操設秘書機構「典尚書奏事」，起草文書。王言制度在這兩個維度突破「前夜」，形成「圖一」模式。在「圖一」模式中，中書省草詔、出納，尚書省受詔執行，類似於東漢尚書臺與三公府的關係。

〔註13〕中書令雖「非顯選」，卻掌機密。嘉平四年（252），李豐拜中書令，少帝曹芳常「獨召與語」。《三國志・魏書》卷九《夏侯尚傳附玄傳》校勘記〔二〕、〔三〕，第300、301頁。
〔註14〕《晉書》卷三九《荀勗傳》，第1157頁。時荀勗以次遷守尚書令，故有此語。
〔註15〕祝總斌：《兩漢魏晉南北朝宰相制度研究》，第162～167頁。

「圖一」未能說明的一點是，王言制度的第一階段變革並未像兩漢變革一樣產生「制詔」式的變化，即未形成新的詔書式取代舊式「制詔三公」。如魏明帝頒佈的一道大赦制書，便說明了王言制度在深度變革中存在的缺環，據《宋書・禮志》載：

> （魏明帝）青龍五年，山茌縣言黃龍見，帝乃詔三公曰：（前略）司徒露布，咸使聞知，稱朕意焉。〔註16〕

「詔三公」係「制詔三公」在史官筆下的改寫。魏明帝青龍五年（237），中書省已取代尚書臺成爲草詔機構，這道「制詔」式大赦制書當是出自中書省。要言之，「制詔」式原本依託的制度框架已經改變，卻通過新體制發揮舊式功能。這或許說明，在王言草擬機構與生成機制轉型過程中，「制詔」式退出由中書省所主導的王言生成機制，還需要一個契機。這個契機在王言變革的第三階段才出現，此處按下不表。

曹魏對兩漢的制度變革，存在表徵與內理之分，「圖一」雖然在制度風貌方面反映了曹魏的新制度，卻在運行模式中具有繼承兩漢機理的一面，其所呈現的「皇帝——中書省——尚書省」在王言生成程序上的關係便與東漢「皇帝——尚書臺——三公」、西漢「皇帝——御史大夫寺——九卿」理路相同。直到第二階段，王言生成運作的機理才開始偏離兩漢軌制。

漢魏革命拉開了王言制度以草詔權爲中心的變革，也就是第一品王言〔註17〕生成機制的整改，這是第一階段的核心。而魏晉革命則展開了王言制度在第二

〔註16〕　《宋書》卷一四《禮志一》，北京，中華書局，1974年，第330〜331頁。
〔註17〕　「第一品王言」與「第二品王言」的概念，出自蔡邕《獨斷》所云「詔書者，昭告也，有三品」，第一品是皇帝命令性文書，文曰「制詔」；第二、三品皆是由尚書臺奏行文書。〔漢〕蔡邕《獨斷》（上），〔清〕永瑢、紀昀等編纂：《文淵閣四庫全書》第850冊《子部十・雜家類二》，第850〜78頁下欄。關於王言「三品」，學界存在兩個主要觀點。馬怡認爲詔書三品是就詔書等級而言，取決於詔書的形成過程（即本文所言王言生成機制），參見馬怡：《漢代詔書之三品》，北京大學中國古代史研究中心編：《田餘慶先生九十華誕頌壽論文集》，北京，中華書局，2014年，第68頁。代國璽認爲漢代詔書之三品從文書形式上可劃分爲兩類：第一類是單一式的，只有皇帝的命令，即第一品；第二類是復合式的，由章奏文書和皇帝批答構成，即第二、三品詔書。而詔書第三品可視爲第二品的補充。參見代國璽：《漢代公文書新探》，第38〜41頁。就生成機制而言，第一品是由皇帝或草詔機構生成，第二品則是非草詔者形成的批答式王言，二者完全屬於彼此獨立的模式。所以，本文在使用「第一品王言」與「第二品王言」的概念時，比較認同代氏的分析與觀點。

品王言生成機制領域的框架設計，這則是變革第二階段的重心，主要體現在「典尚書奏事」權從中書省剝離，歸入新設立的門下省。據《晉書‧職官志》載：

> 自魏至晉，散騎常侍、侍郎與侍中、黃門侍郎共平尚書奏事，
> 江左乃罷。〔註18〕

「自魏至晉」即魏晉革命之際，「江左乃罷」指東晉時散騎官不再平省奏事，這是第三階段時門下省內部分化的結果。析中書省職權而設立的門下省，佔據了奏行文書上達皇帝的關樞，中書省則成為專責王言草擬與出納的中樞。這種程序安排造成的政治效果是，中書、尚書之間的文書程序被斬斷一半，尚書省不再向中書省呈奏文書。中書省與尚書省仍維持的另一半程序是，中書省直接向尚書省出納詔命（詔書不經門下省）〔註19〕。原本存在的「皇帝——中書省——尚書省」文書鏈條，因門下省的介入，而重新調整。在王言生成機制中，四者之間的關係模式如下：

王言生成流程圖（二）

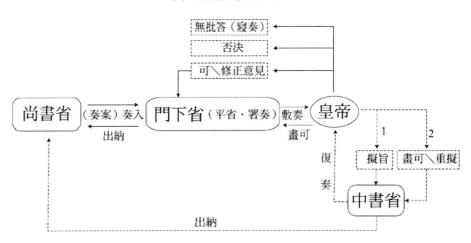

「王言生成流程圖（二）」（以下簡稱「圖二」）是魏晉革命後，王言生成運作機制的新風貌。在這一輪中樞系統的重組中，新設立的門下省，其運作機制是通過劃入中書省的「典尚書奏事」職權而得以確立。此舉雖然削弱了中書省的權勢，但在制度的設計上，則形成中書省職權的專業化——中書監、令「專典詔

〔註18〕《晉書》卷二四《職官志》，第734頁。
〔註19〕祝總斌先生指出「魏晉時期，當時詔令大概經中書或散騎起草後，便下達尚書而不經門下。專任門下事的侍中如有不同意見，其權力在於形成詔令之前參與商討」，祝總斌：《兩漢魏晉南北朝宰相制度研究》，第295頁。

命」〔註20〕與王言生成機制的規範化。不過此時設立的門下省，尚未與中書省產生文書關係，王言生成機制主要遵循的還是「圖一」模式。這與曹魏「中書——尚書」鏈條所遮蔽的漢代「尚書——三公」機理存在相似之處。

與「圖一」相比較而言，「圖二」最突出的一點是門下省切入王言生成運作程序中，其所發揮的機能與中書省草詔行爲（第一品王言）不同，而是表現爲奏請皇帝批答上行文書（第二品王言）。在第二階段形成的門下平省尚書奏事，體現在奏行文書上則是署位式。據高昌二十七年（587）四月「兵部條列買馬用錢頭數」〔註21〕奏行文書，錄文如下：

款縫線右側是奏行文書的內容，左側是門下官署位，日期左側是部曹（類似於尚書省）官員署位。吳震先生認爲高昌文書中的「門下校郎」署位與北涼文書中的「校曹主簿」署位相同，審署文書的「門下校郎」很有可能就是「校曹主簿」的嬗變〔註22〕。在文書所反映的署位格局中，由部曹在買馬奏行文

〔註20〕《晉書》卷三九《荀勖傳》，第1154頁。

〔註21〕唐長孺主編：《吐魯番出土文書》（壹），北京，文物出版社，1981年，第338頁。

〔註22〕吳震：《北涼高昌郡府文書中的「校曹」》，《吳震敦煌吐魯番文書研究論集》，上海古籍出版社，2009年，第197頁。

書上署位之後，空出門下署位一欄，奏門下省（於空欄處）審署，即「典尙書奏事」。今將之與祝先生復原的高昌公文書式進行對比：

（所奏事項云云）

謹案條例（該事）　列別如右　記識奏諾奉行

門下校郎　××××

通事令史

侍郎

某年某月某日某部　　　　　部　　　　奏

中軍將軍　高昌令尹

右衛將軍　縮曹郎中

某部將軍　領某部事

唐先生認爲，高昌時期的奏行文書程序是：

> 先具所奏事項，後書「記識奏諾奉行」；次門下校郎等門下官押銜；次書年月日某曹奏；最後高昌尹、縮曹郎中等有關機構官員押銜。……從這些奏文的署銜和文書形式看來，像是門下審核傳宣，尙書臺奉行之制。趙氏高昌的制度毫無問題乃沿襲北涼……〔註23〕

案，趙氏高昌、北涼的文書制度與西晉一脈相承，「兵曹牒爲補代差佃守代事」文書可以視爲西晉公文書制度在趙氏高昌國的投影，雖存在文書用語的差異，但模板無疑是來自西晉。「兵曹牒爲補代差佃守代事」文書所反映的文書流程與唐先生、祝先生的研究相合，反映了「門下」平省尙書奏事之權已公文書化。

「圖二」體現了門下省設立之初的文書機能，吐魯番出土北涼文書、高昌文書則是反映門下省機能的實物資料。「圖二」所呈現的流程，說明同爲皇帝秘書機構的中書省和門下省都分別與皇帝溝通，彼此之間尙無直接的文書關係。而且經中書省覆奏皇帝畫可的詔書，在直接下達尙書省執行的程序中，並不通關門下省。易言之，在前兩個階段的變革中，王言生成機制的轉型明

〔註23〕唐長孺：《吐魯番文書中所見高昌郡縣行政制度》，《山居存稿》，北京，中華書局，1989 年，第 349 頁。

顯是朝著一個方向延展,即先後通過中書省、門下省的創立,一步步跳出東漢的制度框架,在上行、下行兩個文書渠道中切斷尚書臺與皇帝之間的王言關係,進而確立分別由二省主導的第一品、第二品王言生成運作機制。這也是門下省的政治意義所在。

無可諱言的是,「圖二」的制度設計還存在一個缺環,即門下省雖然切入到中書省與尚書省之間,卻未在下行文書流程中佔據關節,以致中書出納、尚書受詔的程序依然具有漢制的因子。門下省機能的完善,則是在第三階段通過塡補缺環得以實現,其標誌性現象是「門下」式取代兩漢魏晉的「制詔」式。

(二)「門下」式的產生與政治內涵

晉室左遷之時,司馬氏及南下士族、官僚群體完整地繼承了魏晉中樞制度,而控制了作爲中樞的中書省與尚書省,便意味著控制了王言及其生成運作機制。以控制王言爲中心的機構調整與權力竟逐,則開啓了王言制度在第三階段的變革。

晉元帝即位之初,王導以司空、領中書監、錄尚書事而總責王言、控制朝政〔註24〕。元帝爲化解這種局面、加強皇帝權力,尤其是對王言生成機制的控制,採取了「以中書職入散騎省」〔註25〕的措施,這種舉措與曹操設秘書機構分割尚書臺草詔權有些類似。關於散騎省與王言生成機制的關係,後文將有詳細考證,需要說明的是,此舉並非法定的制度設計,所以保留了迴旋的餘地。據庾亮《讓中書牋》曰:

> 方今並省,不宜多官。往以中書事並附散騎,此事宜也。方今喉舌之要則任在門下,章表詔命則取之散騎,殊無事復立中書也。〔註26〕

對於庾亮上牋的背景,《唐六典》認爲是「東晉並中書入散騎省」〔註27〕。案,《唐

〔註24〕祝總斌分析指出,王導藉助錄尚書事而平省、決斷上行文書,以中書監而參與詔令的謀議、審署,得以內總機要。參見《兩漢魏晉南北朝宰相制度研究》,第297頁。黃惠賢先生認爲晉元帝對中書省的舉措可能與「主、相之爭」、「疏間王氏」有關。黃惠賢:《東晉時期中央決策機構(中書省)的一次短暫變革——散騎諸官研究資料之四》,《魏晉南北朝隋唐史研究與資料》,武漢,湖北人民出版社,2010年,第204〜205頁。

〔註25〕《通典》卷二一《職官典》「散騎常侍」條,北京,中華書局,1988年,第552頁。

〔註26〕〔唐〕李林甫等撰,陳仲夫點校:《唐六典》卷八「門下省‧左散騎常侍」條注文,北京,中華書局,1992年,第246頁。

〔註27〕同上。

六典》在這一記載上存在兩種說法,「並中書入散騎省」是其一,另一說法是「中興之後,以中書之任併入散騎省」〔註28〕。「中書之任」與「中書事」皆指草詔權,在這一點上,《唐六典》卷九「中書令」注文與《讓中書牋》相同,同時也與《通典》所云「以中書職入散騎省」一致。另外,《通典》在「以中書職入散騎省」之下又云「故散騎亦掌表詔」,這一記載似乎影射了中書省尚未完全喪失草詔權。庾亮在《讓中書牋》認爲「以中書事並附散騎」屬於「事宜」,正說明晉元帝此舉有所保留,而非制度層面的改制。但是,庾亮在《讓中書牋》對門下「喉舌」、散騎掌「章表詔命」對描述,其實正與其當時的身份給事中、黃門侍郎、散騎常侍相合。易言之,即便晉元帝保留了中書省的建置,「以中書事並附散騎」的舉措無疑改變了中書省控馭王言的局面,打破了西晉時代的王言生成運作機制,這正是第三階段的變革——門下省出納王言與「門下」式的出現。

在《讓中書牋》中,庾亮提到「方今喉舌之要則任在門下」一語,呈現了太興年間王言的出納程序。而在太興五年十二月晉元帝頒佈「誕皇孫大赦詔」、改元永昌時,詔書如下:

> 門下:朕以不德,昧於政道,自陟帝位,迄今五載,雖四海宅
> 心,然頑凶未夷……皇嫡孫載育百葉之本,月正元日,品物革變,
> 思令兆庶,沛然從善,其大赦天下。〔註29〕

而此前的詔書,如太興元年三月頒佈的「即位改元(太興)大赦詔」,採用的是「制詔」式,其所依託的王言生成機制是「圖二」所示。太興五年頒佈的「誕皇孫大赦詔」則不然,其所依託的王言生成程序即《讓中書牋》所言門下出納、散騎草詔,由此程序所產生的「誕皇孫大赦詔」及其「門下」式,說明晉元帝對王言生成機制的調整,改變了「圖二」所支持的詔書式。不過「誕皇孫大赦詔」所依託的程序在官僚系統層面還存在一個問題,關係到「門下」式產生的政治含義,爲討論這一問題,先釐清「誕皇孫大赦詔」及「門

〔註28〕 〔唐〕李林甫等撰,陳仲夫點校:《唐六典》卷九「中書省‧中書令」條注文,第273頁。黃惠賢先生認爲是「並中書省入散騎省」,其時限可能在太興元年(318)四月至五年底。黃惠賢:《東晉時期中央決策機構(中書省)的一次短暫變革——散騎諸官研究資料之四》,《魏晉南北朝隋唐史研究與資料》,第201頁。若此說成立,則意味著晉元帝在太興年間取消了中書省的建置。

〔註29〕 〔唐〕許敬宗編,羅國威整理:《日藏弘仁本文館詞林校證》卷六七○,北京,中華書局,2001年,第291頁。這道詔書不見於《晉書》。《文館詞林》所載「誕皇孫大赦詔」,是目前所知最早見於記錄的採用「門下」式的詔書,祝總斌:《兩漢魏晉南北朝宰相制度研究》,第296頁。

下」式產生過程中的脈絡。

　　前面言及「誕皇孫大赦詔」及「門下」式是晉元帝「以中書職入散騎省，故散騎亦掌表詔」的產物，但沒有論及的是，二者所依託的制度結構及王言生成機制之形態。首先，在太興五年十二月，草詔權已經向中書省回歸，即黃惠賢先生所討論的中書省的復興問題〔註30〕，明帝太寧元年（323）四月之前，原散騎常侍庾亮已經任中書令〔註31〕。根據太寧元年庾亮《讓中書監表》可知其任中書令之前，必然上表固辭，此表可能就是《讓中書牋》，若此，牋中所云「殊無事復立中書也」完全是辭中書令之語，而非無必要立中書省。結合前文考證，可以做出一個推斷：庾亮上《讓中書牋》並由散騎常侍轉任中書令，是草詔權從散騎省回歸中書省的標誌。要言之，太興初，「中書事並附散騎」所改變的王言生成運作程序，在庾亮出任中書令之後，回歸到「圖二」框架中，卻不徹底。據《晉書・溫嶠傳》載：

　　　　明帝即位，拜侍中，機密大謀皆所參綜，詔命文翰亦悉預焉。

　　俄轉中書令。〔註32〕

明帝即位時，庾亮已任中書令、掌控以中書省爲中心的王言生成運作機制。與庾亮任中書令同時，作爲明帝親信的溫嶠，以侍中身份參綜機密、預詔命文翰，則具有「以中書事並附散騎」的影子。在草詔權回到中書省後，門下省卻顯現出不同於「圖二」模式的機能，這種情況或許只有一種可能——門下省保留了一些原本屬於中書省的職權。曾參預詔命文翰的溫嶠，不久接替

〔註30〕黃惠賢先生認爲「復置中書省」在永昌元年王敦起兵之前，也就是劉超入補中書通事郎一事，黃惠賢：《東晉時期中央決策機構（中書省）的一次短暫變革——散騎諸官研究資料之四》，《魏晉南北朝隋唐史研究與資料》，第205頁。
〔註31〕黃惠賢：《東晉時期中央決策機構（中書省）的一次短暫變革——散騎諸官研究資料之四》，《魏晉南北朝隋唐史研究與資料》，第203頁。《晉書・庾亮傳》記載了永昌元年王敦南下時表亮爲中領軍，《晉書》卷七三《庾亮傳》，第1915頁。次年（太寧元年）又表曰「中書令、領軍庾亮，清雅履正，可中書監、領軍如故」，〔宋〕李昉等撰：《太平御覽》卷二二○《職官部》「中書監」條，北京，中華書局，1960年，第1047頁下欄。覽表後，剛即位的明帝即拜庾亮爲中書監，「亮上表讓曰（云云）」故而未拜，後「復代王導爲中書監」，《晉書》卷七三《庾亮傳》，第1916－1917頁。田先生據王敦表認爲「亮原已居中書令，本傳失載」，田餘慶：《東晉門閥政治》，北京大學出版社，2012年第5版，第103頁注①。推此而言，庾亮在永昌元年極有可能由散騎省回到了中書省任中書令，意味著王言生成程序也會隨之而變。
〔註32〕《晉書》卷六七《溫嶠傳》，第1787頁。溫嶠曾爲明帝太子中庶子，具有輔翼之功，屬於帝黨人物。

庾亮任中書令，說明王言生成運作機制的重心在中書省，作爲帝黨人物，由其出任中書令無疑有助於明帝掌控王言生成運作機制。

其次，關於「門下」式緣何產生的問題，學界已有論述，基本觀點是詔書從門下省發出，故行用「門下」式〔註33〕。與「以中書職入散騎省，故散騎亦掌表詔」不同，門下省出納王言並無明確根據，那麼門下省如何介入到王言生成運作機制中的呢？諸位先生及學界對此問題並無論及。解決該問題的突破口在於前文提到的「誕皇孫大赦詔」。

若「誕皇孫大赦詔」生成於散騎省，那麼出納程序是如何開展的？根據「圖二」，中書省既掌草詔，亦負責將覆奏皇帝畫可的詔書出納，由尚書省受詔執行。在「中書事並附散騎」的安排中，散騎省應當是直接在王言生成程序中取代中書省的地位，即運作機理遵循了「圖二」模式。在王言生成運作程序中，散騎省的機能已然明確，不過散騎省在發揮草詔機能時，被限制在了一個中樞結構中。亦即祝總斌先生所說的「門下三省」結構〔註34〕。《初學記》曰「晉置（散騎常侍）四人，隸門下」。〔註35〕《初學記》雖然指出了散騎常侍「隸門下」這層關係，但還不甚明白。又據《唐六典》載：

> 晉置（散騎常侍）四人，典章表、詔命、憂文、策文等，雖隸
> 門下，別爲一省，潘岳云「寓直散騎之省」是也。〔註36〕

這說明散騎諸官雖「隸門下」，卻與黃門侍郎隸屬門下省不同，而是在門下系統內「別爲一省」。所以，散騎省與門下省有兩層關係：其一，組織結構上隸

〔註33〕祝先生認爲「詔書通過門下省，由門下審署、下達」是「門下」式產生的直接原因，祝總斌《兩漢魏晉南北朝宰相制度研究》，第315頁。陳仲安先生認爲「詔文首稱『門下』就說明詔書要由門下省頒發」，亦是同義，參見陳仲安：《關於魏晉南北朝門下省的兩個問題》，《中國古代史論叢》1982年第3輯，福州，福建人民出版社，1982年，第14頁。黃惠賢先生認爲，「門下」起首式產生的原因在於「制書下達正式規定要通過門下省」，黃惠賢：《魏晉南北朝》，白鋼主編：《中國政治制度通史》第四卷，北京，社會科學文獻出版社，2011年，第83頁。中村氏認爲，詔命由門下發出，下尚書執行的傳達路徑，是「門下」發辭詔書的含義。〔日〕中村圭爾：《南朝における詔》，唐史研究會編《東アジア古文書の史的研究》（唐代史研究會報告第Ⅶ集），第330頁。
〔註34〕據祝先生考證，「門下三省」可能指「門下省（本部）、散騎省、侍中省」，祝總斌：《兩漢魏晉南北朝宰相制度研究》，第283頁。
〔註35〕〔唐〕徐堅等著：《初學記》卷一一《中書令第九》，北京，中華書局，1962年，第285頁。
〔註36〕〔唐〕李林甫等撰，陳仲夫點校：《唐六典》卷八「門下省·左散騎常侍」條注文，第246頁。

屬門下，受侍中兼管〔註37〕；其二，「中書事並附散騎」時，草詔權由散騎省獨立行使，與之同處門下省的侍中、黃門因散騎省成爲王言生成程序的核心而權力外擴，形成「參典詔命」權。據《唐六典》載：

> 齊因宋、晉，（黃門侍郎）又與侍中參典詔命。〔註38〕

前文所舉溫嶠「詔命文翰亦悉預焉」便與「參典詔命」同義。在侍中、黃門侍郎與散騎官走向權力分途的過程中，「中書事並附散騎」是關鍵一步。據《晉書·職官志》載：

> 自魏至晉，散騎常侍、侍郎與侍中、黃門侍郎共平尚書奏事，
> 江左乃罷。〔註39〕

「江左乃罷」指散騎官退出「平尚書奏事」的行列，典署奏事專屬侍中、黃門侍郎，而散騎另有安排，即掌章表詔命。如此在「中書事並附散騎」的作用下，門下官與散騎官分別參與到王言生成機制的不同環節中，形成《讓中書牋》所說的「方今喉舌之要則任在門下」和「章表詔命則取之散騎」的程序。這種程序的形成，固然取決於「中書事並附散騎」，但「門下三省」構造以及散騎與門下的關係，亦將門下省納入了王言生成運作的程序中，門下省「喉舌之要」的形成與「門下」式產生，根據便在於此。

　　「誕皇孫大赦詔」及「門下」式是晉元帝太興改革的產物，特別是後者，依託的王言生成運作機制具有突破兩漢時代格的政治意義。元帝朝結束後，草詔權從散騎省回到中書省，而門下省藉散騎省之權力形成的「參典詔命」權則保留了下來，例如，當庾亮任中書令於中書省掌控王言生成運作機制時，侍中溫嶠在門下省典詔命便說明了這一現象。這種現象還反映在晉明帝的「立皇太子大赦詔」中，據《文館詞林》記載：

> 門下：正位儲嗣，以寧臺望，是用稽古，建茲東宮。時胤洪基於靈符，染君道於傳訓。一人有慶，兆庶同休，大赦天下，增位二等，大酺三日。〔註40〕

〔註37〕黃惠賢：《西晉散騎建省及其所領諸官——散騎諸官研究資料之三》，《魏晉南北朝隋唐史研究與資料》，第196頁。

〔註38〕〔唐〕李林甫等撰，陳仲夫點校：《唐六典》卷八「門下省·黃門侍郎」條注文，第243頁。

〔註39〕《晉書》卷二四《職官志》，第733頁。

〔註40〕〔唐〕許敬宗編，羅國威整理：《日藏弘仁本文館詞林校證》卷六七〇，第284頁。

這道大赦詔頒佈時，草詔權已經回到中書省，原本依託於「中書事並附散騎」而產生的「門下」式被保留下來，只能說明門下省保留的「參典詔命」權維繫了門下省在王言生成機制中的地位以及「門下」發辭式。

現在重新反觀《讓中書牋》，可知庾亮言及的「事宜」雖非制度設計，卻打通了王言生成運作程序的新鏈條，形成了門下省出納王言的程序。在突破「圖二」模式之後，三省的關係鏈〔註41〕演變爲：

王言生成流程圖（三）

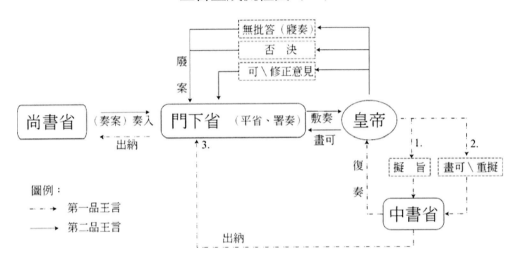

在此模式中，王言生成運作機制完成了兩個面向的整合：其一，中書省與門下省建立了王言審署的關係；其二，原來中書與尙書的文書關係被門下省徹底切斷，門下省塡補了由此造成的缺環。在門下省的作用下，尙書省完全成爲王言執行機構。由此，門下省出納王言的「喉舌」地位在王言生成機制中確立下來〔註42〕。

「圖三」模式呈現的是「門下」發辭詔書（制書）的生成機制，載於《文館詞林》的東晉「門下」式詔書皆可置於「圖三」模式中進行操作。不過《文館詞林》所載東晉「制詔」式詔書（制書）能否視爲「圖三」王

〔註41〕東晉時，詔書經過門下，侍中有提出異議並修改詔書的權限，但封還詔書並未制度化。祝總斌：《兩漢魏晉南北朝宰相制度研究》，第299～300頁。
〔註42〕雖然門下省參預到了「圖三」模式中，但可能還不具有封還詔書制權。祝先生言認爲「當因南朝（以及北朝）封還詔書的制度尚未固定下來」，祝總斌：《兩漢魏晉南北朝宰相制度研究》，第300頁。

言生成機制的產物呢？據陳仲安先生統計《文館詞林》所載漢唐詔書式及其他文書式〔註43〕如下：

王言（制詔璽）書式統計表

格式＼朝代	漢	魏	西晉	東晉	宋	南齊	梁	陳	北魏	北齊	周	隋	唐	總計
首用「制詔」	10	6	10	28							11			65
首用「門下」				4	19	10	22	2	15	7		11	18	108
首用「皇帝問」	1												2	3
首用「王若曰」〔註44〕											1			1
合計	11	6	10	32	19	10	22	2	15	7	12	11	20	177

僅根據《文館詞林》所記載的東晉詔書式進行判斷，「制詔」式或許仍在東晉佔據主流，而「門下」式的地位還未穩定下來。又劉宋文帝時期，皇太子監國「關事儀」所載「（皇太子）『令』代『制詔』」〔註45〕，亦可作爲「制詔」式佔有重要位置的佐證。將此表與「圖三」置於王言生成機制的面向中進行分析，或許可以推斷，東晉存在的「制詔」式與「門下」式並用的政治現象〔註46〕與王言出納的兩條渠道掛鈎，即「中書省－尚書省」、「中書省－門下省－尚書省」。假如推斷成立，則意味著王言生成運作機制受制於「圖二」模式與「圖三」模式交織而成的復合式格局。支持這一推斷的最有力的證據是晉明帝。當「圖三」模式確立之後，由之產生的制書或詔書以「門下」發辭，但晉明帝頒行的幾則詔書卻存在「制詔」式〔註45〕與「門下」式並行的現象，其中的「制詔」式顯然不屬於「圖三」的產物。在「圖三」模式中，

〔註43〕陳仲安：《關於魏晉南北朝門下省的兩個問題》，《中國古代史論叢》，第13頁。

〔註44〕「王若曰」當作「皇帝若曰」，屬於冊書發辭語。

〔註45〕《宋書》卷一五《禮志二》，頁383。

〔註46〕對於「制詔」式於「門下」式並存的現象，祝總斌、陳仲安等先生雖有論及，卻未做出討論。對南朝王言與公文書頗有研究的中村氏也是如此。〔日〕中村圭爾：《南朝における詔》，唐史研究會編《東アジア古文書の史的研究》（唐代史研究會報告第Ⅶ集），第330頁。

〔註45〕如不見於《晉書》的「北討詔」。〔唐〕許敬宗編，羅國威整理：《日藏弘仁本文館詞林校證》卷六七〇，第223頁。

當王言生成機制啓動後，處在出納程序中的門下省便自主行使審署、諫諍權，侍中王坦之截留詔書便是一例〔註48〕。

「圖三」模式是漢魏革命以來，王言制度及王言生成運作機制在第三階段變革的產物，南北朝因襲之，且更趨規範化。據《隋書・百官志》載梁陳授官詔書的生成運作程序：

> 其有特發詔授官者，即宣付詔誥局，作詔章草奏聞。敕可，黃紙寫出門下。門下答詔，請付外施行。又畫可，付選司行召。〔註49〕

從草詔到詔書完成，前後經過中書省、門下省兩個環節，在兩個環節中，皇帝都要採用「畫可」的方式完本環節的運作。「請付外施行」乃門下省上奏皇帝請畫「可」的固定文書用語，這亦可作爲門下省審署詔書已經落實到文書儀注上的佐證。與「關事儀」相同，詔書通關門下，只有落實到文書儀注上，才意味著這一運作流程的制度化，如「圖三」的「甲」部分所示。

從漢魏革命到晉室左遷，王言制度及生成機制迭次出現了三個階段的變革，在此過程中，「制詔」式亦隨著從草詔機構向深層的王言生成運作機理退卻。到第三階段，因「圖三」所示三省架構的築成，以「門下」式爲表徵的王言生成運作機制與機理在各個面向突破了兩漢制度框架。「門下」式的政治學意義還在於，形成了草詔權與出納權結構化分離的機制，意味著與「制詔」式秦漢詔令體系不同的隋唐詔令體系〔註50〕基本完成了漢魏革命開創的以皇權重塑爲核心的政治與制度課題。這一課題似乎也被部落政權出身的北魏所繼承，在實踐這一課題時，北魏的脈絡雖沒有明確經歷三個階段，卻也有「制詔」式向「門下」式轉型的過程。

二、北魏的「制詔」式與「門下」式

當晉元帝開創「門下」式時，北魏尚處於部落聯盟制時代。天興元年（398）拓跋珪稱帝、建立皇帝制度，依西晉（而非東晉）制度行用「制詔」式王言

〔註48〕 咸安二年（372）七月，東晉簡文帝臨崩前「詔大司馬（桓）溫依周公居攝故事。坦之自持詔入，於帝前毀之」，《晉書》卷七五《王湛傳附坦之傳》，第1966頁。王坦之所毀詔書乃簡文帝手詔（《宋書》卷二五《天文志三》，第721頁），但坦之此舉還不能視爲封還詔書，相關論述參見祝總斌：《兩漢魏晉南北朝宰相制度研究》，第299～230頁。

〔註49〕 《隋書》卷二六《百官志上》，北京，中華書局，1973年，第748頁。文中括號爲本文所加。

〔註50〕 代國璽：《漢代公文形態新探》，頁49。

〔註51〕。管見所及，記載「制詔」式的實例較早見於太和時期，據《元偃墓誌》（北魏太和廿二年十二月）載：

太和十五年十二月廿七日制詔使持節安北將軍賀侯延、鎮東大將始平公元偃：今加安西將軍（第三品）。太和十九年十二月廿九日乙未朔，癸亥除制詔光爵元偃：今除城門校尉（第三品下）。太和廿二年六月辛亥朔，七日丁巳除制詔城門校尉元偃：今除大中大夫（第三品下）。〔註52〕

《元偃墓誌》所記載的三道「制詔」式詔書存在一個共同的格式——「年號」＋「制詔」＋「具官姓名」，與漢代「制詔某官某」式相同。案，太和十五年十二月頒佈《職品令》（太和前令），光爵位第三品上；「大中大夫」即「太中大夫」，第三品下。從《元偃墓誌》連載的三道「制詔某官某」式詔書可以判定，「制詔」式行用於詔授領域，這與劉宋皇太子監國儀注所言「詔書除者如舊文」——「制詔云云」相合。這種現象的出現，與「門下」式直接相關。

關於北魏「門下」式的記載，較早見於文成帝時。據《文館詞林》所錄「文成帝恩降詔」：

門下：朕以眇身，纂承大業，懼不能宣慈惠和，寧濟萬寓，夙夜兢兢，若臨川谷，然即位以來，百姓晏安，風雨順序，邊方無事，眾瑞兼呈，不可稱數。……思與兆庶，共茲嘉慶，其令大酺三日，諸殊死已下，各降罪一等。〔註53〕

〔註51〕 北魏早期的「制詔」式不見於史載。樓勁先生指出，「制：云云」屬於以制詔頒行的法令（樓勁：《太和十六年〈律〉、〈令〉及相關問題》，北京大學中國古代史研究中心編：《田餘慶先生九十華誕頌壽論文集》，頁460），北魏的律令與「制詔」密不可分（樓勁：《魏晉南北朝隋唐立法與法律體系：敕例、法典與唐法系源流》，北京，中國社會科學出版社，2014年，第81頁）。案，拓跋珪稱帝時正值東晉末年（晉安帝朝），而輔助拓跋珪建立皇帝制度的河北士族卻是諳熟西晉制度。

〔註52〕 趙超：《漢魏南北朝墓誌彙編》，天津古籍出版社，2008年，第36～37頁。筆者對趙超錄文中的標點略有調整，括號內文字爲本文所加。「光爵」，同書《元詮墓誌銘》載「少襲王爵，加征西大將軍，尋拜光爵……及皇居徙御，詔王以光爵領員外散騎常侍」，第64頁。「光爵」與「中大夫」、「駿遊」等同置於太和十五年十二月，參見《魏書》卷一一三《官氏志》，第2976頁。

〔註53〕 〔唐〕許敬宗編，羅國威整理：《日藏弘仁本文館詞林校證》卷六七〇，第380頁。

這道大赦詔書又見於《魏書・高宗紀》〔註 54〕，發佈於興安二年（453）八月戊戌日，即文成帝即位第二年〔註 55〕。推此而言，「門下」式可能在太武帝時便已經出現，這意味著，北魏「門下」式並非太和改制的成果。「門下」式成爲詔書式，意味著至少在文帝朝或太武帝朝，門下省已處於出納王言的程序中。

如前文所論，「門下」式的產生與門下省的構造有關，那麼道武帝仿傚西晉制度設立的門下省是否也具有這種構造？這與門下省出納王言是否存在關聯？要解開這兩個疑團，需要從門下系統的構造與出納王言的實際執行者兩個方面入手。

第一，門下系統的三省格局。

道武帝初設臺省時，便仿傚西晉制度設立黃門侍郎、侍中、散騎常侍等官，但《魏書》籠統地將其歸入門下省，消弭了三者的界線。據《資治通鑒》載太武帝正平二年（452）九月「宗愛爲宰相，錄三省」，胡三省注曰：

> 魏蓋以尚書、侍中、中秘書爲三省，亦猶今以尚書、門下、中書爲三省也。〔註 56〕

宗愛所「錄三省」屬於太武帝朝的中樞構造，其中侍中省、尚書省是仿傚西晉制度而設。又據《魏書・靈徵志》載：

> 太和十六年十一月乙亥，高祖與沙門道登幸侍中省。〔註 57〕

說明侍中省在太武帝朝至孝文帝朝時已經存在。根據祝先生對西晉「門下三省」的考證，可知北魏侍中省隸屬門下系統。而門下省本部，則由黃門侍郎領銜，負責平省尚書奏事，如張袞、崔玄伯以黃門侍郎的身份居門下省「對總機要」，以及崔玄伯在門下省「通署三十六曹」。卻不見黃門侍郎出納王言的記載，即便掌機密的崔玄伯，職權僅限於平省奏事、備顧問。

〔註 54〕 除了《文館詞林》所載比《魏書・高祖紀》多出「大赦天下」四字外，其他內容完全一致。將《魏書・高宗紀》與《文館詞林》所載兩相比較，可發現《魏書》存在的書寫現象——史臣在將詔書編入《魏書》的過程中，徑直剔除了「門下」式，而以「詔曰」取而代之。

〔註 55〕 《魏書》卷五《高宗紀》，第 113 頁。太武帝正平二年十月文成帝即位，改正平二年爲興安元年。

〔註 56〕 《資治通鑒》卷一二六《宋紀》宋文帝元嘉二十九年九月條，北京，中華書局，1956 年，第 3980 頁。

〔註 57〕 《魏書》卷一一二上《靈徵志八上》，第 2916 頁。

至於散騎省〔註58〕，祝先生認爲難以推斷是否隸屬門下省〔註59〕，但川本芳昭則認爲散騎諸官在北魏前期屬於門下系統，其職掌與起源於北族的內官相似〔註60〕。依西晉之制，散騎常侍爲散騎省的長官，在門下系統則受侍中兼管〔註61〕。至於北魏前期散騎省在門下系統中處於怎樣的地位則難以確知。但北魏散騎常侍的職權表明，所謂門下省出納王言，是不準確的說法。

第二，門下省出納王命的實際執行者。

據《魏書・拓跋泥傳》載，安東公拓跋屈（拓跋泥之子）「太宗時居門下，出納詔命」〔註62〕。又據《穆崇傳》載，穆觀在明元帝即位時，「爲左衛將軍，綰門下中書，出納詔命」〔註63〕。這兩條材料傳達的信息是「門下省出納詔命」，這很容易產生的一點迷惑是，北魏早期的侍中、黃門侍郎已屬「喉舌之任」，似與東晉同軌。此處需要一提的是，在道武、明元兩朝，北魏與東晉尚處於懸隔狀態，未見使者往來，如此而言北魏取法東晉幾乎是不可能的。另外，魏廷招攬的河北士族，所諳熟的完全是西晉王言生成機制。那麼，門下「出納詔命」或許是北魏自發衍生的現象。日本學者窪添慶文在研究北魏前期的門下省時，認爲道武帝、明元帝時期的門下省具有王言出納權，詔令經門下直接下達。〔註64〕在得出這一結論時，窪添氏並未考慮此時的門下省構造及其職權分割問題。與之相較，祝總斌先生更進一步，不僅討論了門下省「出納詔命」現象，亦論及此時門下省的組織構造問題，但仍將出納詔命視爲門下省的當然權力，並未質疑門下省「出納王言」究竟是如何實現的。這也是本文旨在廓清的疑團。如果將散騎常侍或散騎省放到門下三省格局中進行觀察，則會發現門下出納王言的眞實形態。

〔註58〕 俞鹿年先生認爲，北魏前期道武帝建臺省時，以散騎常侍以下的侍從官組成散騎省。俞鹿年：《北魏職官制度考》，北京，社會科學文獻出版社，2008年，第79～80頁。

〔註59〕 祝總斌：《兩漢魏晉南北朝宰相制度研究》，第308頁。

〔註60〕 〔日〕川本芳昭：《北魏の內朝》，《九州島大學東洋史論集》1977年第6號，第62頁。後收入氏著《魏晉南北朝時代の民族問題》，東京，汲古書院，1998年，第189～227頁。

〔註61〕 黃惠賢：《西晉散騎建省及其所領諸官——散騎諸官研究資料之三》，第196頁。

〔註62〕 《魏書》卷一四《拓跋泥傳附屈傳》，第364頁。

〔註63〕 《魏書》卷二七《穆崇傳附觀傳》，第664頁。

〔註64〕 〔日〕窪添慶文：《魏晉南北朝官僚制度研究》第二章《北魏門下省初稿》，東京，汲古書院，2003年，第75～82頁。該文原刊於《お茶水の史學》第32卷，1990年。

　　首先，在道武帝設置門下省時，賦予侍臣散騎常侍出納王言之權。據《魏書·官氏志》載：

　　　　（天興元年）十二月，置八部大夫、散騎常侍、待詔等官。……

　　常侍、待詔侍直左右，出入王命。〔註65〕

案，常侍、待詔〔註66〕「出入王命」屬北魏自創，並非西晉之制。在道武、明元兩朝，北魏貫徹了這一制度，散騎常侍作爲門下系統的侍臣參與王言出納活動。

　　其次，散騎常侍內侍左右、出納王言，見於傳記。據《魏書·乞伏保傳》載：

　　　　父居，顯祖時爲散騎常侍，領牧曹尚書，賜爵寧國侯。以忠謹

　　慎密，常在左右，出內詔命。〔註67〕

而且在制度設定內，散騎常侍屬於「喉舌之任」。據《魏書·天象志》載：

　　　　（明元帝永興四年）七月庚午，月掩鉤鈐。占曰「喉舌臣憂」。

　　五年三月，散騎常侍王洛兒卒。〔註68〕

《天象志》以散騎常侍王洛兒作爲「喉舌臣」，正與散騎常侍出納王言相合。在道武、明元兩朝，鮮卑貴族亦以散騎官近侍左右、出納王命，如長孫翰「遷散騎常侍，與磨渾等拾遺左右」〔註69〕。

　　最後，與門下官職權相較，侍中、黃門侍郎未見出納王言的記載，常見的卻是「獻可替否」、「備顧問」，黃門侍郎在門下省所起到的行政機能是「與侍中掌文案，贊相威儀，典署其事」〔註70〕。

　　以上三點證明，北魏早期出現的門下省出納王言的現象，實際上是散騎常侍出納王言在門下省的投影。由此，前舉兩個疑團便得以澄清。再回過頭討論「門下」式問題。

〔註65〕　《魏書》卷一一三《官氏志》，第 2972 頁。

〔註66〕　案「待詔」之意，楊鴻年先生認爲「乃是未有正官，須聽詔命之意」，與蔡邕「待制鴻都門下」意同。楊鴻年：《漢魏制度叢考》，武漢大學出版社，2005年，第 146～147 頁。楊先生又考證認爲「漢世普通待詔雖非正官，但太史所屬待詔則爲正官」。而且待詔地點不同，有「金馬門」、「鴻都門」、「宦者署」等，且身份亦不同，有經生、文士諸種。參見氏第 147～151 頁。

〔註67〕　《魏書》卷八六《孝感·乞伏保傳》，第 1883 頁。

〔註68〕　《魏書》卷一〇五《天象志》「月異」條，第 2351 頁。

〔註69〕　《魏書》卷二六《長孫肥傳附翰傳》，第 653 頁。

〔註70〕　〔唐〕虞世南編撰：《北堂書鈔》卷五八「給事黃門侍郎」條注引《晉官品令》，北京，中國書店，1989 年，第 191 頁上。

文成帝大赦行用「門下」式，馮太后改元太和大赦詔亦行用「門下」式〔註71〕，二者共同說明，在孝文帝時代之前的大赦、改元等重大場合已經基本確立了「門下」式在王言生成機制中的地位。即便在「門下」式這一表徵上，北魏與南朝趨於一致，卻並不必然導致二者在王言生成機制方面的趨同。南朝的「門下」式所依託的是較爲規整的制度結構——中書省草詔、覆奏皇帝畫可，門下省審署出納；與之相較，北魏前期「門下」式之下的王言生成機制並不規整，而是存在內朝與外朝兩套運作系統，這導致王言的出納權由內侍省與外朝門下省分擔。推此而言，北魏「制詔」式與「門下」式的並行，可能還與王言生成運作機制有關。根據筆者對北魏前期王言草擬、出納機構的考察〔註72〕，整理出太武帝至孝文帝太和中的王言生成運作流程圖。

王言生成運作流程圖（四）〔註73〕

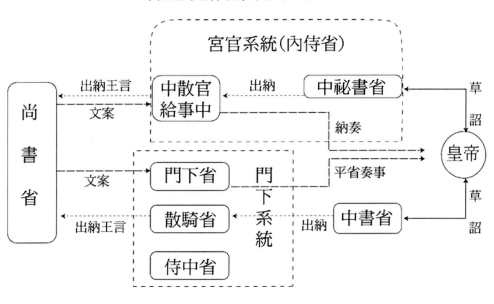

〔註71〕太和元年正月乙酉朔頒行的改元大赦詔，在《文館詞林》保留了「門下」式，在《魏書》中則被刪除了「門下」式。〔唐〕許敬宗編，羅國威整理：《日藏弘仁本文館詞林校證》卷六六八，第335頁。

〔註72〕王興振：《北魏王言制度》第三章第一節，華東師範大學歷史學碩士學位論文，2016年。

〔註73〕嚴耀中先生認爲，北魏前期「內秘書系統起著中書省的同等作用」，嚴耀中：《北魏前期政治制度》，長春，吉林教育出版社，1990年，第66頁。而內侍省中散官、給事中出納王言，則與散騎省的職能相近。在王言生成運作機制中，內朝（內侍省）與外朝（中書省門下省）相對應。

「圖四」顯示了北魏前期存在著雙重王言生成運作程序，分別由內侍省系統（內朝）和中書門下系統（外朝）構成。在兩套系統中，內秘書系統與皇帝的距離最近。與之相較，居於外朝的中書省，在草詔環節需要藉助給事中的參與方能完成〔註74〕。文成帝時行用的「門下」式產生於中書門下系統，那麼經內侍系統生成的王言採用哪一種詔書式呢？若將中書門下系統從「圖四」中剝離，那麼北魏前期的王言生成運作機制完全可以視爲不同於魏晉的鮮卑制度。若就運作機理而言，「皇帝－內侍省－尚書省」則類似於曹魏的「皇帝－中書省－尚書省」，與兩漢的機理相通。若將內侍系統從「圖四」中剝離，則「圖四」與東晉時期的「圖三」模式基本相同。在這兩種架設中，前者支撐的是「制詔」式，後者支持的是「門下」式。這種複合型的王言生成運作機制，或許是北魏前期「制詔」式與「門下」式並行的根據〔註75〕。至太和中，孝文帝重組門下省、廢除內侍省，使得「圖四」模式轉向了「圖三」模式，確立了「門下」式在北魏後期王言生成運作機制中的地位。

而《元偃墓誌》所記載的太和中已降的「制詔」式，有特定的政治內涵。這與前文所揭劉宋皇太子監國儀注存在相通之處。據《宋書‧禮志》，太子監國儀注有云：

> 拜刺史二千石誡敕文曰：制詔。云云。某動靜屢聞。
>
> 右若拜詔書除者如舊文。其拜令書除者，「令」代「制詔」，餘如常儀。
>
> 辭闕（闕）板文云：「某官糞土臣某甲臨官。稽首再拜辭。」制曰。
>
> 右除「糞土臣」及「稽首」云云。「某官某甲再拜辭」，以「令曰」代「制曰」。「某官」，宮臣者，稱臣。〔註76〕

〔註74〕如馮太后臨朝時，中書令高閭通過加「給事中」才得以出入禁中、參預機密（《北史》卷三四《高閭傳》，北京，中華書局，1974年，第1255頁）。在此之前，在太武朝任中書侍郎的高允，因草詔一事「乞更一見，然後爲詔」（《魏書》卷四八《高允傳》，第1077頁），說明中書省即使參與草詔，卻不直接與皇帝相接。

〔註75〕對於北魏前期制書的「制詔」式討論，可參閱拙文《北魏王言制度》，第45～47頁。

〔註76〕《宋書》卷一五《禮志二》，第383頁。本文對「關事儀」的錄入，參照了張雨的校錄成果，參見張雨：《南朝宋皇太子監國有司儀注的文書學與制度史考察》，《中華文史論叢》2015年第2期，第37頁。

這則儀注雖然是針對太子監國，卻也保留了諸多皇帝儀注〔註77〕，未畫線的部分即是。文中畫線部分則是劉宋為適應太子監國，在皇帝儀注之上做出的改動。這則儀注屬於詔授之儀，使用的文書用語是「制詔（某官某）云云」，「云云」的部分便是詔授版文「某官糞土臣某甲臨官。稽首再拜辭」。這屬於皇帝文書用語。若是皇太子詔授告身，則是「令：某官某甲臨官」，不稱臣；若詔拜宮臣，則可曰「令：某官糞土臣某甲臨官」。

　　這則儀注說明，劉宋詔授告身時行用「制詔」式詔書。劉宋之制如此，蕭齊亦然。據《南齊書‧高麗國傳》載：

> 制詔行都督百濟諸軍事、鎮東大將軍百濟王牟大：今以大襲祖
> 父牟都為百濟王，即位章綬等玉銅虎竹符四。〔王〕其拜受，不亦休
> 乎！〔註78〕

這是《南齊書》僅存的「制詔某官某：云云」式。在冊拜官爵的面向中，這一案例正與前文儀注「制詔某官糞土臣某甲臨官」格式相同，亦與《元偃墓誌》所載「制詔使持節安北將軍賀侯延」、「制詔城門校尉元偃」格式相同。那麼根據目前所掌握的史料可以作一推斷：在南北朝確立「圖三」王言生成運作機制之後，原「圖一」、「圖二」模式中的「制詔」式依然行用於冊拜官爵的場合。而且無論是北魏，還是劉宋、蕭齊，制詔授官皆反映了一個共同標準——五品以上官。「拜刺史兩千石」是如此，《元偃墓誌》所載三例授官也在五品之上。

　　北魏的「制詔」授五品以上官，不僅見存於孝文帝時期，至魏末孝明帝朝依然行用。據《於纂墓誌》（北魏孝昌三年五月）載：

> （孝昌三年二月卒）聖上聞乃制詔曰：「君意懷和瑾，歷任勤
> 明，不幸殞沒，用悼於懷。宜追加褒贈，以旌厥善。可假節征虜將
> 軍（從三品）歧州刺史（中州從三品），伯如故。」〔註79〕

這道制詔雖屬追贈，卻與《元偃墓誌》所載制詔授官無異。而且在孝明帝時

〔註77〕 祝總斌：《兩漢魏晉南北朝宰相制度研究》，第301頁。

〔註78〕 《南齊書》卷五八《東夷‧高麗國傳》，北京，中華書局，1972年，第1011頁。筆者認為這段點校有誤。「可不慎歟」是冊書的用語，一般置於文書之末。而「制詔行都督百濟諸軍事」則是另外一道文書，從「王其拜授，不亦休乎」來看，這道王言當是屬於命令性質的詔書。點校者不察，可能誤將二文書合於一處。

〔註79〕 趙超：《漢魏南北朝墓誌彙編》，第209頁。

期行用於柔然的王言亦行用「制詔」式，可證《於纂墓誌》所載「制詔」符合孝明帝時期的王言制度。

熙平中（517），柔然可汗醜奴「抗敵國之書，不修臣敬」，員外常侍張倫表曰：

> （前略）若事不獲已，應頒制詔，示其上下之儀，宰臣致書，
> 諷以歸順之道。（後略）〔註80〕

所謂「應頒制詔」並非前文討論的冊拜官爵的面向，而是行用於「外臣」的王言格式，這與前文所揭「制詔行都督百濟諸軍事、鎮東大將軍百濟王牟大」屬於同一類型。此即「圖三」模式確立之後後，「制詔」式仍行用的另一層內涵。推此而言，終北魏一朝，「制詔」式雖然從王言生成運作機制的核心位置漸漸退卻，卻未完全喪失機能，在「門下」式確立之後，「制詔」式仍圍繞皇權維持了拜官冊爵、諷諭蕃國的功能。

綜而言之，北魏「制詔」式與「門下」式的變革深埋於王言生成運作機制之中，而北魏前期的雙重王言生成運作機制，既延長了「門下」式取代「制詔」式的過程，亦使得北魏形成了與東晉南朝大相殊途的王言制度。

三、結　論

「制詔」、「門下」作為制書、詔書的起首語，存在兩個維度的政治內涵：第一，王言出納機構的象徵，漢代的「制詔御史」、南北朝隋唐的「門下」即是如此；第二，王言生成機制的象徵，「制詔」式、「門下」式各自依託於不同類型的王言生成出納程序與官僚結構。魏晉南北朝時期的王言制度，在這兩種維度的轉型中層曾跌進地展開了三個階段的變革。在前兩個階段的變革中，「制詔」式雖然是去了制度根基，但魏晉時期形成的「中書省──尚書省」與東漢「尚書臺──三公府」內在機理的相通，勉強維持了「制詔」式在王言生成運作機制中的地位。到第三階段，門下省完全切入到王言生成與運作機制中，才最終切斷了「制詔」式最後的依憑。應此局面而產生的「門下」式，並未一舉將「制詔」式抹除，而是將「制詔」式逐漸迫出王言生成運作程序。在此過程中，形成「制詔」與「門下」並行的格局。這種局面的形成在東晉、劉宋尚有門徑可尋，在北魏則錯綜一團、脈絡不明。

〔註80〕《魏書》卷二四《張袞傳附倫傳》，第618頁。

　　北魏從「制詔」式到「門下」式的演變過程中，雖然繼承了西晉餘緒，卻不如東晉具有較強的政治傳承。僅就「門下」式的產生途徑而言，東晉是在力圖突破中書省掌草詔、出納於一體格局的過程中，將其職權移入門下系統的散騎省，形成門下省出納王言的政治投影。「門下」式產生的根據便在於此。由晉元帝設計的「事宜」策略，極大改變了西晉「流程圖（二）」的格局。王敦之亂後，草詔權回歸中書省，「門下」式並未隨之消失，或許說明王言出納權仍一部分保留在了門下省。「門下」式與「制詔」式的並行，或許與此格局有關。與之相較，北魏「制詔」式與「門下」式的演變過程雖難以細究，卻與東晉大異其趣。北魏在引入西晉制度時，保留了中書省的草詔權，卻將出納權劃歸內侍官，散騎常侍由此獲得王言出納權（非專掌此權），因散騎常侍屬於門下系統，故有居門下出入王命之謂。隨著內侍系統的完善以及內侍省的建立，漸漸集中了草詔權與出納權，使得王言生成與出納機制發生轉變。這種局面一直持續到太和中。在此局面中，雖然不能考證「門下」式產生於何時，但可以確定的是，「門下」式賴以產生的基本前提已經具備。文成帝至孝文帝太和中，「門下」式見於史載，形成「制詔」式與「門下」式並行的局面，原本作爲兩漢魏晉書式的「制詔」，退居詔授官爵的場合。內侍省被廢除後，「流程圖（三）」的王言生成運作機制才眞正在北魏建立起來，受其支持的「門下」式最終穩定下來。以「制詔」式和「門下式」爲表徵，肇始於漢魏革命的王言生成機制的變革在歷經三個階段後，以太和改制爲標誌，分別在南北兩條脈絡中完成。

第三章　王言生成機構考述

北魏前期「官職名號華夷雜糅」〔註1〕，與之相應，北魏前期中樞權力的運作系統亦不規範，且一直處於調整、完善的階段。只是這種完善過程與魏晉制度呈現出疏遠的走向，直到太和中孝文帝對中樞系統重新洗牌時，這種走向才被徑直削除。北魏的王言制度便是依託於中樞機構的變革而運作、轉型。北魏中樞機構的變革建立在雙重構造之上——魏晉的臺省制與鮮卑的內侍制，這奠定了北魏前期在王言生成與運作機制上不同於東晉南朝的基調。北魏前期中樞系統的雙重構造及其運作機制也投射到了王言制度層面，使得王言生成與運作程序亦具有雙重性。研究北魏前期的王言問題，首先要梳理清楚北魏前後兩個時期的中樞系統與王言生成運作的關係。

第一節　北魏前期中樞構造與王言生成機制

一、北魏早期的中樞與王言生成、出納形態

命令文書稱「詔」或「王言」的前提是建皇帝號，北魏「王言」的正式出現是在天興元年（398）十二月拓跋珪稱皇帝、頒行大赦詔，初步確立了北魏的皇帝制度與皇權〔註2〕。在《魏書》的記載中，此前的北魏已經出現「傳

〔註1〕陳寅恪：《隋唐制度淵源略論稿‧唐代政治史述論稿》，北京：三聯書店，2001年，第92頁。
〔註2〕李憑先生指出，天興三年十二月乙未、丙申兩道詔書意味著北魏皇權正式開始運行。李憑：《北魏平城時代（第三版）》，上海古籍出版社，2014年，第16頁。

宣詔命」的政治行為，據《魏書·官氏志》載：

> （昭成帝）建國二年，初置左右近侍之職，無常員，或至百數，
> 侍直禁中，<u>傳宣詔命</u>。皆取諸部大人及豪族良家子弟儀貌端嚴，機
> 辯才幹者應選。又置內侍長四人，主顧問，拾遺應對，若今之侍中、
> 散騎常侍也。〔註3〕

此處所言「詔命」姑且目之為北魏王言的早期形態。拓跋魏早期「傳宣詔
命」取法時宜，掌傳宣者無定員、無官號、無明確的隸屬機構。從「傳宣
詔命」的人員來看，皆是諸部大人和豪族良家子弟中的「機辯才幹者」。如
昌黎谷渾「太祖時，以善隸書為內侍左右」〔註4〕，又據《魏書·長孫道生
傳》載：

> 長孫道生，嵩從子也。忠厚廉謹，太祖愛其慎重，<u>使掌幾密</u>，
> 與賀毗等四人<u>內侍左右，出入詔命</u>。〔註5〕

長孫道生等四人在左右近侍，參預機密，無疑是最接近皇帝的內侍。關於「左
右近侍之職」，《南齊書·魏虜傳》曰：

> 國中呼內左右為「直真」，外左右為「烏矮真」，曹局文書吏為
> 「比德真」〔註6〕。

北魏前期的內侍官員都有鮮卑名號，作為具有魏晉因素的「曹局文書吏」亦
有鮮卑系統的專有名號，說明北魏早期專設了起草文書的侍臣群體。在內侍
的鮮卑名號中，「直真」、「烏矮真」、「比德真」的「真」，白鳥庫吉氏認為是
鮮卑官號的「語尾」，即「蒙古語 čin 之對音」〔註7〕；周一良先生「疑為
××者的尾音，意為『者』」〔註8〕。長孫道生、賀毗等四人，可能就是內侍
左右的「直真」。「曹局文書吏」亦是鮮卑號，可能指掌禁中文書的主文中散、
奏事中散，隸屬於內侍省，也可能包括太武帝時期設立的內秘書官。另外，
內侍左右的一個重要條件是「善北人語」〔註9〕，以便向鮮卑部落區傳宣詔

〔註3〕 《魏書》卷一一三《官氏志》，第 2971 頁。
〔註4〕 《魏書》卷三三《谷渾傳》，第 780 頁。
〔註5〕 《魏書》卷二五《長孫道生傳》，第 645 頁。
〔註6〕 《南齊書》卷五七《魏虜傳》，第 985 頁。
〔註7〕 〔日〕白鳥庫吉：《東胡民族考》，方莊猷譯，上海：商務印書館，1934 年，
　　　　第 157～161 頁。對於「真」的論述，可參閱劉凱：《北魏羽真考》，《學術月
　　　　刊》2015 年第 2 期，第 133 頁。
〔註8〕 嚴耀中：《北魏前期政治制度》，第 193 頁。
〔註9〕 《魏書》卷九一《晁崇傳附弟懿傳》，第 1944 頁。

命，因爲北魏前期「軍容號令，皆以夷語」〔註10〕。

　　拓跋珪登代王位後，更設新制，產生中散、外朝大人等官，其中外朝大人與內侍官存在某種關聯。據《魏書・官氏志》載：

> 外朝大人無常員，主受詔命，外使，出入禁中，國有大喪大禮皆與參知，隨所典焉。〔註11〕

「直眞」、「烏矮眞」近侍左右「傳宣詔命」，但可能不出禁中。故設外朝大人官出入禁中「主受詔命」，宣行於外。陳仲安、王素先生認爲這在制度設計上是鮮卑舊制與魏晉制度的雜糅〔註12〕。道武帝設外朝大人「主受詔命」的制度背景是以南北兩部大人統攝內附諸部，嚴耀中先生指出諸部首領「各以多少稱酋、庶長」，統稱爲外部大人和外朝大人〔註13〕。以此而論，道武帝設立外朝大人「主受詔命」是有針對性的政治舉措，此舉與天賜四年選擇內侍「出內詔命」時所講究的身份制如出一轍。

　　陳仲安先生所言兩種制度的雜糅，還體現在王言出納的另外兩個舉措上。其一，天興元年（398）十二月己丑，拓跋珪建皇帝號之後有如下舉措：

> 置八部大夫、散騎常侍、待詔等官。其八部大夫於皇城四方四維面置一人，以擬八座，謂之八國。常侍、待詔侍直左右，出入王命。〔註14〕

八部大夫乃拓跋珪創立的鮮卑官制，散騎常侍、待詔乃西晉官制。案「待詔」之意，楊鴻年先生認爲「乃是未有正官，須聽詔命之意」，與蔡邕「待制鴻都門下」意同〔註15〕。在此之前，「傳宣詔命」和「主受王命」的都出自鮮卑系統，其名號亦是如此。拓跋珪稱帝時即採晉制設立的待詔、常侍官，初以代人勳貴入選，掌「侍直左右、出入王命」，而且具有「拾遺左右」、銓校群官

〔註10〕《隋書》卷三二《經籍志一》，第947頁。

〔註11〕《魏書》卷一一三《官氏志》，第2972頁。

〔註12〕陳仲安、王素：《漢唐職官制度研究》，北京：中華書局，1993年，第69頁。

〔註13〕嚴耀中：《北魏前期政治制度》，第50頁。

〔註14〕《魏書》卷一一三《官氏志》，第2972頁。案：「常侍」斷八下一句，是在《魏書》標點本之上做出的更正。

〔註15〕楊鴻年：《漢魏制度叢考》，武漢：武漢大學出版社，2005年，第146～147頁。楊先生又考證認爲「漢世普通待詔雖非正官，但太史所屬待詔則爲正官」。而且待詔地點不同，有「金馬門」、「鴻都門」、「宦者署」等，且身份亦不同，有經生、文士諸種。參見氏書第147～151頁。

文書然後奏聞的權力〔註16〕。至於採擇鮮卑制度而設立內侍官的舉措，看似重複，實則是道武帝將兩套王言系統同時展開的關鍵性選擇。

在出納王言方面，北魏早期屢有變化，卻延續了原有方略。據《魏書‧官氏志》載：

> （天賜）四年五月，<u>增置侍官，侍直左右，出內詔命</u>，取八國良家，代郡、上谷、廣寧、雁門四郡民中年長有器望者充之。〔註17〕

這次變化仍是在「侍臣」上做文章，不過與建國二年選拔近侍以「傳宣詔命」相較，這次在「侍臣」的構造上出現了新的動向。拓跋珪選擇四郡郡民「年長有器望者」擔任「侍直左右，出內詔命」之職，或有深意。從地理區位而言，這四郡皆位於漯水流域，漯水經雁門郡「又東北流左會桑乾水」〔註18〕，屬於北魏的核心統治區，以四郡之人「出內詔命」可以形成核心統治區的一體效果。從選拔對象的條件觀之，「年長而有器望者」無疑會大大提高詔命執行的效力。

以上是北魏早期在王言出納方面的策略，存在鮮卑和漢人出入王命兩個系統，前者以國語（鮮卑語）宣行，後者以華語行下〔註19〕，所以存在「譯令史」一職。雖然同是出納王言，但在制度設置中，近侍「烏矮眞」、待詔與外朝大人官分屬於內朝和外朝，體現了北魏二元性制度〔註20〕。

既然存在王言出納的設置問題，那麼在這一環節之前就必然存在著王言的草擬活動，北魏早期負責此事的便是仿傚晉制而設立的中書省。

皇始元年（396）拓跋珪伐後燕，原任西燕尚書僕射的屈遵，自後燕歸附拓跋珪，並被任命爲中書令，史稱「出納王言，兼總文誥」〔註21〕。在伐燕之前的皇始元年九月，拓跋珪「始建曹省，備置百官」，任命屈遵爲中書令則是在十一月〔註22〕。以屈遵出任中書令，可能是「備置百官」之後的任官之

〔註16〕 這一先生發生在明元帝即位之初，沿襲的是道武帝的制度，參見《魏書》卷二九《叔孫建傳附子俊傳》，第705～706頁；《魏書》卷二六《長孫肥傳附子翰傳》，第653頁。
〔註17〕 《魏書》卷一一三《官氏志》，第2974頁。
〔註18〕 〔北魏〕酈道元撰，〔清〕王先謙校：《合校水經注》，北京：中華書局，2009年，第204頁下欄。
〔註19〕 鄭欽仁：《北魏官僚機構研究續篇》，第227～228頁。這一現象，一直持續到孝文帝遷洛後，官方場合才明令禁止北語。
〔註20〕 鄭欽仁：《北魏官僚機構研究續篇》，第223～224頁。
〔註21〕 《魏書》卷三三《屈遵傳》，第777頁。
〔註22〕 《資治通鑑》卷一○八《晉紀》孝武帝太元二十一年十一月條，第3435頁。據《屈遵傳》載「從駕還京師，卒」，那麼屈遵任中書令的時間可能是皇始元

舉。中書令屈遵「出納王言，兼總文誥」，是北魏早期王言起草的一種形態。
除中書令屈遵外，中書侍郎張恂於皇始初「帷幄密謀，頗預參議」〔註23〕，
雖無法直接說明中書侍郎具有參與草詔之權，不過據前文所考，近侍文吏「出
內詔命」，那麼也可以推斷與屈遵大略同時且「帷幄密謀」的中書侍郎，具有
參與草詔權。除此之外，張恂的例子也直接說明中書省的主框架已經形成。
除了中書令屈遵曾有草詔行為外，天興元年十一月（398）任尚書吏部郎的鄧
淵繼屈遵之後亦掌握草詔權，據《魏書・鄧淵傳》載：

> 淵明解制度，多識舊事，與尚書崔玄伯參定朝儀、律令、音樂，
> 及軍國文記詔策，多淵所為。〔註24〕

證明北魏早期的草詔權，並未完全按照既定的中書省草詔制度運行，這或許
與拓跋珪稱帝之前早於中書官出現的參掌詔命的「侍臣」群體有關。尚書官
員鄧淵掌詔命起草說明北魏早期的王言生成機制在魏晉中書制度之外存在著
靈活性，太武帝時期司徒崔浩掌草詔權便是另一證明。

　　明元帝即位後，中書制度被繼承下來。在道武帝朝曾「少以文藝知名，
選充內侍」的穆觀，在明元帝即位後，「為左衛將軍，綰門下中書，出納詔命」
〔註25〕。借鑒屈遵的例子以及穆觀「以文藝知名」，可知中書仍維持了前朝延
續下來的草詔權。穆觀所綰中書省在中書令、中書侍郎之外仍有中書郎一職，
如公孫軌「少以文學知名，太宗時為中書郎」，或以文學優長而參與草詔。與
道武朝相似，明元帝時期存在中書體制之外的草詔權運作，如白馬公崔浩「朝
廷禮儀、優文策詔、軍國書記，盡關於浩」〔註26〕。這表明北魏早期的中書
省草詔行為並非封閉的，而是具有一定的開放空間，使得鄧淵、崔浩得以在
中書體制之外掌握草詔權。優文詔策「盡關於浩」以及鄧淵之例亦能說明，
道武帝、明元帝兩朝時期中書省在制度設定內的草詔權已經受到削弱，這在
王言的生成機制上也引發了一些新的局面，且按下不表。另外，穆觀這則史
料也表明，門下省在明元帝時期或許已經具備了出納王言的權力，至於具體
形態以及是否與北魏後期門下省出納王言相同，《魏書》未作說明，後文將詳

　　年十一月至天興元年（398）七月遷都平城之間（時拓跋珪尚未稱帝），任期
　　不足兩年。若是如此，那麼屈遵可能並未參與到平城時代的王言活動中。
〔註23〕　《魏書》卷八八《良吏・張恂傳》，第 1900 頁。
〔註24〕　《魏書》卷二四《鄧淵傳》，第 635 頁。
〔註25〕　《魏書》卷二七《穆崇傳附觀傳》，第 664 頁。
〔註26〕　《魏書》卷三五《崔浩傳》，第 812 頁。

細展開。

太武帝即位之初，在草詔一途基本遵行了其祖、父的基本套路。如盧魯元「及（太武）即位，以爲中書侍郎，拾遺左右，寵待彌深」，後「以工書而有才，累遷中書監、領秘書事」〔註27〕。《魏書》雖未名言草詔權，但作爲「工書而有才」、「拾遺左右」的中書官，不參與草詔是基本不可能的，何況盧魯元還以中書監「領秘書事」。這涉及到太武帝時期北魏中樞體制的一次重大轉型問題——內侍省崛起，內侍省特別是內秘書機構的設立，將道武、明元兩朝所延續的中書體制之外的草詔行爲制度化了，造成了草詔權兩分的制度格局。

中書監盧魯元「領秘書事」、掌草詔權或許就是在這一背景下出現的。中樞構造的轉型，使得寄寓其中的王言制度在糅合了魏晉體制與鮮卑體制之後，形成一種獨特的生成與運作機制。

二、中樞系統之「異相」與王言機制的關係（上）——論內侍省在王言生成與運作中的地位與機能

道武帝稱帝後，便在中樞系統中初步建立了鮮卑和魏晉兩套運作模式，這也是北魏滅慕容寶後所面臨的統治區域特點使然。陳仲安先生認爲，道武帝雖設尚書、中書、門下等新機構，但徒有形式，即使屢屢更設侍臣「內侍左右」、「出入王命」，但「此時內侍機構仍未定型，還在不斷擴建。道武至太武初，內侍機構一直處於擴建中」〔註28〕。太武帝時，北魏的統治區域擴展至河北地區，政務漸趨繁重，在此背景下，內侍官系統開始蛻變。

在神䴥四年（431）下達徵士詔的同時，太武帝在道武、明元兩朝內侍官的基礎上，將其發展爲一種較爲系統的中樞機構，即內侍諸曹，又被稱爲「內省」、「內朝」，這在北魏政治高層造成的效果是，中樞系統形成雙重構造。陳琳國先生對這一中樞形態進行了多個面向的考察，認爲在內侍左右、「出入詔命」基礎上日臻完善的內侍機構，具有「起草詔誥文書，參與軍國大政，敷奏內、外，傳宣詔命」的職權，其地位之重，是處於外朝的中書省、門下省所不能企及的〔註29〕。而大略同時的南朝，中書省、門下省是王言生成以及

〔註27〕《魏書》卷三四《盧魯元傳》，第801頁。
〔註28〕陳仲安、王素：《漢唐職官制度研究》，北京：中華書局，1993年，第76頁。
〔註29〕陳琳國：《魏晉南北朝政治制度研究》，第108頁。

加工完善的兩類機構，特別是中書省權勢極重，構成王言生成與運作的核心環節。與之相較，北魏前期王言生成以及出納的中樞卻在鮮卑內侍省，而依魏晉制度設立的中書省則居於外朝，只負責一般文書的起草，不再參預機密，其草詔權及權勢更無法與南朝的中書省比肩。無怪乎嚴耀中先生有言，太武帝至孝文帝前期的中書省「更像一個文書機構」〔註30〕。這是北魏王言制度異於魏晉南朝之一端。那麼在鮮卑制與魏晉制度雜糅的二元體制下，北魏早期的王言生成與運作是怎樣一種風貌呢？具有什麼深切的政治內涵呢？以上即是本節有待解明的問題。

對於北魏早期的內侍系統，鄭欽仁、陳琳國、嚴耀中、陳仲安、川本芳昭、窪添慶文諸位先生在職官制度的維度皆有細緻入微的考察，故而在這一維度所遺留的研究空間可謂狹小，本文本無需贅述。因北魏王言的生成與運作寄於中樞體制之中，所以即便本文的研究視角不在職官制度的維度，也難免與之交涉，職是之故，必須藉助前賢研究，這也是本文研究結構使然。依前賢研究，內侍系統主要由內秘書機構、內行曹、中散官、中曹和侍御曹構成，其參與王言生成、出納的記載如下。

1、內秘書省

「內秘書」之名，最早見於《魏書·許宗之傳》：

> （太武帝時）初入爲中散，領內秘書〔註31〕。

「內秘書」是相對於「外秘書」而言，又稱「中秘書」〔註32〕，是基於鮮卑族的政治習慣而設置〔註33〕。《魏書·李敷傳》載李敷以「中書監，領內外秘書」〔註34〕即是指此。「內秘書」在太武朝是中樞運作的核心機構。在太武朝末年，宗愛弒太武帝、立南安王余之後，出現這樣的權力安排：

> 余以愛爲大司馬、大將軍、太師、都督中外軍事，領中秘書，
>
> 封馮翊王。愛既立余，位居元輔，錄三省，兼總戎禁……〔註35〕

在官品上，中秘書遠不及大司馬、大將軍，宗愛居元輔之位，卻仍領中秘書，已然說明中秘書的機要性。另外，《魏書》稱宗愛「錄三省」一事，前文所揭

〔註30〕嚴耀中：《北魏前期政治制度》，第58頁。

〔註31〕《魏書》卷四六《許彥傳附宗之傳》，第1036頁。

〔註32〕鄭欽仁：《北魏官僚機構研究》，第51頁。

〔註33〕〔日〕川本芳昭：《北魏の內朝》，第53頁。

〔註34〕《魏書》卷三六《李順傳附敷傳》，第833頁。

〔註35〕《魏書》卷九四《閹官·宗愛傳》，第2012～2013頁。

胡注曰「蓋魏以尙書、侍中、中秘書爲三省，亦猶今以尙書、門下、中書爲三省也」即是指此。鄭欽仁先生在對胡注進行討論後認爲，宗愛以「領中秘書事」進而錄尙書、中書、門下三省的可能性較大〔註36〕。宗愛「領中秘書」、「錄三省」是其掌握中樞運作的關鍵，承載皇帝意志與命令的詔令文書及其生成運作，自然就掌握在了宗愛手中。

又據《魏書・崔衡傳》載：

（衡）學崔浩書，頗亦類焉。天安元年（466），擢爲內秘書中散，班下詔命及御所覽書，多其跡也。〔註37〕

從「多其跡」可判定，內秘書中散有參預王言的權力，至於是草詔抑或署詔之「跡」，《崔衡傳》所述不明。又據《魏書・李沖傳》載：

高祖初，（中書學生）以例遷秘書中散，典禁中文事，以修整敏惠，漸見寵待。遷內秘書令、南部給事中。〔註38〕

所謂「典禁中文事」，當不限於「班下詔命」、「御所覽書」，禁中文事還包括「參贊詔命、記會時事、典作文書」之權，專典機要〔註39〕，這一點與中散存在相似之處。「秘書中散」即「內秘書中散」，與太武帝時許宗之「入爲中散，領內秘書」大概相同，在內省（禁中）典文書事。孝文帝時李沖「遷內秘書令、南部給事中」則意味著李沖在內省總攬南部州郡地區的上行文書。俞鹿年先生認爲內秘書令作爲內秘書機構的長官具有「掌管禁中文事和詔令的起草」權〔註40〕。自太武帝建立內秘書機構專典禁中文事後，「草詔類政務秘書工作基本由其完成」〔註41〕。因而內秘書機構在北魏前期中樞系統中的地位亦極爲重要，以至於陳琳國先生認爲，北魏前期「中書省之監、令品秩雖高，但權勢遠遜於內秘書令」〔註42〕。至於內秘書在中樞系統中的政治功能，嚴耀中先生指出：

北魏前期之內秘書系統即是內朝的中書省。其屬官有內秘書及令、內主書、內博士、內侍書、內秘書中散、內秘書侍御中散等。

〔註36〕 鄭欽仁：《北魏官僚機構研究》，第52～53頁。

〔註37〕 《魏書》卷二四《崔玄伯傳附衡傳》，第625頁。

〔註38〕 《魏書》卷五三《李沖傳》，第1179頁。

〔註39〕 嚴耀中：《北魏前期政治制度》，第69頁。

〔註40〕 俞鹿年：《北魏職官制度考》，第40頁。

〔註41〕 李浩：《兩漢魏晉南北朝天子政務秘書系統的變遷》，第220頁。

〔註42〕 陳琳國：《魏晉南北朝政治制度研究》，第111頁。

當時的內秘書系統起著中書省的同等作用。〔註43〕

內秘書既典機要，又主禁中文事，而且在王言生成運作上的功能與中書省相同，甚至更甚於後者。這無疑是北魏中樞系統存在的雙重運行機制，而且兩種機制所包含的政治性格勢必存在分殊。中書學生以例遷內秘書官（或中散），當是建立在這一機制之上。根據考述，內秘書官「主禁中文書」、「班下詔命」或草詔的問題，便得以解明。

然而在政治制度層面令人費解的是，內秘書機構既掌禁中文書，參與王言生成、出納，那麼中書省（魏晉制度）傳統上的草詔權、出納王命之權又將怎麼安排？二者是否在王言生成運作的程序中產生矛盾或政出兩端的詭異現象？漢魏革命之前，魏王府曾設秘書省（中書省前身）草擬詔書，而當時傳統意義上的王言生成、出納仍在尚書臺，那麼在王言生成的層面，北魏是否會重蹈前轍呢？這是下文需要解明的問題，姑且置疑。

拓跋魏統治者既然已經仿傚魏晉制度設立中書省，由之草擬王言文書，卻又在內朝設立內秘書機構主禁中文書、出納王命，以致在王言生成運作的環節中存在兩種運行體制，這種制度設計與安排，並非毫無章法可言。道武帝設置內侍官「內侍左右，出入王命」以及內侍官來源，皆體現了拓跋氏的兩種統治理念：一，建立與強化鮮卑式的皇權；二，對鮮卑與漢族施行有差別的統治策略。故而內侍系統的運作以及鮮卑、魏晉二元體制的制度安排，在北魏統治早期已經成為拓跋氏的治國綱領。無獨有偶，在內侍系統的設計與安排中，除了內秘書直接參與王言的生成、出納外，被安排在內秘書機構的中散官群體亦有參預之權。

2、中散官系統〔註44〕

在前揭內秘書省的機能時，出現「內秘書中散」一職，或以中散「領內秘書」，便涉及另一種內侍官——中散。道武帝於殿中置都統長時，中散便已經存在，中散官在名號上雖與魏晉相同，卻是鮮卑舊制〔註45〕。在內朝中，「中散存在秘書系統中散和諸曹中散兩類，諸曹中散以主管一曹或數曹奏事為主」，這是對中散的劃分方式之一，「若按職務形式劃分，則有奏事中散、主

〔註43〕嚴耀中：《北魏前期政治制度》，第 66 頁。
〔註44〕鄭欽仁先生對北魏前期的中散官系統有較為詳盡的考述，參見鄭欽仁：《北魏官僚機構研究》第二篇。
〔註45〕鄭欽仁：《北魏官僚機構研究》，第 170 頁、第 296 頁。陳琳國：《魏晉南北朝政治制度研究》，第 113 頁。

文中散等」〔註46〕，皆入直殿中〔註47〕。

中散官雖自成一系，卻沒有專屬的供職機構，而是「給事於內侍諸曹」，比較常見的給事機構是內秘書和侍御二曹〔註48〕。在職任的劃分上，主文中散主要侍直左右，內參機密，或參與王言文書的草擬；奏事中散則出入禁中，溝通內朝和外朝的文書往來，其中就包括王言的出納環節。如河北大族李敷：

> （眞君二年）又爲中散，與李欣、盧遐、度世等並以聰敏內參
> 機密，出入詔命。敷性謙恭，加有文學，高宗寵遇之。〔註49〕

李敷以「中散」必供職於某一機構，其職權「出入詔命」與前揭內秘書中散「班下詔命」相同，可推斷李敷供職於內秘書機構。又，文成帝時李敷以文學領中秘書，被文成帝寵遇，大抵亦參與王言的草擬活動。這與李沖以「秘書中散，典禁中文事」相同。

敘職於內秘書曹的中散，有主文、納奏之責。如趙郡李孝伯，少傳父業《鄭氏禮》、《左氏春秋》，「美風儀，動有法度」，太武帝時徵爲中散，遷秘書奏事中散，轉侍郎「委以軍國機密，甚見親寵。謀謨切秘，時人莫能知也」〔註50〕。又有代人呂洛拔之子文祖以勳臣子「補龍牧曹奏事中散」，後以通文辭、曉鮮卑舊語而拜「外都曹奏事中散」〔註51〕，可以判定奏事中散需要具備通曉鮮卑語的能力。又代人苟頹（道武帝時）「遷奏事中散，典涼州作曹」〔註52〕，皆是其證。《官氏志》載：

> （尚書諸曹及外署）其有文簿，當曹敷奏，欲以省彈駁之煩。
> 〔註53〕

那麼各曹奏事中散的職能應該就是敷奏當曹文簿，如外都曹奏事中散敷奏外都曹（隸屬於外都大官）文簿。據此而言，「內秘書中散」則將內秘書草擬

〔註46〕嚴耀中：《北魏前期政治制度》，第68頁。鄭欽仁先生指出中散官系統從職務性格上可分爲「主文中散」、「奏事中散」和「侍御中散」三種，參見鄭欽仁：《北魏官僚機構研究》，第241頁。

〔註47〕如元昭「委以繡衣之任，俄遷爲主文中散殿中郎中」，《元昭墓誌》（正光五年三月），趙超：《漢魏南北朝墓誌彙編》，第144頁。

〔註48〕陳琳國：《魏晉南北朝政治制度研究》，第113頁。

〔註49〕《魏書》卷三六《李順傳附子敷傳》，第833頁。

〔註50〕《魏書》卷五三《李孝伯傳》，第1167～1168頁。

〔註51〕《魏書》卷三〇《呂洛拔傳附子文祖傳》，第732頁。

〔註52〕《魏書》卷四四《苟頹傳》，第994頁。

〔註53〕《魏書》卷一一三《官氏志》，第2972頁。

的詔草敷奏給皇帝，王言生成與出納乃機密之任，故而中散有「謀謨切秘」、「出入詔命」之謂。又作爲內侍官，基本具有參與王言的渠道，如尙書郎韓秀在文成帝時雖非內侍官，卻因「隨侍左右」、「聰敏清辨，才任喉舌」而「出納王言，並掌機密」〔註54〕。

再回過頭來看崔玄伯「擢爲內秘書中散，班下詔命及御所覽書，多其跡也」一段材料，則可以判定內秘書中散往來內秘書曹與皇帝之間，負責將內秘書所草擬的詔草呈給皇帝御覽、審閱，然後出納。而「多其跡」似乎最有一種解釋行得通——署詔。秘書中散負責「班下詔命」之後，傳遞給奏事中散或各曹給事中宣下當曹。同樣，在內秘書「典禁中文事」的李沖，「遷內秘書令、南部給事中」後，在主文的作用上隨之擴大，即典詔命，亦掌納奏。內秘書令爲內秘書機構的長官，統領內秘書中散，而「南部給事中」則意味著李沖可以直接接收南部所上文書，經內秘書機構（可能具有文書審閱之權）上達皇帝。太武帝時期又有勳臣穆壽「領中秘書監」，是內秘書令的「異稱」〔註55〕。

3、給事官系統

中散官供職於內省機構或外曹，是皇帝派駐各機構的直屬侍臣，給事中同樣「常在禁內」〔註56〕。給事官雖然可見於魏晉，隸屬散騎省，但北魏的給事官卻是鮮卑之制與西晉名號的複合體，據《張盧墓誌》（太和時卒）：

考武衛，姚氏祚終，翻然依化，蒙國寵御，側在內侍，爲給事

阿干。〔註57〕

後文行將述及的內行官，則是純粹的鮮卑名號，其「內行阿干」與「給事阿干」皆是同樣性質。

在組織安排上，給事官與中散類似，也是被打散到各曹典奏文書。據《魏書·晁崇傳》載晁暉：

太祖時給事諸曹，稍遷給事中，賜爵長平侯。〔註58〕

給事中可能與散騎常侍同時設置於天興元年十二月，《官氏志》所言「置八部大夫、散騎常侍、待詔等官」便可能包括了給事中。陳琳國在研究北魏早期

〔註54〕《魏書》卷四二《韓秀傳》，第953頁。
〔註55〕俞鹿年：《北魏職官制度考》，第41頁。
〔註56〕《魏書》卷九一《李修傳》，第1966頁。
〔註57〕趙超：《漢魏南北朝墓誌彙編》，第127頁。
〔註58〕《魏書》卷九一《術藝·晁崇傳附暉傳》，第1944頁。

中樞制度時指出：

> 魏晉給事中，隸屬門下省，次於散騎常侍，掌應對顧問，不專
> 主某事。北魏前期的給事中、給事、中給事都是主管尚書諸曹及諸
> 外曹奏事的宮官。〔註59〕

一曹一給事，負責皇帝與諸曹的對口式溝通與文書往來，可以說是皇帝安排
在諸曹的內侍官。那麼給事（給事中）是否與王言生成、出納存在關聯呢？
《晁崇傳》又載：

> （晁）暉從弟繼，太祖時稍遷中書侍郎、給事中、中堅將軍，
> 賜爵襄平子。〔註60〕

「中書侍郎」與「給事中」是晁繼的職官，前者任在中書，後者出入禁中奏
事，兩官加於一身，那麼職能便是：以「給事中」入直中書省，敷奏中書所
草擬的詔書。馮太后誅乙渾時，中書令高允加「給事中」後才得以出入禁中、
參預機密，可能就是基於這一規則。在這種情況下，給事中便具有出納詔命
的權力，如中給事中郭顯「來管喉唇，絲綸伊穆」〔註61〕。

除了中散官和給事中參預文書外，內行官亦存在類似的職任。如薛虎子
「太安中，遷內行長，典奏諸曹事」〔註62〕，內行內小封魔奴「任實閨帷，
職惟文秘，夙宵勤慎」〔註63〕。川本芳昭認為，冠以「內行」、「內」名號的
官職，基本上起源於北族官號〔註64〕，屬於內朝官系統。內行官雖參與文秘
之事，卻未見直接參預王言的記載。

北魏早期創立的中樞規模，經道武帝、明元帝兩朝之後，至太武帝朝形
成北魏初步成型的中樞運作系統，使得北魏前期的王言生成與運作機制衍生
出不同於魏晉南朝的獨特風貌。而王言據以生成運作的內朝系統，存在兩個
維度的行政組織模式，這種制度現象深受鮮卑體制、魏晉制度以及拓跋魏政
治運作理路的影響。這也是北魏三代皇帝對北魏國家運作形態經營的成果。
內朝系統的組織構造與運作模式可歸結為兩點：

〔註59〕陳琳國：《魏晉南北朝政治制度研究》，第114頁。
〔註60〕《魏書》卷九一《術藝·晁崇傳附繼傳》，第1944頁。
〔註61〕《郭顯墓誌》（正光五年十一月），趙超：《漢魏南北朝墓誌彙編》，第158頁。
〔註62〕《魏書》卷四四《薛野䐗傳》，第996頁。
〔註63〕《封魔奴墓誌》（太和八年二月葬，正光二年十月改葬），趙超：《漢魏南北朝
墓誌彙編》，第125頁。
〔註64〕〔日〕川本芳昭：《北魏の內朝》，第54～55頁。

　　一、太武帝在前朝內侍官「出納王命」的基礎上設立內秘書機構，與外朝中書省對置，居內朝參與機密、草擬王言。在出納環節，以中散官比外朝的門下省，出納王命。王言草擬、出納的環節可以在內朝單獨完成。

　　二、從太武帝以來的內侍群體中發展出的兩類侍臣——中散官和給事官，作爲皇帝與各機構文書往來的媒介——納奏、出納文書，在內省形成以中散、給事爲渠道，以皇帝爲中心的文書運作（包括王言生成、出納）的網絡。

　　太武帝時期定型的內侍系統，置根於鮮卑傳統體制——部落大人制，「侍直禁中，傳宣詔命」的內侍基本是從諸部大人中選拔。在內侍制度創立早期，拓跋氏尚未南下河北，所以早期的內侍官出納王命的對象主要是鮮卑部落，故而通鮮卑語是內侍官必備的一項技能。後拓跋魏漸漸以內亞草原爲依託南下河北農業區，確立對漢族州郡地區的統治權。與之相應，道武帝仿晉制建立曹省、設置侍臣，在禁中形成鮮卑內侍官與晉制待詔、散騎官並存的複合現象，而溝通曹省的內侍官出現分化，至太武帝時出現中散、給事官典諸曹奏事的制度。在鮮卑分部制、魏晉官僚制度的基礎上，形成內外雙重行政體系〔註65〕。在這種體系中，內省侍臣（如內秘書官、中散官）便擔負起針對內亞草原地區和漢族地區王言草擬、出納的職責。要之，在北魏前期的雙重行政體系中，王言的生成與運作也表現爲雙重性，這也是鮮卑制管理方式與魏晉制管理方式並立下的產物。即在內省，有內秘書官、中散官草擬王言、「出內詔命」，在外朝則有中書和門下省發揮同樣的行政機能。這是十分不同於魏晉南朝以及隋唐的王言現象，姑且稱之爲「異相」。

三、中樞系統之「異相」與王言機制的關係（下）——論中書省、門下省在王言生成與運作中的機能

　　北魏早期，史稱「出納詔命」的除了前述內秘書官、中散官外，還有門下、中書。在王言生成以及運作程序中，這種看似源出多門的現象，實際上存在內在規則以及兩套系統作爲支持，卻也造成一些難以理清楚的王言生成與出納權的問題。這種局面的存在，與北魏建國之初的制度來源密切相關，其中王言生成機構之一——中書省，以及被北魏賦予運作（出納）王言之權

〔註65〕嚴先生認爲「分部制是施行內外雙重行政體系的基石」，嚴耀中：《北魏前期政治制度》，第220頁。

的門下省，便是倣法西晉制度。

　　魏晉時期，中書省、門下省並非同時產生，且組織機構、職權經歷了一個調整、發展的時期，至於二者在王言體制中的地位與文書關係，則要到東晉時期才初步成型。道武帝在皇始元年倣晉制始建曹省時，亦將中書省、門下省、尚書省之制納入北魏行政體制中，在北魏前期形成獨特的制度風貌。嚴耀中先生認爲：

> 在北魏前期的政治體制中，尚書、中書、門下屬於外朝系統，而居於內朝的內行官系統，則與外朝形成一種特殊的複合體系。〔註66〕

仿傚晉制設立的中書省，草擬詔書本是題中應有之義，道武帝平中山時以燕人屈遵爲中書令「出納王言，兼總文誥」便是這一反映，絕非道武帝自創。需要注意的一點是，北魏前期的中書省和門下省似乎存在權責相混的現象，如太武帝即位之初以盧魯元爲中書侍郎，史稱「拾遺左右，寵待彌深」，卻不言草詔、出納王命，似乎意味著「拾遺左右」亦是中書之權，「職近門下」〔註67〕。在中書、門下出納帝命的記載上，存在不明確甚至混亂的表象。這也是有待廓清的問題。

（一）中書省在王言生成中的職權與機能

　　中書省作爲王言生成的中樞，產生於曹魏時期，經兩晉而發展爲成熟的草詔機構。《晉令》曰「中書爲詔令，記會時事，典作文書也」〔註68〕。而且中書長官地位極高，權勢亦重，被譽爲「鳳池」，一般由士族擔任。故而到東晉時期出現晉元帝爲限制中書監王導控制王言生成系統之權，而制定詔書通關門下的政策，在不觸及其核心權力的情況下實現出詔權從中書省的剝離。與同時期的東晉南朝相較，北魏前期的中書省則是另一種政治圖景。

　　其一，中書長官是文化程度不高的鮮卑人。歷數文成帝之前的中書省長官，基本都出自鮮卑族，特別是與拓跋宗室關係密切的穆氏家族長期監領中書省，即使太武帝以後大量河北士族湧入中書省，但因中書省非機要之地，所以漢人士族即便控制了中書省，也無法控制北魏的草詔權。對於中書省的

〔註66〕嚴耀中：《北魏前期政治制度》，第61頁。
〔註67〕鄭欽仁：《北魏官僚機構研究續篇》，第43頁。
〔註68〕〔宋〕李昉等撰：《太平御覽》卷二二〇《職官十八》，北京：中華書局，1960年，第1045頁下欄。

設置，祝總斌先生認爲其中貫徹著拓跋魏統治者的統治策略：

> 只是因爲既設中書省，又不願讓漢人掌管，於是以他們（鮮卑人）爲長官，主要任務大概是對草擬好的詔誥加以審署，起到監督作用。所謂「總文誥」，「綰門下、中書」，當即此意。〔註69〕

這可能是在魏晉制度基礎上，糅合鮮卑因素的結果。而「中書機構及官屬已經殘缺不全」〔註70〕，亦可見中書機構絕非中樞系統的核心。

其二，依晉制，「中書爲詔令，記會時事，典作文書也」，而北魏眞正掌握草詔、文書之權的是內侍系統，漢人士族在內侍省參與草詔以及中書省官員加內侍官銜入禁中草詔皆是這一規則的表現。中書省「傳統意義」上的草詔權因鮮卑政治規則的存在而受到較大限制，在草詔權上主要行使「文辭」之權，卻無參議詔旨的權力。北魏體制的組織構造，使得王言生成程序中形成內朝內秘書與外朝中書省「共同」草詔的現象。

最早出任中書令的屈遵，具有草擬、出納王言的職權，相當程度上仿傚了魏晉制度。但像屈遵這樣以中書官身份草詔的例子，在北魏早期並不多見，而且從道武帝朝「待詔侍直左右，出入王命」的制度設計來看，王言無疑是在禁中生成。漢晉時期的待詔官有兩種——待詔爲官和待詔爲事〔註71〕，北魏的「待詔」與後者相似。依漢制，「待詔」無侍直、出入王命之權，與之相較，北魏「待詔」則是在王言生成運作上的一次創舉。至太武帝時期，「待詔」侍臣似乎已經消失不見，取而代之的是內秘書官、中散官出納王言。其中內秘書還具有草詔的職權，這與外朝的中書省相呼應。

並且在北魏前期，如明元帝朝，存在鮮卑勳貴穆觀以內侍武官「綰門下、中書，出納詔命」的政治現象。「而當時的中書侍郎，如李順卻不能參與機密詔令」〔註72〕，同是士族高門的李敷，也只能以中散「參與機密，出入詔命」，而不是以中書省官員的身份參與機密、出納王言。在內侍體制的「壓制」與侵奪下，中書省的職掌演化爲草擬一般詔令以及主持中書學和修史等，這便嚴重偏離了魏晉制度。

〔註69〕祝總斌：《兩漢魏晉南北朝宰相制度研究》，第370頁。

〔註70〕陳琳國：《魏晉南北朝政治制度研究》，第97頁。

〔註71〕陶新華：《漢代的「待詔」補論》，《社會科學戰線》2005年第6期，第112頁。〔日〕杉本憲司：《漢代の待詔について》，《社會科學論集》1973年第4、5合併號，第85頁。

〔註72〕陳琳國：《魏晉南北朝政治制度研究》，第98頁。

穆觀之後，在太武帝時期的內朝、外朝體制下，鮮卑貴族參與機密、草詔，必須加內朝的內祕書官，即使已經是中書省長官也不例外。如盧魯元：

> 以工書，有文才，累遷中書監，領祕書事。〔註73〕

盧魯元既遷中書監，又領內祕書省事，意味著總領內朝和外朝文誥。之所以將「領祕書事」判爲「領內祕書省事」，原因在於領此職後，中書監得以出入禁中。這一點可以《馮熙傳》作爲佐證：

> 高祖乃承旨皇太后，以熙爲侍中、太師、中書監、領祕書事。
>
> 熙以頻履師傅，又中宮之寵，爲羣情所駭，心不自安，乞轉外任。
>
> 〔註74〕

馮熙以中書監「領祕書事」與盧魯元相同，《馮熙傳》所言「中宮之寵」指「領祕書事」而言，而非「侍中」，因爲馮熙外任洛州刺史後「侍中、太師如故」，所以可以判定「領祕書事」當是指與中書省草詔權相關的「內祕書省事」。在這一種政治安排下，原本作爲草詔機構的中書省「使命僅僅是根據皇帝或八部大人等權臣的意見起草文件或詔書」〔註75〕。

作爲魏晉中樞制度的仿製品，中書省的政治機能主要體現在鮮卑統治者與漢人士族「合作」的一面，嚴耀中先生認爲：

> 北魏前期，中書省是北魏早期漢人參政的一個據點，因而構成
> 胡漢合作的一個關鍵部位。〔註76〕

那麼作爲胡漢合作的關鍵場域，漢人士族是如何以中書官的身份參與到王言生成環節之中的呢？

北魏前期，中書侍郎有草詔之權，據《高允傳》載：

> （崔浩國史案）時世祖怒甚，敕允爲詔，自浩已下、僮吏以上
> 百二十八人皆夷九族。允遲疑不爲，頻詔催切。允乞更一見，然後
> 爲詔。詔引前，允曰：「浩之所坐，若更有餘釁，非臣敢知。直以犯
> 觸，罪不至死。」世祖怒，命介士執允。恭宗拜請。世祖曰：「無此
> 人忿朕，當有數千口死矣。」浩竟族滅，餘皆身死。

〔註73〕《魏書》卷三四《盧魯元傳》，第801頁。
〔註74〕《魏書》卷八三上《外戚上·馮熙傳》，第1819頁。
〔註75〕嚴耀中：《北魏前期政治制度》，第56頁。
〔註76〕嚴耀中：《北魏前期政治制度》，第57頁。

這則史料對解明北魏前期王言生成、運作一事提供了直接觀感。這則史料記錄了七條信息、四道程序。七條信息是：

太武帝敕令中書省根據旨意作詔草。

太武帝的旨意是自崔浩已下夷九族。

中書侍郎高允故意拖延，不草詔。

太武帝下詔催促高允草詔。

高允求入禁中，進諫太武帝改變旨意，重新擬定詞條，然後再草詔。

太武帝同意並修改旨意，高允據之草詔。

最終的詔書內容是崔浩族誅，崔浩已下、僮吏以上罪死一身。

四道程序是：

皇帝擬定詔書旨意，敕中書省草詔。

中書侍郎不同意皇帝旨意，進諫。

皇帝同意中書侍郎的進諫意見，並重新擬定旨意。

中書侍郎根據修改後的旨意，草擬詔書。

除以上具體內容外，根據當時的制度設計背景、太武帝敕中書侍郎高允作詔草的整個過程來看，可以得到以下判斷：

第一，中書省官員辦公場所不在內朝。崔浩被收時，太子拓跋晃能將「直中書省」的高允召入太子宮，翌日攜高允入禁中奏事，即是其證。

第二，中書省官員只有依據皇帝旨意草詔的義務，並不參與旨意的擬定，即不參預機密。這與內秘書、中散等內侍左右、參預機密、出納王命不同。中書侍郎高允在禁外的中書省所草擬的這道詔書，則屬於「官場上應時的詔旨」，而非機密詔令〔註77〕。

第三，中書省因不參預機密，所以權力不重〔註78〕，如果加內侍官而入禁中草詔，則另當別論。

北魏前期，中書省在文成帝朝之後有一次重要轉變，即中書省加內侍官，參預機密，使得中書省的草詔之權出現回歸之勢。文成帝之後出任中書省長官的有高允、高閭、鄭羲、李沖，他們擔任中書監、令的情形，皆有相似之處。《高允傳》曰：

〔註77〕即使高允官拜中書監，所掌「軍國書檄」亦是官樣文章，而非機密詔令。陳仲安、王素：《漢唐職官制度研究》，北京：中華書局，1993年，第77頁。

〔註78〕祝總斌：《兩漢魏晉南北朝宰相制度研究》，第368頁。

高宗崩，顯祖居諒闇，乙渾專擅朝命，謀危社稷。文明太后誅
之，引允禁中，參決大政。〔註79〕

「引允禁中，參決大政」恰恰表明此前中書令是不入直禁中、參預機密的。
高允參預大政的條件之一是「儒宗元老，朝望舊德」〔註80〕、「以儒舊見重於
時」，但主要是備顧問、「以詢訪見留」〔註81〕。又據《高閭傳》載：

閭早孤，少好學，博綜經史，下筆成章。……和平末，爲中書
侍郎。文成崩，乙渾擅權，內外危懼，文明太后臨朝誅渾，引閭與
中書令高允入禁中參決大政，賜爵安樂子。〔註82〕

據前所揭，內侍官李欣等因內侍左右而「內參機密」。中書令高允等「入禁中
參決大政」，便具有了內侍的身份，至於是否加內侍官頭銜不得而知。後來高
閭拜中書令後，則明確加內侍官頭銜。《高閭傳》記載：

高允以閭文章富逸，舉以自代，遂爲獻文所知，參論政事。承
明初，爲中書令、給事中，委以機密。文明太后甚重閭，詔令書檄
碑銘讚頌皆其文也。〔註83〕

高閭加「給事中」頭銜後，方進入內侍系統，「委以機密」、草擬機密詔令。
在這種安排下，中書省的職權才有效發揮出來，中書令也得以參與王言生成
運作的核心關節。文明太后時期「詔令書檄」皆出自高閭雖可能有誇大之嫌，
卻是對中書省權力回歸的有力證明。高閭之後，士族高門李沖「遷中書令，
加散騎常侍，給事中如故」，出入禁中，爲馮太后所幸「恩寵日盛」〔註84〕。
後滎陽鄭羲拜中書令，亦加給事中，據《袞州刺史滎陽文公鄭羲下碑》（太和
十七年四月葬）載：

以才望見陟，遷中書侍郎，又假員外散騎常侍、楊武子，南使
宋國。……朝廷以公使協皇華，原隰斯光，遷給事中、中書令。總
司文史，敷奏惟允，國之律令，是所議定。……（拜燕宣武王廟）
還解太常，其給事中、中書令、侯如故。縱容鳳闈，動斯可則，冠

〔註79〕《魏書》卷四八《高允傳》，第1077頁。
〔註80〕《魏書》卷四八《高允傳》，第1077頁。
〔註81〕《魏書》卷三三《賈彝傳附秀傳》，第793頁。賈秀當時亦與高允、高閭同參
　　　　大政。
〔註82〕《北史》卷三四《高閭傳》，第1255頁。
〔註83〕《北史》卷三四《高閭傳》，第1255頁。
〔註84〕《魏書》卷五三《李沖傳》，第1180頁。

> 婚喪祭之禮，書疏報問之式，比之制矣。〔註85〕

事在馮太后臨朝時期。鄭羲在具有「中書令」和「給事中」的兩種身份後，於中書省「總司文史」、「縱容鳳闈」，入禁中則敷奏中書省所擬詔草。與當時供職於內秘書「典禁中文事」的李沖，共同參與王言、出納詔命。

以上諸例，皆是中書省復興的證明，而加給事中才參與機密則意味著，太武帝以來的中樞系統之格局仍未改變——中書省作為草詔機構依舊居於外朝。王言依然在已經設定好的二元體制內運作。這個制度格局的改變，要到孝文帝改革中樞體制、回歸魏晉制度軌道上時。

（二）門下省在王言生成程序中的機能——平省奏事

如前文所考，門下省在王言生成程序中的一項機能是「出納王言」，但實際操作者是散騎常侍，侍中、黃門侍郎並不參與。門下本部在北魏早期雖未掌握出納王言之權，卻在王言生成機制的另一種模式——「平尚書奏事」〔註86〕——中佔據關樞地位。北魏道武帝皇始元年（396）始建臺省之時，以侍中、黃門侍郎、給事黃門侍郎為主官〔註87〕。目前所見最早擔任門下官的是給事黃門侍郎張袞、黃門侍郎崔玄伯。張袞曾為代王左長史，屬於道武帝元從舊臣。道武帝征慕容寶時，收攬崔玄伯為黃門侍郎「與張袞對總機要，草創制度」〔註88〕。

道武帝平中山之時，曾任後燕秘書監的崔逞來附：

> （道武帝）拜為尚書，任以政事，錄三十六曹，別給吏屬，居門下省。〔註89〕

崔逞在門下省總錄三十六曹文書，具有署奏權〔註90〕，職能與晉代「平尚書奏事」類似，前引北涼、高昌文書，亦可作為一證。不過經門下省上奏的文案，如何轉化為皇帝畫可的王言或「詔曰」式批答，在史書記載中則付之闕

〔註85〕〔清〕陸增祥撰：《八瓊室金石補正》卷一四，北京：文物出版社，1985年，第79頁。

〔註86〕祝先生對晉代門下省職權的解讀可資參閱，祝總斌：《兩漢魏晉南北朝宰相制度研究》，第287～291頁。

〔註87〕俞鹿年：《北魏職官制度考》，第79頁。

〔註88〕《魏書》卷二四《崔玄伯傳》，第620頁。

〔註89〕《魏書》卷三二《崔逞傳》，第757頁。

〔註90〕崔玄伯在道武帝時期以吏部尚書「通署三十六曹，如令僕統事」，可推知門下省對三十六曹文書具有署奏之權。

如，故而難以進行詳細討論。而門下省平省尚書奏事之權，在北魏後期的史料記載中詳細地呈現了門下省如何發揮第二種模式的過程，這或許與北魏文書行政的成熟以及門下省的權勢相關。

太武帝即位之後，內侍官權力外擴，在組織構造上發展成較為完備的內侍系統，門下省因內侍系統的崛起而與中書省一併受到壓制，其職權也被複製到內侍系統，由中散官、給事官典諸曹奏事。導致門下省在王言制度中的地位與功能式微〔註91〕。至文成帝時期，門下省偶有平尚書事的記載，如太安二年（456），侍中閭毗「評尚書省」〔註92〕，太安三年侍中常英「領太尉、評尚書事」〔註93〕。不過門下省這一職權的恢復，還要遲至孝文帝廢除內侍系統、門下省回歸正軌之時。即，孝文帝仿傚南朝設立規整的門下制度，廢除內侍省之後，「三省六部」框架中的門下省才開始出現〔註94〕。門下省被定性為王言出納機構，是北魏後期中樞體制進一步完善後的結果。

以孝文帝釐革舊制為分水嶺，北魏的中樞的運作體制可分為前期和後期兩個階段。前期的中樞運作體制雜糅胡漢制度，卻以鮮卑制度為主，在制度運作層面形成二元格局，王言生成運作亦隨著伴有兩種生成、出納途徑，成為北魏獨特的政治現象。那麼經孝文帝改制後，北魏的中樞體制與王言生成運作模式發生了怎樣的變化？

第二節　北魏後期中樞系統的重構與王言生成運作之關係

自道武帝草創制度之時，北魏在中樞系統的運作上便進入了一種鮮卑制和魏晉制度並行的二元模式中。至太武帝時期，這種政治模式更趨完善，影響所及，王言生成、運作一途亦相應地存在兩種路徑。在二元模式中，魏晉系統的中書省、門下省受到鮮卑內侍系統的壓制，難以正常發揮魏晉制度所

〔註91〕嚴耀中：《北魏前期政治制度》，第60頁。陳琳國指出，給事黃門侍郎設置早於侍中，且不主省務，居門下省出納詔命者則為鮮卑勳臣。門下省官屬並非設置伊始便嚴整無闕，「門下省與中書省一樣，在天興以後，徒存司名，而名實相悖。」陳琳國：《魏晉南北朝政治制度研究》，第98頁。

〔註92〕《北史》卷八○《外戚·閭毗傳》，第2674頁。

〔註93〕《北史》卷八○《外戚·閭毗傳附常英傳》，第2675頁。

〔註94〕俞鹿年：《北魏職官制度考》，第80頁。

賦予的政治機能。至太和時期，孝文帝在華夏化的政治路線中，對北魏前期的中樞系統進行改制，廢除內侍體制，重建中書、門下等省在中樞系統的制度結構〔註95〕。那麼中樞系統重建後的制度安排是怎樣的？這與北魏王言生成運作的轉型有何關聯？

一、北魏後期中書職權的回歸與王言生成方式的演變

要解決以上問題，除了前文已經鋪開的關於北魏前期中樞體制的研究外，還需要另一線索，即北魏後期改革中樞系統時所仿傚的南朝制度。

（一）南朝中書制度略述

魏晉時期，中書省取代東漢尚書省成爲王言生成的核心機構，並總草詔、出納，權勢與位望俱重。至東晉時，中書省出現分化〔註96〕：一、王言出納之權被分給門下省，筆者在第二章已有詳論，不煩贅言；二、孝武帝時「中書差侍郎一人直西省，又掌詔命」〔註97〕，中書草詔權轉入西省〔註98〕。中書侍郎入居「西省」，一度將草詔權從中書省剝離，原本掌握在中書監、令手中的草詔權，下移到中書侍郎之手，形成了東晉南朝草詔權不斷分化、轉移的趨勢。即便如此，在制度框架內，草詔者仍是中書省的官員，故而在王言生成模式上尚未跳脫出中書管司王言的範疇。

與北魏後期大略同時的蕭齊、蕭梁兩朝，就中書省組織構造而言，二者已經形成穩固的組織結構，而且因官品與職事的差異，中書省內部在王言生成一途形成明晰的層級劃分。祝總斌先生梳理了南朝時期的中書演變脈絡，

〔註95〕 對於北魏後期中樞系統的研究，包括中書省草詔權之實態與變化（包括中書舍人草詔權）、門下省職權的演化（包括中書事移門下），陳琳國先生進行了整體性的討論，可參考《魏晉南北朝政治制度研究》第三章第二節。

〔註96〕 晉元帝時，曾一度出現「並中書入散騎省」、散騎掌詔誥的現象，王敦之亂時草詔權又回歸到中書省。因這一現象屬於一時之權宜，故不作涉及。具體研究可參見黃惠賢：《東晉時期中央決策機構（中書省）的一次短暫變革——散騎諸官研究資料之四》，《魏晉南北朝隋唐史研究與資料》，第199～205頁。

〔註97〕 《宋書》卷四〇《百官志下》，第1245～1246頁。「直」即「宿直」，「是指朝臣夜宿於供職機構，備問召對、處理超舞的一種制度」，又「可以稱之爲工作制度，因爲制書多爲當直時起草」，參見宋靖：《唐宋中書舍人研究》，第26頁。

〔註98〕 參見陳蘇鎮：《西省考》，《兩漢魏晉南北朝史探幽》，北京：北京大學出版社，2013年，第186頁。陳先生認爲「西省」即「秘書省」，參見氏著第185頁。

總結如下：

> 一、宋、齊已降，中書監、令向榮譽頭銜演化，清簡無事、不參與草詔。
>
> 二、原本取代中書監、令「掌詔誥」的中書侍郎日益成爲清美之選，草詔權漸爲中書舍人侵奪。
>
> 三、在中書省之下設舍人省，中書舍人之職權由「通事」、「宣詔」向草詔權擴大，至蕭梁成爲制度。〔註99〕

　　隨著中書省內部草詔權的演化，中書省的組織構造亦發生改變。與東晉孝武帝以中「通事」官中書侍郎入直西省不同，蕭齊採用的是在中書系統內部另設舍人省。這與中書舍人進入王言生成的核心環節、掌握草詔權形成照應。南齊初，始用中書舍人起草詔書「主署文事」〔註100〕。《唐六典》云「（中書舍人）並入閣內，專掌中書詔誥，猶兼呈奏之事」〔註101〕。從齊明帝建武年間（494～497）起，草詔之權歸於中書舍人〔註102〕。而在此之前的齊武帝永明年間（483～493），中書通事舍人入直舍人省之制已經存在〔註103〕。孝文帝太和改制時設立的舍人省〔註104〕，可能是傚仿了蕭齊之制，不同的是，孝文、宣武兩朝的中書舍人還不具有草詔權〔註105〕。北魏中書舍人草詔權的形成與制度化，要遲至孝明帝時期，這也是後文要述及的問題。

　　北魏雖然仿傚南朝制度對中書省進行了改革，卻非表面形式的簡單移植。在中樞運作的安排上，孝文帝有另外的考慮，以致於北魏後期王言生成運作雖然改變了以往的二元模式，卻未完全複製南朝制度。北魏後期的中書制度，還有不同於南朝的一面，這一面直接決定了北魏末期王言生成機制。

（二）「鳳沼嚴責，王言攸委」：中書省草詔權及其演變

　　北魏孝文帝已降的王言生成機制，在制度設定上一改前期風貌，中書省成爲唯一的法定草詔機構，即便如此，北魏後期的中書省卻未能像魏晉南朝

〔註99〕 以上參見祝總斌：《兩漢魏晉南北朝宰相制度研究》，第 347～349、350～351、357、356～363 頁。「通事」，指中書舍人將中書省詔草送禁中供皇帝審批畫可，即「敷奏畫可」程序，然後將畫可的詔書帶回中書省。

〔註100〕《南史》卷七七《恩倖・茹法亮傳》，第 1929 頁。

〔註101〕〔唐〕李林甫等撰，陳仲夫點校：《唐六典》卷九「中書舍人」條，第 276 頁。

〔註102〕 陳琳國：《魏晉南北朝政治制度研究》，第 57 頁。

〔註103〕 如中書通事舍人呂文顯「與茹法亮等送出入爲舍人」、「直舍人省」。《南齊書》卷五六《倖臣・呂文顯傳》，第 978 頁。

〔註104〕 鄭欽仁：《北魏官僚機構研究續篇》，第 101 頁。

〔註105〕 這或許可以說明孝文帝對中樞系統的改革，參照了齊明帝以前的政治制度。

一樣成爲決策機構，而且中書省對草詔權的掌握也不是十分充分〔註106〕。在制度設計的框架內，中書省理應掌握的草詔權在實際運作中並未與制度框架鉚合，這種現象也影響到北魏後期的王言生成機制，此中亦學界所未著墨之處，本部份的展開便緣於此。

學界對北魏的王言生成機制雖然申論不多，但對於中書制度的研究則堪稱詳贍，其中鄭欽仁、祝總斌、陳琳國三位先生的研究層面可謂具體而微〔註107〕。根據鄭先生的研究，北魏中書省在組織構造上由三部份構成——「中書學，舍人省及中書監令以下之系統」，「中書監令以下之系統」可視爲「中書本部」，「中書本部組織大體同於魏晉，監令以下有中書侍郎、令史等職，此制度沿至魏末不變。」〔註108〕另外，祝先生對北魏中書官員構造的解析〔註109〕，陳先生對北魏後期中書省權勢問題的剖論〔註110〕，構成本部份展開的重要元素。在三氏研究的基礎上，本部份以王言生成問題作爲線索，重新編排北魏後期的中書系統，從而呈現前賢所未述及的北魏制度問題。在這一過程中，因討論需要而難免出現對前人研究反覆申述之處，故特別提出。

1、中書監、令的構成與草詔權

孝文帝改革中樞體制之前，中書監、令已經通過加「給事中」而出入禁中、參與機密，其職掌亦從典詔辭向參議詔旨的環節延展。陳琳國先生認爲這是「新舊制度交替，舊中樞向新中樞過度的現象」，即在孝文帝對中樞系統進行改革以前，中書省傳統意義上的草詔權已經被重新確認〔註111〕，但需要藉助舊體制的運作模式。今例舉一證，以資參考。太和九年（486）三月，柔然可汗予成遣使者牟提如魏〔註112〕，予成卒，子豆崘立〔註113〕，犯邊。《魏書・高閭傳》云：

〔註106〕在孝文朝，即便內秘書機構被廢除了，但草詔權卻主要由孝文帝親行，中書官「罕有起草詔書、製作詔命之實」，陳琳國：《魏晉南北朝政治制度研究》，第117頁。

〔註107〕參閱鄭欽仁：《北魏官僚機構研究續篇》第一篇第二、三章。

〔註108〕鄭欽仁：《北魏官僚機構研究續篇》，第6頁。

〔註109〕祝總斌：《兩漢魏晉南北朝宰相制度研究》，第368～376頁。

〔註110〕陳琳國：《魏晉南北朝政治制度研究》，第115～120頁。

〔註111〕陳琳國：《魏晉南北朝政治制度研究》，第116頁。

〔註112〕《資治通鑒》卷一三六《齊紀》齊武帝永明四年三月丙申條，第4272頁。

〔註113〕國喪即蠕蠕主予成之死，《魏書》卷一○三《蠕蠕傳》，第2296頁。

> 高祖又引見群臣，議伐蠕蠕。……高祖又曰：「今欲遣蠕蠕使還，應有書問以不？」羣臣以爲宜有，乃詔閭爲書。於時蠕蠕國有喪，而書不敍凶事。高祖曰：「卿爲中書監，職典文詞，所造旨書，不論彼之凶事。若知而不作，罪在灼然，若情思不至，應謝所任。」閭對曰：「昔蠕蠕主敦崇和親，其子不遵父志，屢犯邊境，如臣愚見，謂不宜弔。」高祖曰：「敬其父則子悅，敬其君則臣悅。卿云不合弔慰，是何言歟！」閭遂引愆，免冠謝罪。高祖謂閭曰：「蠕蠕使牟提小心恭慎……今爲旨書，可明牟提忠於其國，使蠕蠕主知之。」〔註114〕

時高閭爲中書監、給事中，孝文帝令高閭草詔「書問」蠕蠕可汗豆崙，後高閭將詔草覆奏孝文帝審閱，閭因詔草不合旨意而受孝文帝斥責。這段史料說明了三點：

其一，中書監參預詔旨、提出草詔建議的權力微乎其微〔註115〕。

其二，中書監「職典文詞」，依旨草詔、進畫。

其三，中書監草詔不合皇帝旨意，會受到責罰。

孝文帝前期，雖然內侍體制依然存在，但在王言生成一途，中書省開始恢復掌詔命的地位。孝文帝所言「卿爲中書監，職典文詞」即是對中書省地位的確認，亦是中書監負責草詔的證明，這與晉制相同，卻與劉宋、蕭齊時期中書侍郎掌詔命、中書監令成爲清職不同。

中書監、令加給事中參與機密，意味著太武帝已降的內、外朝二元體制被打破。內秘書機構主禁中文書、出納詔命的職權漸漸式微，最典型的例子是李沖。孝文帝即位之初，李沖的仕途可能預示著內侍系統草詔權的轉移：秘書中散（典禁中文書）——內秘書令（草詔）——中書令（草詔），加散騎常侍、給事中（內侍）〔註116〕。中書省草詔權被馮太后、孝文帝重新定位後，北魏王言生成機制回歸到了魏晉的軌道上。

馮太后已降，中書省出現一種現象，即中書監、令的士族化，這一趨勢在孝文帝定姓族後已經制度化。祝先生認爲，自漢人士族高允爲中書令後，

〔註114〕《魏書》卷五四《高閭傳》，第 1202～1203 頁。
〔註115〕祝先生認爲中書監「很少能對詔誥內容參與任何意見」，祝總斌：《兩漢魏晉南北朝宰相制度研究》，第 370 頁。
〔註116〕《魏書》卷五三《李沖傳》，第 1180～1181 頁。

「中書監、令的人選、權力大體可分爲兩種情況」〔註117〕：

一、（文成帝之後）繼續挑選有文才的漢族士人充任中書監、令。這是主流。

二、隨著重文輕武風氣的蔓延，和中書監、令官品的提高，宗室貴族、寵臣多喜拜、領此官。

對於北魏後期出任中書監、令的人員構成，鄭欽仁進行了爬梳〔註118〕，認爲主要由漢人士族、拓跋宗室以及勳臣構成。孝文時代，選任中書監、令的能力指標是文才、通達旨意，如繼李沖爲中書令的任城王澄，曾被馮太后品評爲「風神吐發，德音閒婉，當爲宗室領袖」，後被孝文帝引見於皇信堂：

> 高祖心方革變，深善其對，笑曰：「非任城無以識此變化之體，朕方創改朝制，當與任城共萬世之功耳。」後徵爲中書令，改授尚書令。〔註119〕

孝文帝以宗室近屬元澄「識變化之體」出任中書令、管司王言，亦可證孝文帝時代的中書省已經重於前期。接任元澄的彭城王勰，「博綜經史，雅好屬文」，在孝文帝後期後拜中書令、遷中書監，孝文帝令元勰作露布時曾曰：「汝豈獨親詔，亦爲才達，但可爲之」〔註120〕。此時中書侍郎的作用則是配合中書監完成「文詞」〔註121〕。

自孝文帝末年至宣武帝時期，中書監、令以及中書侍郎皆參與草詔，而與之同時的齊明帝一朝，已經形成「詔命殆不關中書，專出舍人」〔註122〕的現象。宣武帝時中書令仍掌握草詔權，據《魏書·崔光傳》載：

> 永平元年秋，將刑元愉妾李氏，群官無敢言者。敕（中書令，崔）光爲詔，光逡巡不作，奏曰：「伏聞……乞停李獄，以俟孕育。」世宗納之。〔註123〕

永平元年（508）正值梁武帝天監七年，崔光出任中書令，遵循了馮太后以來的用人方略，草詔權與前朝相較變化不大，甚至可以從崔光「逡巡不作」

〔註117〕祝總斌：《兩漢魏晉南北朝宰相制度研究》，第370～371頁。
〔註118〕鄭欽仁：《北魏官僚機構研究續篇》，第15～40頁。
〔註119〕《魏書》卷一九中《任城王澄傳》，第463～464頁。
〔註120〕《魏書》卷二一下《彭城王勰傳》，第573～574頁。
〔註121〕此時配合元勰的便是中書侍郎邢巒，參見《魏書》卷六五《邢巒傳》，第1348頁。
〔註122〕《南齊書》卷五六《幸臣傳序》，第972頁。
〔註123〕《魏書》卷六七《崔光傳》，第1490～1491頁。

中看到高允的影子。根據崔光的例子，可以判定中書省在接受皇帝草詔敕令時，對不合宜的詔旨具有諫諍權。崔光以中書省的口吻上奏文請宣武帝改變旨意，最終影響了皇帝的決策而形成新的詔旨，中書省依據新旨草擬詔書。這與蕭梁時中書監、令、侍郎成爲清職，草詔權轉移至中書舍人形成反差。

以宣武帝朝爲分野，上溯至馮太后時期，中書監、令一直是中書省草詔權的最高負責人，並且參與草詔環節的實際操作。在王言生成環節，「職司王言」已經成爲中書監、令的政治符號，據《元欽墓誌》（北魏永安元年十一月）載：

> （正始末）又遷衛大將軍中書監。任維國秘，職司王言，筆下雲飛，紙上風起，忠規良謀，內外稱焉。〔註124〕

又《元誨墓誌》（普泰元年三月）：

> 綸綍望隆，唯才是與，雖曰多士，特寡其選。轉衛將軍中書監。鵷沼載清，王言允穆。〔註125〕

中書監、令與王言的關係，在墓誌書寫中已經趨於格式化。

自宣武帝末期已降，中書省的草詔權發生轉移，主要表現爲兩種風貌：其一，中書侍郎掌草詔權；其二，中書舍人掌草詔權。孝明帝時期，中書舍人入居門下草詔，雖然對中書系統的構造影響不大，卻從根本上將中書省草詔權轉移至門下省。那麼與中書監、令共事的中書侍郎，在王言生成運作中又是怎樣一種狀態呢？

2、中書侍郎的草詔權與封詔權

曹魏設立中書省後，「中書既置監、令，又置通事郎（後改爲中書侍郎），次黃門郎。黃門郎已署事過，通事乃署名，已署，奏以入，爲帝省讀，畫可。」〔註126〕這種王言生成程序被兩晉南朝所繼承。如前所揭，屬於西晉中書侍郎「通事」之權。東晉南朝之制，中書侍郎「其職副掌王言，更入直省五日，從駕則正從，次直守」〔註127〕。太和二十二年（498）冬孝文帝南伐新野，中書侍郎邢巒、鄭道昭從駕即是其制。

北魏後期的中書侍郎員額爲四，與南朝齊、梁等員〔註128〕，太和中中

〔註124〕趙超：《漢魏南北朝墓誌彙編》，第249頁。
〔註125〕趙超：《漢魏南北朝墓誌彙編》，第274頁。元誨卒於莊帝永安三年（530）。
〔註126〕《晉書》卷二四《職官志》，第734頁。
〔註127〕《通典》卷二一《職官三》，第563頁。
〔註128〕《通典》卷二一《職官三》，第563頁。

書博士劉芳「後與崔光、宋弁、邢產等俱爲中書侍郎」〔註 129〕即是其證。
太和十五年十二月孝文帝更置的門下省侍中、黃門的員額亦是四人，中書侍
郎四人對直中書省之制，可能是確立於此時。孝文帝已降，出任中書侍郎者
多是高門望族。據前文所述，馮太后時期中書省草詔權開始回歸正軌，中書
監、令不僅具有草詔之權，中書侍郎亦有協助中書監、令草詔的權力。如馮
太后誅乙渾後，引中書令高允與中書侍郎高閭「於禁內參決大政」，後高允
以侍郎高閭「文筆富逸」而舉以自代。在王言生成過程中，中書侍郎處於「副
中書令典詔敕」〔註 130〕的地位。

在孝文、宣武兩朝出任中書侍郎者多見於史載，但草詔權似乎「無多可
記」，這在鄭欽仁所梳理的「中書侍郎」中可見一斑〔註 131〕。或許是鑒於常
事不書的原則，中書侍郎參與草詔的史實被有意無意地忽略了。雖有《魏書》
之憾，稍晚的《北齊書》卻保留了魏末中書侍郎的草詔情況，今引以爲例：

> 永安初，（邢邵）累遷中書侍郎，所作詔誥，文體宏麗。〔註 132〕

孝莊帝永安年間（528～530），中書省的草詔權已經轉移至中書舍人，中書侍
郎參與草詔在魏末並不多見。另外，邢邵「藻詞華贍」、「文筆之美」確與孝
文、宣武兩朝中書侍郎的文才水平契合。如太和十三年之前，高遵「涉歷文
史，頗有筆札，進中書侍郎」〔註 133〕；中書侍郎崔挺「以工書受敕於長安書
文明太后燕宣王廟碑」〔註 134〕。而且中書侍郎多是以射策入仕，經中書博士
轉遷，文才自不待言。

即便如此，《魏書》卻較少提及中書侍郎草詔一事。對於中書侍郎草詔權
的記載，多散見於墓誌中，而且與中書監、令的書寫一樣，已經格式化。據
《元暐墓誌》（孝昌三年卒，武泰元年三月葬）載：

> 鳳沼嚴貴，王言攸委，絲綸所出，匪易其人。轉中書侍郎，王
> 如故。〔註 135〕

元暐在孝文帝時出任光州刺史〔註 136〕，而拜中書侍郎則在此之前。孝文時代

〔註 129〕《魏書》卷五五《劉芳傳》，第 1220 頁。
〔註 130〕鄭欽仁：《北魏官僚機構研究續篇》，第 55 頁。
〔註 131〕鄭欽仁：《北魏官僚機構研究續篇》，第 55～65 頁
〔註 132〕《北齊書》卷三六《邢邵傳》，第 476 頁。
〔註 133〕《魏書》卷八九《酷吏·高遵傳》，第 1920 頁。
〔註 134〕《魏書》卷五七《崔挺傳》，第 1264 頁。
〔註 135〕趙超：《漢魏南北朝墓誌彙編》，第 217 頁。
〔註 136〕詳見《魏書》卷一六《廣平王傳》「諡曰哀王」條校勘〔六〕，第 410～412 頁。

中書侍郎尚具有草詔權，《元暐墓誌》所言「鳳沼嚴責，王言攸委，絲綸所出」應當名實相副。又宣武帝時期，中書侍郎仍以文才掌詔誥。據《元湛墓誌》（建義元年七月）載：

> （永平四年）後以才麗，旨除中書侍郎。詔策優文，下筆兩流
> （後略）〔註137〕

這則材料對中書侍郎之職掌記載極爲明確，即草擬詔策文書，中書侍郎以文才掌「詔策優文」，可知草詔者需要具備較高的文辭水準，這完全與中書侍郎草詔之文學素養相符。孝明帝初，元子正拜中書侍郎，其職任亦與王言生成程序相關。據《元子正墓誌》（建義元年八月）載：

> （熙平中）除散騎侍郎，不拜，尋改中書（侍郎）。青囊是職，
> 紫泥斯奉，絲綸載敘，渙汗增輝。〔註138〕

《元子正墓誌》記載了中書侍郎職權的特點，用兩種物品來形容便是「青囊」、「紫泥」。《漢舊儀》曰：

> 皇帝行璽，凡封之璽賜諸侯王書；信璽，發兵徵大臣；天子行
> 璽，策拜外國，事天地鬼神。璽皆以武都紫泥封，青囊白素裏，兩
> 端無縫，尺一板中約署。

《隴右記》曰：

> 武都紫水有泥，其色亦紫而黏，貢之，用封璽書，故詔誥有紫
> 泥之美。〔註139〕

王言在出納過程中涉及保密問題，經中書省發出的王言文書，除了要進行署位之外，還需要將詔書「紫泥封」、「青囊」盛。北魏的璽書及《元子正墓誌》所言即是指此。至於「絲綸載敘，渙汗增輝」雖屬誇大之詞，如果置於「職典文詞」這一視角去解讀時，便會發現中書侍郎之文才對於修潤王言的重要作用。另外，從《元子正墓誌》中也可窺見中書侍郎在草詔權之外所參與的一項加工環節——封詔。

又據《元子直墓誌》（正光五年八月）載：

> 鳳沼曠官，寤寐所求，非公焉寄。仍轉中書侍郎。復以貂冕清
> 閨，切問俟才，往謝紫泥，來事青瑣，遷通直常侍。喉唇任重，匪

〔註137〕趙超：《漢魏南北朝墓誌彙編》，第239頁。
〔註138〕趙超：《漢魏南北朝墓誌彙編》，第246頁。
〔註139〕〔宋〕李昉等撰：《太平御覽》卷五九《地部二十四》「水下」條，第285頁上欄。

易其人。〔註140〕

散騎常侍官有「貂冕」之謂,「往謝紫泥」即是指通直常侍受中書泥封之詔而出納,此舉謂之「喉唇任重」。在魏末,中書侍郎仍是名義上的草詔者,只是地位已經大不如前。據《元贊遠墓誌》(永熙二年十一月)載:

> 又以鳳水凝深,綸門峻舉,自非思敏食時,辭道騎上,何以緝綜王言,彪炳絲綍?遷中書侍郎,不拜。俄轉東太原太守。〔註141〕

元贊此前曾任兗州司馬,不拜中書侍郎,後「轉東太原太守」卻不辭。與二官相較,中書侍郎大概已成虛職。

中書侍郎雖然具有草詔權,但除了體現在草詔內容上外,是否還包括其它環節呢?《北史‧魏收傳》的一條記載提供了一條線索,據載:

> (天保)十年,除儀同三司。帝在宴席,口敕以(中書令魏收)爲中書監,命中書郎李愔於樹下造詔。愔以收一代盛才,難於率爾,久而未訖。比成,帝已醉醒,遂不重言,愔仍不奏,事竟寢。〔註142〕

在中書制度上,北齊承襲了魏制,所以中書侍郎作詔、覆奏畫可亦可視爲魏制。這條材料證明,北魏北齊已經形成中書省草詔後須奏皇帝省閱、畫可,即覆奏程序,若不奏呈皇帝畫可,那麼所擬詔草便無法成爲體現皇帝意志的王言。結合前文可知,詔草完成後中書官「發署詔敕」〔註143〕請皇帝畫可,皇帝畫可後,須押皇帝行璽,然後青囊盛、紫泥封,由中書侍郎或侍臣發出。即所謂(中書)「青囊是職,紫泥斯奉」、(通直常侍)「往謝紫泥」。而這只是王言生成程序中的幾個不同環節。

如前所述,在宣武朝以後,草詔權開始向中書舍人轉移,中書省內部的分化達到一個新的階段。北魏王言生成與運作機制,產生了不同於南朝的新變化,然「中書事移門下」與晉元帝時「并中書入散騎省」存在一點相似之處,即常規制度的異化。這一現象雖然持續時間不長,卻是北魏後期王言機制變化的總爆發。那麼這種變化是如何形成的呢?中書舍人在其中起到了怎

〔註140〕趙超:《漢魏南北朝墓誌彙編》,第150頁。這首墓誌也說明散騎常侍亦可出納王言,可作爲前期散騎常侍「出入王命」的旁證。

〔註141〕趙超:《漢魏南北朝墓誌彙編》,第309頁。

〔註142〕《北史》卷五六《魏收傳》,第2033頁。興振案:至於東魏、高齊時期,中書監、令以及中書侍郎的草詔權出現回歸的現象,此是後話,且按下不表。

〔註143〕《南齊書》卷五六《倖臣傳》,第972頁。《魏書》卷三一《于栗磾傳附忠傳》,第745頁。

樣的的作用？

3、中書舍人與舍人省：論草詔權轉移中的「守」與「變」

中書舍人之職，於孝文帝之前不見於史載，此職亦非完整意義上的南朝制度，因爲後者是在魏晉所設中書通事舍人的基礎上發展起來的。北魏在回歸魏晉制度的過程中，效法宋、齊之制設立的中書通事舍人，不僅在魏晉式的組織構造層面完善了北魏的中書制度，同時與南朝一樣，在王言生成一途爲草詔權的下移張本。可以說，北魏後期中書省的新變化是中書舍人的設置以及舍人省的成立，但在北魏殘存的內侍制傳統的作用下，王言生成的程序與方式仍在制度設定中出現了偏差。

（1）中書舍人的職權及演變

對於魏晉南朝中書舍人的建置沿革問題，《初學記》有如下記載：

> 晉初置舍人一人，通事一人。至東晉，合舍人通事二職謂之通事舍人。自晉宋以來，唯掌呈奏，宣王言，甚用事。至梁，用人殊重，多以尊官兼領，併入閣內，始專掌中書詔誥。其後除通事二字，直曰中書舍人。陳及北朝皆因之掌制詔。〔註144〕

中書舍人職權之演變具有一個趨勢——由下游環節的「宣王言」向上游的「掌中書詔誥」環節移動，與之相應的是中書省內部出現草詔權由中書監、令向中書侍郎再向中書舍人下移的現象。而北魏所倣仿南朝設立中書通事舍人之職時，處於怎樣的一種狀況呢？對於南朝制度與北魏設立中書舍人的關係，鄭欽仁先生有所論述：

> 齊武帝永明年間（483～493），中書通事舍人權重當時，勢傾內外，時謂之「四戶」，然齊武帝在位十一年，其最後一年恰爲太和十七年公佈職員令之年，在北魏官制受到南朝影響之前提下，正逢南齊此官勢傾內外之時，尤爲北魏改制上設此官之背景，固爲當然之事。〔註145〕

太和中，孝文帝改革中樞體制時，正直齊武帝末年，此時的中書通事舍人常受皇帝之命出使〔註146〕，雖勢傾內外，畢竟尚未眞正掌握草詔權。所以孝文帝依制設立的中書通事舍人「職責主要是傳宣詔命」，在制度框架內並無草詔

〔註144〕〔唐〕徐堅等：《初學記》卷一一《中書令第九》「中書舍人」條，第276頁。
〔註145〕鄭欽仁：《北魏官僚機構研究續篇》，第85頁。
〔註146〕《南齊書》卷三《武帝紀》，第53～61頁。

權，對此學界多有述及〔註147〕。如元澄本傳、元飀本傳對舍人「宣詔」皆有記載，中書舍人張儒「奉詔（孝文帝手詔）徵世宗會駕梓宮」〔註148〕。而且中書舍人亦隨駕外出，隨時待詔、傳宣，如「高祖南伐，克宛外城，命舍人公孫延景宣詔於伯玉曰：（云云）」〔註149〕。宣武朝以及孝明帝初期，中書舍人傳宣王言之職一依前朝，不煩詳舉〔註150〕。

　　除了宣詔之外，中書舍人的另一項職能是出入閣內、「掌宣奏」，據《初學記》「陳及北朝皆因之，掌制詔」注文曰：

　　　　陳及後魏，又別置通事舍人，掌宣奏。北齊唯置中書舍人，兼
　　掌宣奏。〔註151〕

「中書通事舍人」最初的職權是「通事」、宣奏，將中書上呈皇帝的詔草署尾後，進呈皇帝省讀、畫可〔註152〕。在這一文書活動中，舍人所扮演的角色，如同皇帝私人秘書或近侍秘書〔註153〕。因切近機要，甚至具有參議典章、處理疑奏的權力，如中書舍人常景，正光初「朝廷典章，疑而不決，則時訪景而行」，孝昌初兼給事黃門侍郎，舍人如故，參決奏事〔註154〕。不過，孝昌之前的中書舍人，職掌仍主要是出納王言，據《元玕墓誌》（天平二年七月）載：

　　　　（正光二年之前）起家爲秘書郎中，俄兼中書舍人。綜叶皇言，
　　吐納是司。〔註155〕

這說明宣武帝時期的中書舍人已是王言出納的參與者。孝明帝朝以前，尚未見中書舍人草詔的例子。

　　據前所揭，蕭齊時期，中書舍人已有「關讞表啓，發署詔敕」的權力，甚至「頗涉辭翰者，亦爲詔文」，至齊明帝時「詔命殆不關中書，專出舍人」。

〔註147〕可參閱陳琳國：《魏晉南北朝政治制度研究》，第117～120頁。鄭欽仁：《北魏官僚機構研究續篇》第三章《舍人省》。

〔註148〕《魏書》卷二一下《元飀傳》，第576～577頁。

〔註149〕《魏書》卷三一《房法壽傳附伯玉傳》，第973頁。

〔註150〕宣武帝時期的中書舍人，如劉桃符、徐紇、王雲、趙文相等皆是傳宣詔命、受詔慰勞之任，參見鄭欽仁：《北魏官僚機構研究續篇》，第87～92頁。

〔註151〕〔唐〕徐堅等著：《初學記》卷一一《中書令第九》「中書舍人」條，第276頁。

〔註152〕興振案：中書通事舍人之「通事」職權是將中書官署名的詔草、奏案持入合內，爲帝省讀、畫可，與西晉時中書侍郎「通事」之職權相似。《晉書》卷二四《職官志》，第734頁。

〔註153〕鄭欽仁：《北魏官僚機構研究續篇》，第94、96頁。

〔註154〕《魏書》卷八二《常景傳》，第1803～1804頁。

〔註155〕趙超：《漢魏南北朝墓誌彙編》，第315頁。

而北魏中書舍人由「宣奏」、「宣詔」之權向草詔權延展，則要遲至孝昌年間，據《魏書·袁翻傳》載：

> 孝昌中，（袁翻）除安南將軍、中書令，領給事黃門侍郎，與徐紇俱在門下，並掌文翰。翻既才學名重，又善附會，亦為胡太后所信待。〔註156〕

袁翻以中書令領給事黃門侍郎，與中書舍人、給事黃門侍郎俱在門下「掌文翰」、草擬詔書，這與徐紇本傳所載中書舍人在門下草詔相合。據《魏書·徐紇傳》載：

> （孝昌元年四月）胡太后「反政」，以紇曾為（元）懌所顧待，復起為中書舍人。紇又曲事鄭儼，是以特被信任。俄遷給事黃門侍郎，仍領舍人，總攝中書門下之事，軍國詔命，莫不由之。時有急速，令數友執筆，或行或臥，人別占之，造次俱成，不失事理，雖無雅裁，亦可通情。時黃門侍郎太原王遵業、琅邪王誦並稱文學，亦不免為紇秉筆，求其指授。尋加鎮南將軍、金紫光祿大夫，黃門、舍人如故。〔註157〕

徐紇以給事黃門侍郎官，領中書舍人之職居門下草詔，而不是在舍人省草詔，與當時政出門下的格局有關（詳見下文）。徐紇本傳記錄了中書舍人掌草詔權、起草王言的情況，這時詔草的基本要求是「不失事理」、「雅裁」、「通情」。而且草詔活動並非一人完成，當草詔活動從中書系統轉移到門下時，門下官員亦可參與草詔，不領中書官的黃門侍郎王遵業、王誦「不免為紇秉筆，求其指授」即是其證。徐紇遷轉之後，仍「黃門、舍人如故」，居門下省參與王言生成與出納環節，說明門下省與中書省在草詔權的運作上已經聯為一體。

除徐紇外，與之同伍的還有李神儁（李神軌）、鄭儼，在胡太后「反政」（返政）臨朝時，三人俱被引為中書舍人、黃門侍郎，史稱「當時政令歸於儼等」〔註158〕。即使後來鄭儼遷中書令，仍領中書舍人職〔註159〕，李神儁頻遷征東將軍、武衛將軍後，仍領給事黃門侍郎、中書舍人〔註160〕，可見當時草詔權掌

〔註156〕《魏書》卷六九《袁翻傳》，第1543～1544頁。
〔註157〕《魏書》卷九三《恩倖·徐紇傳》，第2008頁。
〔註158〕《魏書》卷九三《恩倖·鄭儼傳》，第2007頁。
〔註159〕鄭欽仁先生認為這是中書令已失其權，侍郎之權亦被舍人遞奪之證。參見鄭欽仁：《北魏官僚機構研究續篇》，第96頁。
〔註160〕《魏書》卷六六《李崇附神軌傳》，第1475頁。

握在任職於門下省的中書舍人之手。這是北魏後期草詔權一大變化。莊帝朝的楊逸、朱瑞、溫子升、高道穆亦屬此類。據《魏書·高道穆傳》載：

> （莊）帝命（中書舍人高）道穆秉燭作詔書數十紙，布告遠近，於是四方知乘輿所在。〔註161〕

中書舍人作為皇帝的近侍，隨時待命草詔，與北魏前期的內侍官待詔左右、出入王言有幾分類似。在此之前，楊逸任中書舍人時，亦晝夜陪侍〔註162〕，與內侍官相似。中書舍人之草詔權的產生可能與其內侍權的強化密切相關，胡太后「反政」後對鄭儼、徐紇、李神儁的依賴，可資佐證。原本負責草擬王言的中書監、令以及中書侍郎，因遠離機樞，而被內侍禁中的中書舍人漸奪草詔權〔註163〕。這時「中書舍人權重之情形，更可以與南朝齊梁之制對照」〔註164〕，唯中書舍人於門下省草詔、門下省權力重於中書的狀況與南朝不同。

南北朝後期中書舍人地位的變化對隋唐中書舍人亦具有直接的影響，據《唐六典》「中書舍人」條載：

> 中書舍人掌侍奉進奏，參議表章。凡詔旨、制敕及璽書、冊命，皆按典故起草進畫；既下，則署而行之。其禁有四：一曰漏泄，二曰稽緩，三曰違失，四曰忘誤，所以重王命也。制敕既行，有誤則奏而改正之。〔註165〕

隋唐中書舍人職掌大體與南北朝相同，至於禁制，北朝亦有同樣的例子。如中書舍人畢義和以泄密「賜盡」〔註166〕，裴澤（裴延儁之子）頗有文學「尋歷位中書侍郎，兼給事黃門郎，以漏泄免」〔註167〕。若草詔失誤，亦會受到懲處，如中書侍郎、散騎常侍陽休之「（北齊受禪）頃之，坐詔書脫誤，左遷驃騎將軍」〔註168〕。

〔註161〕《魏書》卷七七《高崇傳附道穆傳》，第1715頁。
〔註162〕《魏書》卷五八《楊逸傳》，第1300頁。
〔註163〕鄭欽仁：《北魏官僚機構研究續篇》，第8頁。窪添慶文亦指出，北魏後期舍人省之設置，使得中書舍人漸奪中書監、令之權，參見〔日〕窪添慶文：《魏晉南北朝官僚制研究》，第67頁。
〔註164〕鄭欽仁：《北魏官僚機構研究續篇》，第98頁。
〔註165〕〔唐〕李林甫等撰，陳仲夫點校：《唐六典》卷九「中書舍人條」，第276頁。
〔註166〕《魏書》卷六一《畢眾敬傳附義和傳》，第1363頁。
〔註167〕《北史》卷三八《裴延儁傳附澤傳》，第1379頁。
〔註168〕《北齊書》卷四二《陽修之傳》，第562頁。

　　北魏中書舍人的設置，在制度框架內原本是作爲中書省與皇帝之間傳遞詔草以及宣詔的使者，制度所賦予的職掌是宣奏詔草。在孝文帝、宣武帝兩朝，中書舍人基本維持了本職，而與之相對的南朝，中書舍人已經掌握草詔權。至孝明帝時期，由於中書省居於禁外，中書舍人憑藉「通事」、入直禁中的權力，開始出現權力外擴的情況，並且在中書舍人中形成分野——一部份中書舍人仍遵循宣詔署敕的本職，一部份中書舍人則入居門下省蛻變爲草詔官。如孝明帝即位後常景拜中書舍人，領職十餘載，主要是掌宣詔，與同時期中書舍人徐紇等居門下草詔形成分殊。在孝文帝設立中書舍人之初，中書舍人已經參與到王言出納的環節中，隨著政局斗轉，中書舍人分化出草詔的一面，從而參與到王言生成的核心環節中。而未參與到核心中的中書舍人，則仍遵循了孝文帝設定的制度框架行使職權。這便是中書舍人的「守」與「變」，這種現象也說明，中書舍人草詔的政治現象屬於中書省草詔權的演化形態，尚未發展爲法令層面的新制度，所以才會存在中書舍人在職權上的分野。這一分野的存在，除了與入居門下省有關外，還與舍人省的權限不無關聯。

（2）舍人省的建置與舍人署詔權

　　舍人省作爲王言生成程序中的組成部份，設立於孝文帝改制之時，關於舍人省的建制，《隋書·百官志》云：

> 中書省，管司王言……又領舍人省，（原注：掌署敕行下，宣旨勞問。）中書舍人、主書各十人。〔註169〕

舍人省隸屬中書省，在王言生成程序中處於草詔環節之下。北齊時中書舍人員額爲十人，中書舍人之下是主書，亦主省中文書。

　　《通典·職官》在抄錄《隋書·百官志》時將注文移植到正文中，而改變舍人省建置的敘述：

> 後魏有舍人省而不言其員，北齊舍人省掌署敕行下，宣旨勞問，領舍人十人。〔註170〕

北魏舍人省領舍人的員額已經失載，但職掌的記載卻非常清晰。鄭欽仁認爲北魏的舍人省設立於太和十七年，領中書舍人四人。〔註171〕舍人省是孝文帝

〔註169〕《隋書》卷二七《百官志中》，第754頁。

〔註170〕《通典》卷二一《職官典三》，第564頁。

〔註171〕鄭欽仁：《北魏官僚機構研究續篇》，第101頁。

太和中改制時仿傚南朝制度設立，那麼建置當與蕭齊相同〔註172〕。

附帶一論，《隋書·百官志》與《通典·職官》對北魏北齊舍人省的記載可補前文脫漏之處，即北魏中書舍人在傳宣王言的環節中行使「署敕行下」的署位權，這在前揭史料中皆未得到反映。除了中書舍人署詔外，舍人之下的主書亦須署位，據《周書·冀儁傳》載：

> （永熙三年正月，賀拔岳被害）時侯莫陳悅阻兵隴右，太祖志在平之。乃令儁僞爲魏帝勅書與費也頭，令將兵助太祖討悅。儁依舊勅模寫，及代舍人、主書等署，與眞無異。太祖大悅。費也頭已曾得魏帝勅書，及見此勅，不以爲疑。遂遣步騎一千，受太祖節度。〔註173〕

這道假造的敕書，之所以「與眞無異」，須滿足兩個條件：其一，遵循敕書範式——「依舊敕模寫」；其二，舍人、主書等中書官的署名字跡。與前文所揭「未經鳳閣鸞臺，何名爲敕」象徵義相同。葉煒先生認爲「詔敕需要主書簽署，至遲在北魏後期已經形成制度」〔註174〕，主書在王言出納環節行使的職權應該就是署尾。

而《唐六典》所記中書舍人在草詔環節中，所言「皆按典故起草進畫；既下，則署而行之」與北魏北齊之制並無二致。這種「署而行之」有兩種形式，根據第二章關於魏晉南北朝時期王言生成與運作路徑的考察，可以確定爲：其一，中書官署名後，以青囊盛、紫泥封，從中書省發出；其二，經中書官依次署位後，詔敕文書關門下省，由門下省審署後覆奏畫可，即「詔須覆奏」環節。第二種「署而行之」爲下文所要討論的問題。

至於中書舍人由舍人省出入禁中「通事」、入居門下草詔，是否意味著舍人省在空間佈局上更接近禁中，抑或與門下省相臨？據《魏書·高肇傳》載：

> （宣武帝崩，高肇）直至闕下，衰服號哭，升太極殿，奉喪盡哀。太尉高陽王（元雍）先居西栢堂，專決庶事，與領軍于忠密欲除之。潛備壯士直寢邢豹、伊瓮生等十餘人於舍人省下，肇哭梓宮

〔註172〕鄭欽仁：《北魏官僚機構研究續篇》，第8頁。鄭欽仁氏指出，太和十七年以前不見北魏舍人省的記載，參見該書第85頁。

〔註173〕《周書》卷四七《藝術·冀儁傳》，第838頁。

〔註174〕葉煒：《魏晉南北朝隋唐官吏分途研究》，第112頁。

託，於百官前引入西廊，清河王懌、任城王澄及諸王等皆竊言目之。肇入省，壯士搤而拉殺之。下詔暴其罪惡，又云刑書未及，便至自盡……〔註175〕

高肇至闕下後，活動路線是：升太極殿──入太極殿西廊──至舍人省，反過來言之，中書舍人從舍人省進太極殿必經太極殿西廊。就空間位置而言「該省由西廊接臨太極殿」〔註176〕。這也說明舍人省鄰近皇權的中心──太極殿，中書舍人常直舍人省，經西廊而入太極殿，故而得以近侍皇帝、覆奏詔草、出宣詔命，甚至參預宮廷機密。據《魏書·禮志》載：

（延昌）四年春正月丁巳夜，世宗崩於式乾殿。侍中、中書監、太子少傅崔光，侍中、領軍將軍于忠與（太子）詹事王顯，（太子）中庶子侯剛奉迎肅宗於東宮……光與于忠使小黃門曲集奏置兼官行事。……中書舍人穆弼兼謁者僕射。光等請肅宗止哭，立於東序。〔註177〕

中書舍人穆弼因近侍而參與擁立，之後不久（二月辛巳）高肇在舍人省被誅，成為中書舍人捲入北魏中樞政局的前兆。從這段史料來看，參預擁立孝明帝的勢力來自兩個系統──東宮系統與門下系統（直禁中者），而中書舍人穆弼雖屬於中書官，卻因內直禁中亦參與機密。胡太后臨朝時，中書舍人開始從中書系統進入門下系統（詳見後文）。

在胡太后臨朝之前，舍人省雖然靠近禁中，但無草詔權，宿直舍人省的中書舍人只在詔書草擬完成後署位、覆奏或於禁中受詔宣行環節發揮作用。管窺所及，在肅宗朝之前，尚未有中書舍人作詔的記載，舍人省的職權一直處於孝文帝所設定的制度框架內，供職於舍人省的中書舍人並未跳脫出制度桎梏。至於部份中書舍人脫離舍人省轉入門下省草詔，則屬於另外的問題，詳見後文論述。

前文已言，舍人省權限是保證魏末中書舍人遵循本職的重要因素，而中書舍人參與草詔的「變異」現象，則離不開門下省的作用。門下省作為王言生成與運作程序的核心機構之一，是如何影響草詔活動的呢？

〔註175〕《魏書》卷八三下《外戚下·高肇傳》，第1831頁。
〔註176〕鄭欽仁：《北魏官僚機構研究續篇》，第91頁。
〔註177〕《魏書》卷一○八《禮志四·喪服下》，第2806頁。

4、中書省草詔權之約束：論北魏後期「詔須覆奏」原則與中書舍人居門下草詔

北魏後期中書省在回歸正軌後〔註178〕，兼採南朝制度發展出新的風貌——建立舍人省與中書舍人出納王言。這是中書系統內部的變化，與之相應，隨著孝文帝改革中樞體制、廢除鮮卑內侍制，中書省在王言生成環節亦發生變化，這一點雖趨向於南朝制度，卻與之不同。對於中書省的政治地位，前揭祝先生已經指出，中書省在北魏權勢不重，前期如此，後期亦復如是，與南朝形成較大的差異。那麼是什麼限制了中書省的權勢與地位？這與草詔權的轉移又有什麼關係？

據《北史・陽休之傳》載：

> （孝靜帝）武定二年（544），除中書侍郎。先是中書專主綸言，魏宣武已來，事移門下，至是發詔依舊，任遇甚顯。時魏收爲散騎常侍，領兼侍郎，與休之參掌詔命，世論以爲中興。〔註179〕

這條史料記述了中書侍郎草詔權的起伏變化：孝文時代中書侍郎「專主綸言」——宣武帝至於魏末權移門下——東魏時中書省及中書侍郎草詔權的復興。「至是發詔依舊」指的是高澄任中書監「移門下機事，總歸中書」〔註180〕之後，草詔權回歸中書省。根據第二章對南北朝王言運作程序的考察，門下省的職掌是「覆奏」詔草、署詔敕、「出納王言」。一道王言生成運作的正常程序是中書、門下在不同的環節中各自發揮機能，即「中書省草詔、覆奏——皇帝畫可——中書省黃紙寫、封送門下省——門下省審署、覆奏〔註181〕——皇帝畫可——門下出納」。然宣武帝已降，事歸門下後，形成中書舍人兼給事黃門侍郎，居門下省草詔的現象。如此一來，王言生成運作的常規程序就發生變化，即由「中書草詔——門下審署覆奏——皇帝畫可——門下出納」變爲「門下省草詔〔註182〕——皇帝畫可——門下出納」。形成中書舍人、黃門侍郎「總攝中書、門下之事，軍國詔命，莫不由之」的「徐紇現象」。

在孝文帝時期，草詔權掌握在中書省之中書監、令和中書侍郎手中時，

〔註178〕陳琳國：《魏晉南北朝政治制度研究》，第115頁。
〔註179〕《北史》卷四七《陽尼傳附休之傳》，第1725頁。
〔註180〕《北史》卷三二《崔挺傳附季舒傳》，第1184頁。
〔註181〕制敕原案由中書省草擬後，須經門下省審查，若被封還，則成爲廢案。〔日〕中村裕一：《唐代公文書研究》，第619頁。
〔註182〕「門下省草詔」指王言的生成在門下省完成，而不是在中書省完成。

門下省只是負責審署詔書、出納王言〔註183〕，東魏北齊復興之後的中書制度
遵循了這一理路。如武平三年（572）八月尚書左僕射祖珽求爲領軍，須中書
省草詔、門下署位覆奏，據《北齊書・祖珽傳》載：

> 求爲領軍，後主許之。<u>詔須覆奏，取侍中斛律孝卿署名</u>。孝卿
> 密告高元海……（元海）明旦面奏，<u>具陳珽不合之狀</u>……〔註184〕

這則材料記錄了三個程序：草詔（任領軍）──後主畫可（許之）──門下
省覆奏（侍中署名）。易言之，中書省即使擁有草詔權，在王言生成與運作程
序上仍受到門下省的制約。

　　雖然北魏末期的中樞體制與南朝制度並軌，但中樞組織形式深處的政治理
念仍存在差異。在南朝貴族政治中，作爲士族淵藪的中書省權勢較重〔註185〕，
使得南朝政在中書。在這一政治原則下，即便草詔權在中書系統內部出現下移，
也未跳脫出中書草詔的範疇。與南朝相較，北魏的中書省雖然亦是士族之淵藪，
但權勢、地位遜於門下省〔註186〕，鮮卑貴族通過門下省控制中樞，即所謂「政
歸門下」，以致在王言生成環節中出現中書事移門下的現象。因爲北魏後期的重
臣一般居門下省、參決尚書奏事，如孝明帝即位之際，太尉、高陽王元雍以「屬
尊望重」入居門下上省西柏堂「省決庶政」。領軍于忠「既居門下，又總禁衛，
遂秉朝政，權傾一時」〔註187〕。中書舍人供職的舍人省雖鄰近太極殿，卻需要
加給事黃門侍郎、居門下草詔，無疑是王言生成與運作程序向門下省傾斜的緣
故。即便作爲中書令的袁翻，也只能通過領給事黃門侍郎，在門下省行使草詔
權，這就更坐實了草詔程序轉入門下的規則。

　　據前所論，北魏後期孝文帝雖然效法了南朝完善的中書制度，但王言生成
的機理仍未完全脫離前期的內侍制，後者殘存的統治理念通過魏晉式的中樞體
制繼續影響著北魏後期的王言生成與運作機制。這種影響具體表現爲中書、門

〔註183〕羅凱：《御正與納言──兼論中書門下體制之源》，第七屆北京大學史學論壇
　　　　論文集，2011 年 3 月。該文收錄於知網，但未見頁碼，所以筆者在引用該文
　　　　時不便注明，下同。
〔註184〕《北齊書》卷三九《祖珽傳》，第 519 頁。《北史・祖珽傳》作「詔須覆述」，
　　　　參見《北史》卷四七《祖瑩傳附珽傳》，第 1742 頁。
〔註185〕祝總斌：《兩漢魏晉南北朝宰相制度研究》，第 357～359 頁。南朝陳甚至有「國
　　　　之政事，並由中書省」現象，《隋書》卷二六《百官志上》「陳制」，第 742
　　　　頁。
〔註186〕具體研究可參閱陳琳國：《魏晉南北朝政治制度研究》，第 115 頁。
〔註187〕《魏書》卷三一《于栗磾傳附忠傳》，第 743 頁。

下在王言生成運作中的複合形態。職是之故，孝文帝改制後門下省的設定以及背後所殘留的鮮卑因素，對王言生成運作的影響，便是值得考察的問題。

二、北魏後期門下制度：門下省的內朝化與「喉舌之任」的制度化

北魏後期的門下省存在兩個階段的變化：孝文帝太和中重組門下省，並由宣武帝繼承、維持的時期，其制基本與南朝同；二、孝明帝已降，門下省在王言生成機制中的權勢、地位發生質的變化〔註188〕，產生「任總絲綸」之權〔註189〕。這兩個階段的變化對前揭中書省草詔權的轉移具有直接的影響。在第一階段的變化中，北魏借鑒了南朝制度。

（一）南朝門下制度略論

在承續兩晉門下制度的基礎上，劉宋進行了改革。在職官建置上，將散騎省從門下分出，改設集書省，與中書、門下、尚書、秘書合稱「五省」。另外，原在門下省名下的侍中省併入門下省本部，侍中成為門下省長官〔註190〕。故「侍中呼為門下」，原為門下省主事官的給事黃門侍郎「亦管知詔命，世呼為小門下」〔註191〕。北魏後期的侍中、給事黃門侍郎員額各為四人，與南朝之制相同。黃門之下又置令史，員額不明。

在職權分工層面，門下省平省尚書奏事的職權固化在了儀注上，而東晉形成的詔書經過門下的策略，到南朝成為王言出納之制〔註192〕。東晉以來，詔書通關門下，使得門下對詔敕發下後的諫諍權向詔草環節的駁議權、審閱權延展〔註193〕。在劉宋初，因詔書通關門下的程序已經進入制度框架中，門下省便具有了璽封之權〔註194〕，蕭氏承宋，亦復如是。據《隋書‧百官志》載：

〔註188〕〔日〕川井貴雄：《北魏後期における門下省について——北魏末‧東魏の門下省質的変化を中心として》，《九州大學東洋史論集》第37號，2009年，第24頁。

〔註189〕羅凱：《御正與納言——兼論中書門下體制之源》。

〔註190〕祝總斌：《兩漢魏晉南北朝宰相制度研究》，第292頁。

〔註191〕《南齊書》卷一六《百官志》，第323頁。

〔註192〕祝總斌：《兩漢魏晉南北朝宰相制度研究》，第301、299頁。陳仲安：《關於魏晉南北朝門下省的兩個問題》，第15頁。

〔註193〕陳仲安：《關於魏晉南北朝門下省的兩個問題》，第13頁。

〔註194〕陳仲安先生認為，「門下省有璽封之責即有審閱（詔草）之責」，陳仲安：《關於魏晉南北朝門下省的兩個問題》，第14頁。

門下省置侍中、給事黃門侍郎各四人，掌侍從左右，擯相威儀，

盡規獻納，糾正違闕。監合嘗御藥，封璽書。〔註195〕

門下樞要，得與天子親接〔註196〕，故常「盡規獻納」、「顧問應對」。

除了詔書通關門下是東晉以來確立並日臻成熟的職權外，門下省在此之前已經具備了「平尚書奏事」之權，前文第二章已經解明。在此需要說明的是，「平尚書奏事」＋皇帝畫「可」，構成王言生成的第二種模式，由「制可」或「詔可」產生的王言屬於第二品，本文第四章將重點探討之。

（二）「我行其野，王言如絲」：門下省王言出納之制及魏末「變異」

太和中，孝文帝借鑒南朝制度對門下省進行了重組，置侍中、黃門各四人，各有正直和次直之分〔註197〕，胡太后時侍中元順與穆紹同直（宿直）可作爲一證〔註198〕。同時承前期之制於黃門侍郎之下設立「門下錄事」（從五品中〔註199〕），南朝無此職〔註200〕。根據太和中《職品令》，可知門下省又置門下主書舍人（正六品上）、門下通事舍人（正六品上）、門下令史（正七品上），然員額不明〔註201〕。孝文帝雖然重設了門下省，然內侍系統的廢除，使得門下省在某種程度上繼承了原內侍系統的設置。俞鹿年先生指出：

門下省，沿前期置，但職掌與前期有很大的不同。後期門下省

所設六局，繼承了前期內侍官的職權。〔註202〕

內侍機構被取消後，拓跋氏自建國之初形成的內侍傳統保留在了門下省，出現中樞運作中「尤重門下」的政治現象，據黃惠賢先生分析：

（鮮卑族占主導地位的北魏政權）對侍從左右，「切問近對」

的侍中、黃門侍郎……遠比「掌文案」、「典尚書奏事」的中書監、

令們要親近得多。這大概正是北魏前期侍中「輔政」、北魏後期「政

歸門下」的重要原因。〔註203〕

〔註195〕《隋書》卷二六《百官志上》「梁制」，第722頁。

〔註196〕《晉書》卷四五《任愷傳》，第1286頁。

〔註197〕《宋書》卷一四《禮志一》，第370頁。

〔註198〕《魏書》卷二七《穆崇傳附紹傳》，第672頁。

〔註199〕太和二十三年《職品令》降爲從八品上。

〔註200〕葉煒：《魏晉南北朝隋唐官吏分途研究》，第87頁。

〔註201〕除此之外，又有領左右、嘗食典御等六局，參見俞鹿年：《北魏職官制度考》，第263～266頁。

〔註202〕俞鹿年：《北魏職官制度考》，第263頁。

〔註203〕黃惠賢著：《魏晉南北朝》，白鋼主編：《中國政治制度通史》第四卷，北京：

北魏後期門下省的運作繼承了北魏前期內侍機構運作思維，使其延續了內侍系統的近侍傳統，以致門下省有「內省」〔註204〕之稱。後文對這一問題亦有述及。

　　如前所揭，北魏後期門下省職權大略亦經歷了兩個發展階段，在第一階段「門下職權已顯出較高之勢」〔註205〕，但尚未跳脫出出納王言、平省尚書奏事的制度框架。第二階段即孝明帝已降，中書草詔權移入門下，孝文帝設定的制度框架被改變。

　　首先討論第一階段門下省在王言生成與運作中的機能。據《魏書·范紹傳》載：

　　　　（太和）十六年，高祖選（太學生范紹）爲門下通事令史，遷
　　錄事，令掌奏文案，高祖善之。又爲侍中李沖、黃門崔光所知，出
　　內文奏，多以委之。〔註206〕

據前所揭，「出內文奏」、詔命在北魏前期本是內侍官（如給事中、中散等）之職任。孝文帝在廢除內侍制度之初，便以門下省官填補這一制度空缺，原來屬於內侍制度的近侍權，被門下省繼承。門下省既然審署尚書奏案，便具有處理權，其中一種表現便是封駁奏案，據《魏書·源懷傳》載：

　　　　景明二年（501），徵爲尚書左僕射，加特進。時有詔（云云）。
　　懷乃奏曰：「謹按條制：逃吏不在赦限。……如臣管執，謂宜免之。」
　　書奏，門下以成式既班，駁奏不許。懷重奏曰：「（云云）以爲宜停。」
　　書奏，世宗納之。〔註207〕

源懷所上尚書奏案，經門下省審閱，以「成式既班」爲由被駁回，成爲廢案。源懷只能重奏門下，再經門下奏呈宣武帝定奪可否。對於門下省平省尚書省奏案的程序〔註208〕，《唐律疏議》「同職犯公坐」疏議曰：

　　　　尚書省應奏之事，須緣門下者，以狀牒門下省。準式依令，先

　　　　社會科學文獻出版社，2011年，第126頁。
〔註204〕太昌初，邢卲以給事黃門侍郎、散騎常侍「恒直內省」，《北史》卷四三《邢
　　　　巒傳附卲傳》，第1589頁。
〔註205〕鄭欽仁：《北魏官僚機構研究續篇》，第40頁。
〔註206〕《魏書》卷七九《范紹傳》，第1755頁。
〔註207〕《魏書》卷四一《源賀附懷傳》，第923～924頁。
〔註208〕南朝劉宋時期，門下省平省尚書奏事的職權已經固化在儀注上，參見祝總斌
　　　　對太子監國儀注中「關門下位」的分析，祝總斌：《兩漢魏晉南北朝宰相制度
　　　　研究》，第303～304頁。

> 門下錄事勘，給事中讀，黃門侍郎省，侍中審。有乖失者，依法駁
>
> 正，卻牒省司。〔註209〕

孝文帝時期，門下錄事爲從五品中，給事中隸屬散騎，那麼奏案省讀當是由門下錄事擔任，前舉《范紹傳》即是其證。太和二十三年《職員令》頒佈之後，門下錄事降爲從八品上，成爲胥吏，這時的職責可能是依照令式勘檢文書〔註210〕。侍中審閱後的環節，除了會出現駁奏、寢奏現象〔註211〕外，另一種便是奏請皇帝批示或請求畫可。按《唐六典》「門下侍中」條注「皆審署申覆而施行焉」曰：

> 覆奏畫可訖，留門下省爲案。更寫一通，侍中（於皇帝畫可處）
>
> 注「制可」（或「詔可」），印縫，署送尚書省施行。〔註212〕

這一程序展開的前提是皇帝對門下奏事畫「可」，即「可門下奏事」〔註213〕。如高昌延昌二十七年（587）「兵部烽列買馬用錢頭數奏行文書」〔註214〕所見門下校郎、通事令史、侍郎「奏諾奉行」〔註215〕用語，以及文書背面的款縫處所見通事令史「（和）樂」與侍郎「（史）養生」的署名現象即是如此。文書所言「奏諾奉行」，相當於北魏的「請付外施行」，高昌國主畫諾，則相當於北魏皇帝畫「可」〔註216〕。由「詔可」或「制可」形成的王言，屬於不同於中書系統的王言生成機制。在王言生成與運作機制中，門下省的法定機能有兩種：其一，審署詔草，輔助皇帝、中書加工成有效的詔書，並負責出納；其二，平省尚書奏事，奏請皇帝畫可，形成第二品王言。二者皆是門下省「喉舌之任」的具體表現。

在門下系統，雖然門下錄事可以掌「出內文奏」，但起作用最大的還是侍中和給事黃門侍郎。據《元珍墓誌銘》載：

〔註209〕劉俊文撰：《唐律疏議箋解》卷五《名例》「同職犯公坐」條，北京：中華書局，1996年，第399頁。

〔註210〕葉煒：《南北朝隋唐官吏分途研究》，第83頁。

〔註211〕窪添慶文先生認爲門下省在行政手續上對尚書省上奏文進行審查、駁奏甚至寢奏之權，〔日〕窪添慶文：《魏晉南北朝官僚制研究》，第65頁。

〔註212〕〔唐〕李林甫等撰，陳仲夫點校：《唐六典》卷八「門下‧侍中」條，第242頁。

〔註213〕《魏書》卷九三《恩倖‧茹浩傳》，第2001頁。

〔註214〕唐長孺主編：《吐魯番出土文書》（壹），北京：文物出版社，1981年，第340頁。

〔註215〕祝總斌先生認爲門下省參決尚書奏事的儀注，可根據高昌文書反映出來，參見《兩漢魏晉南北朝宰相制度研究》，第313～314頁。

〔註216〕關於高昌文書「事諾」與南北朝皇帝畫可的比較分析，可參閱祝總斌：《高昌官府文書雜考》，第415頁。

（宣武帝正始中）俄遷侍中。綺綜王言，經綸袞闕，出則倍駕，

入參侍席。聲蓋一時，道彰遠邇。〔註217〕

「綺綜王言」與「入參侍席」、顧問應對是侍中的權責。作爲皇帝侍臣，侍中
居喉舌之任，傳達皇帝意志〔註218〕。侍中常宿直禁中，如延昌四年（515）宣
武帝夜崩，侍中崔光、于忠迎孝明帝於東宮立之〔註219〕。崔光、于忠同直禁
中，與前揭穆紹、元順同宿禁中相同。此時侍中的主要職權還是「內奉絲綸」
〔註220〕、獻可替否。據《元誨墓誌》（永安三年卒）載：

除侍中、左光祿大夫，加車騎將軍。內參衽席，外同輿輦，朝

政大小，多所獻替。……（銘詞）執官青瑣，肅列鉤陣，一董麾節，

再奉喉唇。〔註221〕

侍中出入禁中的標誌是拜青瑣門，在這一點上，侍中與給事黃門侍郎具有相
同之處。給事黃門侍郎與侍中同直〔註222〕，亦有出納王言之權。據《元曄墓
誌》（武泰元年三月）載：

瑣門注望，其來日久，將委喉唇，事資執戟。（自光州刺史）

除給事黃門侍郎將軍，王如故。〔註223〕

給事黃門侍郎居喉唇之任，那麼「瑣門」與給事黃門侍郎有什麼關係呢？據
《元爽墓誌》（永熙二年十一月）載：

又除給事黃門侍郎，加平東將軍。及其晨趨文石，夕拜青瑣，

運是智能，應茲世用……（銘詞云黃門侍郎）列宿是膺，喉唇斯託。

〔註224〕

按「文石」指陛階〔註225〕，「青瑣」即宮門，給事黃門侍郎出入禁中之門，應

〔註217〕趙超：《漢魏南北朝墓誌彙編》，第 77 頁。

〔註218〕〔日〕窪添慶文：《魏晉南北朝官僚制研究》，第 66 頁。

〔註219〕《魏書》卷三一《于栗磾傳附忠傳》，第 742 頁。《魏書》卷六七《崔光傳》，
第 1491 頁。

〔註220〕《元天穆墓誌》（普泰元年八月），趙超：《漢魏南北朝墓誌彙編》，第 277 頁。

〔註221〕趙超：《漢魏南北朝墓誌彙編》，第 274～275 頁。

〔註222〕如宣武帝崩，同直禁中的侍中崔光、于忠與黃門侍郎元昭等迎立孝明帝，參
見《魏書》卷一○八《禮志四》，第 2806 頁。

〔註223〕趙超：《漢魏南北朝墓誌彙編》，第 217 頁。

〔註224〕趙超：《漢魏南北朝墓誌彙編》，第 308 頁。

〔註225〕業師牟發松先生指出，「晨趨文石」典出《漢書・梅福傳》「故願一登文石之
陛，涉赤墀之塗」，《漢書》卷六七《梅福傳》，第 2924 頁。興振案：蕭梁天
監初，王僧孺曾待詔文德省，後免官，致書於何炯曰「升文石，登玉陛」，參

劭曰「黃門侍郎，每日暮向青瑣門拜，謂之夕郎」〔註226〕。「鎖門」是尚書奏案、門下奏案傳入禁中的通道，有「敷奏瑣門」〔註227〕之稱。「晨趨文石，夕拜青瑣」與《元延明墓誌》（太昌元年七月）所載「朝趨王陛，夕拜瑣門」屬於相同用法。筆者疑「青瑣」意指北魏的「雲龍門」〔註228〕，是侍中出入禁中的通道。「晨趨文石」即於朝堂近侍左右，「夕拜青瑣」即入直禁中「列宿是膺，喉唇斯託」。給事黃門侍郎與侍中同制，各有兩員同直禁中，解直後回門下平省尚書奏事，據《魏書·甄琛傳》載：

> （甄琛）復除散騎常侍、領給事黃門侍郎、定州大中正。大見親寵，委以門下庶事，出參尚書，入廁帷幄。〔註229〕

給事黃門侍郎「出參尚書」即於門下省參決尚書奏案〔註230〕，此即「門下庶事」；「入則帷幄」即入雲龍門「顧問應對」〔註231〕。給事黃門侍郎與侍中皆四員，而且各有兩員同直禁中，那麼另外兩員當在門下省主持省務，兩班輪休輪直，如甄琛「出參尚書，入廁帷幄」，便是門下省的輪班制。如此一來就會出現同一奏案由不同侍中或黃門侍郎署名的情況，前舉源懷奏案第一次被駁回而重奏時被上達皇帝審批，可能就是兩班侍中、黃門侍郎主持省務時的不同處理結果。

　　在宣武、孝明兩朝過渡之際，隨著門下省機能發生質的變化，王言生成程序中出現侍中對中書草制權行使變相管轄的局面〔註232〕。這便是門下省職

見《梁書》卷三三《王僧孺傳》，第472～473頁。而且「文石」作爲禁中的代稱，亦與「赤墀」連用，參見《梁書》卷五六《侯景傳》，第850頁。

〔註226〕《後漢書》卷九《孝獻帝紀》注「給事黃門侍郎」，第367頁。

〔註227〕《元顯墓誌》（太昌元年八月），趙超：《漢魏南北朝墓誌彙編》，第292頁。

〔註228〕雲龍門溝通太極前殿，侍中崔光經雲龍門出入，《魏書》卷六七《崔光傳》，第1492頁；《魏書》卷一一《前廢帝紀》、《出帝紀》，第274、271頁。侍中元懌與高肇於雲龍門外廡下忿諍、侍中元雍和止之，參見《魏書》卷八三下《外戚·高肇傳》，第1830頁。

〔註229〕《魏書》卷六八《甄琛傳》，第1513～1514頁。

〔註230〕祝總斌先生認爲「出參尚書」當指「至尚書都坐或朝堂商議政事，因在王宮宮門之外，故稱『出』」。參見祝總斌：《兩漢魏晉南北朝宰相制度研究》，第261頁。

〔註231〕祝總斌先生認爲「入廁帷幄」當指「在門下省隨時接受皇帝咨詢或徑直侍從皇帝」，參見祝總斌：《兩漢魏晉南北朝宰相制度研究》，第261頁。筆者從後者說法，認爲是入禁中（雲龍門內）備顧問。

〔註232〕〔韓〕金聖熙：《北魏의門下侍中──그性格과割役變化를中心으로》，第68～76頁。所謂機能的轉變是相較前期出納詔命、顧問應對、平尚書奏事等而言，參見氏文第31～46頁。

權發展的第二階段。

　　這一變化肇始於延昌四年（515）正月丁巳夜宣武帝崩，宿直的侍中崔光、于忠（侍中、領軍將軍）當夜迎孝明帝於東宮而立之，並在門下省議以太尉、高陽王元雍「宜入居西柏堂，省決庶政……（任城王澄）可爲尚書令，總攝百揆」，而後「奏中宮，請即敕授」〔註233〕。同月庚申下詔如門下所奏：

　　　　詔太保、（侍中）高陽王雍入居（太極殿）西柏堂，決庶政。
〔註234〕（咨決大政，給親信二十人。〔註235〕）（同年八月免官，
　　歸第）

「太極西柏堂」即太極殿西堂〔註236〕。在整個政權交替過程中，門下省力挑大梁，完成迎立新帝、設置輔政大臣、誅殺高肇（二月辛巳）等幾個關鍵性舉措。這一些列條理有序的政治籌劃表明，此時的門下省已經具有左右中樞政局的權勢，史言「政歸門下」並非誇飾之詞。

　　侍中元雍雖入居禁中的西柏堂「咨決大政」，領軍、侍中于忠等人控制下的門下省（而非西柏堂）才是眞正意義上的機要之地。（延昌四年九月）胡太后臨朝後，元雍上表便說明了這一狀況，表曰：

　　　　臣初入柏堂，見詔旨之行，一由門下，而臣出君行，不以悛意。
　　　每覽傷矜，視之慘目，深知不可，不能禁制。（後略）〔註237〕

侍中元雍入居西柏堂的時間是延昌四年（515）正月至八月，在這一時段「詔旨之行，一由門下」，草詔與出納權皆在門下省，即便是名義上「咨決大政」的西柏堂亦「不能禁制」，說明後者形同虛設。「詔旨之行，一由門下」的表現是于忠居門下，矯詔殺郭祚、裴植、廢雍歸第，史稱「詔命生殺，皆出于忠」，又矯詔自爲儀同三司、尚書令、領崇訓衛尉〔註238〕。關於門下掌握草詔權，又見於熙平元年（516）春，御史中尉元匡彈劾于忠的上奏文：

　　　　（于忠）方因矯制，擅相除假，清官顯職，歲月隆崇……或發
　　門下詔書，或由中書宣敕，擅相拜授者……〔註239〕

〔註233〕《魏書》卷三一《于栗磾傳附忠傳》，第742頁。
〔註234〕《魏書》卷九《肅宗紀》，第221頁。
〔註235〕《魏書》卷二一上《高陽王雍傳》，第554頁。
〔註236〕祝總斌：《兩漢魏晉南北朝宰相制度研究》，第261頁。
〔註237〕《魏書》卷二一上《高陽王雍傳》，第555頁。
〔註238〕《魏書》卷三一《于栗磾傳附忠傳》，第743～744頁。
〔註239〕《魏書》卷三一《于栗磾傳附忠傳》，第744～745頁。

表文反映的是元匡對去年（延昌四年）門下省扭曲王言生成機制的批評。而當時于忠並不兼領中書，「或發門下詔書，或由中書宣敕」正揭示了于忠在門下秉權時期的王言生成與出納現象，即元雍所言「見詔旨之行，一由門下」。在扭曲王言機制中，中書省所起到的作用是「宣敕」而不是以往的「草詔」。這恰與孝明帝年幼、胡太后未臨朝時的皇權眞空狀況相契合。

于忠之例說明草詔權已經轉移到門下省，中書省所能行使的是「宣敕」權。金聖熙認爲，孝明帝時期出現中書草制權移到門下省，侍中行使了原本屬於中書省的權力〔註240〕。羅凱認爲，「管司王言」固然屬於中書省的職責範圍，但是具體情況則要複雜得多，門下省也有「任總絲綸」之權〔註241〕。所言甚是。

自于忠在門下省秉權至胡太后臨朝，頻繁出現重臣拜侍中、入居門下咨決大政、參決奏事的情況。據《魏書・元懌傳》載：

> 肅宗初，遷太尉，侍中如故。詔懌裁門下之事。〔註242〕

元懌入居門下裁決庶政，當在延昌四年十二月之後，據《魏書・胡國珍傳》載：

> （延昌四年十二月，侍中、中書監胡）國珍與太師、高陽王雍，
> 太傅、清河王懌，太保、廣平王懷，入居門下，同釐庶政。〔註243〕

四人皆是侍中，且地位、身份皆非同一般。值得一提的是，胡國珍雖是中書監，卻以侍中居門下省「釐庶政」，或許對王言機制而言不無意指，胡太后「反政」後中書令袁翻入居門下行使草詔權也是類似的例子。

又據《魏書・肅宗紀》載：

> （熙平二年八月）丁未，詔侍中、太師、高陽王雍入居門下，
> 參決尚書奏事。〔註244〕

〔註240〕關於北魏末期中書省草詔權移到門下省，侍中行使草詔權問題，參見金聖熙：《北魏의門下侍中──그性格과割役變化를中心으로》，第73～76頁。

〔註241〕羅凱：《御正與納言──兼論中書門下體制之源》。

〔註242〕《魏書》卷二二《清河王懌傳》，第591頁。興振案：延昌四年八月「己丑，司徒清河王懌進位太傅，領太尉」，至正光元年七月被殺時仍是太傅、領太尉，參見《魏書》卷九《肅宗紀》，第222頁。

〔註243〕《魏書》卷八三下《外戚・胡國珍傳》，第1833～1834頁。興振案：根據本傳與《肅宗紀》可判定此事在熙平元年八月之前，《魏書》卷九《肅宗紀》，第224、230頁。

〔註244〕《魏書》卷九《肅宗紀》，第226頁。

胡太后第一次臨朝時，權臣在門下省「矯詔」、「詔旨之行，一由門下」現象暫時沉寂，門下省似乎回歸到原來的制度框架中，但這種暫時的「壓抑」並未削弱其權勢與地位，反而使得政歸門下的局面易發熾盛。繼于忠之後，領軍將軍、侍中元叉在專權、隔絕兩宮時，有效地發揮了門下省的機能，與居門下省的元雍「總攝內外」、「同決庶政」〔註245〕，控制門下省達四年之久（正光元年七月至五年秋）。在元叉輔政期間，門下省似乎沒有出現于忠專權時的草詔情況，而是被限定在原有的制度框架內。又據《肅宗紀》載：

> （正光四年九月）詔侍中、太尉、汝南王悅入居門下，與丞相、
> 高陽王雍參決尚書奏事。〔註246〕

以上幾則材料雖屬於「政出門下」的範疇，但也說明門下省是在制度所設定的框架內運作——「參決尚書奏事」。

至胡太后再度臨朝（「反政」）時，門下省草詔現象再次浮現。據《元順傳》載：

> （胡太后「反政」，徵元淵爲吏部尚書，兼中領軍，侍中元）
> 順爲詔書，辭頗優美。（侍中元）徽疑順爲淵左右，由是與（給事黃
> 門侍郎）徐紇間順於胡太后，出順爲護軍將軍、太常卿。〔註247〕

前揭于忠爲領軍將軍、侍中時，秉權門下，詔命莫不由之。至元順爲侍中，門下省重新攫取草詔權，史稱「順爲詔書，辭頗優美」，與中書令、中書侍郎「所作詔誥，文體宏麗」屬於同一格調。門下省重新侵奪中書省的草詔權，意味著門下省再一次突破制度框架，其權力機能也隨之發生變異，以致原本在制度體制內掌握草詔權的中書官，只能通過兼領給事黃門侍郎，才能在門下省草詔、掌文翰。前文已揭，今不厭其煩再引以爲據，據《魏書·袁翻傳》載：

> 孝昌（526～528）中，除安南將軍、中書令，領給事黃門侍郎，
> 與徐紇俱在門下，並掌文翰。〔註248〕

這與侍中元順「爲詔書」的性質還不同：後者是侍中草詔，完全不同於中書

〔註245〕《魏書》卷二一上《高陽王雍傳》，第556頁。《元叉傳》稱「又送與太師高陽王雍等（於門下省）輔政，常直禁中」，然元雍憚畏之，叉「專綜機要，巨細決之」。《魏書》卷一六《京兆王黎傳附叉傳》，第404頁。

〔註246〕《魏書》卷九《肅宗紀》，第235頁。

〔註247〕《魏書》卷一九中《任城王澄傳附順傳》，第483頁。

〔註248〕《魏書》卷六九《袁翻傳》，第1543～1544頁。

官草詔；而前者仍可目爲中書草詔，表面上與劉宋時中書通事舍人入西省草詔相似，實際上，重心卻在「領給事黃門侍郎」，這才是袁翻以中書令身份參與草詔的充分條件。這種條件的成立，與給事黃門侍郎的權勢有關，據《魏書・王遵業傳》載：

> 遵業有譽當時，與中書令陳郡袁翻、尚書琅琊王誦並領黃門郎，號曰三哲。時政歸門下，世謂侍中、黃門爲小宰相。〔註249〕

除了袁翻以中書令、領給事黃門侍郎於門下省草詔外，第四位給事黃門侍郎徐紇已兼中書舍人，史稱「總攝中書門下之事，軍國詔命，莫不由之」。給事黃門侍郎兼中書舍人、在門下省草詔，成爲門下省草制之常態〔註250〕。而號曰「三哲」的王誦、王遵業「不免爲紇秉筆，求其指授」，實際上是完全以給事黃門侍郎的身份參與草詔，這與侍中元順屬於同一類型。在門下進行的草詔活動中，草詔者一般需加中書舍人官。

或許是有鑒於此，孝莊帝建義初（528），尒朱榮遵循門下省機制，將自己的親信安插到門下省、掌控朝廷信息，據《魏書・朱瑞傳》載：

> 建義初，除黃門侍郎，仍中書舍人。榮恐朝廷事意有所不知，故居之門下。〔註251〕

至前廢帝（531～532在位）時，「黃門侍郎邢子才爲赦文，敘述莊帝枉殺太原王之狀」，前廢帝認爲詔草不達旨意，便親自作詔〔註252〕。前廢帝時，黃門郎崔悛爲帝作《登祚赦》亦是門下官草詔之例〔註253〕。

孝莊帝已降，門下省兼掌草詔之權一如孝明朝，體現了草詔過程中中書官與門下官的複合形態。即便如此，給事黃門侍郎本職仍是近侍、掌機密，地位與權勢也重於中書官。如曾隨孝莊帝北巡並於燭下作詔的中書舍人高道穆，在草詔完成後便拜給事黃門侍郎「內參機密」〔註254〕。又《北齊書・邢邵傳》載：

> 普泰中，（邵）兼給事黃門侍郎，尋爲散騎常侍。太昌初（永

〔註249〕《魏書》卷三八《王遵業傳》，第879頁。
〔註250〕〔日〕窪添慶文：《魏晉南北朝官僚制研究》，第67頁。
〔註251〕《魏書》卷八〇《朱瑞傳》，第1769頁。
〔註252〕〔北魏〕楊衒之撰，周祖謨校釋：《洛陽伽藍記校釋》卷二「平等寺」條，第85頁。
〔註253〕《北史》卷五六《魏收傳》，第2016頁。
〔註254〕《魏書》卷七七《高崇傳附道穆傳》，第1716頁。

熙元年），勑令恒直內省，給御食，令覆按尙書門下事，凡除大官，
先問其可否，然後施行。〔註255〕

孝武帝時，邢邵「恒直內省」而「覆按尙書門下事」，與宣武帝時「（直閣，
茹）皓率常居內，留宿不還，傳可門下奏事」〔註256〕極爲相似。至孝武帝西
奔，魏室兩分，中樞系統又發生調整，高澄爲東魏中書監時「移門下機事總
歸中書」，一度架空了門下省〔註257〕。這也說明中書省、門下省權力調整，與
中樞運作機制、統治策略存在莫大的關聯。

綜上考述，北魏後期的門下省經孝文帝改制後，經歷了兩個階段，牽動
著王言生成與運作機制。在第一階段，門下省遵循了覆奏中書省詔書、出納
王言和「平省尙書奏事」的制度模式，使得門下省「喉舌之任」制度化。在
這一階段，門下省的王言機能主要體現在兩個方面：其一，覆奏中書詔草、
請可付外施行，即第一品王言；其二，覆奏尙書奏事，請可付外施行，即第
二品王言。這兩種模式與魏晉南朝制度相合。到第二階段，即孝明帝即位後，
由於「政歸門下」、王言草擬程序下移，出現門下省「管司王言」的現象，即
中書令、舍人入居門下省草詔和門下省官員參預草詔。與此同時，門下省在
第一階段的出納王言、平省尙書奏事的權力依然存在，從而出現草詔、出詔
合二爲一的格局。這在中樞系統造成的政治局面是，中書省由草詔機構變爲
宣行機構，門下省由出納機構變爲草詔、出納合一的機構，原本由孝文帝傾
心造就的王言生成與運作機制被打破。

第三節　本章結論

北魏的中樞系統及其構造存在明確的時段和制度分野：前期，在中樞系
統存在內朝和外朝的雙重體制，在制度編排上存在魏晉制度與鮮卑部落體制
並行的雙重構造〔註258〕與運作模式，即所謂「承用漢制」的一面〔註259〕；後

〔註255〕《北齊書》卷三六《邢邵傳》，第 476 頁。興振案：太昌初即永熙元年（532）。
〔註256〕《魏書》卷九三《恩倖·茹浩傳》，第 2001 頁。
〔註257〕祝先生對此進行了解讀，認爲這恰恰證明門下省掌握王言之權，而非中書省。
　　　　祝總斌：《兩漢魏晉南北朝宰相制度研究》，第 373 頁。
〔註258〕〔日〕川本芳昭：《東アヅア古代にあける諸民族と國家》，東京：汲古書院，
　　　　2015 年，第 57 頁。
〔註259〕樓勁：《魏晉南北朝隋唐立法與法律體系：敕例、法典與唐法系源流》（上卷），
　　　　第 86 頁。

期，北魏改變前期的雙重體制，與南朝制度並軌，後又走上了另一種軌道。在北魏政治史中，王言體制及王言的生成，繼承了魏晉制度的基本輪廓，然而在運行的具體風貌上，又與魏晉南朝存在差異——即便北魏末期也是如此，集中體現在生成王言的中樞系統中。

王言制度既是中國古代皇權運作的基本渠道，亦是中國古代官僚制度的有機組成部份。而王言的生成以及在政務系統的運作、執行則反映了皇帝在國家政治生活中的表現與作用，以及皇帝與官僚機構的權力關係。「官僚制度追求的理性、效率原則無不體現在文書內」〔註260〕，皇帝文書的運作狀況，代表著一個時代行政制度及其運作的實際水平、規則。反過來講，一個時代的行政體制、運作模式，也深切地塑造著皇帝文書的生成、運作的流程與法則。

西漢時期，王言生成於殿中朝，主要由秘書機構「御史」起草進畫。至東漢時期，尚書臺取代御史大夫寺成爲王言起草的機構，「制詔御史」轉變爲「制詔三公」即是草詔權轉移的標誌。漢魏革命後，中書省成爲草詔的核心場域。晉氏因襲，但因組織機構尚未形成成熟的規制和運行原理，使得南北朝王言生成與運作機制一直處於持續變化、完善的過程中。然而在這一脈絡下，由鮮卑建立的北魏政權，卻出現制度雜糅、胡漢體制並行的形態，與東晉南朝一脈的演變路徑相較，自成一端。在鮮卑貴族統治框架中，內侍省構成權力運作的中樞，是北魏前期王言生成與運作的最高機構，而繼承魏晉制度所設立的中書省只是負責一般王言的起草。至文明太后時期，中書令高允入居禁中，中書省的草詔權與地位方出現回歸之勢。孝文帝改制後，內侍省被廢，中書省成爲制度設定之內的唯一草詔機構，可惜未能佔據內侍省缺失後所造成的權力空缺，重組之後的門下省反而佔據了這一空缺，爲後來「中書事移門下」張本。

北魏前期，拓跋氏雖然建立了魏晉的省部體制，然而這一時期的中樞運行體制仍不能只從省部行政體制視角進行分析，其因有二：一，內侍省是北魏眞正的權力中樞，中書、門下兩省屬於外朝系統；二，中書省的政治機能並未完整地發揮出魏晉時的效力。陳琳國先生研究指出，「北魏前期出納詔命之權不在中書、門下，而在內侍官的手中，證明內侍官的機構才是當時中央的機要中樞」〔註261〕。

〔註260〕孟憲實：《略論高昌上奏文書》，《西域研究》2003 年第 4 期，第 26 頁。
〔註261〕陳琳國：《北魏前期中央官制述略》，《中華文史論叢》1985 年第 2 輯，第 175 頁。

　　北魏前期至太和中，中樞系統一直存在著兩類體制──鮮卑體制和魏晉體制，特點是「漢化以漸，新舊競替，制雜胡華，敷漢名於舊制，因事宜而立官」〔註262〕。與同時期的南朝相較而言，是一種較爲獨特的政治現象，這種特殊性也深刻地烙印在王言的生成與運作程序中。至太和改制時期，特別是遷洛之後，孝文帝在釐定官制時大幅度採擇南朝的官僚架構和行政運作原理，廢除內侍省、重組中樞體制，使得北魏王言機制出現與南朝制度並軌的趨向。不過終究未能同軌，取代內侍省成爲近侍機構的門下省，經宣武、孝明兩朝演變爲機要中樞，以致出現「中書事移門下」的運作格局。這在王言生成與運作機制層面造成的效果是，本由中書省管轄的王言生成程序向管轄王言出納程序的門下省移動，使門下省成爲王言草擬、出納的核心機構，這與魏晉時期中書省草擬、出納王言現象相似，但本質不同。這種格局的出現，雖沒有完全突破孝文帝所設定的中書草詔、門下出納的制度框架，但卻消解了一半，後來東魏北齊的修復與調整，便是在這一基礎上開展。作爲依託中書、門下而生成的第一品、第二品王言，即使在具體的環節有所變化，但總體維持了穩定性，這或許與二者相對獨立的運行框架存在關聯。

〔註262〕嚴耕望：《北魏尚書制度考》，《中研院歷史語言研究所集刊》第十八本，1948年，第252頁。

第四章 王言生成機制探析

王言的生成、運作機制與中樞系統的構造、權責直接相關，職是之故，被加工完成的王言，亦存在與之相應的類型與品相。不只漢代如此，魏晉南北朝亦然。據蔡邕《獨斷》曰：

> 詔書者，詔誥也，有三品。其文曰「告某官」，官如故事，是爲詔書。群臣有所奏請，尚書令奏之，下有「制曰」，天子答之曰「可」，若「下某官」云云，亦曰「詔書」。群臣有所奏請，無尚書令奏「制」之字，則答曰「已奏如書，本官下所當至」，亦曰詔。〔註1〕

馬怡認爲詔書三品「似是分類，實指等級」，應取決於詔書的形成過程。因品級的不同，所體現的皇帝意志以及與皇帝的關係也存在相應的分殊〔註2〕。第一品由皇帝或皇帝授意的草詔機構草擬，表現方式是「制詔」；第二品是臣僚上書（包括奏案與章表疏），由皇帝批答而轉化爲王言文書，表現方式是「制可」或「詔可」；第三品是臣僚上書，奏聞皇帝頒行，表現方式是「奏可」。〔註3〕詔書雖曰「有三品」，若按詔書生成的根據（來源）進行劃分，實際上可分爲兩類（品）：皇帝自主下達的詔書（包括草詔機構起草的詔書）；皇帝批答上行文書而將之轉化爲皇帝意志的詔書〔註4〕。鑒於此分類，本文將北魏王言生成機制劃分爲第一品、第二品分別進行討論。

〔註1〕 〔漢〕蔡邕：《獨斷》（上），〔清〕永瑢、紀昀等編纂：《文淵閣四庫全書》第850冊《子部十·雜家類二》，第850～78頁下欄。

〔註2〕 馬怡：《漢代詔書之三品》，第68頁。

〔註3〕 馬怡：《漢代詔書之三品》，第68頁。

〔註4〕 代國璽認爲漢代詔書之三品從文書形式上可劃分爲兩類：第一類是單一式的，只有皇帝的命令，即第一品；第二類是復合式的，由章奏文書和皇帝批答構成，即第二、三品詔書。而詔書第三品可視爲第二品的補充。參見代國璽：《漢代公文書新探》，第38～41頁。

第一節　第一品王言的生成：皇帝意志的文書化

「第一品王言」即皇帝主動施行的命令文書，是將皇帝意志文書化的載體。按照產生方式，第一品王言可分爲兩種：其一，皇帝親自草擬的王言，如「手詔」、「手敕」；其二，皇帝擬定詔旨（唐代稱爲「詞頭」〔註5〕），敕草詔機構按旨意草擬進畫。

一、手詔：皇帝意志的自主表達

「手詔」亦稱「詔記」、「親詔」，乃皇帝親筆詔書〔註6〕。皇帝親自草擬詔書的活動並不屬於中樞體制運作的範疇，卻是王言生成機制的題中之義。祝總斌先生指出，皇帝個人的手詔（手敕、中詔、中旨、墨敕、墨詔皆屬於這一類）不經中書省，卻與中書省草擬、宣出的詔書並行，效力相同〔註7〕，甚至勝於後者。即便如此，作爲王言生成的一種方式，要視皇帝個人是否有親自草詔的意願而定，故難以從制度史的維度進行常規考察。根據北魏史料，可明確判定親自草擬詔書的皇帝有孝文帝、宣武帝、前廢帝，終北魏一朝，親擬詔書最活躍的當推文學修養最高的孝文帝，據《魏書·高祖紀》記載：

> 雅好讀書，手不釋卷。<u>五經之義，覽之便講，學不師受，探其精奧</u>。史傳百家，無不該涉。善談莊老，尤精釋義。<u>才藻富贍，好爲文章，詩賦銘頌，任興而作。有大文筆，馬上口授，及其成也，不改一字。自太和十年已後詔冊，皆帝之文也</u>。自餘文章，百有餘篇。〔註8〕

孝文帝通五經並體現在詔書用典中，下達王肅的手詔便是一例，詳見後文。「才藻富贍，好爲文章」這類描述常見於墓誌碑銘（誌主曾任中書官）中，這也是草詔所必備的文學素養，史稱「太和十年已後詔冊，皆帝之文也」雖有誇飾之嫌，卻與孝文帝「才藻富贍，好爲文章」的風格契合。由這段史料可以推斷，「太和十年已後詔冊，皆帝之文也」所言詔冊之文，即孝文帝「手詔」。

〔註5〕 日本學者礪波護研究指出，「在中書舍人起草『制詔』的過程中，會擬定『詞頭』，『詞頭』是制文的冒頭部份。這一部份是制文的要領總括記述」。參見礪波護：《唐代政治社會史研究》，京都：同朋舍，1986年，第175頁。

〔註6〕 〔日〕中村裕一：《隋唐王言の研究》，第321頁。

〔註7〕 祝總斌：《兩漢魏晉南北朝宰相制度研究》，第376～377頁。

〔註8〕 《魏書》卷七下《高祖紀下》，第187頁。

慎重起見，將太和十年之後的所有詔書以及其它類型的王言文書皆視爲孝文手筆似乎是不太可行的，因爲僅從詔書內容上難以識別是否屬於「手詔」範疇，所以本文所採用兩種基準進行判別：第一種，也即最直接的判定方式是「手詔」或「親詔」等直接用語；第二種是自稱「朕」的機密詔書，這是「手詔」成立的必要不充分條件，故而需要根據史料語境進行判別。對於第二種判別基準，存在界限不明晰的問題，筆者認爲「朕」並不能都視爲手詔，如承明年間（476）幾道自稱「朕」的詔文，不太可能出自只有七歲的孝文帝，又如孝武帝時黃門侍郎崔悛作詔文「朕託體孝文」，皆是其證。而無論自稱「朕」的手詔，抑或由中書官草擬的以「朕」口吻頒行的詔書，在以上兩種基準上產生的王言皆可以視爲皇帝本人的主動意志，這與第二品王言的性質不同。

根據以上基準，本文對北魏手詔的考察擬從孝文帝開始。太和十九年（495）五月甲午（26 日）皇太子恂行冠禮於廟，丙申（28 日）孝文帝於光極東堂「親詔」之。「親詔」之文，載於恂傳，其文曰：

> 夫冠禮表之百代，所以正容體，齊顏色，順辭令。容體正，顏色齊，辭令順；故能正君臣，親父子，和長幼。然母見必拜，兄弟必敬，責以成人之禮。字汝元道，所寄不輕。汝當尋名求義，以順吾旨。〔註9〕

這道詔書意在以冠義戒太子恂，故全文不離其旨，最後敦諭恂「尋名求義，以順吾旨」。在這道「親詔」中，孝文帝將自己的意志至爲明顯地表現了出來。

又太和二十一年，拜李崇爲「都督梁秦二州諸軍事、本將軍、梁州刺史」時：

> 高祖手詔曰：「今仇、隴克清，鎮捍以德，文人威惠既宣，實允遠寄，故敕授梁州，用寧邊服。便可善思經略，去其可除，安其可育，公私所患，悉令芟夷。」〔註10〕

此時孝文帝不在洛京，手詔由孝文帝完成後，經使者（可能是隨行的中書舍人）直接向李崇宣行。從「故敕授梁州，用寧邊服」一語可以判定，這道詔書是隨拜梁州刺史詔一同下發的璽書，旨在敦諭李崇安撫仇、隴。

與之類似，太和十九年孝文帝手詔：

〔註9〕　《魏書》卷二二《廢太子恂傳》，第 587 頁。
〔註10〕　《魏書》卷六五《李崇傳》，第 1466～1467 頁。

　　　　尋徵（王）肅入朝，高祖手詔曰：「不見君子，中心如醉，一
　　日三歲，我勞如何。飾館華林，拂席相待，卿欲以何日發汝墳也？
　　故復此敕。」〔註11〕

這道手詔中「不見君子，中心如醉，一日三歲，我勞如何」，取典於《詩經·
王風》「行邁靡靡，中心如醉」〔註12〕、「彼采艾兮，一日不見，如三歲兮」
〔註13〕；「我勞如何」取典《詩經·小雅》「道之云遠，我勞如何」〔註14〕。
而「何日發汝墳」取自《詩經·國風·汝墳》，言臣子歸化、厚事其君〔註15〕。
在這道手詔中，孝文帝將《詩經》中體現君臣之義的詩句進行融合，達到詔
書的文學化效果。詔書用典，在漢魏以來不乏其例，孝文帝在這道手詔中用
典正與「雅好讀書，手不釋卷。五經之義，覽之便講」、「才藻富贍，好爲文
章」相印合，直觀地表明了孝文帝詔書的文學化。

　　太和二十三年，孝文帝不豫時亦發佈一道手詔，據《魏書·元勰傳》載：

　　　　（孝文帝不豫）乃手詔世宗曰：「汝第六叔父勰，清規懋賞，
　　與白雲俱潔；厭榮捨紱，以松竹爲心。吾少與綢繆，提攜道趣。每
　　請解朝纓，恬眞丘壑，吾以長兄之重，未忍離遠。何容仍屈素業，
　　長嬰世網。吾百年之後，其聽勰辭蟬捨冕，遂其沖挹之性。無使成
　　王之朝，翻疑姬旦之聖，不亦善乎。汝爲孝子，勿違吾敕。」〔註16〕

孝文帝這道「手詔」頒行對象是皇太子恪，但內容針對的人物卻是元勰。這
道手詔產生的背景是，孝文帝托孤於元勰，勰以「忘退之禍」而推辭。史言
孝文「難奪」元勰之志，才有這道手詔。

　　既然「太和十年已後詔冊，皆帝之文也」，那麼孝文帝的手詔當遠不止於
此，一些稱「朕」的詔書雖未明言出自孝文帝手筆，但事關機密或重任，可
能也是手詔。今舉孝文帝遷洛前後發給鮮卑勳貴元丕的幾道詔書爲例。

　　太和十七年（493）八月己丑車駕發代南伐，孝文帝以太尉元丕、廣陵王
羽留守，降詔丕、羽曰：

〔註11〕《魏書》卷六三《王肅傳》，第 1408 頁。
〔註12〕程俊英、蔣見元：《詩經注析·王風·黍離》，北京：中華書局，1991 年，第
　　　　196 頁。
〔註13〕程俊英、蔣見元：《詩經注析·王風·采葛》，第 212 頁。
〔註14〕程俊英、蔣見元：《詩經注析·小雅·緜蠻》，第 735 頁。
〔註15〕程俊英、蔣見元：《詩經注析·國風·汝墳》，第 26 頁。
〔註16〕《魏書》卷二一下《彭城王勰傳》，第 576 頁。

留守非賢莫可。太尉年尊德重，位總阿衡；羽朕之懿弟，溫柔
明斷。故使二人留守京邑，授以二節，賞罰在手。其祗允成憲，以
稱朕心。〔註17〕

這道詔書是同時下達給元丕、元羽兩位重量級勳貴，因事關京師留守重任，
且詔書用語平實，可以推斷屬於孝文帝手詔。這種推斷有三個條件：其一，
「太和十年已後詔冊，皆帝之文也」；其二，重命所出，須籍皇帝手詔；其
三，受詔者身份特別。前兩個條件不難理解，第三個條件「受詔者身份特別」
不僅僅是就元丕、元羽之德位、宗親身份而言，還有受詔者的性格。今再以
太和十八年十月辛亥車駕發代時，太傅、錄尚書事元丕與太子恂留守時，孝
文帝降詔元丕之例進行解明。詔曰：

中原始構，須朕營視，在代之事，一委太傅。〔註18〕

這道詔書只是發給元丕，在行文風格上與前一道詔書相較，更爲言簡意賅、語
言平實。之所以強調這一點，是考慮到元丕這位受詔者的身份與性格。史言元
丕「雅愛本風，不達新式，至於變俗遷洛，改官制服，禁絕舊言，皆所不願」
〔註19〕，這就決定了孝文帝不可能像手詔王肅一樣引經據典。綜合以上三項條
件以及行文用語，或可判定以上兩道詔書皆屬於孝文帝「手詔」範疇。

又孝明帝手詔，據《魏故比丘尼統慈慶（王鍾兒）墓誌銘》（正光五年五
月）載：

（正光五年）五月庚戌朔七日丙辰遷神於昭儀寺。皇上傷悼，
乃垂手詔曰：尼歷奉五朝，崇重三帝，英明耆老，法門宿齒。並復
東華兆建之日，朕躬誕育之初，每被恩敕，委付侍守。……可給葬
具，一依別敕。〔註20〕

王鍾兒在孝明帝「誕育之初」、「東華兆建之日」（立太子）時有「侍守」之恩，
墓誌所言「皇帝傷悼」非誇飾之詞。羅新先生在考證王鍾兒墓誌時認爲，王氏是
孝明帝極爲寵信的少數人物之一，曾以個人之力及社交圈子影響北魏政治中心的
人物流動與政局走向〔註21〕。基於與王鍾兒的私人關係，孝明帝特別降「手詔」

〔註17〕《魏書》卷一四《元丕傳》，第358～359頁。
〔註18〕《魏書》卷一四《元丕傳》，第360頁。
〔註19〕《魏書》卷一四《元丕傳》，第360頁。
〔註20〕趙超：《漢魏南北朝墓誌彙編》，第147頁。
〔註21〕2016年3月25日北京大學第十二屆史學論壇期間，羅新先生在講演《漫長的
　　　　餘生——個體生命史所呈現的大時代》時提出了這一觀點。4月12日，在復

以表「傷悼」。詔文最後一句「可給葬具，一依別敕」是下達有司的指令，說明這道手詔是下達行政系統並由之執行，與前揭孝文帝手詔太子恪、王肅不同。

那麼「手詔」會有什麼樣的政治效果呢？除了深層的皇帝意志外，「手詔」與中書省草擬的詔書存在一點最直觀的差異——皇帝手跡，這一點有時會成為詔書是否合法的最究極根據，這便是「手詔」的政治意義所在。以劉宋「手詔」為例：

> 時（豫州刺史）殷琰據壽陽為逆，（明帝）遣輔國將軍劉勔攻圍。四方既平，琰嬰城固守，上使中書為詔譬琰，（尚書右僕射、衛尉蔡）興宗曰：「天下既定，是琰思過之日，陛下宜賜手詔數行以相弘慰。今直中書為詔，彼必疑謂非真，未是所以速清方難也。」不從。琰得詔，謂劉勔詐造，果不敢降。〔註22〕

首先判定一下宋明帝「手詔」的類型，史言「詔譬」、「弘慰」，根據前文對王言文體及功能的考察，可以推斷蔡興宗所言「手詔」屬於璽書。其次，關於「中書為詔」被殷琰目為「詐造」的問題，或許與琰曾得明帝詔書有關，史言劉勔圍壽陽之前「上又遣王道隆齎詔宥琰罪」〔註23〕，既然殷琰認定詔書乃「劉勔詐造」，那麼此前的「齎詔」必然與「中書為詔」不同。最後，無論是從蔡興宗的言語中，還是殷琰對中書詔書的反應，皆說明皇帝「手詔」與中書省草擬的詔書是存在差別的，不僅體現在皇帝手跡上，還在於生成程序（「手詔」不須中書覆奏）。

推此而言，「手詔」因皇帝親筆所作，最直觀體現皇帝本人意志，與需要中書省草擬的詔書相較，難以造偽、更直接反映皇帝本人意志，《獨斷》將之目為第一品王言或許與此有關。然而即便是皇帝的「手詔」，也可能會因為皇帝個人的因素以及其它條件的限制而產生不準確的政令，這時作為輔助皇帝的草詔機構，便構成王言生成的重要來源和載體，這也是中書省的制度價值所在。根據《魏書》記載，皇帝一般情況下是將旨意交由草詔機構製作成體現皇帝意志的政令文書，再經皇帝審核後交付官僚系統出納、執行。在此過程中，皇帝意志向國家意志轉化。

旦大學講演《漫長的餘生：個體生命所見的大時代》時，羅氏沿用了在北大講演時的觀點。

〔註22〕 《宋書》卷五七《蔡興宗傳》，第1582頁。

〔註23〕 《宋書》卷八七《殷琰傳》，第2208頁。

二、「中書」〔註24〕草詔——兼論「皇帝——臣」模式的效能

在王言生成的第一環節（草詔）中，如果「手詔」還僅僅是皇帝獨立自導自演的草詔行為，那麼由草詔機構（主要是中書省）參與的詔誥草擬，則是「皇帝——臣」模式協同發揮作用的環節。

在魏晉南北朝時期的制度設定中，王言生成的法定機構是中書省，然而在實際運作中，北魏與東晉都出現了制度外延的異相〔註25〕。根據前文對北魏前期（包括早期）、後期（包括末期）中樞系統的考述，有必要將北魏王言生成的具體風貌分階段進行探究。

（一）北魏早期的王言生成

前文在考述北魏早期中樞構造與王言生成、出納的關係時，梳理了草詔權的掌握者及其身份，即皇始元年（396）十一月，道武帝以屈遵為中書令「出納王言，兼總文誥」；繼屈遵之後，天興元年（398）十一月，尚書吏部郎鄧淵〔註26〕掌握草詔權「軍國文記詔策，多淵所為」。前文指出，北魏早期的草詔權並未完全掌握在中書省。在鄧淵開始接管草詔權的第二個月，即天興元年十二月己丑，拓跋珪即位時發佈的大赦制書，可能是出於鄧淵之手。

又同月正元日，道武帝立壇祭天時公佈的王言祝文，文曰：

> 皇帝臣珪敢用玄牡，昭告於皇天后土之靈：上天降命，乃眷我
> 祖宗世王幽都。……珪以天時人謀，不可久替，謹命禮官，擇吉日
> 受皇帝靈綬。惟神祇其丕祚於魏室，永綏四方。

前文在談論北魏冊書「祝冊」問題時曾引之。與晉武帝、宋武帝的祝冊文相比較而言，文書起首語基本相同，論證皇權合法性的套路、祈求天命的方式以及祝文結構亦多類似。這道祝文採用的是魏晉式的模式，而最熟悉這一套模式的最有可能是漢儒，特別是「明解制度，多識舊事」的鄧淵。當時掌握

〔註24〕之所以將「中書」用雙引號標出，是因為北魏前期、後期的草詔機構並非都是中書省，還包括內秘書省以及門下草詔情形，之所以將「中書」作為草詔機構的稱呼，是基於北魏的制度設計，即中書省一直是草詔行為的法定參與者。

〔註25〕北魏前期、後期、末期的王言生成機構及王言生成問題，前文已經解明；東晉的異相體現在散騎一度掌握草詔權，中書省并入散騎省的情況，相關研究參見祝總斌：《兩漢魏晉南北朝宰相制度研究》，第343頁；黃惠賢：《東晉時期中央決策機構（中書省）的一次短暫變革——散騎諸官研究資料之四》，《魏晉南北朝隋唐史研究與資料》，第201～205頁。

〔註26〕天賜四年（407）鄧淵被誅，其草詔活動只能是在天興元年十一月至天賜四年之間。

草詔權的鄧淵，毫無疑問是參與了這道王言的草擬活動。至於祝文是完全出於鄧淵之手，還是道武帝與鄧淵、崔玄伯等共同完成的，已無從考證。

如果草擬祭天祝文是拓跋珪稱帝之後的必然行爲，與皇帝意志無關，那麼天興三年十二月乙未頒佈的天命詔（又可稱爲「乙未詔」），則是道武帝意志的強烈表達。這項意志的產生與天興年間出現的天象變化直接相關。道武帝稱帝之前的天興元年八月戊辰「木晝見胃」，天象若曰「實能自濟其德而行帝王事」〔註27〕，十二月群臣上尊號。所以天象與稱帝的關係，使得道武帝對天象極爲重視。「太祖天興初，命太史令晁崇修渾儀以觀天象」，天興三年：

> 時太史屢奏天文錯亂，帝親覽經占，多云改王易政，〔註28〕

「太史」即太史令晁崇，屢次上奏的「天文錯亂」即：

> （天興）三年三月乙丑，月犯鎮星，在牽牛。〔註29〕

> 三年三月，有星孛於奎，歷閣道，至紫微西蕃，入北斗魁，犯太陽守，循下臺，輷南宮，履帝坐，遂由端門以出。……天象若曰：君德之不建，人之無援，且有權其列蕃，盜其名器之守而薦食之者矣（後略）〔註30〕

> 天興三年六月庚辰朔，日有蝕之。占曰「外國侵，土地分」〔註31〕

> 七月乙未，月犯鎮星，在牽牛。辛酉，月犯哭星。〔註32〕

在「天文錯亂」和「改王易政」的指導下，道武帝「乃下詔風勵羣下，以帝王繼統，皆有天命，不可妄干」〔註33〕，此「詔」即應天象之變、群情擾動而頒佈的「天命詔」，詔曰：

> 世俗謂漢高起於布衣而有天下，此未達其故也。夫劉承堯統，曠世繼德，有蛇龍之征，致雲彩之應，五緯上聚，天人俱協，明革命之主，大運所鍾，不可以非望求也。……自非繼聖載德，天人合會，帝王之業，夫豈虛應……有國有家者，誠能推廢興之有期，審

〔註27〕《魏書》卷一〇五《天象志三》，第2390頁。
〔註28〕《魏書》卷二《太祖紀》，第37頁。
〔註29〕《魏書》卷一〇五《天象志二》，第2347頁。
〔註30〕《魏書》卷一〇五《天象志三》，第2390頁。
〔註31〕《魏書》卷一〇五《天象志一》，第2334頁。
〔註32〕《魏書》卷一〇五《天象志二》，第2347頁。
〔註33〕《資治通鑒》卷一一一《晉紀》晉安帝隆安四年十二月條，第3516頁。

> 天命之不易，察徵應之潛授，杜競逐之邪言，絕奸雄之僭肆，思多
> 福於止足，則幾於神智矣。……凡厥來世，勖哉戒之，可不慎歟！
> 〔註34〕

這道詔書的文詞水準不是道武帝所能駕馭的，或許草詔者另有其人，可能性最大的就是當時掌握草詔權的鄧淵。

由於道武帝統治的合法性受到天象的威脅，從這道詔文中可管窺群情不安之跡，故道武帝在詔文中極言「自非繼聖載德，天人合會，帝王之業，夫豈虛應」，特別強調了「德」的重要性，似在回應「君德之不建」而名器不守的占文。道武帝對天象的重視，使其「親覽經占」，並在經占所云「改王易政」的指導下，採取舉措：

> 故數革官號，一欲防塞凶狡，二欲消災應變。已而慮羣下疑惑，
> 心謗腹非，丙申復詔曰：（後略）〔註35〕

從這則背景中可以提煉出影響道武帝意志的因素：天文錯亂、經占曰「改王易政」、慮臣下疑惑謗非。在三者的作用下，道武帝產生了為改易官號進行正名的意志，即十二月丙申詔，文曰：

> 上古之治，尚德下名，有任而無爵，易治而事序，故邪謀息而
> 不起，姦慝絕而不作。周姬之末，下凌上替，以號自定，以位制祿，
> 卿世其官，大夫遂事，陽德不暢，議發家陪，故釁由此起，兵由此
> 作。……而今世俗，僉以臺輔為榮貴，企慕而求之。夫此職司，在
> 人主之所任耳，用之則重，捨之則輕。然則官無常名，而任有定分，
> 是則所貴者至矣，何取於鼎司之虛稱也。……是故道義，治之本；
> 名爵，治之末。名不本於道，不可以為宜；爵無補於時，不可以為
> 用。用而不禁，為病深矣。能通其變，不失其正者，其惟聖人乎？
> 來者誠思成敗之理，察治亂之由，鑒殷周之失，革秦漢之弊，則幾
> 於治矣。〔註36〕

這道王言對道武帝的意志進行了加工、論證，並批評了企慕官爵的弊病，提出道本名末的官號理念。整體而言，丙申詔書引古今舊事、文同訓典，儼然出自儒士手筆，同天命詔一樣皆非道武帝所能駕馭。比如在這道王言中論述

〔註34〕《魏書》卷二《太祖紀》，第 37 頁。
〔註35〕《魏書》卷二《太祖紀》，第 37 頁。
〔註36〕《魏書》卷二《太祖紀》，第 37～38 頁。

的「秦漢之弊」，便非道武帝所諳熟，據《魏書‧崔玄伯傳》載：

> 太祖常引問古今舊事，王者制度，治世之則。玄伯陳古人制作之體，及明君賢臣，往代廢興之由，甚合上意。……太祖曾引玄伯講《漢書》（後略）〔註37〕

這段史料表明，論述王者制度、剖析往代廢興並非道武所長。僅就詔書而言，其核心內容與旨意卻符合道武帝論證官號革易之正當性、解除臣下疑惑（心謗腹非）的意志。但詔令的具體內容並非道武帝親自草擬，也很有可能出自鄧淵之手。基於道武帝意志並由草詔之臣完成的天命詔（「乙未詔」）、「丙申詔」，可以視爲「皇帝——臣」複合型產物。

對於明元帝時期的草詔活動是如何進行的問題，《魏書》提供的線索不多，筆者僅搜羅出最重要的兩條。第一條是崔玄伯，《崔玄伯傳》云「玄伯自非朝廷文誥，四方書檄，初不染翰」〔註38〕，明元帝即位時「命玄伯居門下省」。至於何時、以何官草擬「朝廷文誥」，這條線索未給出明晰的交代。第二條是穆觀，觀在明元帝即位之初，以左衛將軍內侍左右、「綰門下中書，出納詔命」，被明元帝稱爲「達於政要，識吾旨趣」〔註39〕。在第一條線索上，崔玄伯並不屬於中書系統，參與草詔與鄧淵之例相似。在第二條線索上，穆觀「少以文藝知名」且諳熟鮮卑「舊事」，並「綰中書門下」，加之「達於政要」、識明元帝之旨趣，那麼可以判斷，穆觀屬於草詔的核心成員。職是而言，這兩條線索有一個共同的指向——崔、穆二人皆構成明元朝王言生成的主要參與者。今舉永興五年（413）二月「求儁逸詔」爲例，詔曰：

> 分遣使者巡求儁逸，其豪門強族爲州閭所推者，及有文武才幹、臨疑能決，或有先賢世胄、德行清美、學優義博、可爲人師者，各令詣京師，當隨才敘用，以贊庶政。〔註40〕

在草擬這道詔書的過程中，明元帝極有可能向諳熟漢人士族狀況的崔玄伯「虛己訪問」，甚至由之草擬文誥。自穆觀任左衛將軍「綰門下中書」，後（泰常三年之前）轉任侍中，或許仍在「內侍」履歷中「出納詔命」。其子壽在太武朝爲侍中、中書監「有聲內外」〔註41〕，大抵與穆觀「綰門下中書」相似。

〔註37〕《魏書》卷二四《崔玄伯傳》，第 621 頁。
〔註38〕《魏書》卷二四《崔玄伯傳》，第 623 頁。
〔註39〕《魏書》卷三五《崔浩傳》，第 813 頁。
〔註40〕《魏書》卷三《太宗紀》，第 52 頁。
〔註41〕《魏書》卷二七《穆崇傳附壽傳》，第 665 頁。

這道詔書出自何人手筆、如何草擬完成的，已不可考，然糾合前揭兩條線索，或可以做出一個推斷——這道詔書亦屬於「皇帝——臣」的複合型產物。

綜上所考，道武、明元兩朝的草詔活動主要由臣僚完成，鮮見二帝親自草詔的記載，這或許說明第一品王言在道武、明元兩朝的生成主要依靠「皇帝——臣」的方式完成，而且這一模式可能具有偏重「臣」一端的傾向。至太武朝，隨著中樞系統的改組與完善，王言生成程序在「臣」的一端漸趨複雜化。

（二）太武至孝文朝的王言草擬

道武、明元兩朝的王言生成，主要可以歸入「皇帝——臣」複合模式之中，而且在王言生成一途，中書省並非皇帝之外的唯一草詔者，這說明兩朝的王言制度尚具有制度之外的運行空間。這種制度之外的運行空間，在太武朝形成新的機構——內侍省。造成的政治效果是，內侍省侵奪了中書省的草詔權。同前兩朝一樣，太武朝也存在草詔機構之外的草詔者，如崔玄伯之子浩。以上兩類現象構成「皇帝——臣」模式的一端，而居於另一端的「皇帝」，即可參與到這種模式中，也可獨立完成草詔，即前文所討論的「手詔」。居於兩端的草詔者，掌控著太武帝至孝文帝時期的第一品王言。今展開如下。

神䴥四年（429）九月壬申的「徵士詔」是太武朝較爲有名的詔書，其文曰：

> 頃逆命縱逸，方夏未寧，戎車屢駕，不遑休息。今二寇摧殄，士馬無爲，方將偃武修文，遵太平之化，理廢職，舉逸民，拔起幽窮，延登儁乂，昧旦思求，想遇師輔，雖殷宗之夢板築，罔以加也。訪諸有司，咸稱范陽盧玄、博陵崔綽、趙郡李靈、河間邢穎、勃海高允、廣平游雅、太原張偉等，皆賢儁之冑，冠冕州邦，有羽儀之用。詩不云乎，「鶴鳴九臯，聲聞于天」，庶得其人，任之政事，共臻邕熙之美。易曰：「我有好爵，吾與爾縻之。」如玄之比，隱跡衡門、不耀名譽者，盡敕州郡以禮發遣。〔註42〕

「徵士詔」直接反應了太武帝徵士的強烈意志，且被高允稱爲「親發明詔」〔註43〕，雖難以證成「手詔」之名，卻足以證明太武帝擬定了明確的詔旨。此詔頒佈的政治背景是神䴥年間西殄赫連、南摧江楚，形成「宇內平定」的

〔註42〕《魏書》卷四上《世祖紀上》，第 79 頁。
〔註43〕高允在《徵士頌》中曰太武帝「親發明詔，以徵玄等」，《魏書》卷四八《高允傳》，第 1081 頁。

圖景，於是太武帝產生「偃武修文，遵太平之化」的意志，故訪於有司，親下明詔徵士。

根據高允《徵士頌》可知，「徵士詔」重點圈定的盧玄等七人皆應命〔註44〕，在所徵四十二人中，就命者凡三十五人，其它依例徵遣者「不可稱記」，史稱「徵玄等及州郡所遣，至者數百人，皆差次敘用」〔註45〕。根據州郡執行「徵士詔」過程與方式，亦可見河北士族應命之實際情形，徵士詔下達後「辟召賢良，而州郡多逼遣之」。對於「州郡多逼遣」現象，從河北士族的角度言之，是不合作態度；從太武帝角度而言，是破壞了「盡敕州郡以禮發遣」的執行原則，致使「徵士詔」所體現的太武帝「偃武修文」之德與禮待儁乂的意志隨之消解。針對後一問題，翌年（延和元年）十二月，太武帝自和龍還平城後，又下了一道詔書，詔曰：

> 朕除僞平暴，征討累年，思得英賢，緝熙治道，故詔州郡搜揚隱逸，進舉賢俊。古之君子，養志衡門，德成業就，才爲世使。或雍容雅步，三命而後至；或栖栖遑遑，負鼎而自達。雖徇尚不同，濟時一也。諸召人皆當以禮申諭，任其進退，何逼遣之有也！此刺史、守宰宣揚失旨，豈復光益，乃所以彰朕不德。自今以後，各令鄉閭推舉，守宰但宣朕虛心求賢之意。既至，當待以不次之舉，隨才文武，任之政事。其明宣敕，咸使聞知。〔註46〕

這道詔書一以貫之了「徵士詔」的意志，即太武帝前後兩道詔書的一致性。可足道者，太武帝在這道詔書中又將徵士的意志與旨趣闡發了一番，即「思得英賢，緝熙治道」，太武帝通過「徵士詔」將這一意志具化爲政令，詔州郡「搜揚隱逸，進舉賢俊」。在詔令的權威下，州郡可能爲完成指標而採用「逼遣」的執行方式。太武帝認爲州郡此舉一則「失旨」，二則有虧聖德，故而在這道詔書中明確了州郡舉賢的新原則——「但宣朕虛心求賢之意」，剔除了「徵士詔」中「盡敕州郡以禮發遣」所隱含的強制性指令。不過，最終仍有不應命就徵者〔註47〕，《徵士頌》所記三十五人當是這道詔書下達後最終就命的名士人數。

〔註44〕《魏書》卷四八《高允傳》，第1078～1080頁。
〔註45〕《魏書》卷四上《世祖紀上》，第79頁。
〔註46〕《魏書》卷四上《世祖紀上》，第81～82頁。
〔註47〕《魏書》卷四八《高允傳》，第1078頁。

　　從第一道「徵士詔」的生成、執行，至於修正「徵士詔」而形成、頒行的再詔，都在太武帝徵納漢人士族的政治意志層面保持了一貫性。除此之外，在兩道詔書的草擬環節，已無從尋覓更具體的細節。

　　至於在「皇帝──臣」模式中，臣僚參與王言草擬的事例，可舉延和元年（432）九月太武帝冊封沮渠蒙遜文書作為一例，冊曰：

> 昔我皇祖胄自黃軒，總御羣才，攝服戎夏，疊曜重光，不殞其舊。逮於太祖，應期協運，大業唯新，奄有區宇，受命作魏。降及太宗，廣闢崇基，政和民阜。朕承天緒，思廓宇縣，然時運或否，霧霧四張，赫連跋扈於關西，大檀陸梁於漠北，戎夷負阻，江淮未賓，是用自東徂西，戎軒屢駕。賴宗廟靈長，將士宣力，克翦凶渠，震服強獷，四方漸泰，表裏無塵。……其以太傅行征西大將軍，仗鉞秉旄，鷹揚河右，遠祛王略，懷柔荒隅，北盡於窮髮，南極於庸岷，西被於昆嶺，東至於河曲，王實征之，以夾輔皇室。又命王建國：署將相羣卿百官，承制假授，除文官刺史以還、武官撫軍以下：建天子旌旗，出入警蹕，如漢初諸侯王故事。欽哉惟時，往踐乃職，祗服朕命，協亮天工，俾九德咸事，無忝庶官，用終爾顯德，對揚我皇祖之休烈。〔註48〕

冊文出自崔浩之手〔註49〕，篇幅較長、內容宏大，且行文亦跌宕起伏、層次分明。前三句列述拓跋魏受命有自、法統沿襲之由。而後具陳拓跋魏震服四方之武功、冊沮渠蒙遜為涼王之命。最後「用終爾顯德，對揚我皇祖之休烈」云云，遵循了魏晉以來冊書結尾的告諭格式。冊文雖出自崔浩，然通徹皆是太武帝的意志，而且是基於太武帝的口吻草擬，如「昔我皇祖胄自黃軒」云云以及「祗服朕命」之諭，很顯然，這道冊書完全符合「皇帝──臣」模式。除卻草擬問題，這道冊書已經超脫出拓跋氏域內的封爵體制，將國家意志轉入北魏與北涼國藩屬關係的層面。這道冊書將拓跋魏的國家意志灌入到沮渠蒙遜政權中，構築出以外臣為輔「祗服朕命，協亮天工」的北魏天下秩序。

　　這樣的冊書施諸域外，雖屬王言之一種，卻是冊書中較為特殊的一種情形。在太武朝，王言生成與運作機制的常規形態是內侍系統「管司王言」。如河北大族李敷，真君二年（441）之後，入為中散「與李欣、盧遐、（盧）度

〔註48〕《魏書》卷九九《盧水胡沮渠蒙遜傳》，第2205～2206頁。
〔註49〕史稱「崔浩之辭也」，《魏書》卷九九《盧水胡沮渠蒙遜傳》，第2205頁。

世等並以聰敏內參機密，出入詔命」。那麼「內參機密，出入詔命」是怎樣的表現呢？眞君四年六月庚寅「復民貲賦詔」曰：

> 朕承天子民，憂理萬國，<u>欲令百姓家給人足，興於禮義</u>。而牧守令宰不能助朕宣揚恩德，勤恤民隱，至乃侵奪其產，加以殘虐，非所以爲治也。今復民貲賦三年，<u>其田租歲輸如常</u>。牧守之徒，各屬精爲治，勸課農桑，不聽妄有徵發，有司彈糾，勿有所縱。〔註50〕

這道詔書旨在解決的是農耕區的民生問題。在這道詔書制定過程中，因涉及到如何調整農耕區的田租徵收問題，故而需要顧問諳熟此事的漢人士族。當時「內參機密，出入詔命」的李欣、盧遐、盧度世等人，或許正參預顧問。

當時雖有中散「內參機密，出入詔命」，而時任侍中、領中秘書監掌控內秘書省的宜都王穆壽〔註51〕，則對王言生成程序具有監管權。如前文所引太平眞君五年正月庚戌制詔，曰：

> 自頃以來，軍國多事，未宣文教，非所以整齊風俗，示軌則於天下也。今制自王公已下至於卿士，其子息皆詣太學。其百工伎巧、騶卒子息，當習其父兄所業，不聽私立學校。違者師身死，主人門誅。

這道制書頒佈之時，正值穆壽中秘書監任內。按照太武朝內秘書掌詔誥的制度，可以斷定眞君五年的庚戌制書在生成過程中亦有穆壽的參與〔註52〕。庚戌制書將神麚四年「徵士詔」所宣言的文教理念再次提升到國政層面，並以之作爲「整齊風俗」、「示軌則於天下」的根本，故而在操作層面制定學校制度，附於律令之下。

在王言生成中，臣僚參與其中的另一表徵是草詔時採用的駢文、散文體。如眞君中，烏洛侯國遣使朝獻，云拓跋氏祖宗之廟有神驗之徵，其歲，太武帝遣使告祭：

> 祝曰：「<u>維太平眞君四年癸未歲七月廿五日，天子臣燾使謁者僕射庫六官、中書侍郎李敞傳宬</u>用駿足、一元大武、柔毛之牲敢昭告於皇天之神：啓辟之初，祐我皇祖。於彼土田，歷載億年。聿來

〔註50〕《魏書》卷四下《世祖紀下》，第96頁。

〔註51〕《魏書》卷四下《世祖紀下》作「侍中、中書監」，第96頁。穆壽本傳與之同。《穆亮墓誌》（景明三年六月）作「侍中、征東大將軍、領中秘書監」。

〔註52〕無論是《魏書》所載穆壽爲「中書監」，還是《穆壽墓誌》所載「中秘書監」，穆壽對草擬好的詔誥皆有審署、監督權，可參閱祝總斌：《兩漢魏晉南北朝宰相制度研究》，第370頁。

南遷，應受多福。光宅中原，惟祖惟父。……歸以謝施，推以配天。

子子孫孫，福祿永延。（後略）」〔註53〕

與道武帝祝文以及真君以前的詔書相較，這段祝文最明顯的變化是完全採用了駢體文，或許是出自當時「內參機密，出入詔命」的李欣、盧度世等士人手筆，而此前崔浩所作冊書採用的則是駢散結合的文體。

文成帝在王言生成一途，一遵太武之式，但凡總則王言者，必爲內侍官。如李敷以「性謙恭，加有文學」而由中散遷秘書下大夫「典掌要切」，後遷「中書監，領內外秘書」、「朝政大議，無政不關」〔註54〕。說明內侍省作爲王言生成的核心地位已經穩定下來。獻文帝天安元年（466），崔衡「擢爲內秘書中散，班下詔命及御所覽書，多其跡也」〔註55〕，延續了前朝制度。與之同時，天安元年二月庚申馮太后誅乙渾時，引中書令高允、中書侍郎高閭入居禁中參決大政，形成內秘書官與中書官直禁中、同掌王言的局面。這就在遵循前朝制度、不突破前朝規則的前提下，將中書系統的草詔者加入內侍系統，形成兩套草詔系統交互共存的格局。也就意味著，在第一品王言生成一途，居於「皇帝──臣」模式一端的「臣」在結構構造上產生了不同於前朝的變化，但是還沒有突破太武帝所設定的框架。至孝文帝初，李沖爲主文中散、內秘書令而典禁中文書時，中書令高允、高閭亦於禁中「委以機密」、草擬詔誥〔註56〕，這尚且處於以上變化的持續階段。馮太后兩度臨朝時期，以獻文帝和孝文帝名義發佈的王言文書，便是在內秘書和中書省的協同配合中草擬完成。如太和元年（477）正月乙酉朔，改元太和大赦詔：

門下：朕夙承寶業，懼不堪荷，而天眷具臻，地瑞並應，風和氣婉，天人交協，豈朕沖昧，所能致哉，實賴神祇七廟降福之助。今三正告初，祇感交切，宜因陽始，協典革元，其改今號爲太和元年，大赦天下。〔註57〕

〔註53〕嘎仙洞石刻祝文，參見米文平：《鮮卑石室的發現與初步研究》，《文物》1981年第2期，第2頁，拓片第8頁。石刻祝文與《魏書》記載有出入，可參閱《魏書》卷一○八《禮志一》，第2738頁。

〔註54〕《魏書》卷三六《李順傳》，第833頁。

〔註55〕《魏書》卷二四《崔玄伯傳附衡傳》，第625頁。

〔註56〕高允本傳稱「自高宗迄於先祖，軍國書檄，多允文也」，《魏書》卷四八《高允傳》，第1086頁。高閭本傳稱詔令書檄皆其文也。

〔註57〕〔唐〕許敬宗編，羅國威整理：《日藏弘仁本文館詞林校正》卷六六八，第335頁。

時孝文帝尚不滿十周歲〔註58〕，馮太后臨朝稱制。此時高閭以文章富麗而拜為「中書令、給事中」，參預機密，詔令皆其文。故而，改元太和大赦詔可能出自高閭之手〔註59〕。改元大赦詔頒行於天下，詔書稱「朕夙承寶業」云云，即是將馮太后改元大赦的意志以孝文帝的名義表達出來。

承明元年（476）高閭由中書侍郎遷中書令，至太和九年（485）時已由中書令轉中書監，總詔誥。太和九年孝文帝詔閭為詔，閭草詔失旨，孝文責曰「卿為<u>中書監，職典文詞，所造旨書，不論彼之凶事</u>。若知而不作，罪在灼然，<u>若情思不至，應謝所任</u>。」筆者已於前文進行解析，此處需要解明的是，自承明元年至太和九年的十年，由高閭主事的中書省「職典文詞」、受敕草詔。高閭受敕草詔，因詔草失旨而受孝文帝責問，高閭陳其狀曰「如臣愚見，謂不宜弔」，證明高閭在草詔時融入了自己的意志（「情思」）。經過君臣一番對話後，孝文帝要求高閭重新草詔，並且明確加入了「今為旨書，可明牟提忠於其國，使蠕蠕主知之」的旨意。最終成型的詔書，便基於孝文帝與高閭的商議意見。

高閭草詔一例說明，在第一品王言的草擬階段，作為「皇帝——臣」一端的「臣」能夠將意志融入到草詔行為中。一道完成的詔書在「皇帝——臣」模式中一般存在三種情況：其一，皇帝擬定詔旨，臣僚完全按照皇帝的意旨草擬文詞，不融入臣僚的意志；其二，皇帝擬定詔旨，臣僚在草擬文詞時融入了有限度的意志，並且與皇帝意志不衝突；其三，皇帝擬定詔旨，臣僚在草擬文詞時融入了較多的意志與判斷，甚至出現「不達旨意」的情形。高閭之例，顯然屬於第三種，故而受到孝文帝批評。其實對於第三種情形，有一種化解的方式，即臣僚在不同意皇帝旨意的情況下，可以諫諍，如前揭中書侍郎高允受太武帝詔旨（關於崔浩案的處置）後，便「遲疑不為」、「乞更一見」進行諫諍。後二者屬於詔草形成之前，「皇帝——臣」模式自主對詔草之源——旨意進行調整的類型，與這一類型相較，亦存在在草詔環節中皇帝和臣僚不商議、調整旨意的類型，前述第一種便是如此。

從太和九年孝文帝責高閭草詔失旨一事可知，太和前十年，中書長官

〔註58〕 孝文帝生於皇興元年（467）八月戊申，獻文帝為之改元皇興元年，至於太和元年（477）正月改元，孝文帝尚不足 10 周歲。獻文帝崩於承明元年，翌年馮太后改元太和。

〔註59〕 高閭拜中書令後，高允轉中書監，太和「七年秋中書監高允奏樂府歌詞」即是其證，參見《魏書》卷一〇九《樂志》，第 2829 頁。

（監、令）「職典文詞」協助皇帝草詔，完成皇帝意志的文書化過程。而太和十年之後詔冊，史稱「皆帝之文也」，這一記載在爲前文討論「手詔」問題時提供了根據，同時也產生了一個問題，即孝文草詔與中書草詔難以作嚴格有序的劃分〔註60〕。雖然太和十年之後詔冊「皆帝之文」，實際上自太和九年至太和十八年的中書監一直是高閭，那麼中書省「職典文詞」的草詔機制定然運作不息。另據前文關於北魏後期中書省的考察，可以斷定太和十年之後必然存在中書省草詔與孝文帝草詔並存的王言生成格局。只是「皆帝之文也」的記載一方面較大限度地遮蔽了中書省的機能，另一方面造成「皇帝——臣」模式向皇帝一端傾斜。這種傾斜造成的效果是，孝文帝通過「手詔」的運作將皇帝意志直接公文書化，在此過程中，臣僚參與草詔的權力以及草詔意志皆受到削弱。除此之外，在王言生成格局層面，亦有一變。太和中，孝文帝廢除了內侍省，所屬草詔權歸入中書省，這就改變了太武已降至孝文初所維持的基本框架。孝文帝通過重整中樞結構，將中書省設定爲皇帝之外的唯一法定草詔者。隨之而變的是，第一品王言的生成固化爲兩種來源：皇帝、中書省。這對「皇帝——臣」複合型模式造成的影響是，「臣」一方被規約在了中書制度之中，草詔完全成爲「臣」的制度化職責。

宣武帝遵循了孝文朝所設定的制度框架，敕中書官爲詔成爲第一品王言生成的主要方式，其「手詔」已經無法與孝文帝比肩。要之，「皇帝——臣」模式向「臣」一方傾斜，除了草詔活動的頻繁化外，又表現爲中書官的諫諍權〔註61〕。另外，「臣」與王言草擬活動的關係，在墓誌中已經固化爲既定的書寫格式。即便宣武朝遵循了中樞結構對草詔與出納程序的規約，卻在制度之外產生了新的草詔者，這便是孝明朝的變局。

在孝文帝所設定的「皇帝——臣」草詔制度中，「臣」被設定爲中書監、令與中書侍郎，只有三者才具備制度所賦予的草詔資格，按照皇帝意志草擬進畫，這是「皇帝——臣」的基本體現。至孝明帝朝，居於制度框架之內的中書監、令與中書侍郎開始失去草詔權。而在制度設定內未被賦予草詔資格的中書舍人，以及非中書系統的侍中、黃門侍郎，則通過皇帝的臨時性任使參與到草詔的程序之中、漸侵中書草詔權，成爲第一品王言生成的新合作者。

〔註60〕 如前文已述，明言「手詔」則出自皇帝之手，而大部份王言文書並不能明確辨別何者出自手詔，何者出自中書。

〔註61〕 如前文所引《崔光傳》，又可參閱前文對北魏後期中書監、令與中書侍郎草詔權問題所作的考察，此處不作贅述。

在另一端，由於胡太后臨朝稱制，甚至稱「令」曰「詔」、自稱曰「朕」，一度成爲假「皇帝」。在這種局面中，「皇帝——臣」在兩端基本同時發生變化，而且作爲制度之外的草詔者，中書舍人、黃門侍郎的草詔權也得以強化。最典型的就是前文言及的「徐紇現象」，史稱「軍國詔命，莫不由之」，使得「皇帝——臣」向後者傾斜。「徐紇現象」是第一品王言生成機制的變異，徐紇「參斷機密」以及「矯詔」皆是其證。

孝莊帝及前廢帝時，皇帝與臣在王言生成中既有相互的默契，亦有因草詔者不達旨意而改由皇帝手詔的現象。如魏末三大才子之一的溫子昇，爲孝莊帝中書舍人，永安三年（530）九月積極參與到孝莊帝謀誅尒朱榮、元天穆的機密中，「當時敕詔，子昇詞也」。敕詔曰：

> 門下：蓋天道忌盈，人倫疾惡，疎而不漏，刑之無捨。……河陰之役，安忍無親。王公卿士，一朝塗地。宗親靡遺，内外俱盡。假弄天威，殆危神器。時事倉卒，未遑問罪。尋以葛賊橫行，馬首南向，捨過責成，用平醜虜。及元顥問鼎，大駕北巡，復致勤王，展力行所。……元惡既除，人神慶泰，便可大赦天下。〔註62〕

《文館詞林》載該敕詔的撰寫者是溫子昇。根據「榮入内，遇子昇，把詔書問是何文書」〔註63〕的記載，可以判定溫子昇大赦詔是在孝莊帝近侍寫就。又根據「（九月）戊戌，帝殺榮、天穆於明光殿」後，「乃升閶闔門」發佈大赦詔，可以推斷在溫子昇遇尒朱榮至孝莊帝於閶闔門發佈大赦詔的一段時間内，有兩件安排同時展開：孝莊帝與光祿少卿魯安等共誅尒朱榮、元天穆、尒朱菩提等〔註64〕；溫子昇將大赦詔草拿到門下省謄寫成正式詔書。最後可能是由溫子昇或門下官奉持製作好的詔書與孝莊帝會於閶闔門，才有孝莊帝於閶闔門宣詔大赦的一幕。這道大赦詔乃「子昇詞也」，且是在莊帝近側寫就，說明在草擬時，大赦詔經由莊帝與溫子昇共同完成，至於具體草擬環節與情形雖已不可知，卻不影響「皇帝——臣」模式的運行。

前廢帝即位，在依例草擬大赦詔時，黃門侍郎邢子才爲赦文「敘述莊帝枉殺太原王之狀」，大違前廢帝意志，廢帝曰：

〔註62〕〔唐〕許敬宗編，羅國威整理：《日藏弘仁本文館詞林校正》卷六六九，北京：中華書局，2001年，第366～367頁。又見於《魏書》卷一○《孝莊帝紀》，第265～266頁。二處記載，除個別用字外不同外，内容並無差異。

〔註63〕《魏書》卷八五《文藝‧溫子昇傳》，第1876頁。

〔註64〕《魏書》卷七四《尒朱榮傳》，第1655頁。

永安手翦強臣，非爲失德，直以天下未厭亂，逢成濟之禍。

〔註65〕

作爲登極大赦詔，如何評價前朝對前廢帝而言極爲重要，而在這一理念上，草詔人邢子才與皇帝發生衝突。邢在草詔中認爲莊帝誅尒朱榮、元天穆等屬於「失德」之舉，故冠以「枉殺」之名，而根據前廢帝的言論，可知君臣二人意志不合。因意志不合，導致邢草詔不達旨意，故而前廢帝廢其詔草而「自作之」，詔曰：

門下：朕以寡德，運屬樂推，思與億兆同慶，肆眚之科，一依

恒式。〔註66〕

邢的詔草被廢後，前廢帝直接根據自己的意志親自草詔。這道大赦詔的行文風格與前文所舉「手詔」存在相似之處，特別是孝文帝發給元丕的詔書以及發給王遇的手敕。在王言生成環節，黃門侍郎邢子才的詔草與皇帝的意志所形成的衝突，根源在於尒朱氏勢力強盛，而且前廢帝又是尒朱氏所立，所以邢子才草詔時才不得不考慮尒朱氏的意志，並可能設想前廢帝亦有此意志，以致未達旨意、詔草被廢。

以上是「皇帝——臣」模式下草詔機構（內秘書省、中書省）、草詔者（中書監令、中書侍郎、中書舍人）在王言生成中的關係情況。這一模式開始運作的標誌是，皇帝敕草詔者（一般是中書官）依旨意草詔，後續程序（覆奏畫可、門下省審署）的展開，亦以之爲發端。如前揭孝文帝敕中書監高閭爲詔，便很清晰地反映了北魏皇帝與中書省在王言生成程序中的關係：皇帝敕中書省草詔→中書省按皇帝意旨起草進畫→孝文帝審閱，認爲有不合旨處→召高閭責問→高閭陳情，君臣討論→重新草詔。中書省對皇帝下達草詔的旨意亦具有諫諍權，如中書侍郎高允諫諍太武帝、中書令崔光諫諍宣武帝重新擬定旨意二事。

在第一品王言生成機制中，若非皇帝手詔，那麼由草詔機構參與的草擬活動一般不會跳脫出「皇帝——臣」模式。在這一模式中，中書省草擬王言，是最爲常見的形式，也是魏晉南北朝王言制度的題中之義。只不過在具體運作中，因中樞結構的差異以及中書制度之外存在草詔者的問題，使得北魏在

〔註65〕〔北魏〕楊衒之撰，周祖謨校釋：《洛陽伽藍記校釋》卷二「城東·平等寺」條，第85頁。

〔註66〕〔北魏〕楊衒之撰，周祖謨校釋：《洛陽伽藍記校釋》卷二「城東·平等寺」條，第85頁。

前期、後期以及魏末的王言生成一途存在較大差異。即便如此，中書省仍是法定意義上的草詔機構。由皇帝授意、中書省進行草擬的王言生成方式，是第一品王言的主要特徵。與之相較，第二品王言在來源、生成方式上顯現的便是「皇帝——臣」模式下的另一端圖景。

第二節　第二品王言的生成（上）：奏行文書與詔答式

前揭《獨斷》曰：「群臣有所奏請，尙書令奏之，下有『制曰』，天子答之曰『可』」，即是第二品王言的表現方式。易言之，皇帝通過「制可」（「制曰可」）、「詔可」（「詔曰可」）將奏案體現的臣僚意志轉變爲皇帝意志，以詔書或制書的形式下達，是爲第二品王言。在第二品王言的生成程序中，漢代之制有別於南北朝，在奏事的程序上，漢代「尙書令奏之」類似於南北朝的門下省敷奏。而群臣奏請的文書，又存在多種類別。蔡邕《獨斷》載：

> 凡羣臣上書於天子者有四品：一曰章，二曰奏，三曰表，四曰駁議。〔註67〕

又據《文心雕龍》載：

> 漢定禮儀，則有四品：一曰章，二曰奏，三曰表，四曰議。章以謝恩，奏以按劾，表以陳請，議以執異。……章表奏議，經國之樞機，然闕而不纂者，乃各故事而在職司也。〔註68〕

在漢制的基礎上，魏晉發展出「啓」〔註69〕、「疏」〔註70〕之品，而章奏表議等四品依然行用，所以魏晉南北朝時期群臣上書共有六品。即便如此，上行文書內部所具有的文書流程之分野，依然存在，而這也是影響北魏王言生成途徑、運作風貌的重要因素。

〔註67〕〔漢〕《獨斷》卷上，〔清〕永瑢、紀昀等編纂：《文淵閣四庫全書》第850冊《子部十‧雜家類二》，第850～78頁下欄。

〔註68〕〔南朝梁〕劉勰著，黃叔琳注，李詳補注，楊明熙校注拾遺：《增訂文心雕龍校注》卷五《章表第二十二》，第302頁。

〔註69〕〔南朝梁〕劉勰著，黃叔琳注，李詳補注，楊明熙校注拾遺：《增訂文心雕龍校注》卷五《奏啓第二十三》，第315頁。

〔註70〕興振案：「疏」在漢代已經存在，如《史記‧三王世家》所載「大司馬臣去病昧死再上疏皇帝陛下：（云云）」。不過《獨斷》未將其視爲上行文書之一，或許「疏」在漢代還未發展成爲正式的文書？抑或「疏」與「表」同？不解其故。《魏書‧世祖紀》載太子晃監國「諸上書者皆稱臣，上疏儀與表同」，可以判定北魏的「疏」與「表」有相似之處。

以上幾種上行文書，因類別的不同而具有不同的文書效果。南北朝時期，「奏」作爲行政文書，對上奏者具有嚴格的界定。即在行政系統內，由下達上的文書一般先彙集於尚書省形成文案，再由尚書省奏呈，其後存在門下省平省尚書奏事的環節，最後呈報皇帝批答。所以北魏的奏行文書，可分爲「尚書奏事」和「門下奏事」兩類。凡是奏事，皆須以奏案的形態呈送皇帝批覆，而奏行文書之所以分爲尚書奏事和門下省奏事兩類，直接取決於奏案形成的機構與傳達方式。這也是奏行文書與表、狀、疏、啓類上行文書的根本區別。

既然奏行文書與表狀疏啓等存在不同的處理方式，那麼由兩類上行文書所產生的王言生成機制是怎樣的實態呢？二者從臣僚意志轉化爲皇帝意志經歷了怎樣的流程？

一、奏書與答詔：兼論「皇帝──臣」模式中臣僚意志向皇帝意志的轉化

王言固然是以皇帝的名義發佈，如郭洪伯所言，漢代王言生成運作的起點之一是「皇帝的主動表態」，而另一起點則是臣僚上書〔註71〕，北魏亦然。天興年間議定國號、德運行次，皆將有司奏書、議案植入王言生成之中。那麼何謂「奏」？《文心雕龍》曰：

> 陳政事，獻典儀，上急變，劾愆謬，總謂之奏。奏者，進也；
>
> 言敷於下，情進於上也。〔註72〕

魏晉南北朝時期，臣下所上奏書「號爲讜言」，奏書的屬性是「以明允篤誠爲本，辨析疏通爲首」〔註73〕。「奏」主要是臣僚處理政務、陳政事的上行文書，貴在「辨析疏通」。不過漢代對上奏者的身份並無制度化的區分，以致臣僚上書言政皆可稱「奏」〔註74〕。

〔註71〕 郭洪伯：《「天憲王言」──西漢的制詔生成運作》，第60頁。

〔註72〕 〔南朝梁〕劉勰著，黃叔琳注，李詳補注，楊明照校注拾遺：《增訂文心雕龍校注》卷五《議對第二十三》，第313頁。

〔註73〕 〔南朝梁〕劉勰著，黃叔琳注，李詳補注，楊明照校注拾遺：《增訂文心雕龍校注》卷五《議對第二十三》，第314頁。

〔註74〕 劉后濱指出，東漢時期，「奏」雖然可以作爲一種文書形態，但並非專指一種文書形態，南北朝時期形成的「奏案」才眞正成爲行政環節中的文書形態，並落實到關事儀中。參見劉后濱：《唐代中書門下體制研究──公文形態・政務運行與制度變遷》，第80～83頁。

「奏」之爲體，至南北朝時期與其它上行文書形成嚴格的分野，即「奏案」的形成與律令化。劉后濱研究指出，劉宋時期的尚書省奏書已經寫於「黃案」之上，但「奏案」作爲一種文書形態，最早出現於北魏孝文帝時代，並成爲法令用語〔註75〕。同時在劉宋時期，尚書奏事程序已經固化於儀注中，曰「奏事儀」，今將太子儀注「關」恢復爲皇帝的文書用語「奏」〔註76〕，如下：

> 某曹奏：太常甲乙啓辭。押。某署令某甲上言。某事云云。請
> 臺告報如所稱。主者詳檢相應。請聽如所上。事可。別符申攝奉行。
> 謹奏。
> 　　年月日。〔註77〕

在奏事儀中，太常所上「啓」與對應的某曹「押」，並轉化爲尚書曹的「奏書」。奏書由太常的啓和尚書的批示「主者詳檢相應」、「請聽如所上」、「事可。別符申攝奉行」文書用語，以及「年月日」共同構成。

奏事儀之後，又曰：

> 右關（奏）事儀準於黃案。年月日右〔下〕方，關門下位。年
> 月下〔日〕左方下，附列尚書眾官署。其尚書名下應云「奏」者，
> 今言「關」。餘皆如黃案式。〔註78〕

皇太子儀注除了改動只能由「皇帝」使用的術語外，其它格式依舊遵循了皇帝的文書儀注。「黃案」是「尚書上奏皇帝的一種公文名稱」〔註79〕，尚書省奏事寫就後，於年月日下左方爲門下省官員留出空白以便署位，其後「附列尚書眾官署」，署名之後稱「奏」。而後送門下省平省署位，門下省的奏事權便由此成立。

對於南北朝時期奏行文書的具體形貌，可參閱前舉祝先生討論的高昌奏

〔註75〕劉后濱：《唐代中書門下體制研究——公文形態・政務運行與制度變遷》，第82～83頁。

〔註76〕皇太子監國儀注下曰「其尚書名下應云奏者，今言關。餘皆如黃案式」。《宋書》卷一五《禮志二》，第382頁。

〔註77〕《宋書》卷一五《禮志二》，第381～382頁。興振案：還原後的奏事儀，改「關」爲「奏」，改「諾」爲「可」。對於文書用語的分析，可參見祝總斌：《兩漢魏晉南北朝宰相制度研究》，第302～303頁。根據祝總斌先生對「請聽如所上」的解讀，可知其與「事可」應該點斷。

〔註78〕《宋書》這段史料的句讀存在較大問題，祝總斌先生已經指出，興振在參照祝總斌先生研究成果的基礎上，將這段史料重新進行句讀。參見祝總斌：《兩漢魏晉南北朝宰相制度研究》，第301頁。

〔註79〕祝總斌：《兩漢魏晉南北朝宰相制度研究》，第303頁。

行文書書儀〔註80〕，今不煩備述。除官制系統存在差異外，高昌奏行文書式
與劉宋並無二致。劉宋時期的奏事儀可能與劉后濱所謂的由尚書省官員署名的
「奏案」存在某些關聯，因爲奏事儀體現了奏案的兩個主要因素——審閱意
見（包括請可奉行）、尚書省官員署位。官員署位是奏案生成的最終環節。《魏
書》所見「重奏」、「敷奏」、「覆奏」便是署位後的文書運作現象，其中涉及
尚書奏事和門下奏事問題。

（一）尚書「奏」向王言的轉化（上）：詔答式

1、北魏前期的奏事制度

尚書奏事自道武帝時期已成制度，如天興二年三月分尚書諸曹及外署，
諸曹皆置下大夫「其有文簿，當曹敷奏」，以省文案彈駁之煩。明元帝時劉潔、
古弼分典東、西部尚書事，亦有「敷奏」之權。太武帝時，穆壽爲下大夫「敷
奏機辯，有聲內外」，即是如此。只是北魏前期的奏事制度與魏晉相較，顯得
較爲「另類」，主要體現在奏事機構與奏事方式上。

據《魏書・叔孫俊傳》載：

> 太宗即位，命俊與磨渾等拾遺左右。遷衛將軍，賜爵安城
> 公。……太宗以俊前後功重，軍國大計一以委之，羣官上事，先由
> 俊銓校，然後奏聞。〔註81〕

叔孫俊以「衛將軍」內侍禁中，被委以銓校群臣上書，然後奏聞之任。「銓
校」，可能與劉宋奏事儀所言「詳檢相應」對應。由叔孫俊「奏聞」明元帝
審閱的「群官上事」，在此之前都通過了「銓校」程序，至於未通過程序的
「上事」，《魏書》未作出交代。又根據叔孫俊本傳，左衛將軍既掌「奏聞」，
亦「奉詔宣外」，二者可能是明元帝畫可奏書的前後兩個環節。與叔孫俊相
似的還有前揭薛虎子，「太安中，遷內行長，典奏諸曹事」，都是以內侍的身
份典奏行文書、奏皇帝批答。

居於禁中的中散官和給事官，亦具有典奏文案之權，前文已述不煩備
舉。陳琳國先生認爲太武帝至於孝文帝初期的內侍諸曹具有「敷奏內、外」
之權〔註82〕。與之相應，外朝尚書曹的奏書文案，則是內朝文書運作的重

〔註80〕對於《宋書》載奏事儀與高昌奏行文書式的比較分析，可參閱祝總斌：《兩漢
　　　　魏晉南北朝宰相制度研究》，第313～314頁。

〔註81〕《魏書》卷二九《叔孫建傳附俊傳》，第705～706頁。

〔註82〕陳琳國：《魏晉南北朝政治制度研究》，第108頁。

要來源。據《魏書・劉潔傳》載：

> 太宗寢疾，世祖監國，（典東部事）潔與古弼等選侍東宮，對
> 綜機要，敷奏百揆。〔註83〕

又據《魏書・古弼傳》：

> 古弼，代人也。少忠謹，好讀書……轉門下奏事，以敏正著
> 稱。……令弼典西部，與劉潔等分綰機要，敷奏百揆。〔註84〕

劉潔與門下奏事古弼因分典東、西兩部尚書省，而「分綰機要，敷奏百揆」，
二人的共同點是「直言」、「敏正」、「直而能用」，正與奏書之「讜言」相符。
而與古弼、劉潔同輔太武帝的尉眷、劉庫仁等人，亦分典四部、掌奏事，據
《魏書・尉古眞傳》載：

> 世祖即位，命眷與散騎常侍劉庫仁等八人分典四部，綰奏機
> 要。〔註85〕

此時的散騎常侍仍屬道武朝制度，「內侍左右、出入王言」，既掌典奏某部文
書，又掌出詔納奏之權。其後，古弼「進爲侍中、吏部尚書，典南部奏事」
〔註86〕。劉潔則因「獻直言」、「所在合旨」而超拜尚書令，史稱「朝夕在
樞密，深見委任」〔註87〕。二人後來的職任，亦未脫離奏事。

在四部中，東、西兩部有「敷奏」之權，南部尚書亦是如此，且後者因
掌南部諸州、鎮文案，政務較爲繁重。據《魏書・鄧宗慶傳》載：

> （太宗時，拜南部尚書）宗慶在南部積年，多所敷奏，州鎮憚
> 之，號爲稱職。〔註88〕

在北魏前期，南部尚書的文案多於其它諸部，故常置尚書二員以處理繁重的
政務。所以南部奏事活動也較爲頻繁：

> 高祖初，（南部大夫嶷）出使巡察青、徐、袞、豫，撫慰新附，
> 觀省風俗。還，遷南部尚書，在任十四年。時南州多事，文案盈幾，
> 訟者填門。嶷性儒緩，委隨不斷，終日在坐，昏睡而已。（南部尚書）
> 李欣、鄧宗慶等號爲明察，勤理時務（後略）。〔註89〕

〔註83〕《魏書》卷二八《劉潔傳》，第687頁。
〔註84〕《魏書》卷二八《古弼傳》，第689頁。
〔註85〕《魏書》卷二六《尉古眞傳附眷傳》，第656頁。
〔註86〕《魏書》卷二八《古弼傳》，第690頁。
〔註87〕《魏書》卷二八《劉潔傳》，第688頁。
〔註88〕《魏書》卷二四《鄧淵傳附宗慶傳》，第636頁。
〔註89〕《魏書》卷三三《王憲傳附嶷傳》，第776頁。

同是南部尚書，李欣、鄧宗慶親掌文案、敷奏文書「號爲明察」，似與叔孫俊「銓校」文案然後「奏聞」相似。王嶷既然「性儒緩」而不能「勤理時務」，那麼處理「文案盈幾」、敷奏文書一事的當是另一尚書或南部長。據公孫邃本傳載：

> 初爲選部吏，以積勤，稍遷南部長。敷奏有稱，（孝文時）遷
> 南部尚書，賜爵范陽侯，加左將軍。〔註90〕

繼王嶷之後公孫邃遷南部尚書，在王嶷任南部尚書時，邃應該還是南部長。

北魏前期，諸曹、諸部尚書的奏事行爲在制度上被稱爲「敷奏」，具有以下三種格局：

首先，在魏晉尚書制度的框架內，尚書省諸曹具有受納文案、敷奏百揆之權，尚書省權力運行的場域是「外朝」。

其次，與「外朝」奏事機制相對置的「內朝」亦有奏事運作機制，可分爲兩類：其一，奏事中散，「給事的範圍只應限於禁內」〔註91〕，然具體風貌不明；其二，出入禁中的給事官（宮官）「主管尚書諸曹及諸外曹奏事」〔註92〕。

最後，在奏事流程上，給事官成爲溝通內外朝文書往來的媒介，各曹通過給事中而將奏行文書直接上達皇帝〔註93〕，畫可、詔答的奏行文書亦由給事中呈送各曹。

2、第二品王言的生成──皇帝批答奏行文書

道武帝稱帝後，「詔百司議定行次」〔註94〕，有司議定的環節已不可考，僅知在「議」的環節唯見吏部尚書崔宏議從土德〔註95〕。根據北魏後期議事制度，議定後皆須形成奏行文書，《魏書·太祖紀》言「尚書崔玄伯等奏從土德」〔註96〕云云，可知奏書是由崔宏領銜署名上奏，時崔宏「通署三十六曹，如令僕統事」〔註97〕，故有此謂。《魏書》所載奏事雖已非原貌，但大體內容

〔註90〕《魏書》卷三三《公孫表傳附邃傳》，第 785〜786 頁。
〔註91〕陳琳國：《魏晉南北朝政治制度研究》，第 114 頁。
〔註92〕陳琳國：《魏晉南北朝政治制度研究》，第 114 頁。
〔註93〕陳琳國先生指出，一曹一給事，君主通過給事中對各行政機構進行對口領導。
　　　　參見陳琳國：《魏晉南北朝政治制度研究》，第 114 頁。
〔註94〕《魏書》卷二《太祖紀》，第 34 頁。
〔註95〕《資治通鑒》卷一一○《晉紀》安帝隆安二年十二月條，第 3484 頁。
〔註96〕《禮志》曰「群臣奏以國家繼黃帝之後，宜爲土德」云云，參見《魏書》卷
　　　　一○八《禮志一》，第 2734 頁。
〔註97〕《魏書》卷二四《崔玄伯傳》，第 621 頁。

猶存，曰：

> 服色尚黃，數用五，未祖辰臘，犧牲用白，五郊立氣，宣贊時
> 令，敬授民時，行夏之正。〔註98〕

奏「從土德」乃是百司承詔議定行次之後形成的請可意見，至於是以「制可」的形式形成制書，還是以「制曰」的形式形成制書，已經無從考證。

太武帝時，敕勒新民「期牛馬飽草，當赴漠北」，尚書令劉潔、左僕射安原聯署奏事：

> 欲及河冰未解，徙之河西，冰解之後，不得北遁。

太武帝的批示如下：

> 不然。此等習俗，放散日久，有似園中之鹿，急則衝突，緩之
> 則定。吾自處之有道，不煩徙也。

收到太武帝詔書批覆後「潔等固執」，太武帝「乃聽分徙三萬餘落於河西，西至白鹽池」〔註99〕，當是在劉潔奏書之上形成了另一道詔書，遷徙敕勒新民於河西之中。

尚書機構加工生成的奏行文書有兩種來源，劉潔所上是尚書省內部形成的文案，另一種來源則是尚書所受地方或下屬機構的文案，前揭南部尚書所受地方訴訟等文案而出現「文案盈幾」現象便是其中一種〔註100〕。如尚書令古弼將上谷民上書加工成奏行文書一例：

> 上谷民上書，言苑圍過度，民無田業，乞減太半，以賜貧人。
> 弼覽見之，入欲陳奏，遇世祖與給事中劉樹碁，志不聽事。弼侍坐
> 良久，不獲申聞。乃起，於世祖前捽樹頭，掣下床，以手搏其耳，
> 以拳毆其背曰：「朝廷不治，實爾之罪！」世祖失容放碁曰：「不聽
> 奏事，實在朕躬，樹何罪？置之！」弼具狀以聞。世祖奇弼公直，
> 皆可其所奏，以丐百姓。〔註101〕

可將這段史料分為四部份內容：一、地方上書言政要經過尚書省；二、尚書省審閱地方上達的文案，具有陳奏權〔註102〕；三、奏事前須「獲申聞」，然后

〔註98〕《魏書》卷二《太祖紀》，第 34 頁。
〔註99〕以上五條史料見於《魏書》卷二八《劉潔傳》，第 687 頁。
〔註100〕在論文修改過程中，業師牟發松先生認為，「根據上下文『文案盈幾』似為訴訟案卷，應獨立斷案，除非有疑讞須上奏。」
〔註101〕《魏書》卷二八《古弼傳》，第 691 頁。
〔註102〕興振案：時古弼亦為侍中，故得出入禁中陳奏。

皇帝「聽奏事」；四、奏聞後，若皇帝同意，便御畫「可」。由「可其所奏」，亦可窺見尚書省「請畫可」的迹象。

又眞君五年（444）二月，張掖郡上言「今石文記國家祖宗諱，著受命之符」，後安樂王範、建寧王崇（侍中）、常山王素、恒農王奚斤上奏曰：

（前略）臣等幸遭盛化，沐浴光寵，無以對揚天休，增廣天地，謹與羣臣參議，宜以石文之徵，宣告四海，令方外僭竊知天命有歸。〔註103〕

從這道奏書內容來看，在形成奏行文書之前，經過了「群臣參議」的環節，形成「宜以石文之徵，宣告四海」的請詔意見。對此，太武帝的詔答是：

制曰：「此天地況施，乃先祖父之遺徵，豈朕一人所能獨致。可如所奏。」〔註104〕

前文已言，「制曰」的形成是「皇帝──臣」模式運作的產物，落實到文書行政層面則是對臣僚奏請文書的批答──「可如所奏」。批答並非簡單的畫可，太武帝在批答中注入了鮮明的意志──「乃先祖父之遺徵，豈朕一人所能獨致」。在批答之前，安樂王範等人署名的奏行文書體現的僅僅是臣僚的意志，不屬於王言的範疇，奏行文書轉化爲王言的關鍵是「制曰」所云「可如所奏」。職是之故，這道王言由兩部份構成──安樂王範等署名的奏行文書與「制曰」。

前舉奏行文書所言「宜以石文之徵」云云，實際上是請太武帝畫可的用語。在敷奏環節中，尚書省存在「請可」奉行的權力，前文所討論的劉宋關事儀已經說明這一點。不過在「請可」的環節也會出現一些問題，如疑請。據《魏書・刑罰志》載：

（延興四年）先是諸曹奏事，多有疑請，又口傳詔敕，或致矯擅。於是事無大小，皆令據律正名，不得疑奏。合則制可，失衷則彈詰之，盡從中墨詔。自是事咸精詳，下莫敢相關。〔註105〕

「諸曹奏事」與「合則制可」屬於文書行政的兩種環節──前者是尚書曹例行公事，奏請畫可；後者則可能是門下省敷奏尚書奏事，而「彈詰」即駁奏之權。「合」與「失衷」的準繩在於是否「據律正名」，諸曹在敷奏時，

〔註103〕《魏書》卷一一二下《靈徵志下》，第 2954～2955 頁。

〔註104〕《魏書》卷一一二下《靈徵志下》，第 2955 頁。

〔註105〕《魏書》卷一一一《刑罰志七》，第 2876 頁。

根據這一標準判定奏行文書是「合」還是「失衷」，「合則制可，失衷則彈詰之」。這一奏事制度的確立，形成「事咸精詳，下莫敢相罔」的文書行政效果。

將「皆令據律正名」、「合則制可，失衷則彈詰之」與《宋書》所載奏事儀「主者詳檢相應」〔註106〕相較，可發現南朝與北魏對尚書奏事皆有相似的奏書案檢程序。而這一程序，於北魏而言，在獻文帝已降才制度化。

關於「制可」或「詔可」的形成方式，存在兩種：一，據《獨斷》載東漢之制，尚書令奏轉奏案時會在文書之末題「制曰」二字，皇帝在「制曰」之下畫「可」；二，《唐六典》載奏案或詔草「覆奏畫可訖，留門下省為案」，門下省更寫一通後由侍中注「制可」或「詔可」〔註107〕。至於北魏的「制可」屬於何種類型，因缺乏確切的史料記載，故本文對這一問題只能存疑。

除了詔答「可」的方式外，還存在「詔曰」的批答方式，據《魏書‧禮志》載：

> 高祖延興二年（472），有司奏天地五郊、社稷已下及諸神，合一千七十五所，歲用牲七萬五千五百。顯祖深愍生命，乃詔曰：「朕承天事神，以育羣品，而咸秩處廣，用牲甚眾。夫神聰明正直，享德與信，何必在牲。……其命有司，非郊天地、宗廟、社稷之祀，皆無用牲。」於是羣祀悉用酒脯。〔註108〕

獻文帝是以太上皇的名義下達詔書，有司奏事只是陳述祭祀用牲情況，並未提出相關方案，故而獻文帝沒法畫可。獻文帝既然無法畫可批答，便在奏書之外擬定了一道包含禁止用牲法令的詔書，付有司執行。由「奏書」＋「制可（詔可）」組合而構成的制書或詔書，「可」意味著「奏書」的王言化，即臣僚意志轉化為皇帝（國家）意志。與之相較，「奏書」＋「詔曰（制曰）」組合式王言，則要複雜的多，因為這種組合式不僅是形式上的，亦是內容上的。這種現象在北魏後期較為常見。

奏行文書，除了前揭自發形成（諸曹省務）與受地方州郡文書兩類產生方式外，還存在第三種情況，即應答皇帝政務命令。如太和元年詔曰：

〔註106〕祝總斌先生釋曰：經有關負責人審查，認為太常的請求與制度相符合。祝總斌：《兩漢魏晉南北朝宰相制度研究》，第302頁。

〔註107〕〔唐〕李林甫等撰，陳仲夫點校：《唐六典》卷八「門下省‧侍中」條，第242頁。

〔註108〕《魏書》卷一〇八《禮志‧祭祀上》，第2740頁。

刑法所以禁暴息奸，絕其命不在裸形。其參詳舊典，務從寬仁。
〔註109〕

詔書下達有司後，尚書省舉行了集議，集議的結果由司徒元丕領銜上奏，奏案曰：

（前略）臣等謹議：大逆及賊各棄市袒斬，盜及吏受賕各絞刑，餘諸旬師。〔註110〕

尚書省在參議基礎上提出的奏案，呈現了刑法「務從寬仁」的一些具體措施。然而「孝文帝」〔註111〕並未直接畫可，而是將刑法寬仁的理念——「齊之以法，示之以禮」植入答詔中，云：

民由化穆，非嚴刑所制。防之雖峻，陷者彌甚。今犯法至死，同入斬刑，去衣裸體，男女媟見。豈齊之以法，示之以禮者也。今具爲之制。〔註112〕

這道詔書最爲關鍵的內容是「今具爲之制」。從答詔的內容來看，「孝文帝」同意了「棄市袒斬」而不再「去衣裸體」的提案，並且在答詔中直接展露「孝文帝」的禮法意志。與簡單的畫「可」式相較，「詔曰」式更能體現出第二品王言生成與運作中「皇帝——臣」模式的實質。

這種奏行文書的形成與「議」存在莫大關係，構成第二品王言生成程序中較爲重要的一環，同時也是奏行文書形成的一種途徑。因「議」關涉的環節較多，後文將單獨討論，故按下不表。

北魏前期的奏事制度，雜糅胡漢之制，所以在運作層面也兼具魏晉尚書制與鮮卑內侍制兩種因素。在奏行文書基礎上生成的第二品王言，無外乎兩種類型——詔可、制可式〔註113〕與詔曰（云云）、制曰（云云）式。以太和中爲臨界點，北魏的奏事制度發生轉型，王言生成機制也愈發規範化。

〔註109〕《魏書》卷一一一《刑罰志》，第2876頁。
〔註110〕《魏書》卷一一一《刑罰志》，第2876～2877頁。
〔註111〕據《王叡傳》載「（太和初）政事多決於文明太后，后好細察」，參見《魏書》卷九三《恩倖·王叡傳附翔傳》，第1994頁。興振案：此時馮太后臨朝稱制，孝文帝尚未親政，故此處「孝文帝」以雙引號標出，意在表明詔書的批答是以孝文帝的名義發佈。
〔註112〕《魏書》卷一一一《刑罰志》，第2877頁。
〔註113〕本文所討論的多限於皇帝畫可的奏書，皇帝未畫可的奏書，未能轉爲第二品王言，所以不作重點討論。

（二）尚書「奏」向王言的轉化（下）：奏案與批答

北魏後期的奏事制度在前期的基礎上更趨成熟，運作程序亦趨規範化，這正與中樞體制與南朝並軌後的變化相合。而在奏事制度運作中，最明顯的現象是「奏案」〔註114〕的定型與奏事流程的程序化。

太和十五年正月，孝文帝始親政於皇信東堂，自正月至四月癸酉，不雨，有司奏祈百神，孝文帝詔答曰：

> 昔成湯遇旱，齊景逢災，並不由祈山川而致雨，皆至誠發中，澍潤千里。萬方有罪，在予一人。今普天喪恃，幽顯同哀，神若有靈，猶應未忍安饗，何宜四氣未周，便欲祀事。唯當考躬責己，以待天譴。〔註115〕

針對旱災，有司擬就祈雨奏案，呈孝文帝畫可，以便有司籌備相關事宜。不過從孝文帝詔答「何宜四氣未周，便欲祀事」來看，顯然是否決了奏案。這道詔書所呈現的「普天喪恃，幽顯同哀」仍是馮太后崩殂後孝文帝一以貫之的意志。

尚書省形成的奏案，除了可以通過門下省覆奏而上呈皇帝省讀外，還存在另一種途徑——孝文帝臨朝堂「親自決」之，免去了門下省覆奏的程序。後一種途徑有明確的開展時間，《晉令》所載「朔望集公卿於朝堂而論政事」〔註116〕即是其證。孝文帝效法此制，規定尚書省：

> （日）中前則卿等自論政事，中後與卿等共議可否。〔註117〕

自此，北魏形成公卿百僚於朔、望集朝堂論政事，皇帝中後親臨、討論奏案的制度。在這種情況下，朝堂成為第二品王言生成之地〔註118〕。穆亮於尚書朝堂「讀奏案」，孝文帝親自決其可否，便是此法初步執行時的情況。

在常規運作中，尚書省文書經主管官員、尚書長官署名後，形成奏案。如吏部尚書、兼尚書右僕射元澄自稱「臣實署事而已」，而與之同署的還有令

〔註114〕劉后濱認為，「奏案」作為一種文書形態的最早例證，見於北魏孝文朝，而只有經過尚書省官員署位的奏事文書才會形成奏案，者類似於唐代的「奏抄」，參見《唐代中書門下體制研究——公文形態·政務運作與制度變遷》，第82～84頁。

〔註115〕《魏書》卷七下《高祖紀下》，第168頁。

〔註116〕《魏書》卷二七《穆崇傳附亮傳》，第670頁。

〔註117〕《魏書》卷二七《穆崇傳附亮傳》，第670頁。

〔註118〕祝先生指出，南北朝後期尚書諸曹遷出雲龍門外，稱「尚書下省」，前殿附近的朝堂或尚書都座成為「上省」，參見《兩漢魏晉南北朝宰相制度研究》，第265頁。

史〔註119〕。後經門下省「平省」可否，詳見後文。

前揭太和十五年孝文帝否決祈雨奏案，由此形成的批答詔書，顯然不屬於「奏案」+「制可」等兩類複合型模式，原因在於這道由批答奏案形成的第二品王言，執行了否決功能，以致奏案未轉化爲王言，因而不同於前兩種類型，這種情況可目爲第三種類型。又如太和十八年四月，尚書左僕射、錄尚書事、廣陵王羽奏京官考課事：

> 外考令文，每歲終，州鎮列牧守治狀。及至再考，隨其品第，以彰黜陟。去十五年中，在京百僚，盡已經考爲三等。此年便是三載，雖外有成令，而内令未班。内外考察，理應同等。臣輒推準外考，以定京官治行。〔註120〕

錄尚書事元羽所上屬於尚書省重要政務——考課，因「内令未班」，在奏案中元羽提出了「内外考察，理應同等」的爲政之策與「推準外考，以定京官治行」的執行方案。得到的批答是：

> 詔曰：「雖内考未宣，績已久著，故《明堂》、《月令》載公卿大夫論考屬官之治，職區分著。三公。〔疑〕〔註121〕尚書三載殿最之義，此之考内，已爲明矣。<u>但論考之事，理在不輕，問績之方，應關朕聽</u>，輒爾輕發，殊爲躁也。每考之義，應在年終，既云此年，何得春初也！<u>今始維夏，且待至秋後</u>。」〔註122〕

在詔答中，孝文帝直接否決奏案的原因是奏案提出的時間不對〔註123〕。如果奏案被畫可，就意味著「維夏」之時，尚書省便要開始考課，這便有違「每考之義，應在年終」的原則。然而孝文帝的批答詔書卻非僅僅針對奏案執行上的問題，深層原因是詔文所言「問績之方，應關朕聽」不得輕發，即胡三省所言「孝文明於君臣之體，不使權在臣下」〔註124〕。與前一例類似，孝文

〔註119〕《魏書》卷一九中《任城王澄傳》，第 470 頁。時任城王澄未「檢奏」兵使會否而爲諫議大夫高道悦劾奏，參見《魏書》卷六二《高道悦傳》，第 1399～1400 頁。

〔註120〕《魏書》卷二一上《廣陵王羽傳》，第 546 頁。

〔註121〕對史料中的「疑」，戴衛紅龐引諸證、諸説，最後認爲「存疑」更爲可取。可參閱戴衛紅：《北魏考課制度研究》，北京：中國社會科學出版社，2010 年，第 45 頁注①。

〔註122〕《魏書》卷二一上《廣陵王羽傳》，第 546 頁。

〔註123〕戴衛紅：《北魏考課制度研究》，第 46 頁。

〔註124〕《資治通鑒》卷一三九《齊紀》齊明帝建武元年四月條，第 4353 頁。

帝雖然針對奏案形成了一道批答詔書，但並未將奏案轉化爲王言，這種情形中的第二品王言便只有「詔曰」云云。

雖然孝文帝駁回了元羽奏案，但詔書所言「且待至秋後」的批覆，在九月壬申朔形成考課詔書，壬申詔曰：

> 三載考績，自古通經；三考黜陟，以彰能否。今若待三考然後黜陟，可黜者不足爲遲，可進者大成賒緩。是以朕今三載一考，考即黜陟，欲令愚滯無妨於賢者，才能不壅於下位。各令當曹考其優劣，爲三等。六品以下，尚書重問；五品以上，朕將親與公卿論其善惡。上上者遷之，下下者黜之，中中者守其本任。〔註125〕

這道詔書是下達尚書省執行的政令文書。壬申詔雖然是對此前元羽奏案的再次回應，卻提出了與奏案不同的考課原則，制定了具體的執行程序。通過壬申詔，孝文帝確立了北魏後期的考課制度。

那麼在皇帝否決奏案之後，尚書省是如何回應的呢？前文揭門下省駁奏時，尚書省有重奏之權，這種情況也存在於皇帝否決尚書奏案之後。據《魏書‧元澄傳》載：

> 初，正始之末，詔百司普昇一級，而執事者不達旨意，刺史、守、令限而不及。澄奏曰：「（云云）今計刺史、守、宰之官，請準回匡，悉同汎限，上允初旨百司之章，下覆訟者元元之心。」詔曰：「自今已後，內外之事，嘗經先朝者，不得重聞。」澄奏曰：「臣聞（云云）乞收今旨，還依前詔。」詔曰：「省奏，深體毗贊之情。三皇異軌，五代殊風，一時之制，何必詮改。必謂虛文設旨，理在可申者，何容不同來執。可依往制。」〔註126〕

侍中、領尚書令元澄根據宣武朝「執事者不達旨意」造成的政令執行問題，寫成「請準回匡，悉同汎限」的奏案。詔書批答「不得重聞」〔註127〕，即否決了元澄的奏案。作爲對皇帝否決的回應，元澄又重新擬定一道奏書，這道程序與前文門下省駁奏之後的尚書省「重奏」相同。與前奏不同的是，該奏書將重點集中在「理宜改作」、不可「抑以先朝」上，最後提出「乞收今旨，還依前詔」的提案，「前詔」即「詔百司普昇一級」。這道奏案得到的批

〔註125〕《魏書》卷七下《高祖紀下》，第175頁。

〔註126〕《魏書》卷一九中《任城王雲傳附澄傳》，第474～475頁。

〔註127〕興振案：此時孝明帝尚且沖幼，不具備詔答的能力，那麼「詔曰」當出自「決庶事」的執政者于忠、元雍。

答——「詔曰」，由三部份構成：「省奏（云云）」、「何必詮改」的理據、「可依往制」的否決意見。與前一例重奏不同，元澄的重奏，還是被否決了。這種「重奏」被否決的現象，在元澄身上還表現在，奏以四中郎將帶滎陽等四郡無果，後「重奏」而「卒不納」的事例中〔註128〕。

　　由上舉尚書省「重奏」事例可知，在尚書省奏案與皇帝批答的環節中，還存在尚書省重奏的行政環節，這一環節出現的條件是原奏案被否決。打回尚書省的原案，經尚書省再次處理後進行重奏，進而啓動新一輪的王言生成機制。尚書重奏導向的結果無非三種：其一，皇帝畫可；其二，修正性認可；其三，否決。

　　以上重奏諸例體現的皆是尚書省所執之意，即確定任務有必要執行的方案，這屬於尚書奏案形態的一種，摒除了「疑奏」問題。至於尚書省奏事環節中的「疑奏」，即請示方案。如，有司奏中書侍郎邢巒策秀、孝的問題，孝文帝詔答曰：「秀、孝疏殊問，經權異策，邢巒才清，可令策秀。」〔註129〕

　　自獻文帝下詔不得疑奏後，孝文帝已降，尚書省擬定的奏案，只要皇帝認爲可行，基本都可以獲「制可」或「詔可」的批覆。前文所揭景明初錄尚書省、北海王詳奏請贈官賜爵一事，奏案如下：

　　　　（宣武帝之舅，高）颺宜贈左光祿大夫，賜爵勃海公，謚曰敬。

　　　其妻蓋氏，宜追清河郡君。〔註130〕

追贈奏案獲「詔可」，由此而形成封贈詔書，有司承詔安排具體的封贈事宜。又胡太后臨朝時，尚書令、任城王澄奏「安定公（胡國珍）屬尊望重，親賢羣矚，宜出入禁中，參咨大務」，獲「詔可」，「乃令入決萬幾」〔註131〕。畫可是「奏案」＋「制可（詔可）」模式的核心，在此模式中屬於核心裝置。

　　對於第二種類型「奏案」＋「制曰（詔曰）」，具體展開如下。在這一模式中的「詔曰」，除了前文所討論的「可如所奏」的情形外，在內容層面還具有修正、補充奏案，而後「餘如奏」的功能。據《魏書・釋老志》載：

　　　　（永平四年）又尚書令高肇奏言：「謹案：（云云）請聽苟子登

〔註128〕《魏書》卷一九中《任城王雲傳附澄傳》，第475～476頁。

〔註129〕《魏書》卷六五《邢巒傳》，第1438頁。

〔註130〕《北史》卷八○《外戚・高肇傳》，第2684頁。前文在論述策書的製作問題時，引用了這條材料，並進行了解讀，可資參閱。

〔註131〕《魏書》卷八三下《外戚下・胡國珍傳》，第1833頁。本傳失載，後人據他史補入，然較《北史・胡國珍傳》略詳細，故從《魏書》。

還鄉課輸⋯⋯其（都維那，僧）暹等違旨背律，謬奏之愆，請付昭玄，依僧律推處。」〔註132〕

高肇的奏案提出了兩點內容：「請聽苟子登還鄉課輸」、請對僧暹等「依僧律推處」，並報請宣武帝批准。宣武帝詔答曰：

暹等特可原之，餘如奏。〔註133〕

即同意其中一條請示提案，而將另一條提案作廢。所以要將奏案與答詔結合起來，才可知這道奏案轉化成王言後的實際內容（法令）——「詔苟子登還鄉課輸，儉乏之年，周給貧寡，若有不虞，以擬邊捍」。

這種批答方式既不同於詔可或不可，也不同於前文所舉「詔曰（云云）」的批答案例，卻兼備「詔可」與「詔曰」特點。

文書行政程序一般而言較為繁雜，一項奏案有時並不是經過一道皇帝批答（可或不可）環節便意味著一項決策的終結，其中關涉到諸多文書運行層面的問題。如皇帝駁回後尚書省重奏、門下省駁奏後尚書省重奏、臣下上書請「詳議」等。而且也存在奏案經八座通署後，尚書左丞對奏案進行駁奏的情況〔註134〕。因而在第二品王言生成與運作的層面，存在奏案上呈與王言生成的往復性，這也是「皇帝——臣」模式在第二品王言生成機制中的功能使然。

綜上所述，由奏行文書產生的第二品王言，存在三種形式：一種是御畫「可」；第二種是「詔曰（云云）」，包含完全同意、修正或補充兩種情形；第三種是「詔曰」否決奏案。前兩種模式中產生的第二品王言是奏案與詔答的複合形態，第三種則是「詔曰」獨立構成第二品王言。職是之故，皇帝批答奏行文書時生成的第二品王言，在王言生成機制中是由奏案（議案）、「可」、「詔曰（制曰）」構成〔註135〕。

（三）門下奏事：詔答式

在北魏的制度設定內，門下省亦有奏事權，特別是在北魏後期，構成「奏案」＋「詔可」模式的一環，這是前文所未細言的問題。

〔註132〕《魏書》卷一一四《釋老志》，第3042頁。

〔註133〕《魏書》卷一一四《釋老志》，第3042頁。

〔註134〕如尚書左丞邢叔虯駁奏尚書八座奏案，《魏書》卷六五《邢巒傳附叔虯傳》，第1450頁。

〔註135〕東漢時的第二品王言由章奏文書、制曰和皇帝所畫「可」或批答構成，參見代國璽：《漢代公文形態新探》，第39頁。

　　明元帝時，古弼爲門下奏事「以敏正著稱，太宗嘉之」，後「典西部奏事」、「敷奏百揆」〔註136〕，與典東部奏事的劉潔俱以「直言」著稱。北魏早期，門下省設「門下奏事」之職，應該是負責奏書的傳達。又有前文所舉拓跋屈，明元帝時居門下「性明敏，善奏事，每合上旨」〔註137〕。表明北魏早期，門下省存在奏事權，但史載匱乏，難究其詳。

　　太武帝初，古弼「進位侍中、吏部尚書，典南部奏事」，古弼之前曾以「門下奏事」的身份「典西部奏事」，後「進位侍中」，受命「典南部奏事」，或許說明在北魏早期的門下制度的設定中，其奏事形態尚未成熟，需要輔以臨時性職事。又文成帝太安三年（457），侍中、太尉尉古眞與太宰、領太師、侍中常英，侍中閭毗共「評尚書事」〔註138〕，爲皇帝批答奏書提供參考意見。總體而言，在北魏前期門下官員平省尚書奏事的記載，並不多見。而在內侍體制下，給事中掌各曹奏行文書、出入禁中，門下省或許很少參與到這一文書運作之中。祝先生認爲：

　　　　門下省平省尚書奏事之權固定、落實到儀注上，當是孝文帝改
　　革時從南朝學來。〔註139〕

而高昌文書所見奏行文書式及門下省署位現象，則是從北魏傳入高昌〔註140〕。

　　孝文帝時期，《魏書》明確記載門下省具有掌奏文案之權，如前文所揭范紹，太和十六年「（自門下通事令史）遷錄事，令掌奏文案」（奏入禁中），高祖善之，「又爲侍中李沖、黃門崔光所知，出內文奏，多以委之」〔註141〕。門下錄事的兩項職任——「掌奏文案」與「出內文奏」當屬於兩種文書行爲。所謂「出內文奏」即收納臣僚上書（表疏啓）與尚書省奏案，「掌奏文案」是指將門下省文案奏呈皇帝，即門下奏事，據《魏書‧茹浩傳》載：

　　　　世宗雖親萬務，（直閤）皓率常居內，留宿不還，傳可門下奏
　　事。〔註142〕

〔註136〕《魏書》卷二八《古弼傳》，第689頁。
〔註137〕《魏書》卷一四《拓跋泥傳附屈傳》，第364～365頁。
〔註138〕《魏書》卷二六《尉古眞傳》，第657頁。《魏書》卷八三上《外戚‧常英傳》、《閭毗傳》，第1817、1816頁。時尉古眞爲元老，常英（文成乳母常太后之兄）、閭毗（文成之舅）爲外戚。
〔註139〕祝總斌：《兩漢魏晉南北朝宰相制度研究》，第314頁。
〔註140〕祝總斌：《兩漢魏晉南北朝宰相制度研究》，第314頁。
〔註141〕《魏書》卷七九《范紹傳》，第1755頁。
〔註142〕《魏書》卷九三《恩倖‧茹浩傳》，第2001頁。

證明門下奏事後的一個環節是報皇帝畫「可」。前文在討論皇帝畫可尚書奏案時，雖述及了其中的程序，卻未及討論，《茹浩傳》彌補了前文的不足。在前文引「右關（奏）事儀準於黃案」一條，記載了奏案形成中的程序——「關（奏）門下位」、「附列尚書眾官署」，即在尚書署位之前為門下省評、署位預留空間。而經門下省平省尚書奏案的環節，亦可稱為「敷奏」，尚書三公郎中崔纂所云「門下中禁大臣，職在敷奏」〔註143〕，門下省評尚書省奏案並署位後，敷奏皇帝，皇帝決定是否畫可，《茹浩傳》所言「傳可門下奏事」即是就門下敷奏至皇帝畫可的程序而言。根據前文對尚書省奏行文書（奏案）所獲詔答的考察，可以判定尚書奏案亦在「傳可門下奏事」之中。

對於門下省平省尚書奏案問題，前文在討論門下省出納王言時已經涉及。前引《魏書·源懷傳》載左僕射源懷所上奏案被門下省以「成式既班」駁回，然後源懷重新寫定奏案重奏後，才被宣武帝採納。給事黃門侍郎甄琛「出參尚書」、在門下省參決尚書奏案，屬於處理「門下庶事」的範疇。因門下省掌握審署尚書奏案之權，所以門下省於宣武朝已降成為處理國政的核心機構，如元雍、于忠、元懌、元懷等重臣常居門下省「參決尚書奏事」、「總攝內外」。職是之故，出現「政歸門下」的政治現象。四方表啓，亦彙集於門下省，甚至由門下省官員代為批答〔註144〕。

若門下省越出「敷奏」權限，代尚書省處理文案，即被稱為門下省「處奏」。管窺所及，關於北魏門下「處奏」的記載似乎僅一例，雖孤證難立，卻不失為討論門下越權的具體案例。

神龜中，發生蘭陵公主案時，胡太后特敕門下結獄，門下處奏曰：

> （劉輝、張容妃、陳慧猛）各入死刑，智壽、慶和並以知情不加防限，處以流坐。〔註145〕

詔答曰：

> 容妃、慧猛恕死，髡鞭付宮，餘如奏。〔註146〕

胡太后的詔答，如崔纂所言「天慈廣被，不即依決」，即「不即依從判決」〔註147〕。

〔註143〕《魏書》卷一一一《刑罰志》，第2886頁。
〔註144〕如給事黃門侍郎徐紇「受四方表啓，答之敏速」，《魏書》卷八五《文苑·溫子昇傳》，第1875頁。
〔註145〕《魏書》卷一一一《刑罰志》，第2886頁。
〔註146〕《魏書》卷一一一《刑罰志》，第2886頁。
〔註147〕《魏書》卷一一一《刑罰志》校勘記〔一七〕，第2891頁。

胡太后的批答符合前文所論尚書省奏案轉化爲王言的第二種類型。此時形成的門下「處奏」與敷奏尚書奏案不同。所以在某種程度上而言，門下處奏的政治行爲，已經屬於越權行爲，故而招致尚書省的反對，這在崔纂的「門下中禁大臣，職在敷奏」的言語中已經體現出來，又據尚書右僕射游肇奏曰：

> 臣等謬參樞轄，獻替是司，門下出納，謨明常則。至於無良犯法，職有司存，劾罪結案，本非其事。容妃等姦狀，罪止於刑，並處極法，準律未當。……乖律之案，理宜陳請。乞付有司，重更詳議。〔註148〕

游肇所言門下之權與崔纂所言「門下中禁大臣，職在敷奏」一致，說明「處奏」本非其職。對於這一點，胡太后也是明白的，詔答曰：

> （前略）敗風穢化，理深其罰，特敕門下結獄，不拘恒司，豈得一同常例，以爲通準。（後略）〔註149〕

門下處奏是胡太后「特敕」使然，這可能也與當時政出門下的局面有關。由於是在「特敕」情況下行使的處奏權，則必然不屬於門下省的「常例」——敷奏，職是而言，尚書省上奏案表示反對，一則屬職權所繫，二則是杜絕門下處奏所產生的侵權行爲。通過考證，本文認爲陳琳國先生提出的觀點——「門下平決尚書奏事亦稱『門下處奏』，『處奏』經皇帝詔『可』後就成爲詔書」〔註150〕，是將門下省常規的「敷奏」權與特例「處奏」相混淆了。本文認爲，僅就文書程序與達到的行政效果而言，門下「處奏」與尚書省上奏案屬於同一範疇，與其本職——敷奏存在職權與文書程序上的差別。

若門下省官員上書言事，即使關涉國家大政，也不能直接採用奏案的形式，如肅宗時，詔侍中崔光、安豐王延明及在朝名儒更議冠服，崔光上表答詔「奉詔定五時朝服（云云）」並請詔禮官詳議，最後引發熙平二年（517）九月由侍中元懌、給事黃門侍郎韋延所上「詳奏」，曰：

> 謹案前敕，制五時朝服，嘗訪國子議其舊式。……請更集禮官下省定議，蒙敕聽許。謹集門下及學官以上四十三人，尋考史傳，量古校今，一同國子前議。幘隨服變，冠冕弗改。又四門博士臣王僧奇、蔣雅哲二人，以爲五時冠冕，宜從衣變。臣等謂從國子前議

〔註148〕《魏書》卷一一一《刑罰志》，第 2887 頁。
〔註149〕《魏書》卷一一一《刑罰志》，第 2888 頁。
〔註150〕陳琳國：《魏晉南北朝政治制度研究》，第 124 頁。

爲允。〔註151〕

從「詳奏」的內容來看，請「議」及集議皆是由門下省進行操作，又「尚書以禮式不經，請訪議事，奉敕付臣，令加考決」，與前舉門下省受「特敕」結獄應當屬於同一類型，這種情形中的「詳奏」是「審議」〔註152〕之後形成的奏案，與「處奏」相同。基於門下「詳奏」，胡太后令答曰：

依議。〔註153〕

這與皇帝對尚書奏案畫可的模式相同。根據「依議」，門下「詳奏」被轉化爲詔令文書，亦即第二品王言，前揭胡太后詔答門下「處奏」也屬於這一範疇，但二者的區別也即前論尚書省奏案第一、第二兩種模式的區別。

至魏末，門下省除了具有駁奏尚書奏案的權力外，明確見於史載的還有駁詔權，據《魏書·辛雄傳》載：

莊帝欲以（辛）雄爲尚書，門下奏曰：「辛雄不出，存亡未分。」

莊帝曰：「寧失亡而用之，不可失存而不用也。」遂除度支尚書，加

安南將軍。〔註154〕

莊帝擬詔授辛雄爲尚書，門下上奏諫諍。「門下奏」出現於皇帝草詔環節，在北魏史料中較爲少見，不過可以確定的是，這項奏事權與敷奏、處奏皆不同：後兩者，特別是敷奏，出現於第二品王言生成之前一環；此處的「門下奏」則出現在第一品王言生成程序中。所以這條材料也可後補第一品王言生成之程序問題。

要言之，北魏後期門下省在上行文書中處於樞機地位，在制度設定的框架內審署尚書奏案、敷奏並報請皇帝批答，即「門下奏事」，構成第二品王言生成程序的一個重要環節。除了常規的敷奏外，門下省亦會根據「特敕」而行使非常規的處奏權，並以此方式引發第二品王言。以上是門下省參與第二品王言生成程序的兩種類型。

二、答詔的另一種形態：「奏可」

尚書省生成的奏案，經門下省審署上達後，所得到的詔答，除了前述三種類型外，還有一種不注「制」和「詔」的批答現象——「奏可」。這與《獨

〔註151〕《魏書》卷一○八《禮志四》，第2817～2818頁。

〔註152〕《魏書》卷一○八《禮志四》校勘記〔三五〕，第2823頁。

〔註153〕《魏書》卷一○八《禮志四》，第2818頁。

〔註154〕《魏書》卷七七《辛雄傳》，第1696～1697頁。

斷》所言第三品詔書──「群臣有所奏請，無『尙書令奏』、『制』之字，則答之曰『已奏，如書』」相似。

如太武帝太延二年（436）六月：

> 司徒崔浩奏議：「神祀多不經，案祀典所宜祀，凡五十七所，餘復重及小神，請皆罷之。」奏可。〔註155〕

雖是簡單的畫「可」，卻形成改變祭祀內容的詔令。獻文帝時，敕中祕群官爲殿制名，儀曹長、陽平公公孫叡奏曰：

> 臣聞至尊至貴，莫崇於帝王；天人抱損，莫大於謙光。伏惟陛下躬唐虞之德，存道頤神，逍遙物外，宮居之名，當協叡旨。臣愚以爲宜曰「崇光」。〔註156〕

史稱「奏可」。這時各曹具有直接上奏之權，但儀曹長公孫叡只是應「敕」上奏，並不關涉曹務。

太和元年冬十月，南部尙書鄧宗慶有如是奏文：

> 鄉郡民李飛、太原民王顯前列稱：詣京南山採藥，到遊越谷南嶺下，見清碧石柱數百枚。被詔案檢，稱所見青碧柱，長者一匹，相接而上，或方一尺二寸，或方一尺，方楞悉就。其數既多，不可具數，請付作曹採用。〔註157〕

「奏可」。史稱宗慶「在南部積年，多所敷奏」，這則奏文便是敷奏的例子。在這道奏文中，鄧宗慶提出了「請付作曹採用」清碧石柱的建議，「孝文帝」畫可表示同意並執行。

太和十年冬，有司奏曰：

> 前被敕以勒籍之初，愚民僥倖，假稱入道，以避輸課，其無籍僧尼罷遣還俗。重被旨，所檢僧尼，寺主、維那當寺隱審。其有道行精勤者，聽仍在道；爲行凡粗者，有籍無籍，悉罷歸齊民。今依旨簡遣，其諸州還俗者，僧尼合一千三百二十七人。〔註158〕

這道奏書是對前詔的響應（此詔不詳），針對檢審無籍僧尼的執行問題，奏書中提及了兩種處理辦法，並將簡遣還俗的情況進行上報。孝文帝的批答被記載爲：

〔註155〕《魏書》卷一〇八《禮志一》，第2739頁。
〔註156〕《魏書》卷三三《公孫表傳附叡傳》，第785頁。
〔註157〕《魏書》卷一一二下《靈徵志下》，第2955頁。
〔註158〕《魏書》卷一一三《釋老志》，第3039頁。

奏可

表示孝文帝已經畫可。

神龜元年（518）冬，司空、尚書令、任城王澄上奏案曰：

（前略）如臣愚意，都城之中，雖有標榜，營造粗功，事可改立者，請依先制。在於郭外，任擇所便。其地若買得，券證分明者，聽其轉之。若官地盜作，即令還官。若靈像既成，不可移撤，請依今敕，如舊不禁，悉令坊內行止，不聽毀坊開門，以妨里內通巷。……若僧不滿五十者，共相通容，小就大寺，必令充限。其地賣還，一如上式。自今外州，若欲造寺，僧滿五十已上，先令本州表列，昭玄量審，奏聽乃立。若有違犯，悉依前科。州郡已下，容而不禁，罪同違旨。庶仰遵先皇不朽之業，俯奉今旨慈悲之令，則繩墨可全，聖道不墜矣。〔註159〕

奏案獲「奏可」。在這道奏案中，尚書令元澄提出了很多具體的管理僧寺的方案，而奏案在形成過程中，融合了沙門統惠深的啟書（立條制）、先朝故事等內容。孝明帝畫「可」後，形成管理佛寺的禁令。

尚書省亦有處理行政案件的奏案文書，如趙修朋黨一案：

（趙修卒，翌日，侍中甄）琛與黃門郎李憑以朋黨被召詣尚書，兼尚書元英、邢巒窮其阿附之狀。……司徒公、錄尚書、北海王詳等奏曰：「臣聞：……伏惟陛下……謹案：侍中、領御史中尉甄琛……謹依律科徒，請以職除。……請免所居官，以肅風軌。」奏可。〔註160〕

錄尚書省元詳等所上尚書省奏案，由八座通署〔註161〕。尚書省在這道奏案中，依律核定甄琛等人的罪行及處理方案——請以職除、請免所居官。奏案被畫可後，轉變為詔令被尚書省貫徹執行，於是「琛遂免歸本郡，左右相連死黜者三十餘人」〔註162〕。

在以上諸例中，《魏書》將尚書奏案的批答記為「奏可」，似與「詔可」有別。在「奏可」中，「可」是皇帝的批答語，而在漢代詔書體制中，「奏聞皇帝

〔註159〕《魏書》卷一一四《釋老志》，第3044～3047頁。
〔註160〕《魏書》卷六八《甄琛傳》，第1512～1513頁。
〔註161〕劉后濱：《唐代中書門下體制研究——公文形態‧政務運行與制度變遷》，第84～85頁。
〔註162〕《魏書》卷六八《甄琛傳》，第1513頁。

而下的詔書爲第三品」，用於一般行政事務，其文曰「已奏，如書」〔註163〕。
根據南北朝隋唐制度，「可」之前的「制」、「詔」是門下省擬定的文書用語，
皇帝在其下注曰「可」。推此而言，「奏可」當是在門下省沒有擬定「詔」字的
情況下所形成的文書形態。

　　以上由奏行文書而形成的第二品王言，無論皇帝採用何種類型的詔答方
式，僅就構成而言，則是臣僚將處理政務的意志加工成奏案，經皇帝畫可後
轉化爲皇帝意志。皇帝可以對奏行文書直接畫可，即使不完全同意也可以在
奏案之末提出修正意見。這種批答方式只限於奏行文書。對於臣僚所上表、
疏、啓，皇帝則不能直接畫可，而只能採用「詔曰」的形式進行批答，即便
表疏啓引發了王言生成機制，卻不能像奏行文書的批答一樣直接轉換爲王
言。除非倚靠一種特殊的裝置，這是下文要討論的問題。那麼有表疏啓所引
發的王言生成機制與奏行文書所引發的有何不同？

第三節　第二品王言的生成（中）：臣僚上書（表疏啓）　　與詔答

　　與前文所揭奏行文書相較，表、疏、啓多是臣僚以個人名義上奏的文書。
吳麗娛先生認爲，魏晉南北朝以降「各類官文書的製作有了更加嚴格的規程，
並且開始形成專門的製作和特長」〔註164〕。所謂「表以陳情」、「疏以布政」
〔註165〕，至於啓，《文心雕龍》曰「自晉來盛啓，用兼表奏」、「陳政言事，亦
奏之異條」〔註166〕。有時奏事亦稱上疏〔註167〕，所以二者又可合稱爲「奏疏」，
即便如此，「疏」與尚書省奏案卻不可混淆。

　　魏晉南北朝表疏啓的製作，一部份固然出自大臣之手，然亦有相當部份
出自幕僚文士〔註168〕。即便出自幕僚之手，表疏啓最後必經大臣本人署名。

〔註163〕馬怡：《漢代詔書之三品》，第 77 頁。
〔註164〕吳麗娛：《敦煌書儀與禮法》，蘭州：甘肅教育出版社，2013 年，第 37～38 頁。
〔註165〕吳訥著，于北山校點：《文章辨體序説》；徐師曾著，羅根澤校點：《文體明辨
　　　　序説》，第 124 頁。
〔註166〕〔南朝宋〕劉勰著，黃叔琳注，李詳補注，楊明照校注拾遺：《增訂文心雕龍
　　　　校注》卷五《奏啓第二三》，第 315 頁。
〔註167〕〔南朝宋〕劉勰著，黃叔琳注，李詳補注，楊明照校注拾遺：《增訂文心雕龍
　　　　校注》卷五《奏啓第二三》，第 314 頁。
〔註168〕吳麗娛：《敦煌書儀與禮法》，第 40 頁。

對於臣下所上表、疏、啓，皇帝一般直接批答，或者由秘書機構代爲批答。對於北魏前期受納、批答表、疏、啓的機構，《魏書》沒有明確記載。管見所及，北魏後期，門下省曾出現受納、批答表啓的現象。如黃門侍郎徐紇於門下省「受四方表啓」、「答之敏速」云云〔註169〕。中村氏指出，皇帝對上行文書的批答表現爲「敕批」、「御批」和「詔旨」。經由皇帝產生的詔書批答存在兩種情況：其一，如中村氏所指出的，在臣僚上奏文書上批答〔註170〕；其二，在表啓之外另擬一通詔書或敕書，即所謂「詔曰」。

那麼作爲不同於奏行文書的臣僚上書類型，表、疏、啓與王言生成存在怎樣的關係呢？由表、疏、啓所引發的王言生成過程，是一種怎樣的運作模式呢？

一、表與王言生成

漢制，在上行文書中，奏文須低一格書寫，即「需頭」，以便批答的「制」高出奏文。與奏行文書相較，表卻無「需頭」。大庭脩認爲「表沒有批答，所以不必需頭」〔註171〕。所謂「表沒有批答」並非指皇帝不對表進行詔答，而是表與詔答並不合於一處，這與皇帝在奏書之後作批答不同。魏齊革命後，《魏書》所言「（孝靜帝）上書不稱臣，答表不稱詔」〔註172〕雖不是常規現象，卻也證明上書稱臣、皇帝答表稱詔才是上行文書的常規制度。

「表以陳情」，與奏行文書存在類似的功能。明元帝永興三年（411），安同受詔與賀護持節循察并定二州、糾舉守宰不法，至并州後，同上表曰：

> 竊見并州所部守宰，多不奉法。又刺史擅用御府針工古彤爲晉
> 陽令，交通財賄，共爲奸利。請案律治罪。〔註173〕

安同有「糾察」之權，卻無「按律治罪」之權，否則便是「專命」〔註174〕，故而上表陳請。明元帝作何批答，史無記載，僅知「太宗從之」，或許是詔有

〔註169〕門下省既受四方表啓，那麼應該也是表啓的保留機構，如孝文帝下詔「可出前後表付外，依禮施行」，《魏書》卷五五《游明根傳》，第1214頁。

〔註170〕中村裕一：《唐代公文書研究》，第43頁。

〔註171〕〔日〕大庭脩：《漢簡研究》，徐世虹譯，第35頁。

〔註172〕《魏書》卷一二《孝靜帝紀》，第312頁。晉宋革命、宋齊革命之際，前朝廢帝皆是這樣的待遇。

〔註173〕《魏書》卷三〇《安同傳》，第713頁。

〔註174〕後在巡行中因「擅徵發於外」而被明元帝「檻車徵還，召羣官議其罪」，《魏書》卷三〇《安同傳》，第713頁。

司「按律治罪」，而後「郡國肅然」。這可以宣武帝時期揚州刺史、任城王澄的上表陳請作爲佐證，據元澄上表曰：

> 臣參訓先朝，藉規有日，前言舊軌，頗亦聞之。……自先皇升遐，未遑修述，學宮虛荷四門之名，宗人有闕四時之業，青衿之緒，於茲將廢。臣每惟其事，竊所傷懷。伏惟聖略宏遠，四方罕務，宴安之辰，於是乎在。何爲太平之世，而令子衿之歎興焉；聖明之日，而使宗人之訓闕焉。愚謂可敕有司，修復皇宗之學，開闢四門之教，使將落之族，日就月將。〔註175〕

上表陳請，事出有自，若屬國政所繫、非職所專，則可通過表以申聞。這道上表關乎北魏宗室的學制，卻與元澄的揚州府事務無關，所以在表文中請「敕有司，修復皇宗之學」。對於元澄「修復皇宗之學」的陳請，宣武帝詔答曰：

> 胄子崇業，自古盛典，國均之訓，無應久廢，尚書更可量宜修立。〔註176〕

這道詔書雖然是對元澄上表的響應，卻將另一個詔敕對象——尚書省牽涉了進來，因爲只有尚書才能承詔「修復皇宗之學」。易言之，在不背離「答表稱詔」的批答原則下，根據元澄上表而生成的詔書有兩個下達對象——元澄和尚書省。而且下達二者的詔書，性質也不相同——下達元澄的詔書，告知已經同意陳請並付尚書執行；下達尚書的詔書，則與元澄的上表一併交付尚書省「量宜修立」，進入行政系統運作。通過詔書引發的政務運作，是臣僚上表所具有的一種文書機能，後文將有述及，故不贅言。

作爲地方官員的上表，無疑會涉及地方事務。如蕭衍遣將張齊攻打益州，益州刺史元法僧上表曰：

> 臣忝守邊方，變生慮表，賊眾倗張，所在強盛。統內城戍悉已陷沒，近州之民亦皆擾叛。唯獨州治僅存而已，亡滅之期，非旦則夕。……今募使間行，偷路奔告，若臺軍速至，猶希全保。哭送使者，不知所言。〔註177〕

元法僧所上表爲求救文書，但不是上報尚書省，而是直接上達孝明帝。孝明帝下詔答曰：

〔註175〕《魏書》卷一九中《任城王雲傳附澄傳》，第417頁。
〔註176〕《魏書》卷一九中《任城王雲傳附澄傳》，第417頁。
〔註177〕《魏書》卷一六《陽平王熙傳附法僧傳》，第394頁。

> 比敕傅豎眼倍道兼行，而猶未達，可更遣尚書郎堪幹者一人馳
> 驛催遣，庶令拔彼倒懸，救茲危急。〔註178〕

孝明帝在收到上表後，一則報問，二則下詔尚書省「更遣尚書郎堪幹者一人馳驛催遣」傅豎眼「倍道兼行」。在詔令的催促下「豎眼頻破張齊，（益州）於是獲全」。所以基於地方事務的上表，所生成的王言亦是針對地方事務。又如景明元年（500）九月，蕭寶寅遣軍主吳子陽寇三關，與東豫州刺史、征虜將軍田益發生戰事，其後田益宗上表曰：

> 臣聞：（前略）義陽差近淮源，利涉津要，朝廷行師，必由此
> 道。若江南一平，有事淮外，須乘夏水泛長，列舟長淮。師赴壽春，
> 須從義陽之北，便是居我喉要，在慮彌深。義陽之滅，今實時矣。
> 度彼眾不過須精卒一萬二千。然行師之法，貴張形勢。請使兩荊之
> 眾西擬隨雍，揚州之卒頓于建安，得捍三關之援；然後二豫之軍直
> 據南關，對抗延頭。遣一都督總諸軍節度，季冬進師，迄於春末，
> 弗過十旬，克之必矣！〔註179〕

在上表中，田益宗提出了軍事進取的行軍方案，報請宣武帝批准，史稱「世宗納之，遣鎮南元英攻義陽」。至於宣武帝的批答內容應經不得而知，可以確定的是，宣武帝根據田益宗的提案下達了行軍詔令。

又如侍中、行臺源賀巡行北邊六鎮，表曰：「（前略）請主帥吏佐（俸祿）五分減二。」詔曰：

> 省表具恤民之懷，已敕有司一依所上，下為永準。如斯之比，
> 不便於民，損化害政者，其備列以聞。〔註180〕

源賀提出的這道施政方案，獲得宣武帝認可，然後下敕書令尚書省依據表文提出的方案「下為永準」，之後才草擬詔書報答源賀。如前所舉，源賀上表，引發了兩道王言，而且各自流向不同的傳宣對象。需要注意的是，這兩道王言，功能與性質實不相同。

在宣武帝詔答用語中，出現「省表」一語，表明詔答存在與臣僚上表相對應的文書用語——「省表」或「省表聞之」。太和五年二月沙門法秀謀反伏誅，秘書令程駿上表並附詩，文明太后令答曰：

〔註178〕《魏書》卷一六《陽平王熙傳附法僧傳》，第394頁。
〔註179〕《魏書》卷六一《田益宗傳》，第1371頁。
〔註180〕《魏書》卷四一《源賀傳》，第926～927頁。

省詩表，聞之。歌頌宗祖之功德可爾，當世之言，何其過也。

所箴下章，戢之不忘。〔註181〕

駿又上表頌十篇。文明太后令曰：

省表并頌十篇，聞之。鑒戒既備，良用欽玩。養老乞言，其斯

之謂。〔註182〕

在馮太后臨朝稱制時期，「令」用於批答文書，「令」雖無王言之名，卻與王言的功能相同。除非太后稱「令」曰「詔」，才具有王言之名，如胡太后稱詔行事〔註183〕。

馮太后臨朝結束後，孝文帝對臣僚上表的批答亦是「省表聞之」。據中書監高閭太和十四年秋上表：

奉癸未詔書，以春夏少雨，憂飢饉之方臻，愍黎元之傷瘁。（云云）竊以北鎮新徙，家業未就……可寬其往來，頗使欣慰，開雲中馬城之食以賑恤之……使幽、定、安、并四州之租，隨運以溢其處；開關弛禁，薄賦賤糴，以消其費；清道路，恣其東西，隨豐逐食，貧富相贍。可以免度凶年，不為患苦。……愚臣所見，如此而已。

〔註184〕

高閭上表的針對的是太和十一年六月癸未詔，故言「奉癸未詔書」云云。在這道上表中，高閭提出了免除飢饉之憂的具體執行方案。然而這項政務以及提案權卻屬於尚書省的行政範疇，與中書省無涉，所以高閭只能採用上表的形式陳述政見。因高閭所上提案不屬於行政系統內部的公文書，所以孝文帝無法畫可。故而答表曰：

省表聞之，當敕有司依此施行。〔註185〕

中書監高閭所在的中書省併非「有司」，教帝對表畫可亦毫無意義——中書省不能執行提案，所以孝文帝只能如是答詔。而後下詔有司「依此執行」，需要指出的是「依此施行」與「敕尚書量可否以聞」屬於不同情況——「敕有司依此施行」可以將高閭的意志通過詔書的形式轉變為皇帝意志。

〔註181〕《魏書》卷六〇《程駿傳》，第 1349 頁。
〔註182〕《魏書》卷六〇《程駿傳》，第 1349 頁。
〔註183〕胡太后「臨朝聽政，猶稱殿下。下令行事，後改令稱詔，羣臣上書曰陛下，自稱曰朕」，《魏書》卷一三《皇后·宣武靈皇后傳》，第 337～338 頁。
〔註184〕《魏書》卷五四《高閭傳》，第 1204～1206 頁。
〔註185〕《魏書》卷五四《高閭傳》，第 1206 頁。

對於上表所可能引起的文書行政之運作以及王言之生成程序，身處行政系統的官僚是可以預料到的，據《魏書・律曆志》載：

> 神龜初，（崔）光復表（請定名《神龜曆》）曰：「（前略）今封以上呈，乞付有司重加考議。事可施用，并藏秘府，附於典志。」〔註186〕

這道上表提出的「請」是針對「乞付有司重加考議」，因爲孝明帝不可能對表畫可。表書提出的「乞」，得到的眞正有用的批答只能是「詔付有司重加考議」，與前文答表「當敕有司依此施行」一樣，對尚書省（有司）下詔才眞正有意義。

祝總斌認爲「事可」相當於「事諾」〔註187〕。「事可施用」，意即《神龜曆》如蒙「有司重加考議」認可，即請「附於典志」。《殷紹傳》載殷紹上表所言「（請付中秘通儒達士，定其得失）事若可施，乞即班用」〔註188〕，即是此意。孝明帝對表作何詔答，史無明文，但由崔光上表，使得孝明帝頒佈了大赦改元詔，亦可謂王言生成的一種現象。

針對臣僚上表言政，皇帝除了直接認可並生成王言令有司執行外，還存在前文所說的詔付有司議其可否的現象，即將言政陳請的表並詔付於尚書系統。如宣武帝初，中散大夫、御史中尉甄琛上表曰：

> 王者道同天壤，施齊造化，濟時拯物，爲民父母。故年穀不登，爲民祈祀。乾坤所惠，天子順之；山川秘利，天子通之。苟益生民，損躬無吝，如或所聚，唯爲賑恤。……國怨則示化有虧，民貧則君無所取。願弛茲鹽禁，使沛然遠及，依周禮置川衡之法，使之監導而已。〔註189〕

甄琛上表的核心提議是「願弛茲鹽禁」，這關係到北魏財政與民生大事，宣武帝未作輕斷，故而詔答曰：

> 民利在斯，深如所陳。付八座議可否以聞。〔註190〕

在詔答中，宣武帝未明言可否，而且「弛茲鹽禁」屬於尚書省的政務範疇，所以宣武帝對甄琛上表的處理辦法是「付八座議可否以聞」。這也是宣武帝對

〔註186〕《魏書》卷一○七上《律曆志上》，第2662～2663頁。

〔註187〕祝總斌：《高昌官府文書雜考》，第415頁。

〔註188〕《魏書》卷九一《術藝・殷紹傳》，第1956頁。

〔註189〕《魏書》卷六八《甄琛傳》，第1510～1511頁。

〔註190〕《魏書》卷六八《甄琛傳》，第1511頁。

甄琛上表的報答。與此同時，另一套文書運作系統亦隨之展開——詔尚書八座集議可否。這意味著甄琛的上表隨著詔書轉入到政務運作環節之中，然後由尚書省據詔書與表進行集議。後續的運作則是尚書省奉詔舉行「八座議」的過程，其後一些列文書行政程序的啓動，皆由甄琛的上表與宣武帝的詔令所引發，這也是第二品王言生成與運作的具體流程使然。下文在討論「議」的環節，將具體展開之，故按下不表。需要指出的一點是，上表之人對這一文書運作流程是極爲熟悉的，所以在一些上表中會出現「出表付外詳議」的用語。此構成「議」得以啓動的重要渠道之一，詳見後文。

　　在對甄琛上表的考察中，筆者因尚書省八座集議環節超出了這部份的研究範疇，故而暫不討論。尚書參議後生成的免除「司鹽之稅」詔，在執行過程中又引發了臣僚上表。據《長孫稚傳》載，平東將軍、尚書右僕射行臺長孫稚因「時有詔廢鹽池稅」，認爲不可，故而上表曰：

> 鹽池天資賄貨，密邇京畿，唯須寶而護之，均贍以理。……今
> 若廢之，事同再失。臣前仰違嚴旨，不先討關賊而解河東者，非是
> 閒長安而急蒲坂。蒲坂一陷，沒失鹽池，三軍口命，濟贍理絕。……
> 臣輒符司監將尉還率所部，依常收稅，更聽後敕。〔註191〕

廢鹽池稅詔下達州郡後，長孫稚「仰違嚴旨」，發臺符以令監司「依常收稅」，並上表諫諍不可、求發「後敕」。甄琛之例證明表可以構成王言生成的來源；長孫稚上表意味著，臣僚可以針對詔令進行上表、提出異議，甚至引發新一輪的王言生成機制。

　　綜上所述，臣僚上表構成王言生成之一途，但不能像奏行文書一樣直接被畫可，而是必須經過另一套文書程序——詔付有司（執行抑或參議通過）加工之後，才能將臣僚的意志轉化爲皇帝意志或國家意志。

二、啓與王言生成

　　《文心雕龍》曰「自晉來盛啓，用兼表奏。陳政言事，既奏之異條；讓爵謝恩，亦表之別幹」〔註192〕。這是啓書不同於奏、表，而又與之相通之處。明人吳訥等認爲啓、疏以「奏」字冠之，「以別於臣下私相對答往來之稱」，

〔註191〕《魏書》卷二五《長孫道生傳附稚傳》，第648頁。
〔註192〕〔南朝宋〕劉勰著，黃叔琳注，李詳補注，楊明照校注拾遺：《增訂文心雕龍校注》卷五《奏啓第二三》，第314頁。

不僅魏晉以來啓書盛〔註193〕，東晉南朝亦是如此〔註194〕。《魏書》對啓書的記載不是特別豐富〔註195〕，但亦不失為臣下陳情言政的一種上行文書。

太武帝平沮渠氏後，河西士人入魏，監秘書省、綜理史職的崔浩上啓曰：「蔭仲達、段承根，涼土美才，請同修國史」〔註196〕。太武帝旨除二人為秘書著作郎。又太子晃監國時，上啓太武帝廣徵俊秀，詔報曰：

> 朕有一孝伯，足治天下，何用多為？假復求訪，此人輩亦何可得。〔註197〕

正光三年（522）李豹子上書言「于時儲后（晃）監國，奏請徵賢」，將「啓」請作「奏請」，亦可證北魏時啓書「用兼表奏」之能〔註198〕。

興安初（452），文成帝封陸麗為平原王，加撫軍將軍，陸麗「頻讓再三，詔不聽」，乃上啓書云：

> 臣父歷奉先朝，忠勤著稱，今年至西夕，未登王爵。臣幼荷寵榮，於分已過，愚款之情未申，犬馬之効未展，<u>願裁過恩，聽遂所請</u>。〔註199〕

「頻讓再三」即「三讓表」。依北魏之制，拜官封爵皆須上三讓表，如孝文詔除馮誕為司徒時「除官日，親為制三讓表，并啓。將拜，又為其章謝」〔註200〕，說明辭讓由三表一啓構成。表辭之後，陸麗在啓書中提出了封其父為王的陳請，文成帝詔答曰：

> 朕為天下主，豈不能得二王封卿父子也。〔註201〕

從這道批答以及「乃以其父俟為東平王」來看，文成帝將陸麗所啓付於冊封環節中，下詔冊封其父。又普泰初（531），竇瑗「啓以身階級為父請贈」，節閔帝「詔贈征虜將軍、平州刺史」〔註202〕。二例皆體現出啓書直言其事的特

〔註193〕 吳訥著，于北山校點：《文章辨體序說》；徐師曾著，羅根澤校點：《文體明辨序說》，第 124 頁。

〔註194〕 祝總斌：《高昌官府文書雜考》，第 425 頁。

〔註195〕 祝先生認為北朝的「啓」用的比較少，祝總斌：《高昌官府文書雜考》，第 426 頁。

〔註196〕 《資治通鑑》卷一二三《宋紀五》文帝元嘉十六年十二月條，第 3880 頁。事又見於《魏書》卷五二《蔭仲達傳》，第 1163 頁。

〔註197〕 《魏書》卷五三《李孝伯傳》，第 1172、1173 頁。

〔註198〕 啓書之上達，亦可稱「奏聞」，《魏書》卷一〇三《蠕蠕傳》，第 2299 頁。

〔註199〕 《魏書》卷四〇《陸俟傳附麗傳》，第 908 頁。

〔註200〕 《北史》卷八〇《外戚・馮熙傳附誕傳》，第 2679～2680 頁。

〔註201〕 《魏書》卷四〇《陸俟傳附麗傳》，第 908 頁。

〔註202〕 《魏書》卷八八《良吏・竇瑗傳》，第 1907 頁。

點。又孝文帝授李彪散騎常侍時，彪啟曰：「伯石辭卿，子產所惡，臣欲之已久，不敢辭讓。」〔註203〕，說明李彪直接越過了三讓表，直接上啟表達意志。臣下所上啟書，「陳政言事」並有所請。

啟書之陳請，也會像表書一樣引發集議。如正光元年十月，孝明帝臨顯陽殿引見柔然王子阿那瓌，阿那瓌上啟書「付舍人常景，具以（『求乞兵馬，還向本國』）奏聞」〔註204〕，史云：

> （正光）十二月，肅宗以阿那瓌國無定主，思還綏集，啟請切，
> 詔議之。〔註205〕

孝明帝省覽啟書後，就阿那瓌所請下詔尚書省集議，尚書令元乂上奏許之，翌年正月遣還之。

一般而言，臣僚所上啟書，均須自書〔註206〕，且須署名，有固定的格式。祝總斌認為北朝的「啟」程序與南朝同，前云「臣某某啟」，末云「（具官）臣某謹啟」，並附年月日〔註207〕。這在《魏書》中可以找到實例，據《魏書》載，魏收等上《十志啟》：

> 臣收等啟：（前略）謹成十志二十卷，請續於傳末，並前例目，
> 合一百三十一卷。臣等妨官秉筆，迄無可採，塵黷疏冗，墮深冰谷。
> 謹啟。
>
> 十一月，持節、都督梁州諸軍事、驃騎將軍、梁州刺史、前著
> 作郎、富平縣開國子臣魏收啟
>
> 平南將軍、司空司馬修史臣辛元植
>
> 冠軍將軍、國子博士修史臣刁柔
>
> 陵江將軍、尚書左主客郎中修史臣高孝幹
>
> 前西河太守修史臣綦母懷文〔註208〕

「臣收等啟」是啟書的開頭用語，為「臣某啟」式；「謹啟」為啟書的結束用語，此前為啟書的主體內容。「十一月，持節（云云）」為「年月日」與具官

〔註203〕《魏書》卷六四《郭祚傳》，第 1422 頁。

〔註204〕《魏書》卷一〇三《蠕蠕傳》，第 2298～2299 頁。

〔註205〕《魏書》卷一〇三《蠕蠕傳》，第 2300 頁。

〔註206〕祝總斌：《高昌官府文書雜考》，第 425 頁。

〔註207〕祝總斌：《高昌官府文書雜考》，第 426 頁。

〔註208〕《魏書‧前上十志啟》，第 2331～2332 頁。

封臣姓名「啓」。從這段材料來看，在啓書書名環節，魏收是領署，辛元植等四人為副署。《北史》稱「前後二表一啓，皆獨出於收」〔註209〕。吐魯番哈拉和卓九一號墓出土的北涼啓書〔註210〕，可與魏收啓書式相參證：

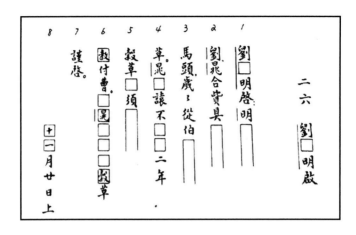

兩相印證之下，可以證明北魏的啓書存在固有的書式。管窺所及，記載啓書與王言生成的史料雖不多見，但啓書與王言生成的關係已可證成，與表大體相似。

三、疏與王言生成

疏與表一樣，皆是臣下直接上呈皇帝的文書，太子晃受詔監國時「諸上書者皆稱臣，上疏儀與表同」〔註211〕。在此之前的明元帝永興二年（410），拓跋魏開國勳臣張袞曾上疏陳言天下大勢與致太平之道，明元帝詔答與否未見史載。疏的「陳政言事」之功能，還體現在太和初開府、徐州刺史薛虎子的上疏中，據《薛虎子傳》載：

> 臣聞：（前略）臣竊尋居邊之民，蒙化日淺，戎馬之所，資計素微。……一請止六尺絹，歲不滿匹。既委邊捍，取其必死，邀之士重，何吝君輕。今班制已行，布之天下，不宜忤冒，以亂朝章。
>
> 但狼藉恩私，備位蕃岳，憂責之地，敢不盡言。〔註212〕

薛虎子在上疏中陳述了俸祿之制所導致的賦重、民不堪其負的弊端，並「請

〔註209〕《北史》卷五六《魏收傳》，第2031頁。

〔註210〕唐長孺主編：《吐魯番出土文書》（壹），第75頁。

〔註211〕《魏書》卷四下《世祖紀》，第97頁。太武帝下詔曰「事無巨細，必經太子，然後上聞」，《南齊書》卷五七《魏虜傳》，第984頁。

〔註212〕《魏書》卷四四《薛野䐗傳附虎子傳》，第997～998頁。

止六尺絹，歲不滿匹」。文明太后主政，「令」答曰：

> 俸制已行，不可以小有不平，便虧通式。〔註213〕

馮太后將堅決貫徹俸祿制的意志，體現在了批答中。如薛虎子之例，並據前文所舉，除了以表、啓陳請外，上疏是地方官員言政的另一條重要渠道。如，舊制「洛陽令有大事聽面敷奏」〔註214〕，（孝昌末）「時倖倖之輩惡其有所發聞，遂共奏罷」，於是高謙之上疏曰：

> （前略）臣亡父先臣崇之爲洛陽令，常得入奏是非，所以朝貴斂手，無敢干政。近日以來，此制遂寢，致使神宰威輕，下情不達。今二聖遠遵堯舜，憲章高祖。愚臣望策其駑蹇，少立功名。乞新舊典，更明往制。庶奸豪知禁，頗自屏心。〔註215〕

針對「此制遂寢」的問題，這道上疏提出了「乞新舊典，更明往制」的陳請，孝明帝詔答曰：

> 此啓深會朕意，付外量聞。

一如前文所揭，這道詔書具有兩個維度的文書功能：其一，詔報高謙之；其二，詔付尚書省審議、奏聞可否。這種情況還見於崔楷上疏中，據《崔楷傳》載：

> 於時（孝明朝）冀定數州，頻遭水害，（原尚書左主客郎中崔）楷上疏曰：「臣聞：……實希效力，有心螢燭，乞暫施行。使數州士女，無廢耕桑之業；聖世洪恩，有賑飢荒之士。鄰宰深笑，息自一朝；臣之至誠，申於今日。」〔註216〕

在上疏中，楷提出了治水的方案，陳請效力。孝明帝詔答曰：

> 頻年水旱爲患，黎民阻飢，靜言念之，朕不遑食，鑒此事條，深協在慮。但計劃功廣，非朝夕可合，宜付外量聞。〔註217〕

孝明帝對崔楷上疏的處理方式與高謙之相同，皆付尚書省參議、奏聞可否。從「事遂施行」，可知在後續的文書行政中，崔楷的上疏通過了尚書省的審議，然後經尚書省奏可實行〔註218〕。

〔註213〕《魏書》卷四四《薛野䐗傳附虎子傳》，第998頁。
〔註214〕此制形成於宣武朝，《魏書》卷八《世宗紀》，第197頁。
〔註215〕《魏書》卷七八《高崇傳附謙之傳》，第1708～1709頁。
〔註216〕《魏書》卷五六《崔辯傳附楷傳》，第1253～1255頁。
〔註217〕《魏書》卷五六《崔辯傳附楷傳》，第1255頁。
〔註218〕又云「楷用功未就，詔追還罷」，不過這已經是另外一回事了。《魏書》卷五六《崔辯傳附楷傳》，第1255頁。

前述例子尚且屬於非職任之內的陳請，而官員於職權範圍內上書言事，亦會通過疏的形式上達。太和初，主客給事中李安世以「民困飢流散，豪右多有占奪（土地）」，乃上疏曰：

> 臣聞：量地畫野，經國大式；邑地相參，致治之本。……愚謂今雖桑井難復，宜更均量，審其徑術，令分藝有準，力業相稱，細民獲資生之利，豪右靡餘地之盈。則無私之澤，乃播均於兆庶；如阜如山，可有積於比戶矣。又所爭之田，宜限年斷，事久難明，悉屬今主。然後虛妄之民，絕望於覬覦；守分之士，永免於凌奪矣。〔註219〕

至於孝文帝是否答詔，史無明載，僅知「高祖深納之，後均田之制起於此矣」。「均田之制」即《魏書·食貨志》所載太和九年「均給天下民田詔」〔註220〕，這道詔書顯然不是對李安世上疏的批答，不過其生成確與李安世的上疏不無關聯。

宣武帝時，太常卿劉芳以「靈星、周公之祀，不應隸太常」，乃上疏曰：

> 臣聞：（前略）竊見所置壇祠遠近之宜，考之典制，或未允衷，既曰職司，請陳膚淺。……博採羣議，既無異端，謂粗可依據。今玄冬務隙，野罄人閒，遷易郊壇，二三爲便。〔註221〕

宣武帝詔答曰：

> 所上乃有明據，但先朝置立已久，且可從舊。〔註222〕

宣武帝雖然認可劉芳上疏陳見，但舊制不可違，故詔劉芳及太常「且可從舊」。這道詔書不同於前述詔書，因爲劉芳奉詔後可以直接依詔安排太常寺的祀事。

又諫議大夫張普惠「以肅宗不親視朝，過崇佛法，郊廟之事，多委有司」乃上疏曰：

> 臣聞：（前略）伏惟陛下重暉纂統，欽明文思，天地屬心，百神佇望，故宜敦崇祀禮，咸秩無文。而告朔朝廟，不親於明堂；嘗禘郊社，多委於有司。……已興之構，務從簡成；將來之造，權令停息。仍舊亦可，何必改作。庶節用愛人，法俗俱賴。臣學不經遠，

〔註219〕《魏書》卷五三《李孝伯傳附安世傳》，第1176頁。
〔註220〕《魏書》卷一一〇《食貨志》，第2853～2855頁。
〔註221〕《魏書》卷五五《劉芳傳》，第1223～1225頁。
〔註222〕《魏書》卷五五《劉芳傳》，第1225頁。

　　言多孟浪，忝職其憂，不敢默爾。〔註223〕

孝明帝是否答詔，不見史載。孝明帝在省閱奏疏後發佈了一道王言——「別敕付外（尚書省），議釋奠之禮」〔註224〕。《魏書》用「別敕」言之，證明在「別敕」之前孝明帝已降頒佈了一道相關的王言，這道王言可能就是詔答。而張普惠之例，亦可作為詔答上疏的同時，亦會伴隨相關王言的頒佈，只是這樣的王言是流向尚書省的。

　　以上所考，屬於臣僚以個人名義向皇帝上書言事的幾種文書類型——表疏啓，當這幾種上行文書進入到皇帝批答環節時，王言亦開始運作。與奏行文書不同，皇帝無法對表、疏、啓直接畫可，也不會在表、疏、啓之上進行批答，而是另行擬定批答詔書。在表、疏、啓皆須報問的原則下〔註225〕，三者會引發王言的生成，但在王言生成環節，卻存在一個較為複雜的情況，大體如下：

圖 1 臣僚上書與詔答流程

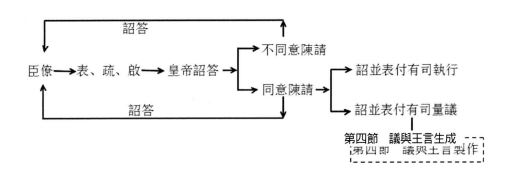

由表、疏、啓與皇帝詔答之間所構成的文書關係，並不是一個封閉的文書流轉空間，而會根據皇帝的王言開啓另一個維度的文書行政模式。在這一模式中，存在著一種王言生成的程序——「議」。

〔註223〕《魏書》卷七八《張普惠傳》，第 1737～1738 頁。在上行文書中的「臣聞」用語，實為章表的常用開頭語，《魏書》點校本在「臣聞」處或斷或不斷。如高宗時，源賀上書曰「臣聞：（云云）」，《魏書》卷四一《源賀傳》，第 920 頁。本文「臣聞」處一以斷之。
〔註224〕《魏書》卷七八《張普惠傳》，第 1738 頁。
〔註225〕不排除存在「寢之」的情況，如張普惠上表，逢宣武帝崩，遂寢。

第四節　第二品王言的生成（下）：「議」的政務運作與王言生成

依漢制，在四品上行文書中，「（駁）議」為其中一種，是以「執異」〔註226〕。魏晉南北朝因襲此制，不過在政務運作中，「議」卻不只是一種上行文書，當「議」以「集議」、「博議」、「量議」等形式出現，並經由「參議」程序而形成奏案並報皇帝畫可後，王言程序以及國家決策亦隨著完成。中村圭爾認為在南朝「議」是國家意志、決策形成的過程與方式，這體現在「議」的產生與「詔」的關係以及「詳議」與詔書生成的關係上〔註227〕。但中村氏對「議」與「詔」的關係並未梳理清楚，「議」是如何出現在文書行政與政務運作中的？「議」、集議、定議以及與王言生成的一套流程是怎樣展開的？「議」與王言生成的關係是如何建構起來的？都是中村氏未詳加探究的重要問題，而這同樣也是研究北魏王言生成機制的重要組成部份。

在「議」環節之後形成的奏案，在進入到奏行程序中以便報請皇帝詔答（平決）或畫可時，王言的生成「裝置」便被啟動。如天興元年（398），在討論以「代」為國號還是以「魏」為國號的問題上，拓跋氏發揮了「議」功能，隨著「議」程序的鋪開，王言生成機制亦被激發。天興元年六月，道武帝<u>詔有司議定國號</u>：

> <u>羣臣曰</u>：「昔周秦以前，世居所生之土，有國有家，及王天下，即承為號。自漢以來，罷侯置守，時無世繼，其應運而起者，皆不由尺土之資。<u>今國家萬世相承，啓基雲代。臣等以為若取長遠，應以代為號</u>。」〔註228〕

群臣議「以代為號」的根據是周秦以「世居所生之土」為號，不失典訓。不過《魏書・太祖紀》在記錄「議」的環節上存在失載之處，據崔玄伯本傳載：

> <u>詔有司博議國號</u>。（黃門侍郎）玄伯議曰：「三皇五帝之立號也，或因所生之土，或即封國之名。故虞夏商周始皆諸侯，及聖德既隆，萬國宗戴，稱號隨本，不復更立。……國家雖統北方廣漠之

〔註226〕〔南朝梁〕劉勰著，黃叔琳注，李詳補注，楊明照校注拾遺：《增訂文心雕龍校注》卷五《章表第二十二》，第302頁。
〔註227〕〔日〕中村圭爾：《南朝における議について——宋・齊代を中心に》，《人文研究》第40卷第10號，1988年，第672頁。
〔註228〕《魏書》卷二《太祖紀》，第32頁。

土，逮於陛下，應運龍飛，雖曰舊邦，受命惟新，是以登國之初，
改代曰魏。又慕容永亦奉進魏土。夫「魏」者大名，神州之上國，
斯乃革命之徵驗，利見之玄符也。臣愚以爲宜號爲魏。」太祖從之。
〔註229〕

「有司」承詔，組織博議，在博議的環節出現兩家之說：其一，「群臣」的
「以代爲號」說；其二，崔玄伯的「以魏爲號」說，根據是「魏」者「神州
之上國」、「革命之徵驗」。二家之說各有所本。「議」形成之後，「有司」是
如何處理的，不見史載，僅知道武帝在省讀、平決環節採納了崔玄伯的議案。
而後將崔玄伯的議案轉化爲道武帝的意志，以王言的形式頒佈天下：

　　詔曰：「昔朕遠祖，總御幽都，控制遐國，雖踐王位，未定九
州。逮於朕躬，處百代之季，天下分裂，諸華乏主。民俗雖殊，撫
之在德，故躬率六軍，掃平中土，凶逆蕩除，遐邇率服。宜仍先號，
以爲魏焉。布告天下，咸知朕意。」〔註230〕

這道詔書與崔玄伯的議案內容並不同，可能是在有司奏書之外單獨生成的。道
武帝在崔玄伯「以魏爲號」意志的基礎上融合進了自己的意志——「宜仍先號，
以爲魏焉」。詔書昭告天下後，「於是四方賓王之貢，咸稱大魏矣」〔註231〕。

定國號之例粗略地呈現了「議」事程序的啓動、臣僚博議與執異、皇帝
平決然後生成王言（或批答）的流程。而實際的情形卻遠不止如此，「議」被
啓動的方式、「議」的程序與類型〔註232〕，是比較複雜的。所以本部份對「議」
與王言生成的展開，與前文的討論直接相關，同時亦是在前文基礎之上的延
展。

一、「議」的啓動及與王言生成的關係

前揭定國號之例，呈現了「議」程序展開的一種方式——「詔有司博議」，
這正與第三節討論表、疏、啓時所引發的「詔付外量議」存在相通之處——

〔註229〕《魏書》卷二四《崔玄伯傳》，第620～621頁。
〔註230〕《魏書》卷二《太祖紀》，第32～33頁。
〔註231〕《魏書》卷二四《崔玄伯傳》，第621頁。
〔註232〕指出，北魏的「議」可分爲君臣共議、臣下受詔議、宰輔召集會議、非常時
　　　　期的集議凡四類，而臣下受詔議又可分爲公卿集議，尚書、門下集議、有司
　　　　集議。李都都：《南北朝集議制度考述》，鄭州大學歷史學碩士學位論文，2009
　　　　年，第14～17頁。

「議」是由「詔」引發。若向「詔」生成之前延伸，則會發現兩種意志形態：皇帝主動表態下詔「議」；臣僚上表疏啓，皇帝下詔「議」。

首先對皇帝主動表態下詔「議」的情形進行討論，這也是「議」產生的第一種情形。

（一）「詔付外議」：「議」的引發與王言生成機制的啟動

前揭道武帝「詔百司博議國號」，是北魏大政通過「議」進行決策，然後經道武帝的王言而轉化爲國家意志的體現。在此過程中，涉及到諸多文書名目與操作環節。孝文帝在改革北魏德運的問題上，較好地運用了王言、議書、尚書參議、奏案在整個決策過程中的功能。據《魏書・高祖紀》載，太和十四年八月「詔議國之行次」〔註233〕，詔曰：

> 丘澤初志（制），配尚宜定，五德相襲，分敍有常。然異同之論，著於往漢，未詳之説，疑在今史。羣官百辟，可議其所應，必令合衷，以成萬代之式。〔註234〕

改德運詔是孝文帝積極意志的表達〔註235〕，孝文帝將這一意志通過下詔臣僚「可議其所應」的形式拋出來，實際上已經傳達出質疑「土德」〔註236〕、重新序德運的意向〔註237〕。

〔註233〕《魏書》卷七下《高祖紀下》，第166頁。詔書頒佈的日期在八月辛卯日之後。關於議定行次的時間問題，《魏書・高祖紀》、《魏書・禮志一》、《資治通鑒》三者之間皆存在差異。《高祖紀》將下詔議的時間定在太和十四年八月，這點《禮志》與之相同，而《通鑒》作太和十六年。在「議」的環節，《禮志》記載較詳細，時間定在太和十四年八月之下和十五年正月之下，而且孝文帝答詔也是繫於正月之下，這與《高祖紀》、《通鑒》都不同。《通鑒考異》採《高祖紀》，認爲詔書是在太和十六年正月壬戌日頒佈，而「十五年正月」爲「十六年正月」之誤。

〔註234〕《魏書》卷一〇八《禮志一》，第2744頁。「邱澤初志」，【校勘記】〔一七〕疑「制」爲是，見該卷第2756頁。

〔註235〕對於北魏此次德運改革，川本芳昭將之與北魏前期土德的確立問題一併進行了考察，認爲改德運詔是孝文帝積極意志的執行，可參閱《魏晉南北朝時代の民族問題》，第72～79頁。同序德運，直承晉氏，也是北魏向中原制霸王朝轉變的重要舉措，參見川本芳昭：《東アジア古代におはる諸民族と國家》，第417頁。

〔註236〕北魏在道武帝時期，確定「土德」，參見《魏書》卷一〇八《禮志一》，第2735頁。

〔註237〕川本芳昭指出，孝文帝同序德運、直承晉氏，是北魏向中原制霸王朝轉變的重要舉措，參見川本芳昭：《東アジア古代におはる諸民族と國家》，第417頁。

中書監、尚書高閭議曰：

> （前略）臣愚以爲宜從尚黃，定爲土德。又前代之君，明賢之史，皆因其可褒褒之，可貶貶之。今議者偏據可絕之義，而不錄可全之禮。所論事大，垂之萬葉。宜並集中秘群儒，人人別議，擇其所長，於理爲悉。〔註238〕

高閭之議，代表的是由晉而石趙、慕容燕、苻秦一脈的代國法統〔註239〕。高閭議繼秦爲土德，並對其它官員之「議」做出了評論——「今議者偏據可絕之義，而不錄可全之禮」，並陳請「宜並集中秘群儒，人人別議」。

或蒙再詔博議，「議」的參與者範圍被擴大了，中秘官員承旨上議：

> 秘書丞臣李彪、著作郎崔光等議以爲：「尚書閭議，繼近秦氏。臣職掌國籍，頗覽前書，惜此正次，慨彼非緒。……晉室之淪，平文始大，廟號太祖，抑亦有由。紹晉定德，孰曰不可，而欲次茲僞僭，豈非惑乎？臣所以懷懷惜之，唯垂察納。」〔註240〕

秘書丞李彪等紹晉之統、議從水德。如此一來，由於「議」的開展，在北魏的行次討論上形成以中書監高閭爲代表的「土德」說，以秘書丞李彪爲代表的「水德」說。在這種情況下，孝文帝下詔「令群官議之」，將「議」向前推進了一個層次，將百官納入到了議事程序中。如此，新一輪的「議」便被揭開了，但詳情不見史載，《禮志》只記載了尚書省最後形成的參議結果。

翌年正月，在二家之議的基礎上，尚書省完成參議，並且經官員署位後形成奏案，據《禮志》載：

> 侍中、司空、長樂王穆亮，侍中、尚書左僕射、平原王陸叡，侍中、吏部尚書、中山王王元孫，侍中、尚書、駙馬都尉、南平王馮誕……等言：「臣等受敕共議中書監高閭、秘書丞李彪等二人所議皇魏行次。……臣等謹共參論：伏惟皇魏世王玄朔，下迄魏、晉，趙、秦、二燕雖地據中華，德祚微淺，並獲推敘，於理未愜。又國

〔註238〕《魏書》卷一〇八《禮志一》，第2744～2745頁。

〔註239〕對於北魏法統與德運問題的研究，代表成果是何德章的《北魏國號及正統問題》與羅新《十六國北朝五德曆運問題》，方圓在北魏德運變遷問題上對二氏研究進行了分析，可茲參閱。方圓：《北魏孝文帝王業改易與〈魏書〉的歷史書寫》，湖北省社會科學院歷史學碩士學位論文，2014年，第14頁。該文未經正式發表，所以引用時已徵得方圓同意。

〔註240〕《魏書》卷一〇八《禮志一》，第2745～2746頁。

家積德修長，道光萬載。彪等職主東觀，詳究圖史，所據之理，其致難奪。今欲從彪等所議，宜承晉為水德。」〔註241〕

「參論」即「參議：以某某為允」，是「議」政務程序的最後環節，後文將特別討論之，今且按下不表。「等言」之前的具官姓名主要是奏案的署名者，四侍中、尚書省的主要長官皆在署名之列，由以上官員形成的奏案及門下省敷奏意見，提出了最終的集議意見——「欲從彪等所議，宜承晉為水德」。易言之，這道奏案集合了朝中主要官員的意志。在尚書省所上奏案之上，孝文帝詔答曰：

越近承遠，情所未安。然考次推時，頗亦難繼。朝賢所議，豈朕能有違奪。便可依為水德，祖申臘辰。〔註242〕

此即《高祖紀》所言「詔定行次，以水承金」。從文書行政的表面上看，整個「議」以及「參議」呈現的都是臣僚的意志，孝文帝只不過是順勢將「議」逐步擴大，最終通過詔書順應臣意的方式，將行次定為水德。實則不然，從詔議定行次到詔定為水德，其實都隱含了孝文帝自己的意志——「王業改易」〔註243〕。而這，都暗藏在從「議」的啟動到王言生成的過程中。

在馮太后臨朝稱制時期，亦有王言引發「議」政務運作程序的操作。如太和六年十一月，孝文帝將親祀於七廟「詔有司依禮具儀」，這道詔令發揮了「命議」的功能。於是，臣僚承詔上議案曰：

昔有虞親虔，祖考來格；殷宗躬謁，介福迪降。大魏七廟之祭，依先朝舊事，多不親謁。今陛下孝誠發中，思親祀事，稽合古王禮之常典。臣等謹案舊章，並採漢魏故事，撰祭服冠屨牲牢之具，罍洗籩簋俎豆之器，百官助祭位次，樂官節奏之引，陞降進退之法，別集為親拜之儀。〔註244〕

孝文帝答曰：

制可。

〔註241〕《魏書》卷一○八《禮志一》，第2747頁。興振案：「臣等謹共參論」之後的「，」調為「：」，以示後文為參議之內容。

〔註242〕《魏書》卷一○八《禮志一》，第2747頁。

〔註243〕所謂「王業改易」，即是摒棄以以平文帝為法統的「代」，而承續「神州之上國」的「魏」，北魏德運變遷及《魏書・序紀》中「歲在庚子」的書寫，皆是此意。參見方圓：《北魏孝文帝王業改易與〈魏書〉的歷史書寫》，第13～15頁。

〔註244〕《魏書》卷一○八《禮志一》，第2740頁。

有司之議由孝文帝皇帝下詔引發，參與議事的臣僚根據先朝舊章與「漢魏故事」而提出皇帝親祀儀式的議案。這道議案是否經有司加工成奏書，《魏書》未作交代，但從有司報批與孝文帝「制可」可以推斷，議案被有司加工成了奏案〔註245〕。由「議」產生的奏案被孝文帝「制可」之後，轉化爲第二品王言，其後孝文帝親祀多依此制。

除了詔有司或百官集議外，北魏還存在一種較爲少見的「議」，議案的形成也不是通過奏行文書的形式上達。據高允本傳載，允入禁中參決大政，獻文帝詔允曰：

> 自頃以來，庠序不建，爲日久矣。道肆陵遲，學業遂廢，子衿之歎，復見於今。朕既纂統大業，八表晏寧，稽之舊典，欲置學官於郡國，使進修之業，有所津寄。卿儒宗元老，朝望舊德，宜與中、秘二省參議以聞。〔註246〕

時允爲中書令，受詔與中、秘二省參議郡國學官之制。高允奉詔後，與二省「披覽史籍，備究典紀」，最後形成參議議案，並由高允採用「表」的形式上達獻文帝，表曰：

> 臣聞：經綸大業，必以教養爲先；咸秩九疇，亦由文德成務。……臣承旨敕，並集二省，披覽史籍，備究典紀，靡不敦儒以勸其業，貴學以篤其道。伏思明詔，玄同古義。宜如聖旨，崇建學校以屬風俗。使先王之道，光演於明時；郁郁之音，流聞於四海。請製大郡立博士二人、助教四人、學生一百人，次郡立博士二人、助教二人、學生八十人，中郡（半之）……〔註247〕

在上表中，高允提出了參議形成的具體可行的方案。但因高允職司中書，不屬於官僚機構，故無奏事之權，只能將參議的結果通過「表」向獻文帝提出陳請——「請製（云云）」。至於獻文帝如何詔答，不見史載，僅知「顯祖從之」，史稱「郡國立學，自此始也」〔註248〕。以表陳請參議的議案，實在鮮見。

〔註245〕無論是漢代，還是南北朝隋唐，官僚機構（有司）遵照行政程序向皇帝報批的文書，論其形式，皆屬於奏行文書的範疇，參見代國璽：《漢代公文形態新探》，第29～31頁。

〔註246〕《魏書》卷四八《高允傳》，第1077頁。

〔註247〕《魏書》卷四八《高允傳》，第1077～1078頁。

〔註248〕《魏書》卷四八《高允傳》，第1078頁。

　　皇帝根據自己的意志，下詔發佈「議」的主題，令有司或百官集議、博議，然後根據參議結果或畫可或詔答，而形成第二品王言。不過多數情況下，還是臣僚上書陳請（包括有司例行上奏），皇帝認爲可「議」而下詔集議。這種「議」引發的方式，也是與皇帝主動發議的最大不同之處，而之後的文書行政環節雖然相同，但政治內涵存在分殊。

（二）請付外博議：由表、疏、啟引發的「議」與王言生成

　　皇帝對臣下表、疏、啓的批答，雖然是第二品王言生成的一種途徑，但這道途徑之中還包含著王言再度生成的契機——詔付外詳議。「議」作為王言生成的一種渠道，當被表、疏、啓通過「詔」引發時，王言生成機制便開始運作，而此前作為王言生成一途的奏行文書亦被牽扯進來，形成一個復合式的臣僚上言與王言製作系統。這也是前文按下未表的研究內容。

1、表引發的「議」程序及王言生成

　　表、疏、啓通過皇帝答詔而啓動「議」事程序的現象，已經存在於北魏前期。如前文所揭，太武帝時，西秦王慕璝表請乞佛日連等三人歸國，帝「詔公卿朝會議答施行」，集議的過程不見史載，僅知太尉長孫嵩與議郎、博士等眾人形成的參議意見——「可敕秦州送詣京師，隨後遣還」，至於所請乞佛等三人「可勿聽許」。爾後奏呈太武帝，帝下制詔答曰：

> 　　公卿之議，未爲失體。西秦王所收金城、枹罕、隴西之地，彼自取之，朕即與之，便是裂土，何須復廓。西秦款至，綿絹隨使疏數增益之，非一匹而已。〔註249〕

太武帝對長孫嵩等人的提案並未直接畫可，而是採用「制曰」的形式表達了與臣僚相同的意志。又如和平六年（465）特進刁雍上表請「修禮正樂」，文成帝下詔令公卿集議，後因文成帝駕崩而中斷〔註250〕。

　　熙平二年（517）七月戊辰，侍中、領軍將軍、江陽王繼上表曰：

> 　　臣功緦之內，太祖道武皇帝之後，於臣始是曾孫。……伏見高祖孝文皇帝著令銓衡，取曾祖之服，以爲資蔭，至今行之，相傳不絕。而況曾祖爲帝，而不見錄。伏願天鑒，有以照臨，令皇恩洽穆，宗人咸敘。<u>請付外博議，永爲定準</u>。〔註251〕

〔註249〕《魏書》卷一〇一《吐谷渾傳》，第2235～2237頁。

〔註250〕《魏書》卷三八《刁雍傳》，第870～871頁。

〔註251〕《魏書》卷一〇八《禮志二》，第2763頁。

元繼因孫子出四服而「不預祭」、不蒙資蔭，故上表陳請議定宗人功緦之制。如前所言，上表求議者諳熟北魏行政運作之法，「請付外博議」便已然意味著居於門下省的的元繼，對北魏「議」的重要性以及與王言生成的關係並不陌生。要之，在博議與「永爲定準」之間，還存在一個極爲重要的環節，作爲侍中而對王言注「制可」或「詔可」的元繼不可能不知。一如元繼所請，胡太后令答曰：

> 付八座集禮官議定以聞。〔註252〕

胡太后以「令」行事，具有王言的功能。如前文所述，令書、表並付尚書省，由之召集禮官量議，然後奏聞。集議過程如下：

> 四門小學博士王僧奇等議：「（前略）敢竭愚昧，請以四廟爲斷。」國子博士李琰之議：「（前略）謂宜入廟之制，率從議親之條；祖祧之裔，各聽盡其玄孫。……不宜復各爲例，令事事舛駁。」
> 〔註253〕

王僧奇等人持「四廟爲斷」說，李琰之持「五廟（盡其玄孫）」說。然後由尚書省及尚書八座進行參議，形成參議意見——「請同僧奇等議」。後經由尚書省署名後，形成尚書奏案，報門下省署位、敷奏，即《禮志》所云：

> 侍中、司空公、領尚書令、任城王澄，侍中、尚書左僕射元暉奏：「臣等參量琰之等議……太常少卿元端議……雖爲有所援引，然與朝議不同。如依其議，匪直太祖曾玄，諸廟子孫，悉應預列。既無正據，竊謂太廣。臣等愚見，請同僧奇等議。」〔註254〕

尚書省參議認爲，若從李琰之之議，那麼「匪直太祖曾玄，諸廟子孫，悉應預列」，如此一來，未免「太廣」。所以最後形成的參議意見是「請同僧奇等議」，即「以四廟爲斷」。針對奏案中的尚書省參議議案，胡太后令答曰：

> 議親律注云：「非唯當世之屬籍，歷謂先帝之五世。」此乃明親親之義篤，骨肉之恩重。尚書以遠及諸孫，太廣致疑。百僚助祭，可得言狹也！祖廟未毀，曾玄不預壇堂之敬，便是宗人之昵，反外於附庸，王族之近，更疏於羣辟。先朝舊儀，草創未定，刊制律憲，

〔註252〕《魏書》卷一〇八《禮志二》，第2763頁。
〔註253〕《魏書》卷一〇八《禮志二》，第2763～2764頁。
〔註254〕《魏書》卷一〇八《禮志二》，第2763～2765頁。興振案：《魏書・禮志》在這部份存在點校錯誤之處，今依據筆者的論證，將「太常元端議」繫於「今古不革者也」之下，屬於「元暉奏」的內容。

　　　　垂之不朽。琰之援據，甚允情理。可依所執。〔註255〕

胡太后否決了尚書省的參議議案，而將尚書省執爲不可的李琰之議案轉變爲
令書。這道令書，不僅對元繼有利，對於原本出四服的宗室而言，又將獲得
參與祭祀與資蔭之權。此令一出，對於剛臨朝稱制、需要宗室支持的胡太后
而言，亦是有利的。

　　又前文所揭甄琛「願弛茲鹽禁」上表，宣武帝下詔「付八座議可否以聞」，
前文並未及細言。詔八座集議的詔令下達後，尚書八座如何開展議事，《魏
書》未作詳細交代，僅記載了最後形成的參議議案，並製成尚書奏案上呈。
據甄琛本傳載：

　　　　司徒、錄尚書、彭城王勰，兼尚書邢巒等奏：「琛之所列，富
　　　　乎有言，首尾大備，或無可貶。但恐坐談則理高，行之則事關，是
　　　　用遲回，未謂爲可。……故先朝商校，小大以情，降鑒之流，〔疑〕
　　　　與復鹽禁。然自行以來，典司多怠，出入之間，事不如法，遂令細
　　　　民怨嗟，商販輕議，此乃用之者無方，非與之者有謬。至使朝廷明
　　　　識，聽瑩其間，今而罷之，懼失前旨。一行一改，法若易棊，參論
　　　　理要，宜依前式。」〔註256〕

尚書省形成的參議認爲，甄琛上表分析的民怨問題，並非「司鹽之稅」本身
的問題，而是「典司多怠」、「事不如法」，若行鹽禁，則「一行一改」而有違
前旨、擾亂秩序。所以尚書定議「宜依前式」、不行鹽禁。針對尚書八座議形
成的奏案與參議意見，宣武帝詔答曰：

　　　　司鹽之稅，乃自古通典，然興制利民，亦代或不同，苟可以富
　　　　氓益化，唯理所在。甄琛之表，實所謂助政毗治者也，可從其前計，
　　　　使公私並宜，川利無擁。尚書嚴爲禁豪強之制也。〔註257〕

尚書省將參議意見形成奏案後，請宣武帝畫可，宣武帝省讀奏案後形成與甄
琛相同的意見〔註258〕——「甄琛之表，實所謂助政毗治者也」，與尚書省的
爲政策略大不相同。宣武帝在詔答中否決了尚書省的提議，卻在尚書奏案之
上形成了新的王言。而此前「（詔）付八座議可否以聞」雖然沒有在程序中
實現奏案的法令化，卻爲皇帝製作王言提供了其它選擇方案，在國家治理和

〔註255〕《魏書》卷一〇八《禮志二》，第2765～2766頁。
〔註256〕《魏書》卷六八《甄琛傳》，第1511～1522頁。
〔註257〕《魏書》卷六八《甄琛傳》，第1522頁。
〔註258〕確切而言，在對甄琛的詔答中「民利在斯，深如所陳」已經出現認同的傾向。

皇權運作的維度產生了行政效果。這道王言頒佈後，史稱「時有詔廢鹽池稅」〔註259〕，即是這道王言形成後的頒行情況。

2、啟引發的「議」程序及王言生成

「啟」作爲臣僚上書陳請的一種，亦可通過詔答引發「議」。如正光二年七月，蠕蠕主婆羅門詣涼州歸降後，阿那瓌上啟請還國，啟曰：

> 投化蠕蠕元退社、渾河旃等二人以今月二十六日到鎮，云國土大亂，姓姓別住，迭相抄掠，當今北人鵠望待拯。今乞依前恩，賜給精兵一萬，還令督率送臣磧北，撫定荒人，脫蒙所請，事必克濟。
> 〔註260〕

阿那瓌在啟書中提出了具體陳請——「賜給精兵一萬」、「送臣磧北，撫定荒人」，此時阿那瓌已經在歸國途中，啟書則是在途中上達孝明帝。孝明帝讀啟後，「詔付尚書、門下博議」。但博議的環節，不見史載。經二省博議之後形成的議案，十月份由錄尚書事元雍、尚書令李崇、左僕射元欽署位後形成奏案，並奏門下省侍中侯剛、元叉等人署位、敷奏，奏案曰：

> 竊聞漢立南、北單于，晉有東、西之稱，皆所以相維御難，爲國藩籬。今臣等參議以爲懷朔鎮北土名無結山吐若奚泉，敦煌北西海郡即漢晉舊障，二處寬平，原野彌沃。阿那瓌宜置西吐若奚泉，婆羅門宜置西海郡，各令總率部落，收離聚散。其爵號及資給所須，唯恩裁處。……阿那瓌等新造藩屏，宜各遣使持節馳驛先詣慰喻，並委經略。〔註261〕

「臣等參議」的文書用語意味著「議」程序已經完成，「是文書轉入另一層次的標示」〔註262〕。這一程序的完成意味著「議」將進入另一階段的行政程序中，即在參議議案基礎上由尚書省官員署位並加工成奏案。在這道參議奏案中，尚書省提出了安置柔然舊主婆羅門與新主阿那瓌的具體執行方案，報請孝明帝審批。至於孝明帝是直接畫可還是提出了其它意見，無從考證，僅知

〔註259〕《魏書》卷二五《長孫道生傳附稚傳》，第648頁。

〔註260〕《魏書》卷一○三《蠕蠕傳》，第2301頁。

〔註261〕《魏書》卷一○三《蠕蠕傳》，第2301～2302頁。

〔註262〕周文俊：《南朝奏議文書與政務過程探析——以〈宋書〉、〈南齊書〉諸志爲中心的考察》，收入《第四屆中國中古史前沿論壇論文集》，第200頁，2016年7月，上海師範大學人文與傳播學院歷史系主辦。蒙中山大學周文俊先生概允使用，謹致謝忱。

道「肅宗從之」。這種審批結果表明，基於尚書奏案而生成的王言，下行到尚書省執行。

由啓引發的「議」，後續操作程序與表相同，故不煩備陳。

3、疏、「上言」引發的「議」程序及王言生成

由疏引發的「議」，有詔「宜付外量聞」〔註263〕之例，對於此中詳情，《魏書》記載不多，大概與表、啓相似，故不作詳細討論。表、疏、啓雖然是臣僚個人請「議」的途徑，在《魏書》中，臣僚所上文書有時會被稱為「上言」，如景明二年（501）六月，秘書丞孫惠蔚上言：

> 臣聞：國之大禮，莫崇明祀，祀之大者，莫過禘祫，所以嚴祖敬宗，追養繼孝，合享聖靈，審諦昭穆，遷毀有恒，制尊卑，有定體……<u>所陳蒙允，請付禮官，集定儀注</u>。〔註264〕

秘書丞並無奏事之權，那麼「上言」所採用的文書，當屬於表、疏、啓中的一種。在上言中，孫惠蔚陳請「請付禮官，集定儀注」，即為「議」程序的啓動創造了條件，宣武帝詔答曰：

> 禮貴循古，何必改作。且先聖久遵，綿代恒典，豈朕沖闇，所宜革之。且禮祭之議，國之至重，先代碩儒，論或不一。<u>可付八坐、五省、太常、國子參定以聞</u>。〔註265〕

由孫惠蔚上言陳請「議」引發的王言，啓動了「議」程序，詔答設定了「議」程序的參與者。議禮乃北魏大事，宣武帝在詔書中將當時可以參與議禮的機構基本都囊括了進來，可見這次集議範圍之廣。經過一個月的集議，七月，侍中、錄尚書事、北海王詳等人提出集議奏案，曰：

> <u>奉旨集議</u>，僉以為禘祫之設，前代彝典，惠蔚所陳，有允舊義。請依前克敬享清宮，其求省時祭，理實宜爾。但求之解注，下逼列國，兼時奠之敬，事難輒省。<u>請移仲月，擇吉重聞</u>。〔註266〕

尚書省形成的奏案將集議內容納入其中，並在「參議」環節認可孫惠蔚的陳請的基礎上，提出了兩點請示意見，報請宣武帝畫可。宣武帝畫可後，由門下省謄寫一通注「制可」，即《魏書》所載「制可」。

〔註263〕如前揭崔楷上疏陳冀定數州水害事，《魏書》卷五六《崔辯傳附楷傳》，第1253～1255頁。
〔註264〕《魏書》卷一○八《禮志四·祭祀下》，第2759～2761頁。
〔註265〕《魏書》卷一○八《禮志四·祭祀下》，第2761頁。
〔註266〕《魏書》卷一○八《禮志四·祭祀下》，第2761頁。

綜上所述，表、疏、啓藉助「詔答」（詔付外量議、博議）的功能，啓動了「議」程序，尙書省（或門下省等）奉詔集議，最終形成參議意見，經尙書省官員署位後形成奏案，報皇帝畫可或批答。在此過程中，雖然第二品王言的生成直接由「議」——「參議」——「奏案」——皇帝「畫可」（批答）而生成，卻是「表疏議」——「詔付外博議」共同引發，其中「詔付外博議」是開啓「議」與王言生成程序的關鍵。

不過，在北魏文書行政系統之內，表疏啓是臣僚以個人名義提出的陳請，有別於公文書系統的奏行文書。在「議」的產生過程中，奏行文書亦是「議」產生的一種渠道。

（三）官僚機構自發形成的議與請議

第三種情形是，尙書省官僚針對政務主動開展「議」，然後形成奏行文書報皇帝省讀、畫可。在前文討論奏行文書的運作實態時，筆者曾援引太平眞君五年二月樂安王範等人上奏「參議」意見並獲太武帝「可如所奏」的批覆，與受詔集議不同，這次「議」可能是「群司百辟」自發組織的。

與表、疏、啓所啓動的「議」事程序相異，官僚機構（主要是尙書省或有司）既可以自覺開展「議」，也可以受詔集議。這兩種「議」皆是官僚機構處理政務的途徑，在「議「環節之後形成的奏行文書（奏案），則須上報皇帝畫可，從而將官僚系統的意志轉化爲皇帝意志。所不同者，前者是主動「議」，後者是受詔「議」，屬於兩類運行機制，前文所述表疏啓引發的「議」對尙書省而言則屬於後者。

1、尙書省（有司）自主運作的「議」

尙書省自主運作的「議」是其處理省務的一種重要方式，同時也是生成奏案文書的重要環節。尙書省主動開展的「議」亦可稱爲尙書內部集議，主要形式是尙書八座議〔註267〕。北魏後期，「議」在政務處理中的地位較前期有較大提高，出現高規格的議事活動——尙書及公卿在朝堂（尙書上省）議事。如孝文帝時，尙書官員、公卿於朝堂議事，帝曰：「今因卿等日中之集，中前則卿等自論政事，中後與卿等共議可否。」證明朝堂是尙書省自發集議、皇帝臨議的場所。與此同時，朝堂也是奏案彙集或批答之地，孝文帝令穆亮於朝堂「讀奏案」，而帝「親自決之」即是其證。陳琳國先生指出，「尙書省處

〔註267〕李都都：《南北朝集議制度考述》，第 21 頁。

理行政事務經常採取集議，『日中之集』就是一種方式。集議到北魏後期更加制度化」〔註268〕。雖然如此，尚書省於朝堂主動議事的案例，見於《魏書》的並不多，今舉尚書省幾例議事，以之管窺尚書省主動發「議」所啓動的王言生成程序。

如永平三年（510）六月，兼廷尉卿元志、監王監等上言：

> 檢出名之例，依律文，「獄成」謂處罪案成者。……若使案雖成，雖〔解〕已申省，事下廷尉，或寺以情狀未盡……或門下立疑，更付別使者，可從未成之條。（後略）〔註269〕

在廷尉官員的文案內容中並未提及請皇帝批示之類的用語，另外有司文案皆集於尚書省（部、曹）上奏，可以確定元志等人的「上言」並非直達皇帝，而是先送呈尚書省。這屬於有司內部的政務文書運作。其後，尚書省將廷尉寺中的其它官員納入到到文案的商議中，大理正（廷尉正）崔纂、評（廷尉評）楊機、丞（廷尉丞）〔註270〕甲休與律博士劉安元議曰：

> （前略）愚謂經奏過赦，及已覆治，得爲獄成。〔註271〕

或許還有其它的議論，然史無下文。其後尚書李韶將議案加工成奏案，曰：

> 使雖結案，處上廷尉，解送至省，及家人訴枉，尚書納辭，連解下鞫，未檢過宥者，不得爲案成之獄。推之情理，<u>謂崔纂等議爲允</u>。〔註272〕

在奏案中，尚書省官員形成的參議結果是「<u>謂崔纂等議爲允</u>」，並報請宣武帝畫可，即「詔從之」。由尚書省奏案而形成的第二品王言——「詔從之」，將尚書省提出的奏案以及崔纂之議，轉化爲尚書省、廷尉寺處理有關案件的條令。

又熙平中，一負罪逃亡的「妖賊」在「赦書斷限後」仍不歸罪，廷尉卿裴延儁上議欲罪之，廷尉正崔纂執議不同。二家之議，經尚書省加工成奏案

〔註268〕陳琳國：《魏晉南北朝政治制度研究》，第 139 頁。

〔註269〕《魏書》卷一一一《刑罰志》，第 2883～2884 頁。據《崔纂傳》，廷尉監「王靖」作「王靜」，《魏書》卷五七《崔挺傳附纂傳》，第 1275 頁。

〔註270〕據《崔纂傳》「熙平初，爲寧遠將軍，廷尉正」，《魏書》卷五七《崔挺傳附纂傳》，第 1275 頁。這一節曾以《北魏的「議」與王言生成》之名在北京大學第十二屆（2016 年 3 月 26 日）史學論壇中宣讀。此文宣讀之後，北京大學博士生熊昕童指出「大理正」是北齊官職，魏收在編寫時竄入此處，北魏實無此官，此處的「大理正」當作「廷尉正」。

〔註271〕《魏書》卷一一一《刑罰志》，第 2884 頁。

〔註272〕《魏書》卷一一一《刑罰志》，第 2884 頁。

後報胡太后批答，令曰：

> 景暉既經恩宥，何得議加橫罪，可謫略陽民。餘如奏。〔註273〕

從裴延儁發議至胡太后令答「餘如奏」，《魏書》雖未明言尚書省在其中的關節作用，但「餘如奏」已經暗示尚書省的存在。

　　尚書省在「議」程序中的參預權，除了集議、參議之外，還存在尚書省郎中的「駁議」權。如延昌三年七月，清河王懌上書「請下禮官議決」北海王妃喪葬鼓吹之事：

> 太學博士封祖冑議：「……樂在宜止。」四門博士蔣雅哲議：「……義不關樂。」國子助教韓神固議：「……謂威儀古馳依舊爲允。」兼儀曹郎中房景先駁曰：「案祖冑議……更詳得失，據典正議。」秘書監、國子祭酒孫惠蔚，太學博士封祖冑等重議：「……今陳之以備威儀，不作以示哀痛。述理節清，愚謂爲允。」詔曰：「可從國子後議。」〔註274〕

蔣雅哲與韓神固之「議」案似乎沒有嚴格遵循「據典正議」的原則，故儀曹郎中房景先駁之，並認爲「國子職兼文學，令問所歸，宜明據典謨」，而不得「總議並申，無所析剖」。所以國子祭酒孫惠蔚等「重議之」。在此基礎上形成的議案，經尚書官員署位後報呈宣武帝批答。從詔答「可從國子後議」來看，尚書省應該將前後兩個議案放到了奏案中，以便宣武帝參考、批答。如果太學博士封祖冑等人的「議」因遭駁議而被抹除，僅僅是秘書監、國子祭酒的「議」被尚書省附於奏案中，那麼詔答絕不會出現「可從國子後議」一語。

　　除了在「議」的程序中存在尚書郎官「駁」議之外，在整個「議」的程序中還存在「議主」、「典議」、「監議」者。如「尚書博議，（劉）懋與殿中郎袁翻常爲議主」〔註275〕。對於「議主」的政治含義，見於《南齊書・百官志》：

> 僕射掌朝軌，尚書掌讞奏，都丞任碎，在彈違諸曹緣常及外詳讞事。應須命議相值者，皆郎先立意，應奏黃案及關事，以立意官爲議主。〔註276〕

〔註273〕《魏書》卷一一一《刑罰志》，第2885頁。

〔註274〕《魏書》卷一○八《禮志四》，第2799～2801頁。

〔註275〕《魏書》卷五五《劉芳傳附懋傳》，第1229頁。

〔註276〕《南齊書》卷一六《百官志》，第321頁。

殿中郎袁翻爲議主與南齊制度「皆郎先立意」、「以立意官爲議主」的制度相同，可知作爲殿中郎的袁翻在尚書省博議這一政務運作過程中主要起到了「立意」的角色。孝莊帝時，國子祭酒、領給事黃門侍郎祖瑩「又監議事」〔註277〕，秘書監常景「永熙二年，監議事」〔註278〕。侍中、太傅、清河王元懌在博議時，曾「典眾議」，據《魏書‧裴延儁傳》載：

> 及詔立明堂，群官博議，（司州別駕，裴）延儁獨著一堂之論。太傅、清河王懌時典眾議，讀而笑曰：「子故欲遠符僕射也。」〔註279〕

這則史料直接證明臣僚上「議」須採用議書，元懌「典眾議」即「典議案」。元懌典裴延儁議案時提出的評審意見——「子故欲遠符僕射也」，則是對複雜「博議」下一個小小細節的具體呈現。

除了議事環節中的「駁」、「典議」、「議主」主議之外，還有一種非尚書省官員參與八座議事的情況，如散騎常侍、御史中尉甄琛受詔「參八座議事」〔註280〕。此前甄琛提出的請廢鹽禁表曾引發了「八座議」，前文已述。

總前所述，「議」對尚書省及其它官僚機構而言，是較爲重要的日常政務處理方式，其中尚書省的「議」是北魏整個議事程序中最重要，也是最複雜的環節。據前文所揭，尚書省不僅要針對省務自發「集議」，亦須受詔「集議」（量議、八座議、博議），甚至多數情況下還要以尚書省名義上奏請「議」。

2、尚書（有司）請議

尚書省（有司）請「議」，與「受詔集議」相較而言，似乎是一種相反的政治行爲，在「受」、「請」之間，尚書省的「樞納」地位凸顯無遺。

如前文所揭門下省受詔處奏「蘭陵公主案」，針對這一事件，尚書右僕射上奏案「乞付有司，重更詳議」，其制度依據是尚書省「參樞轄，獻替是司」，「蘭陵公主案」的處理權當收歸尚書省。然而，尚書省官員請「重更詳議」不僅未蒙旨可，還被下詔斥責，三公郎中崔纂被免職，都坐尚書「悉奪祿一時」。尚書省雖然維權失敗，卻從另一個維度證明，在制度設定之內，尚書省乃「納言所屬」，具有議事與請議之權。

〔註277〕《魏書》卷八二《祖瑩傳》，第1800頁。
〔註278〕《魏書》卷八二《常景傳》，第1805頁。
〔註279〕《魏書》卷六九《裴延儁傳》，第1529頁。
〔註280〕《魏書》卷六八《甄琛傳》，第1512頁。

　　景明中，給事中、兼太樂令公孫崇上表言樂事。正始元年秋，宣武帝詔答曰：

> 太樂令公孫崇更調金石，變理音準，其書二卷並表悉付尚書。夫禮樂之事，有國所重，可依其請，八座已下、四門博士以上此月下旬集太樂署，考論同異，博採古今，以成一代之典也。〔註281〕

公孫崇表、宣武帝答詔並付尚書省，由尚書省組織八座已下、四門博士等於太樂署集議樂事。這是前文所討論的尚書省受詔集議類型。

> 十月，尚書李崇奏：「前被旨敕，以兼太樂令公孫崇更調金石，並其書表付外考試，登依旨敕以去。八月初，詣署集議。但六樂該深，五聲妙遠。至如仲尼淵識，故將忘味；吳札善聽，方可論辨。自斯已降，莫有詳之。今既草創，悉不窮解，雖微有詰論，略無究悉。方欲商摧淫濫，作範將來，寧容聊爾一試，便垂竹帛。今請依前所召之官並博聞通學之士更申一集，考其中否，研窮音律，辨括權衡。若可施用，別以聞請。〔註282〕

尚書省奉詔集議後，在「集議」展開的環節中遇到「六樂該深」、「莫有詳之」而「略無究悉」的問題，也就是說集議遇到了難以解決的問題。「集議」受阻，後續的參議以及議事奏案就無法形成，在這種情況下，尚書省上奏「請依前所召之官並博聞通學之士更申一集」。如此一來，就將「受詔集議」轉變為「請議」，而「議」也隨著進入到了新局面中——八座已下、四門博士、太樂官與「博聞通學之士」博議。宣武帝針對尚書省「請議」的奏案，詔答曰：

> 制「可」。

「請議」奏案獲可後，尚書省便組織新一輪的「議」，後續環節可能便是「參議」與議事奏案的生成，然後報請宣武帝再度畫可或批答。第二品王言便在前述「議」程序完成的基礎上生成。

　　又永平二年（509）秋，尚書令高肇，尚書僕射、清河王懌等奏曰：

> 案太樂令公孫崇所造八音之器並五度五量，太常卿劉芳及朝之儒學，執諸經傳，考辨合否，尺寸度數悉與周禮不同。……。臣等參議：請使臣芳准依周禮更造樂器，事訖之後，集議並呈，從其善者。〔註283〕

〔註281〕《魏書》卷一○九《樂志》，第2830頁。
〔註282〕《魏書》卷一○九《樂志》，第2830頁。
〔註283〕《魏書》卷一○九《樂志》，第2832頁。

太樂署、太常署皆與尙書省存在政務關係，二寺的文案必經尙書省形成奏案後報皇帝審批。太樂令公孫崇與太常卿柳芳於尙書省考辨八音之器、五度五量制度是否與周禮同的問題，尙書省官員形成兩條參議意見——請柳芳准依周禮更造樂器、請「事迄之後」集議。宣武帝詔答曰：

> 詔「可」。

尙書省奏案獲「可」之後，政務運作按照奏案所提出的方案進行：

> 芳上尙書言：「調樂諧音，本非所曉，且國之大事，亦不可決於數人。今請更集朝彥，眾辨是非，明取典據。資決元凱，然後營制。」肇及尙書邢巒等奏許，詔「可」。〔註284〕

「芳上尙書言」是九寺文案經尙書省奏報的制度體現。「言：云云」的「請議」文案經尙書令高肇、尙書邢巒等署位後形成「奏許」的奏案，請宣武帝畫可，即詔答曰「可」。而「今請更集朝彥，眾辨是非」即前一條尙書奏案中所言「事迄之後，集議並呈」。易言之，「芳上尙書言」是原來尙書奏案的第一請，並獲「可」；而「今請更集朝彥」則是原尙書奏案的第二請，亦獲「可」。那麼後續展開的便是「議」（包括「集議」）的程序。

從柳芳議樂，並與尙書省請「集議」來看，經由尙書省奏案所提出的「請議」包含了九寺與尙書省共同協作而啓動「議」事程序的情況。又如熙平二年（517）三月，太常少卿元端上（尙書）言：

> 謹案禮記祭法：（云云）謹詳聖朝以太祖道武皇帝配圓丘，道穆皇后劉氏配方澤；太宗明元皇帝配上帝，明密皇后杜氏配地祇；又以顯祖獻文皇帝配雩祀。太宗明元皇帝之廟既毀，上帝地祇，配祭有式。國之大事，唯祀與戎，廟配事重，不敢專決，請召群官集議以聞。〔註285〕

胡太后令答曰：

> 依請。

這道批答意味著「元端上言」是通過尙書省的奏案報呈胡太后（或孝明帝）的，因爲延昌四年三月太常卿崔亮經尙書令元澄奏事，並獲詔答「可依請」，便屬於這種情況。而且根據前文所述，作出這一判定則是無可置疑的。如此一來，尙書省所上奏案（元端上言），便形成「召群官集議以聞」的詔令。

〔註284〕《魏書》卷一○九《樂志》，第2832頁。
〔註285〕《魏書》卷一○八《禮制四》，第2762頁。

> 於是太師、高陽王雍，太傅、領太尉公、清河王懌，太保、領
> 司徒公、廣平王懷，司空公、領尚書令、任城王澄，侍中、中書監
> 胡國珍，侍中、領著作郎崔光等議：「竊以尚德尊功，其來自昔，郊
> 稷宗文，周之茂典。仰惟世祖太武皇帝以神武纂業，克清禍亂，德
> 濟生民，功加四海，宜配南郊。高祖孝文皇帝大聖膺期，惟新魏道，
> 刑措勝殘，功同天地，宜配明堂。」〔註286〕

「等議」即是集議後形成的「參議」，經尚書省長官署位後形成奏案，奏案中提出了太武帝配南郊、孝文帝配明堂的方案。胡太后令答曰：

> 依議施行。

「依」即「可」，「依議施行」即「可，主者付外施行」。由太常寺經尚書省提出的「請議」，經過「依請」、集議、參議、尚書省生成奏案、門下省署位敷奏、胡太后畫可後，而生成第二品王言——令曰「依議施行」。

最後需要補充的一點是，臣僚上議，以文書爲載體而形成文案。上奏皇帝的「議」必須有尚書省長官的署名，如領軍將軍元叉「稱詔」召集公卿集議禁胡太后、罪殺元懌一事，公卿「無敢異者」，唯尚書右僕射游肇「執意不同」〔註287〕、「終不下署」〔註288〕。這則記載表明，在常規程序下，經尚書形成的奏案必經官員署位這一環節。經尚書省署位形成的奏案，要經門下省敷奏，即「（侍中）叉、（中侍中）騰持公卿議入奏，俄而事可」〔註289〕。「公卿議」即是被加工成奏案的「議」，「俄而事可」則是孝明帝在奏案上畫可。

以上是「議」程序被啟動的一種途徑，「議」被啟動後的下一步環節是「集議」或「博議」，既然是「集議」，那麼不可避免地存在「各執異見」的現象，如前文所提到的一種現象——「二家之議」。如此一來，如何處理「議」中的「各執異見」，便是尚書省的重要政務，而這也是「議」被開啟後如何實現「罷議」的關鍵一環——「參議」。

〔註286〕《魏書》卷一○八《禮制四》，第 2762～2763 頁。此次政務運作在三月份的丁亥日之前，因爲此日太保、領司徒公廣平王懷薨，所以署位只能在此之前。《魏書》卷九《肅宗紀》，第 225 頁。
〔註287〕《魏書》卷一六《京兆王黎傳附叉傳》，第 404 頁。
〔註288〕《魏書》卷五五《游肇傳》，第 1218 頁。
〔註289〕《魏書》卷一六《京兆王黎傳附叉傳》，第 404 頁。

二、王言生成環節中的「參議」與奏行文書之機能

《後漢書》曰「事以議從，策由眾定」〔註290〕。既然存在博議、集議，那麼在後續的行政運作中便存在定議的環節，即史書所言「參議」〔註291〕。東晉南朝時，常見「參議爲允」、「參議以某某議爲允」的文書用語〔註292〕。在文書行政中，「參議」作爲向書省奏行文書的用語已經落實到儀注中，據《宋書》載「關事儀」：

> 尚書僕射、尚書左右丞某甲，死罪死罪。某事云云。參議以爲宜如是。事諾奉行。（某死罪死罪）
>
> 年月日。某曹上。〔註293〕

這條關事儀表明居向書上省的僕射、左右丞具有法定的「參議」權〔註294〕，「參議以爲宜如是」則是由向書省形成可以供皇帝畫可的最終意見，至於皇帝是否採納亦或修改的問題，前文已有論及。從奏事儀以及前文所涉及的「參議」史料來看，這一文書用語針對的是「各執異見」問題。因「議以執異」，故而「眾議不同」或各說紛紜的情況在「議」的環節是常有之事，在這種情況下奉詔「議可否以聞」的向書省，必須拿出可行的議案供皇帝參決。所以「博議」、「集議」之後，便是擬定最終方案的「參議」、「參論」環節。

如前文所揭孝文帝令公卿百官博議德運行次，向書省官員與門下省官員形成「參論」——「今欲從彪等所議，宜承晉爲水德」。孝明帝時，向書令元澄、尚書僕射元暉參量李琰之等議，提出參議意見「請同僧奇等議」。由官僚系統形成的參議意見是皇帝在處理政務時十分必要的憑據，「參議以聞」反映的便是這一問題。無論是「集議」抑或「博議」，凡是與政務運作有關的「議」，最後形成的「參議」必須與未被參議採納的其它議案，一併由向書省官員署位後，以奏案的文書形態呈報皇帝批答。

〔註290〕《後漢書》卷四五《袁安傳》，第1519頁。

〔註291〕李都都雖然述及了北魏的集議程序問題然對「參議」這一關鍵環節闕而不論。參見李都都：《南北朝集議制度考述》，第28～33頁。

〔註292〕《宋書》卷一五《禮志二》，第409～410頁。

〔註293〕《宋書》卷一五《禮志二》，第381頁。興振案：這條引文參考了張雨的研究成果，可參見張雨：《南朝宋皇太子監國有司儀注的文書學與制度史考察》，第34～35頁以及第35頁注①②。

〔註294〕這一點，張雨已經指出。而尚書省長官尚書令的參議權雖未反映到儀注中，並不意味著尚書令無參議權。參見張雨：《南朝宋皇太子監國有司儀注的文書學與制度史考察》，第39～40頁。

皇帝對奏案畫可，針對的只是「參議」。即便如此，奏案中提出的「參議」結果未必會得到皇帝的同意。在這種情況下會出現一種皇帝積極參與的現象，即皇帝修正參議議案，甚至直接否決「參議」、採納與奏案一併上報的其它議案——「以某某議爲允」。在後一種情況中，「以某某議爲允」會將未通過參議的議案轉化爲皇帝認可的執行方案。如前文所揭胡太后令答「琰之援據，甚允情理。可依所執」〔註295〕。又如《魏書・禮志》載：

> （世宗永平四年冬十二月）國子博士孫景邕……太學博士袁
> 升，四門博士陽寧居等議：「（云云）」太常博士劉芳議：「（云云）」
> 景邕等又議云：「（云云）」芳又議：「云云，謹如前議。」景邕等又
> 議……<u>尚書邢巒奏依芳議</u>。詔曰：「嫡孫爲祖母，禮令有據，士人通
> 行，<u>何勞方致疑請也</u>。<u>可如國子所議</u>。」〔註296〕

「尚書邢巒奏依芳議」與《宋書》所載關事儀「尚書某甲參議，以爲所論正如律令（云云）」〔註297〕若合符契。尚書省在禮官激烈的集議之後，形成「依芳議」的參議意見與奏案，並奏請宣武帝畫可。宣武帝在尚書省所上奏案及所附其它議案的基礎上，平決之，捨棄了尚書省的「參議」而採納了國子博士孫景邕的議案，並以詔書的形式確立宣武帝意志。這種情況與「制可」或「詔可」模式截然不同。

雖然「參議」可以形成定議的行政效果，但並非所有的「參議」都合臣僚之意，甚至也會被皇帝否決。而那些未被「參議」採納的議案，一般會成爲廢案，幸運者會被皇帝認可而取代在「參議」環節被尚書省認可的議案。罷議之後，仍存在執異情況，在「參議」通過尚書省奏案上達皇帝的同時，臣僚會上表呈請未被採納的議案，然後由皇帝定奪。若仍有執議，則可通過表、疏等向皇帝陳請，這在前文的研究中已經解明。

一言以蔽之，無論是何種方式啓動的「議」，在「集議」或「博議」之後的程序中皆須經歷「參議」一環。在這一環節中，尚書八座「議定可否」，或與公卿參量定議。「參議」意味著「議」程序進入收官階段，《魏書》所言「罷議」便是指「參議」的完成。後續的環節則是尚書省對「參議」議案進行署位，形成上奏的奏案「參議以聞」，由皇帝進行畫可或批答。

〔註295〕此時尚書省的參議意見是「請同僧奇等議」。

〔註296〕《魏書》卷一〇八《禮志四》，第2793～2795頁。

〔註297〕《宋書》卷一五《禮志二》，第382頁。

「議」是第二品王言生成的一種重要方式，不過從「議」程序的啓動到王言生成，還存在諸多運作環節。如前文所述，「議」的啓動方式有三種途徑——「詔附外議」與有司（尙書省）主動「議」，其中「詔付外議」存在皇帝主動下詔議、臣僚表疏啓請詔議、有司（尙書省）請詔議三類。無論何種方式啓動的「議」，正常程序下皆須經歷「集議」、「參議」兩個重要環節。在「參議」環節，「議」形成最終提案，然後經尙書省署位後，被加工成奏案上報，如此一來就回到了前文所言奏行文書與王言生成的模式中。易言之，「議」與王言生成之關係的成立必須依仗奏行文書才能實現。這便是「議」與皇帝意志形成的具體過程與展現方式。如此，前文提出的有關「議」問題便得以解明。

第五節　本章結論

王言的生成、運作對於研究王言制度而言，是極爲重要的領域。不僅關乎王言之體，同時亦與官僚機構、職權以及「皇帝——臣」關係模式直接相關。就王言的生成機制而言，可分爲兩大類：一，以皇帝爲起點和中心展開的王言草擬，即第一品王言；二，由臣僚啓動的上書程序（包括奏事、議），經皇帝畫可或批答後轉化爲王言文書，即第二品王言。本章的研究內容，便圍繞這兩個生成機制展開，分別討論各自的構造、運作程序等問題。在討論這兩種王言生成機制時，還必須考慮到的一個重要因素是王言生成機構，在這一領域，北魏有自身的特殊性。這也是筆者將王言生成模式的探討置於第三章之後的重要原因。

首先就第一品王言生成機制而言，存在兩種模式，第一種是皇帝手詔或親自草擬的詔書，最充分、最直接表達皇帝意志；第二種是草詔機構根據皇帝旨意草擬，北魏前期的草詔機構是中書省和內秘書省，內秘書居於主導地位，後期是中書省，末期出現門下省草詔的情況。所以在第一品王言生成機制中，存在著不同的類型，不能一以概之。

其次就第二品王言生成機制而言，其複雜程度遠在第一品王言之上。與第一品王言相較，第二品王言的引發者不是皇帝，而是臣僚，因臣僚身份與職掌，又可將臣僚形成的上行文書分爲奏行文書和表疏啓兩類，因二者的文書性質不同，所引發的王言生成機制也存在差異。尙書省的奏行文書屬於公

文書，經門下省署位、敷奏後，皇帝可以直接在書尾畫「可」或批答，畫「可」是將奏行文書轉爲王言的關鍵環節。皇帝雖然也需要對表疏啓文書進行批答，從而產生「詔曰」式王言，但與前者不同，且最重要的區別是不能直接在行政系統內運作。將二者溝通起來的媒介，便是皇帝再發明詔，將表疏啓納入到行政系統運作，其中常採用的方式是「議」。經過「議」程序，表疏啓被轉化爲尚書省奏案，經門下省敷奏、皇帝畫可之後，轉化爲可在行政系統內執行的王言。如果不經過「議」，即第二品王言系統的處理、加工，便只能在第一品王言模式中，由皇帝或皇帝授意中書省加工成第一品王言，直接交付有司施行。以上幾種情況說明，在第二品王言模式之內，雖然存在複雜的運作結構，但各結構之間具有關聯性，而非封閉的系統。本文已經解明的是，王言模式內部的不同渠道的溝通得以實現的重要因素是王言，如果沒有王言疏通、引導，王言生成模式之間的切換是不能實現的。推此而言，王言的生成模式與生成過程，也伴隨著王言的作用與效力，而非僅僅是「臣僚文書——王言」這種單一關係。從這兩種王言生成模式以及生成過程中，可以洞悉北魏制度革創、政治決策的開展過程、影響因素。這對解讀北魏政治史而言，無疑提供了一種獨特的渠道或視角。

第五章 結 語

　　正文討論的是北魏王言的制度史問題，包括王言之制、王言草擬出納機構以及生成運作機制。王言之制是第一章考察的內容，涉及王言的文體──制書、詔書、冊書、敕書、璽書，以及不同文體所專有的文書書式、用語等問題。在北魏前期制度與法令的形成、演變過程中，制書與詔書皆發揮了創制立式的文書功能，是對北魏政治制度影響最大的兩種王言。制書與詔書相較而言，前者使用範圍較爲狹隘，主要行用於制度創立的場合，有時用於高官拜授場合，可以說制書的等級較高。而詔書的使用範圍和靈活性勝於制書，既可作爲行政文書行用於官僚系統，亦可以私王言的身份下達臣僚個人，答臣僚上書是最爲明顯的體現。而且王言的生成與運作，也主要圍繞制、詔兩種王言展開。作爲命令性文書，詔書在王言生成與運作的程序中也會與其它王言文書產生關聯，冊書的生成以冊封詔書爲根據便是如此。冊書是禮儀性的王言，適用於皇帝冊封臣下（包括蕃臣）爵位的場合，與制、詔相較，冊書具有較爲繁瑣的禮儀程序，體現皇帝在冊封體系中的絕對權威。然而冊書功能的發揮，還必須憑藉冊命詔書方能生效。詔書的使用範圍還體現在璽書上。因王言用途的不同，而採用皇帝六璽中的一種進行璽封，由使者驛傳。璽書有專有的書式──「皇帝敬問某官」，具有告諭警飭的功能，由皇帝通過秘書機構璽封之後直接向臣僚傳宣，不需經文書行政系統。不過，作爲由詔書發展出的一種文書類型，璽書還未像制書、詔書一樣完全成爲獨立的王言文體。在頒行範圍上，璽書與冊書、詔書一樣，即可行於域內，又可頒行於域外蕃臣，功用不同，則採用不同的璽封。與詔書、冊書、制書一樣，北魏的敕書亦是沿襲漢魏制度，但在史臣的筆下，敕書又可以「詔曰」的形貌出現於《魏書》中，這種書寫現象與制書相同。作爲

獨立的王言之體，敕書亦有專用起首語——「敕旨：云云」或「敕：云云」，以及署位式，這也是敕書作爲公文書的象徵。

作爲皇帝御用文書，制書、冊書、詔書、敕書構成北魏王言體制的基本形貌。即便四者獨立構成王言之體，並不意味著四者之間毫無關係，前文所言冊封體制中冊命詔書和冊書的關係即是一種類型，反映了不同王言文書在某項活動中的協同作用以及文書功能的配合。不止如此，在重大決策或制度設計中，並非一種、一道王言文書所能獨自完成，所以多種文書的協同配合，確是北魏制度史、政治史中常見的現象，同時也是對北魏王言制度以及文書行政的反映。王言之爲制度，還離不開王言生成與運作的中樞系統。

北魏的王言體制雖然繼承了漢魏制度，但在魏晉南北朝中樞體制轉型的脈絡中，北魏亦不可避免地捲入其中。所不同者，在效法魏晉新制的同時，北魏也形成了鮮卑制與魏晉制雜糅的中樞系統，這種現象直接影響著王言生成與運作機制。

中樞系統是王言生成與運作的核心場域，在拓跋氏建皇帝號之前，北魏已經形成出納王言的制度設置。拓跋珪稱帝後，沿襲此前的鮮卑制度（鮮卑官「直眞」、「烏矮眞」近侍左右「傳宣詔命」），並仿傚魏晉之制建置中書省、門下省，使得中書省一度掌詔誥。包括拓跋珪在內的北魏統治者對中樞系統屢有改創，王言生成與運作程序也隨之變易，不過其演變脈絡與漢唐轉型大勢並未完全鉚合。北魏前期，拓跋氏在鮮卑內侍官的基礎上發展出內侍機構，由之掌王言之草擬與出納。而原屬魏晉系統的中書省成爲外朝單元，其大部份草詔權轉入內侍省。至孝文帝前期，王言生成機制有過微調，即中書省長官加內侍官頭銜後參預機密、草擬機密詔書。即便如此，草詔權卻由內秘書機構實際控制，王言出納權則由內侍省的中散官、給事官掌控。這種複合局面使得北魏前期的王言生成與出納制度，與同時期的南朝差異極大。太和中，經孝文帝改制後，北魏的王言制度才回歸到魏晉制度演變的脈絡中，形成中書省草詔、門下省出納的規整程序，這基本與南朝制度並軌。孝文、宣武兩朝之後，因受鮮卑內侍傳統的影響，魏廷出現中書官在門下省草詔、中書省草詔權移於門下的現象，這與南朝制度相較又是不同之處。

依託於中樞系統，北魏的王言生成機制構成本文的另一研究重心。在探討這一問題時，本文主要借鑒了郭洪伯、馬怡、大庭脩、中村圭爾的研究成果。本文參照《獨斷》分類原則，並根據北魏王言的生成方式與程序，而將北魏王

言劃分爲兩品：第一品爲皇帝親寫詔書或草擬條文交付中書省起草，這一類是皇帝意志的主動、直接表達；第二品是皇帝批答上行文書而形成的王言，上行文書包括尚書省的奏案和臣僚個人的表疏啓。第一品王言的主要參與者是中書省和門下省，存在中書覆奏詔草請畫可和門下覆奏詔書請畫可的程序。第二品王言是最複雜的一種，也是第四章探究的重點難點。尚書省奏案和臣僚上表雖然都是上行文書，但性質不同，二者的文書流程以及王言產生的形式、功能亦不相同。尚書省奏案需要經門下省審署甚至被駁回，只有通過門下省審署並「詔書如右，請付外施行」請可語之後，才能上達皇帝畫可或批答，進而被轉變爲王言。「可」是尚書奏案轉化爲王言的關鍵裝置，也是皇帝處理尚書省政務的重要方式。這一點也說明，所謂王言，不完全是皇帝自主意志，還包括通過「可」轉化爲皇帝或國家意志的臣僚意志。這是奏行文書所獨有的文書機能。

　　與奏行文書相較，臣僚所上表疏啓直接上達皇帝（或由門下省收納批答），沒有公文書的駁奏或審署環節。皇帝對表疏啓的批答採用「詔曰」的形式，直接下達臣僚個人，但無法通過「詔曰」將表疏啓像尚書省奏案一樣轉變爲王言，而且「詔曰」也不在行政系統內流動。如果表疏啓需要進入文書行政系統，必須經皇帝下詔並表付尚書省或門下省量議，「議」便成爲王言生成機制中極爲重要的一類政務程序。但是北魏時期的「議」已經不像漢代的「議」那般可以直接報請皇帝批答，北魏的「議」在行政程序中必須經尚書省（或主議機構）「參議」，而後由尚書省署位並加工成奏案，才能上報皇帝審批（或經門下省覆奏畫可），最後形成可供有司執行的詔令。這是臣僚表疏啓經「詔曰（付議）」這一轉換裝置，流入行政系統後，最終形成文書行政的結果。若皇帝不認可，則會通過「詔曰」開啓新一輪的「議」與王言生成程序。

　　第一品王言會直接體現出北魏某項制度、法令的內容與風貌，但這項制度、法令是如何形成的，恐怕難有蹤跡可尋。第二品王言則不同，在這種王言生成與運作的程序中，往往涵括了諸多環節以及決策過程，這對於北魏制度以及政治問題而言是極好的研究視角。限於時間與篇幅，本文未能在「詔（制）曰：云云」、「敕曰：云云」中的「云云」（即詔書內容）的層面深入地考察王言制度如何塑造著北魏的政治史，今僅以一篇附文作爲解讀「云云」所體現的北魏制度、決策之形成過程，進而呈現王言在政治史維度所發揮的文書功能。此外，筆者亦希望以該文作爲以後探究北魏政治史研究的前期基礎。

附錄：北魏孝文帝門閥政策的設計與制定——以姓族詔書爲中心

　　摘要：在孝文帝制定門閥政策的法令中，僅見《魏書·官氏志》所載鮮卑姓族詔一道，且不完整，這一道詔令由兩道詔書——「姓族詔」和「士流詔」合文而成。然在「姓族詔」之先，孝文帝已經制定設定士族等級的詔書，二道詔書分別在鮮卑和漢族層面確立門品序列。與「姓族詔」合文的「士流詔」則是與士族門品序列對應的官品詔書，鮮卑族入士流亦採用此法，但具體條文在「別敕」頒下的條例中。以入流條例的出臺爲標誌，孝文帝通過制書、詔書等四道王言設計出門品和官品兩翼一體的門閥化策略，使得「門閥」成爲北朝後期的政治大勢。

　　關鍵詞：孝文帝；姓族；詔書；門閥

一、引　言

　　北魏道武帝時，已有「姓族難分」的現象。在太武帝朝，崔浩「大欲齊整人倫，分明姓族」，其外弟盧玄曾勸止，浩不納〔註1〕。遷洛之後，孝文帝於太和十九年（495）制定「詳定北人姓族」詔，北魏的姓族政策至此定音〔註2〕。後世典籍《後魏國典》、《通典》、《新唐書·柳沖傳》、《資治通鑒》不乏申述，而今已成爲學界探究姓族問題的重要史料。但作爲討論北魏姓族政策的最基本史料，《魏書·官氏志》雖然具有垂範定則的功能，卻非姓族政策的全部內容。學界在討論《官氏志》時，已經留意到這種現象。作爲北魏門閥化的標尺——《官氏志》記載的姓族詔，則是學界重點申論之處。唐長孺先生和日本學者井上晃先生根據《官氏志》所載姓族詔，考察孝文帝門閥政策以及鮮卑門閥化問題〔註3〕。在對《官氏志》的解讀中，孫同勛甚至大膽地推斷姓族詔令乃「二詔合文」〔註4〕，然此說受到美國學者丁愛博（Albert E. Dien）的反駁〔註5〕。在對太和十九年姓族詔令的研究中，丁氏提出了一種觀點——姓族詔與柳芳《氏族論》保存的姓族材料「必定產生於同一時期」〔註6〕，此說與唐先生的觀點大致相同，唐先生認爲《氏族論》保存了定漢人姓族的規定，

〔註1〕《魏書》卷四七《盧玄傳》，第1045頁。

〔註2〕牟潤孫先生認爲孝文帝定姓族雖晚於崔浩，然「用意實與浩同」，牟潤孫：《崔浩與其政敵》，《注史齋叢稿》（增訂本），北京：中華書局，2009年第2版，第333頁。

〔註3〕唐長孺：《論北魏孝文帝定姓族》，《魏晉南北朝史論拾遺》，北京：中華書局，1983年，第80～91頁。〔日〕井上晃：《後魏姓族分定攷》，《史觀》第9冊，1931年，第100～124頁。在貴族制的話語體系內，日本學者主要討論了定姓族所形成的身份與家格秩序的編定。田村實造通過姓族分定建立北族社會的新秩序，參見〔日〕田村實造：《北魏孝文帝の政治》，《東洋史研究》第41卷第3號（1982），第512～513頁。戶川貴行明確判定姓族分定乃「身份秩序再編」，參見〔日〕戶川貴行：《北魏孝文帝の姓族分定と民爵賜與について》，九州大學大學院比較社會文化研究院編：《東ジアと日本——交流と変容》第2號，福岡：ミトリ印刷株式會社，2005年，第1～5頁。該文蒙京都大學藤井律之先生寄贈，謹致謝忱。

〔註4〕即魏收將規定八姓地位之詔與定姓族詔混爲一文，孫同勛：《拓拔氏的漢化及其他——北魏史論文集》，臺北：稻鄉出版社，2005年，第119頁。原題《拓拔氏的漢化》，1962年選入臺灣大學文學院「文史叢刊」出版。

〔註5〕〔美〕丁愛博：《漢族著姓與拓跋貴族的調和——孝文帝太和十九年詔令研究》，魯力譯，《北朝研究》1997年第3期，第31頁。

〔註6〕〔美〕丁愛博：《漢族著姓與拓跋貴族的調和——孝文帝太和十九年詔令研究》，第30頁。

即宋弁受詔「定四海士族」〔註7〕。說明這兩種史料皆是姓族政策的內容，惜丁愛博氏未將二者還原到姓族政策之中。黃惠賢與聶早英則在唐先生研究的基礎上，認爲孝文定門品時頒佈了三道詔書──太和十九年《品令》爲第一道，即旨在澄清流品的門第品令；《官氏志》載姓族詔令爲第二、第三兩道詔書的合文，以「別敕」爲斷〔註8〕。兩位先生試圖呈現門閥政策中的詔書頒行情況，其中不乏新論與啓發，但對姓族詔令的解讀或有時而可商，而且二氏對門閥政策與詔令的考察也存在未盡之處。學界在門閥政策的形成視角，已經論及詔令的定位問題，並形成一些很有價值的判斷，其中「別敕」處的詔令合文現象、《氏族論》保留了定漢人姓族的詔令，這構成本文討論門品詔令的基礎。如果門品維度的詔令還只是起到「畫龍」的作用，那麼「點睛」之筆在何處？宮崎市定氏的立論──「辨別姓族乃爲作用於選舉」〔註9〕呈現了門閥政策的另一維度，即孝文帝的「點睛」之筆。但此手筆如何形成政策的，其內涵何在？皆關涉到門閥政策成立的方式問題。作爲孝文帝籍以設計門閥政策的王言，分別作用於門閥政策的哪些環節？這些懸而未決的歷史問題，在學界已有的研究框架中並無法找到完整的闡釋，但作爲北魏門閥制度研究的題中之意，說明這一框架仍存在尚未彌合的缺環。爲彌補這一缺憾，本文擬以《官氏志》記載的姓族詔爲線索，在門閥政策成立的面向廓清以上問題。

二、《魏書・官氏志》載姓族詔令獻疑

《魏書・官氏志》所載鮮卑姓族詔（以下簡稱「官詔」），文或不通，論者以爲魏收「二詔合文」所致，抑或《官氏志》闕文〔註10〕使然。此外，《新唐書・柳沖傳》載柳芳《氏族論》曰「又詔」與《官氏志》存在分殊之處，《資治通鑒》載「又詔」亦然。孫同勛注意到了這種現象，但僅據《氏族論》之

〔註7〕唐長孺：《論北魏孝文帝定姓族》，《魏晉南北朝史論拾遺》，第81～82頁。

〔註8〕黃惠賢先生指出，「別敕」之前的詔令「是專對鮮卑八姓貴族的特殊情況頒佈的」，此詔頒行於劃定「四姓」令（即太和十九年十二月初一《品令》）之後。黃惠賢、聶早英：《〈魏書・官氏志〉載太和三令初探》，收入黃惠賢：《魏晉南北朝隋唐史研究與資料》，第458～459頁。原刊於《魏晉南北朝隋唐史資料》第11輯，武漢大學出版社，1991年。

〔註9〕〔日〕宮崎市定：《九品官人法研究──科舉前史》，第268頁。

〔註10〕吉林大學陳鵬認爲《官氏志》的闕漏可能與翻刻過程中漏掉版葉相關，可參見《〈魏孝文列姓族牒〉與〈太和姓族品〉小考》，待刊，第3～5頁。對於《官氏志》所載姓族詔令，丁愛博認爲並無殘缺。

「又詔」得出「二詔合文」的判斷，雖有識見，卻論證不足，且有闕誤之處，故丁愛博對孫說進行了反駁。樓勁先生亦持「兩詔合文」之說，判定太和十九年姓族詔止於「尋續別敕」，屬於「前詔」，「凡此定姓族者」云云乃後來頒行的「別敕」〔註11〕。論說紛紜，說明《官氏志》所載「官詔」存在諸多疑團。有鑒於此，本文姑妄考疏。

基於《魏書‧官氏志》載「官詔」，本文擬分甲乙丙三部分考察。

（甲）代人諸冑，先無姓族，雖功賢之胤，混然未分。故官達者位極公卿，其功衰之親，仍居猥任。比欲制定姓族，事多未就。

（乙）且宜甄擢，隨時漸銓。其穆、陸、賀、劉、樓、於、嵇、尉八姓，皆太祖已降，勳著當世，位盡王公，灼然可知者，且下司州、吏部，勿充猥官，一同四姓。自此以外，應班士流者，尋續別敕。

（丙）原出朔土，舊為部落大人，而自皇始已來，有三世官在給事已上，及州刺史、鎮大將，及品登王公者為姓。……五世已外，則各自計之，不蒙宗人之蔭也。雖緦麻而三世官不至姓班，有族官則入族官，無族官則不入姓族之例也。凡此定姓族者，皆具列由來，直擬姓族以呈聞，朕當決姓族之首末。其此諸狀，皆須問宗族，列疑明同，然後勾其舊籍，審其官宦，有實則奏……令司空公穆亮、領軍將軍元儼、中護軍廣陽王嘉、尚書陸琇等詳定北人姓，務令平均。隨所了者，三月一列簿賬，送門下以聞。〔註12〕

《魏書》所載詔書皆剔除了「門下」冒頭，此詔亦是如此。本文作如是析分的原因在於，甲詔文陳述的是北魏歷史上的「姓族」問題，即定姓族的原因；而乙詔文陳述的則是「銓選」以及鮮卑八姓入士流的操作規則，而且「士流」是與士族門品對應的銓選用語，屬於「官品」的範疇，這與甲、丙陳述姓族問題及姓族等級（「門品」）處於姓族政策的不同環節，下文將展開論證；丙詔文則是鮮卑入姓入族的指標，與甲「制定姓族」的內容一致，皆屬於「門品」範疇。三者在主旨內容、邏輯上均存在明顯的斷裂。據此，本文推斷《官氏志》所載頒行於鮮卑系統的姓族詔可能是兩道詔令的綴合——甲、丙屬於定姓族詔，乙誤竄其中。至於乙屬於姓族政策中的哪一道詔書，詳見下文考證。

〔註11〕 樓勁：《魏晉南北朝隋唐立法與法律體系：敕例、法典與唐法系源流》（上卷），北京：中國社會科學出版社，2014，第177頁。
〔註12〕 《魏書》卷一一三《官氏志》，第3014～3015頁。

　　在甲乙丙三段詔文中，學界論述較多的是丙詔文，如前所述，論者據之立門閥制、身份制之說；乙詔文次之，論者據之討論鮮卑貴族與漢人士族的對應關係、「四姓」以及銓選（入流）問題，其中「四姓」問題更是聚訟紛紜〔註13〕；甲詔文的內容尙未見論者言及，但作爲「官詔」的「開首」部分，其所具有的政治告諭與宣示皇帝意志之功能〔註14〕尙值得關注。在對三段詔文的討論中，孫同勛指出丙詔文「才是規定銓量氏族之詔」〔註15〕，黃惠賢先生認爲甲乙詔文乃孝文帝定門品的第二道詔令，丙詔文爲「別敕」的內容，即第三道詔令〔註16〕。「別敕」在姓族詔書中是頗値得討論的用語。對「別敕」的解讀，需要置於北魏王言生成運作的整體語境中。在孝文帝創制立事的王言話語中，「官詔」與同時期的其他詔書具有趨同性，後者或許有助於解讀之。

　　以太和十六年八月癸丑講武詔作爲參照系，試討論「官詔」。本文基於討論的需要，將講武詔分爲五部分：

　　（Ⅰ）文武之道，自古並行，威福之施，必也相藉。故三、五至仁，尙有征伐之事；夏殷明叡，未捨兵甲之行。然則天下雖平，忘戰者殆，不敎民戰，可謂棄之。是以周立司馬之官，漢置將軍之職，皆所以輔文強武，威肅四方者矣。

　　（Ⅱ）國家雖崇文以懷九服，修武以寧八荒，然於習武之方，猶爲未盡。

　　（Ⅲ）今則訓文有典，敎武闕然。

　　（Ⅳ）將於馬射之前，先行講武之式，可敕有司豫修場埒。

　　（Ⅴ）其列陣之儀，五戎之數，別俟後敕。〔註17〕

　　除「門下」冒頭等書式外，講武詔在內容上是一道完整的文本。Ⅰ爲詔

〔註13〕關於「四姓」，史載多有扞格之處，史家及學界也形成以下幾種說法：一，「四海大姓」說；二，「甲乙丙丁」說；三，王鄭盧崔等高門大姓說；四，甲乙丙丁與高門大姓一體說。關於四姓」問題的學術史梳理，可參見陳爽：《世家大族與北朝政治》，北京：中國社會科學出版社，1998 年，第 42～61 頁。

〔註14〕丁愛博稱之爲「開首」。據筆者管見，孝文朝所制詔書之開頭部分，或引據典章，或鋪陳故事，作爲「王言」之「開首」往往具有「告諭」的功能。此類論述，又可參見馬怡：《漢代詔書之三品》，《田餘慶先生九十華誕頌壽論文集》，北京：中華書局，2014 年，第 65 頁。

〔註15〕孫同勛：《拓拔氏的漢化及其他──北魏史論文集》，第 119 頁。

〔註16〕第一道詔令爲太和十九年十二月乙未頒佈的《品令》，其內容可能在柳芳《氏族論》中，黃惠賢：《〈魏書・官氏志〉載太和三令初探》，《魏晉南北朝隋唐史研究與資料》，第 459～460 頁。

〔註17〕《魏書》卷七下《高祖紀下》，第 170 頁。

令的「開首」部分，論「輔文強武」之道，具有告諭的功能；II、III為詔令所述「修武」之不足——「教武闕然」問題，即治文、修武不協；IV部分是針對前揭問題制定的解決方案——行講武禮，屬於講武詔的核心條文；V提到的「列陣之儀」已經不屬於講武詔的內容，故孝文帝特別說明「別俟後敕」。從詔書結構上講，V屬於講武詔延展出來的內容，說明孝文帝在「教武」政策上有一系列詔令出臺。作為孝文帝施展政治宏圖的姓族政策，更甚於此。

　　與講武詔相較，甲詔文「代人諸冑，先無姓族……比欲制定姓族，事多未就」云云，在詔令文本的結構與內容上可與II部分（「猶為未盡」云云）相比附，鋪陳姓族政策旨在解決的問題。參照講武詔的文本結構，乙詔文可比附於IV、V部分，設定了鮮卑八姓在銓選時依門品班入士流、「一同四姓」的規則。而在所處文本結構中，二者存在明顯差異——IV、V與前後文具有一致性，乙詔文則不然，其與甲部分論代人姓族問題屬於兩類範疇，且無關聯〔註18〕。若將III從將武詔中抹除，所達到的文義效果則與甲、乙詔文的情況相似。職是之故，若甲、乙屬於同一道詔令，則二者之間必然存在闕文。再者就是「尋續別敕」，與V「別俟後敕」可謂如出一轍。但講武詔在「別俟後敕」處完結，至於「後敕」之文如何，已是另外的問題。而乙詔文則不同，「尋續別敕」之後又有丙詔文。前文提到的IV與V的差異，涉及「別敕」的用法問題，這也是廓清「官詔」是否完整的另外一條重要線索，且按下不表。不過在對「別敕」的認知與處理上，黃惠賢先生在討論《官氏志》所載太和三令時認為丙詔文乃「別敕」的內容，即「孝文帝下達的有關劃定門第品級的第三道詔書」〔註19〕。孫同勛先生則在「別敕」處將甲乙部分從姓族詔中摘出並認為「屬於規定穆、陸等八姓地位的一詔」，而丙則屬於「另外一詔」——「銓定氏族之詔」〔註20〕。大抵亦同此理。

〔註18〕乙詔文「且宜斟酌，隨時漸銓」屬於詔書下達有司執行的命令，如太和二十年（496）七月丁亥詔文「宜時訪恤，以拯窮廢」云云（《魏書》卷七下《高祖紀下》，第180頁），但執行的內容不詳。而其前承接的甲詔文則只是鋪陳問題，並未提供操作的標準、條文，以至「且宜斟酌，隨時漸銓敘」的指涉對象、操作規則不明，而後面言及的八姓，顯然不在「且宜斟酌」之列。所以，甲、乙之間必然存在闕文，甚至是兩道詔令文本的綴合。

〔註19〕黃惠賢：《〈魏書·官氏志〉載太和三令初探》，《魏晉南北朝隋唐史研究與資料》，第460頁。

〔註20〕孫先生根據姓族詔內容矛盾處與《氏族論》所言「又詔」判定甲乙與丙「不來不是一詔」，並推斷「必是魏收把兩詔混為一文」。孫同勛：《拓拔氏的漢化及其他——北魏史論文集》，第119頁。

在《官氏志》記載的姓族詔中，出現了兩處與IV結構相同的法令條文，除前舉乙詔文之外，另一處則是丙詔文。丙詔文以「條制」的形式〔註21〕確立了鮮卑入姓族的規則，是學界研究北魏門閥化的關樞之一。在「官詔」的文本結構中，假如乙詔文屬於另一道詔令，那麼丙詔文將置於何處？若從「官詔」中移除乙詔文，而將丙移植於甲詔文之下，則會形成如下文本結構：

（前略）比欲制定姓族，事多未就，〔……今制：〕〔註22〕原

出朔土，舊為部落大人，而自皇始已來，有三世官在給事已上（後略）

如是觀之，「制定姓族」之詔通過甲、丙的連綴而顯得文義貫通、主旨一致。對於學界存在的由魏收等人可能因漏抄、錯置而導致的「把兩詔混為一文」的說法，本文認為所謂兩詔合文，當作甲丙「鮮卑姓族詔」與乙兩道詔令合文的解釋。至於竄入「鮮卑姓族詔」中的乙詔文，當處於門閥政策的其他環節，後文將作出解明。

以上分析與推斷得以成立的另一前提是《魏書》的書寫問題，即對北魏的制詔王言的普遍性改寫，制書、敕書、璽書被簡化為「詔曰」式，以及詔書「制詔」、「門下」冒頭式的剔除皆屬此類。因《官氏志》的氏志部分只錄鮮卑事，所以前文所討論的由甲丙、乙綴合而成的「官詔」，是魏收將孝文帝門閥政策剪切之後的殘本，所以有必要將其還原到孝文帝門閥政策之中進行審視，而關於乙詔文的還原問題，也將在這一過程中廓清。

對於前面提及的《官氏志》只錄入門閥政策中部分詔令的書寫現象，唐人已經注意到，並進行了簡單處理，據柳芳所撰《氏族論》曰：

又詔代人諸胄，初無族姓，其穆、陸、奚、於，下吏部勿充猥

官，得視「四姓」。〔註23〕

其內容雖有簡略，但結構與姓族詔的甲乙部分別無二致，尤值得注意的一處措辭是「又詔」。案，柳芳於唐肅宗朝入史館，尚能見到除了完整版《魏書》

〔註21〕唐先生認為此姓族標準是以「條例」的形式頒行的。唐長孺：《拓跋族的漢化過程》，《魏晉南北朝史論叢續編‧魏晉南北朝史論拾遺》，北京：中華書局，2011年，第163頁。

〔註22〕「今制」為筆者所加，採自北魏獻文帝和平六年九月丙午詔書和孝文帝太和八年八月甲辰詔書，在詔書中「今制」為詔書所申之令。

〔註23〕《新唐書》卷一九九《儒學‧柳沖傳》，第5678頁。《唐會要》卷三六「氏族」目一條夾註載「（唐德宗）貞元中，左司郎中柳芳論氏族，序四姓，則分甲乙丙丁，頒之四海」云云。《唐會要》卷三六，北京：中華書局，1955年，第666頁。

之外的其他北魏典籍〔註24〕。所以「又詔」必然有所影射。宋時，司馬光等人編纂《資治通鑑》，採用了與柳芳相同的書寫，據《通鑑》載：

> 又詔以：「代人先無姓族，雖功賢之胤，無異寒賤；故宦達者位及公卿，其功、衰之親仍居猥任。其穆、陸、賀、劉、樓、於、嵇、尉八姓，自太祖已降（中略）凡此姓族，皆應審覆，勿容偽冒。令司空穆亮、尚書陸琇等詳定，務令平允。」〔註25〕

《魏書》在宋初已殘缺，其他典籍的佚失情況亦不難推知。《通鑑》在編纂成書過程中使用「又詔」一語，這種處理當與柳芳一樣有所憑依。而《通鑑》與《氏族論》皆將「官詔」置於「又詔」之後，是相對於什麼「詔」而言呢？

三、門閥詔書拾遺

（一）「又詔」解疑

前文對《官氏志》所載姓族詔進行了耙梳與還原，但也遺留了一些疑團，「又詔」的前設對象即是其一。前文所揭「又詔」摘自《氏族論》，今將其置於《氏族論》中進行考察。據《氏族論》載：

> 「郡姓」者，以中國士人差第閥閱爲之。**制**：凡三世有三公者曰「膏粱」，有令、僕者曰「華腴」，尚書、領、護而上者爲「甲姓」，九卿若方伯者爲「乙姓」，散騎常侍、太中大夫者爲「丙姓」，吏部正員郎爲「丁姓」。凡得入者，謂之「四姓」。**又詔**代人諸胄，初無族姓（云云）〔註26〕

點校本《新唐書》作「以中國士人差第閥閱爲之**制，**」，唐先生將其調整爲「以

〔註24〕 茲援引〔宋〕鄧名世《古今姓氏書辯證》（王力平點校，南昌：江西人民出版社，2006年，第78、592頁）兩條材料如下：
　　　　又《太和姓族品》滎陽四姓：鄭、皇甫、崔、毛。（卷五「崔」條）
　　　　魏《太和姓族品》：柳、裴、薛爲河東三姓。（卷三八「薛」條）
　　　　（以上兩條材料由吉林大學陳鵬先生提供，特此申謝）《氏族論》曰「關中亦號『郡姓』，韋、裴、柳、薛、楊、杜首之」，其中的薛氏是孝文帝定姓族時新晉的郡姓（《後魏國典》曰「遂入郡姓」，《資治通鑑》卷一四〇《齊紀》齊明帝建武三年春正月條，第4395頁）。可以判斷，《氏族論》的史源包括了《太和姓族品》。結合《太和姓族品》可知，「郡姓」等級乃孝文定姓族的產物，故而《氏族論》所錄「制：（云云）」無疑具有可靠的史源。
〔註25〕 《資治通鑑》卷一四〇《齊紀》齊明帝建武三年春正月條，第4393～4394頁。
〔註26〕 《新唐書》卷一九九《儒學‧柳沖傳》，第5678頁。

中國士人差第閥閱爲之。制：」〔註27〕。如是處理十分高明。「制：」之後的「凡三世有三公」至「吏部正員郎爲『丁姓』」〔註28〕屬於「制」的法令條文。「制：（云云）」即北魏的制書，「制書者，帝者制度之命」〔註29〕，「釐年舊政」〔註30〕則用之〔註31〕。魏晉南北朝時期，「制」與「詔」常被史官混用，故「制曰」又可作「詔曰」，這便涉及到姓族政策之成立的另一環節，且按下不表。在《氏族論》中，「制：（云云）」無疑就是柳芳筆下「又詔」的影射對象。在《氏族論》所見柳芳的話語體系中，「制：（云云）」與「又詔（云云）」被置於北魏門閥設定之中，且處於不同的操作環節，但柳芳只是將二者置於時間序列中進行處理，方有「又詔」一語。

《氏族論》與《通鑒》所言「又詔」皆出自《官氏志》，而且與《氏族論》類似，《通鑒》所言「又詔」亦有史料語境。據《通鑒》載：

> 詔黃門郎、司徒左長史宋弁定諸州士族，多所陛降。又詔以：
> 「代人先無姓族（云云）」〔註32〕

〔註27〕 另外，唐先生在討論漢人入士族的標準時，認爲《氏族論》是對太和之制的記載。唐長孺：《論北魏孝文帝定姓族》，《魏晉南北朝史論拾遺》，第82頁。黃惠賢先生指出《氏族論》只保留了「姓」的部分標準，劃定「族」的標準卻沒有論及，參見《〈魏書·官氏志〉載太和三令初探》，《魏晉南北朝隋唐史研究與資料》，第461頁。關於姓和族之等第，宮崎市定先生和丁愛博先生皆有意據之劃分出在姓、族中更詳細的等級來。參見〔日〕宮崎市定：《九品官人法研究——科舉前史》，韓升、劉建英譯，北京：中華書局，2008年，第269頁。唐長孺先生將鮮卑的姓等、族等分別與漢人士族的郡姓、縣姓比對，參見《論北魏孝文帝定姓族》，《魏晉南北朝史論拾遺》，第89頁。楊德炳將「官詔」的官爵品第與「士族制」的官品進行了比對，得出鮮卑的「姓」與甲乙對應，「族」與丙丁對應，參見《四姓試釋》，第43頁。黃惠賢、聶早英亦作持此觀點，並指出姓族之外的流外又有「庶民」（上下兩層），參見《〈魏書·官氏志〉載太和三令初探》，第468頁。牟發松先生認爲孝文帝「通過份定姓族將鮮卑融入到新的門閥序列中，使之與漢族高門並列，以消泯統治集團內部的民族隔閡」，參見牟發松：《從社會與國家的關係看唐代的南朝化傾向》，牟發松主編：《社會與國家關係視野下的漢唐歷史變遷》，上海：華東師範大學出版社，2006年，第17頁。

〔註28〕 至於「凡得入者，謂之『四姓』」是否屬於制書的內容，陳爽表示存疑。參見《世家大族與北朝政治》，第46頁。本文同疑，故斷於「丁姓」。

〔註29〕 《後漢書》卷一上《光武帝紀》引《漢制度》注「詔曰」，北京：中華書局，1965年，第24頁。

〔註30〕 〔唐〕李林甫撰，陳仲夫點校：《唐六典》卷九「中書令」條注文，第274頁。

〔註31〕 關於北魏制書體制及其功能的討論，詳見拙文《北魏王言制度》，第42～56頁。

〔註32〕 《資治通鑒》卷一四〇《齊紀》齊明帝建武三年春正月條，第4393頁。

在「又詔」所處環節的處理上，《通鑑》與《氏族論》採用了不同的採錄方式。在《通鑑》中，「詔黃門郎」云云與《魏書·宋弁傳》所載「定四海士族，弁專參銓量之任，事（士族陞降）多稱旨」〔註33〕基本相同。案，北魏時受詔之臣上表言「奉被詔旨」〔註34〕或「伏尋詔旨」〔註35〕，依《通鑑》所載，宋弁受詔定諸州士族時的出現的士族陞降之事係弁「依詔旨而行」，「事多稱旨」正驗宋弁受詔釐定士族門第一事。顯然，在「又詔」所影射的「詔令」記載上，《氏族論》與《通鑑》的採錄不同——前者記錄了「定諸州士族」的等級標準，即宋弁依據執行的「制：（云云）」；後者只記錄了宋弁受詔「定諸州士族」這件事情。若將二者的記載合於一處，即（詔）令宋弁「定諸州士族」置於「吏部正員郎為『丁姓』」之後，則會發現一種現象：丙詔文所錄「令司空公穆亮、領軍將軍元儼、中護軍廣陽王嘉、尚書陸琇等詳定北人姓」附於姓族釐定規則之後的書寫結構，與令宋弁「定諸州士族」綴於「郡姓」釐定規則之後相同。基於這一現象，筆者推斷《氏族論》與《通鑑》筆下「又詔」所映像的詔文出自同一道詔書。

根據《氏族論》、《通鑑》與《魏書·宋弁傳》判斷，「又詔」處於門閥政策的鏈條中，示例如下：

圖2：「又詔」在門閥政策所處環節

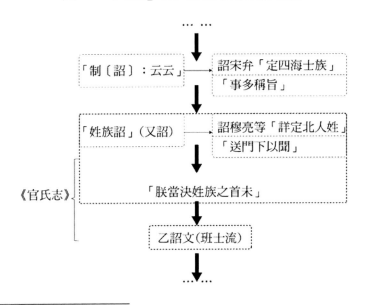

〔註33〕《魏書》卷六三《宋弁傳》，第1415頁。
〔註34〕《魏書》卷六五《邢巒傳》，第1444頁。
〔註35〕《魏書》卷六四《郭祚傳》，第1423頁。

「又詔」在門閥政策中的位置，目前還只是相對於「制：（云云）」而言，後者在頒行環節中先於前者。這一部分鏈條建立在兩個基礎之上：其一，《氏族論》與《通鑑》所言「又詔」之史源；其二，學界形成的「官詔」係「二詔合文」的論斷，筆者在此基礎上論證、復原「姓族詔」之文本，並摘出「乙詔文」。由此形成的姓族政策鏈條的復原，還只是初步研究的產物，其中未深入剖析的「乙詔文」與「制：（云云）」這兩道王言，則牽涉到孝文帝門閥政策的整體性框架。復原門閥政策的下一環鏈條，則據二者展開。

（二）「制：（云云）」復位

北魏時期，律、令之制定與頒行，與「制詔」（制書）密不可分〔註36〕。作爲「又詔」的影射對象，「制：（云云）」與門閥政策之成立有何關聯，是前文遺留的問題。至於「制：（云云）」被《氏族論》稱爲「詔」的現象，屬於史官的改寫。中村裕一在考察南梁、北魏、隋所言「詔」與「制」時指出，在《魏書》編纂中，「詔曰」與「制曰」屬同義用法〔註37〕。確切而言，「制詔」式被史官改寫成了「詔曰」式，如明元帝泰常六年（421）三月乙亥：

> 制：六部民，羊滿百口輸戎馬一匹。〔註38〕
> 詔：六部民羊滿百口，調戎馬一匹。〔註39〕

二者屬於同一道制書。案，北魏前期制書、詔書皆行用「制詔」式，其中包括「制詔（某官某）」式，故可將這道制書復原爲：

> 制詔：六部民羊滿百口，調戎馬一匹。

除了中村氏所言「制」、「詔」的同義使用之外，樓勁認爲「制」乃「以制詔形式下達而爲條制」，北魏以之創制立式〔註40〕。《氏族論》中的「制：（云云）」

〔註36〕 樓勁：《魏晉南北朝隋唐立法與法律體系：敕例、法典與唐法系源流》（上卷），第 81 頁。

〔註37〕 〔日〕中村裕一：《唐代公文書研究》，第 513～518 頁。「詔」是魏晉南北朝皇帝命令文書的典型，參見〔日〕中村圭爾：《魏晉南北朝における公文書と文書行政の研究》（研究成果報告書），大阪：株式會社共榮印刷所，2001 年，第 34 頁。詔書有廣義、狹義之分，廣義的詔書可泛指一切御用文書，包括皇帝的策書、制書、詔書和誡敕。馬怡：《漢代詔書之三品》，第 65 頁。

〔註38〕 《魏書》卷三《太宗本紀》，第 61 頁。句讀略有調整。

〔註39〕 《魏書》卷一一〇《食貨志》，第 2850 頁。

〔註40〕 樓勁：《北魏的科、格、式與條制》，《中國社會科學院歷史研究所學刊》第二集，北京：商務印書館，2004 年，第 319、327～328 頁。

是以制詔頒行的「差第」漢人門品的條制——士族制〔註41〕。正與釐定鮮卑姓族（門品）的「又詔」呼應。

　　據《魏書·宋弁傳》所言「申達」、「降抑」可知在定漢人門品過程中，「制：（云云）」為其提供了一套執行程序和標準，故《宋弁傳》在批評宋弁時，又不得不稱弁「事多稱旨」。除了宋弁受詔依「制：（云云）」定士族門品外，還有其他證據說明「制：（云云）」在漢族系統執行。唐人元行沖所纂《後魏國典》（三十卷）提供了一條明證，見存於《通鑑》中：

　　　　眾議以薛氏為河東茂族。（孝文）帝曰：「薛氏，蜀也，豈可入
　　郡姓！」（直閣薛宗起力爭）……帝徐曰：「然則朕甲、卿乙乎？」
　　乃入郡姓……」〔註42〕

《後魏國典》成書早於柳芳《氏族論》，所言「郡姓」以及「郡姓」之內的甲乙差第正與《氏族論》契合，說明孝文帝出臺的「士族制」屬於門閥政策的重要一環。今本《魏書》對其失載，實為憾事。

　　在北魏執行門閥化方略的過程中，還有一處史載值得注目，即孝文帝「與朝臣論海內姓地人物」〔註43〕，也就是《後魏國典》中的孝文帝參與「眾議以薛氏為河東茂族」一事，正與「姓族詔」所云「朕將決姓族之首末」相符。要言之，「姓族詔」中有三處——入姓入族標準、「令司空公穆亮」諸人「詳定北人姓」云云、「朕將決姓族之首末」，分別與漢族郡姓等級標準、宋弁受詔「定諸州士族」、「論海內（漢族）姓地人物」一一照應，或許意味著孝文帝在鮮卑系統設計姓族序列、操作程序等環節中，複製了漢族系統的門閥化策略。要言之，孝文帝的門閥政策在「門品」的維度設定了漢族與鮮卑兩個姓族系統〔註44〕。這證實了圖1所示「士族制」與「姓族詔」在門閥政策中的鏈條關係。

〔註41〕為了與頒行於鮮卑系統「姓族詔」相區別，且名此「制：（云云）」為「士族制」。陳爽在討論「四姓」問題時，將《氏族論》中的「郡姓」等級視為太和詔令的概略，參見陳爽：《世家大族與北朝政治》，第46頁。

〔註42〕《資治通鑑》卷一四〇《齊紀》齊明帝建武三年春正月條，第4395頁。《北史·薛聰傳》與《後魏國典》所載有異，且未及入郡姓事。《考異》捨《北史·薛聰傳》而採錄《後魏國典》。元行沖於唐睿宗時任太常少卿，得以檢閱秘閣圖書。唐玄宗開元初，又曾受詔編次四庫群書，故其所攬典藏，或非李延壽所及。

〔註43〕《北史》卷三六《薛聰傳》，北京：中華書局，1974年，第1333頁。

〔註44〕在門閥政策中，鮮卑與漢人分開執行的問題，宮崎市定與凌文超已有論述。參見〔日〕宮崎市定：《九品官人法研究——科舉前史》，第265頁；凌文超：《鮮卑四大中正與分定姓族》，《文史》2008年第2輯，第106頁。

至此，「又詔」的含義、「制：（云云）」的性質，以及據之復原成立的「士族制」、「姓族詔」在門閥政策的地位，皆得以解明。隨之而來的則是前文置而未決的乙詔文問題，也即孝文帝所設計的門閥政策的另一維度。

四、「別敕」新解

乙詔文曰「自此以外，應班士流者，尋續別敕」，其中「尋續別敕」說明孝文帝的門閥政策分不同環節展開。如前文所揭，唐長孺、黃惠賢、孫同勛等諸位先生皆判斷「別敕」即丙詔文，且被《魏書》綴合爲一道詔令，即「二詔合文」現象。「尋續別敕」是就「班士流」而言，「班士流」即「且宜甄擢，隨時漸銓」，是司州、吏部執行的選官指令。三者之間的內在關涉以及所處脈絡，讓乙詔文之身份更趨晦暗。在乙詔文的文本結構中，存在多處暗指與明指，所謂「明指」即「司州、吏部」，也就是乙詔文的執行者，而「暗指」則存在以下三處：其一，「且宜甄擢，隨時漸銓」的對象；其二，「自此以外」所指他者；其三，「別敕」爲何者。除第一處之外，其他兩處「暗指」在「官詔」中皆無解〔註45〕。第一處「暗指」的線索埋在「乙詔文」之內，即勳臣八姓「一同四姓」。在乙詔文中，「其穆、陸」云云顯然是前道指令的補充，作爲補充性的指令——「一同四姓」意味著「四姓」班入士流的規則已經確立，若「且宜甄擢，隨時漸銓」是規定「四姓」入流的詔令，那麼第一處的暗指就是與勳臣八姓對等的「四姓」。其他兩處「暗指」皆隱於別處，爲解明之，有必要將乙詔文置於當時推行的「班士流」的大選中進行考量。

在北魏，「起家」或者「釋褐」的政治含義是班預士流〔註46〕，而不入流者被視爲小人之官（猥官），乙詔文所言「勿充猥官」即是所指。太和十九年十二月乙未朔孝文帝臨光極堂大選時，曰：

（前略）我國家昔在恒代，隨時製作，非通世之長典。故自夏及秋，<u>親議條制</u>。或言唯能是寄，<u>不必拘門，朕以爲不爾</u>。……我今八族以上〔下〕，士人品第有九，九品之外，小人之官，復有七等。若苟有其人，可<u>起家</u>爲三公。（後略）〔註47〕

〔註45〕 學者認爲「別敕」便是緊接其後的丙詔文，本文對此已經進行考證，認爲「別敕」作爲「士流」詔文的延伸，必然不屬於門品範疇。對於北魏「別敕」用法的考證，可參見拙文《北魏王言制度》，第76～80頁。

〔註46〕 〔日〕宮崎市定：《九品官人法研究——科舉前史》，第254頁。

〔註47〕 《魏書》卷五九《劉昶傳》，第1310～1311頁。筆者曾與廖基添、陳鵬兩位

這則史料中的一處隱性信息是「親議條制」〔註48〕，案「不必拘門，朕以爲不耳」與「士人品第有九」、「可起家」云云，說明孝文帝此前「自夏及秋」親自參與設計的「條制」必然是關於鮮卑姓族、漢人士族依據門品而「起家」、班入清流的制度。論者指出孝文帝在光極堂所「宣示品令」乃「以門第選官員（定出身）之令」，而宋弁「並定四海士族」則與「以門品定官位」〔註49〕有關。樓勁指出，光極堂大選是對十九年《品令》的一次重大實踐，其內容關乎士流登進的諸多問題，而孝文「親議條制」的焦點，如樓勁所言「乃在於確認門族出身對銓選的指導作用」〔註50〕。宮崎氏則斷言「辨別姓族乃爲作用於選舉」。易言之，規範選舉秩序的「條制」確立了以門品入流（起家）的標準，而光極堂大選的政治實踐，則將門品與士流品（官品）兩套系統聯動了起來。

所到行文，反觀「我今八族以上〔下〕，士人品第有九」與乙詔文所載勳臣八姓（八族）「一同四姓」、「自此以外，應班士流者」，可以推斷前文言及的第三處「暗指」——「自此（勳臣八姓）以外」等同於「我今八族以上〔下〕」。職是言之，孝文帝於光極堂宣示品令之時，照應「自此以外」入士流的「別敕」，此時已經出臺。孝文帝所言「自夏及秋，親議條制」既然是指鮮卑勳貴、漢人士族依門品獲得相應的官品起家，即「班士流」，那與乙詔文所言「別敕」是否存在關聯呢？

關於姓族門品與士流官品之間的聯動關係，又見於清河王元懌《官人失序表》，據《通典》載：

> 孝文帝制，出身之人，本以門品高下有恒，若准資蔭，自公卿

學兄討論「八族以上」，認爲「上」當作「下」才能解釋的通，因爲作爲「一同四姓」的八族（勳臣八姓）不可能在九品之下。

〔註48〕關於北魏「條制」的性質，可參見樓勁《北魏的科、格、式與條制》，《中國社會科學院歷史研究所學刊》第二集，北京：商務印書館，2004年，第317～337頁。 光極堂大選之前，孝文帝「親議條制」可能就是宮崎市定所言與臣下商議「門閥與起家的對照表方案」，〔日〕宮崎市定：《九品官人法研究——科舉前史》，第271頁。

〔註49〕盧向前、王春來認爲孝文在光極堂大選時宣示的「品令」，乃「以門第選官員（出身）之令」，即官品令，並將元懌《官人失序表》中「條例」視爲孝文親議的「條制」，亦屬同指。參見盧向前、王春來：《光極堂大選與品令》，《浙江大學學報》2010年第4期，第89～92頁。

〔註50〕樓勁：《魏晉南北朝隋唐立法與法律體系：敕例、法典與唐法系源流》（上卷），第173、176頁。戴衛紅認爲光極堂大選亦是考課之後的官員遴選，參見戴衛紅：《北魏考課制度研究》，北京：中國社會科學出版社，2010年，第60頁。

令僕之子，甲乙丙丁之族，上則散騎秘著，下逮御史長兼，皆條例
昭然，文無虧沒。自此或身非三事之子，解褐公府正佐；地非甲乙
之類，而得上宰行僚。自茲以降，亦多乖舛。（後略）〔註51〕

《官人失序表》所言「孝文帝制」即孝文帝頒佈的以門品起家的制書或條制，
前文所揭「士族制」即「上則散騎秘著，下逮御史長兼」起家根據。「條例昭
然」、「文無虧沒」便是《氏族論》所言「方司格（舉選格）」〔註52〕，甲乙之
等分別對應方司格中的起家官〔註53〕。據《官人失序表》可知，「孝文帝制」
（「條例」）設定了以門品起家，也就是「班士流」的規則〔註54〕。三公屬於
「膏梁」正一品，令僕屬於「華腴」，分別正從二品，任子起家的上限是五品
（散騎侍郎正五品、著作郎從五品）〔註55〕。屬「散騎秘著」之流的秘書郎
則是七品，士族高門多以此官釋褐如《元融墓誌》（孝昌三年二月）載：

〔註51〕《通典》卷一六《選舉典》「雜議論上」，北京：中華書局，1988 年，第 390
～391 頁。《通典·選舉典》所載元恽奏表，在今本《北史》和《魏書》元恽
本傳中均已闕失，《魏書·元恽傳》校勘〔六〕指出《通典》所載北魏詔令奏
章一般出自《魏書》。參見《魏書》卷二二《元恽傳》，第 595～596 頁。陶新
華認爲「制定門第標準後，就隨之在此基礎上規定了依不同門第起家的蔭敘」，
參見陶新華：《北魏孝文帝以後北朝官僚管理制度研究》，成都：巴蜀書社，2004
年，第 87 頁。
〔註52〕《氏族論》曰：「魏太和時，詔諸郡中正，各列本土姓族，次第爲舉選格，名
曰『方司格』，人到於今稱之」。《新唐書》卷一九九《儒學·柳沖傳》，第 5680
頁。有《後魏方司格》一卷，今已亡佚，參見《舊唐書》卷四六《經籍志上》，
北京：中華書局，1975 年，第 2012 頁。
〔註53〕宮崎市定指出「散騎秘著」乃散騎郎、秘書郎和著作郎，參見《九品官人法
研究——科舉前史》，第 279 頁。關於北魏宗室、鮮卑勳貴與漢人士族子弟起
家官品與門品家格關係的討論，參見〔日〕窪添慶文：《正史と墓誌——北魏
墓誌の官歷記載中心に》，伊藤敏雄（編）《魏晉南北朝と石刻史料研究の新
展開——魏晉南北朝史像の再構築に向けて》（科研成果報告書別冊），2009
年，第 151～178 頁。該文蒙中國社會科學院歷史研究所戴衛紅先生掃描、惠
贈，特此申謝。
〔註54〕即盧向前、王春來所言「孝文帝以門品定出身」，《光極堂大選與品令》，第 93 頁。
〔註55〕在後《職令》中，著作郎爲從五品上，員外散騎侍郎爲正七品上，著作佐郎、
秘書郎中爲正七品下；較低的御史官和長兼官大抵爲八品及已下。盧向前、
王春來引前《職令》認爲「散騎秘著」起家官品爲四品下、五品上，參見《光
極堂大選與品令》，第 92 頁。若按宮崎氏對「散騎秘著」的界定，官品則達
不到四品。窪添慶文在《正史と墓誌——北魏墓誌の官歷記載中心に》一文
中以後《職令》爲依據梳理起家官情況，指出以「散騎秘著」起家之官，基
本在五品已下，以五品起家者十分少見。

　　　年十二（景明初），以宗室令望拜秘書郎。〔註56〕

融父彬征虜將軍、汾州刺史，從三品，故融以七品起家。觀諸鮮卑勳貴及士族高門弟子起家官，以七品居多，當因門第不同而有差次、內外之分〔註57〕。

　　以門品對應起家官品，或許說明北魏的入流規則仿傚了魏晉九品官人法，即宮崎氏所言「起家的官品大概比鄉品（門品）低四等，當起家官品晉升四等時，官品與鄉品等級一致的原則」〔註58〕。韓顯宗所言「不審中、秘書監令（正三品）之子，必爲秘書郎（正七品）」〔註59〕，即是針對起家「條例」的批評與質疑，此時正值孝文帝「自夏及秋，親議條制」。

　　職是言之，《官人失序表》所言「孝文帝制」、「條例」即是起家「條制」。而以詔書頒行的「明令」、「先旨」〔註60〕，應該就是乙詔文所言「別敕」。要言之，基於門品序列之上的士流序列，先後由兩道王言作爲支撐：第一道是載入《官氏志》的乙詔文，且名之曰「士流詔」；第二道是光極堂大選之時頒佈的「條制」、「方司格」，也就是「士流詔」所言「別敕」，姑名之曰「士流敕」。以光極堂大選作爲節點，「士流敕」的出臺意味著孝文帝在門品與官品兩個維度完成了門閥政策的設計與制定，後續展開的「大選之始」、「大選內外群官」〔註61〕則完全是朝廷對孝文帝門閥政策的政治實踐。其中流砥柱是吏部機構，據《元壽安墓誌》（孝昌二年十月）載：

　　　　（吏部）尚書如故。既任當流品，手持衡石，德輶必舉。功細

　　　周遺，涇渭殊流，（後略）〔註62〕

士流分殊之後，方可「喉唇式敘」〔註63〕，予以起家官。那麼吏部在行使職任的過程中，除了以中正銓定的門品、姓族等級爲一套標準外，在選官系統之

〔註56〕　趙超：《漢魏南北朝墓誌彙編》，第205頁。本傳作「高祖時，拜秘書郎」，《魏書》卷一九下《章武王太洛附融傳》，第514頁。

〔註57〕　窪添慶文先生曾以墓誌與正史爲根據，對鮮卑、漢人士族依「條例」起家的情況進行了統計分析，指出鮮卑姓等及漢族郡姓，一般以七品起家。其中所見勳臣八姓與元氏、漢人高門的起家官品差異不大。〔日〕窪添慶文：《正史と墓誌——北魏墓誌の官歷記載中心に》，第164～174頁。

〔註58〕　〔日〕宮崎市定：《九品官人法研究——科舉前史》，第66頁。

〔註59〕　《魏書》卷六〇《韓麒麟傳附顯宗傳》，第1343頁。

〔註60〕　《通典》卷一六《選舉典》「雜議論上」，第391頁。

〔註61〕　《魏書》卷六三《宋弁傳》，第1415頁。

〔註62〕　趙超：《漢魏南北朝墓誌彙編》，第191頁。

〔註63〕　《穆紹墓誌》（普泰元年十月），毛遠明編著：《漢魏六朝碑刻校注》（第六冊），北京：線裝書局，2008年，第360頁。

內必然還有另一套標準──起家「條例」與門品相齒序，以漸至「涇渭殊流」、「喉唇式敘」的佳境。要言之，中正品評人物、吏部（選部）「手持衡石」，各自在門品與官品兩套系統中運作、維持著門閥政策的框架。

通過以上多重面向考證，本文初步釐清了孝文帝在制定門閥政策過程中頒下的詔令名目、環節與操作過程，示之如下：

圖 3：北魏門閥政策圖譜

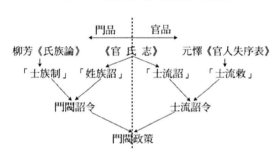

在此圖譜中，四道王言的運作模式〔註 64〕如下：

圖 3：門閥政策的兩個維度──「門品」入「官品」模式圖

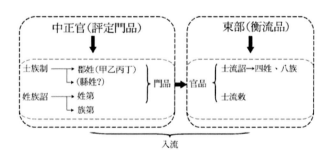

孝文帝設計、頒行的門閥政策，如崔僧淵所言「分氏定族，料甲乙之科；班官命爵，清九流之貫」〔註 65〕，是一個有序展開的政治行為。四道傾注了孝文帝及臣僚意志的王言，在中正、吏部兩類政治樞紐的運作下，對北魏國家及其秩序進行了一次長時段且影響深遠的重構，從而將北魏的國家方向引入門閥政治的大勢中。

〔註 64〕毛漢光認為，在九品官人法之下，姓族詔即選舉標準的憑據。參見毛漢光：《北魏東魏北齊之核心集團與核心區》，《中研院歷史語言研究所集刊》第 57 本第 2 分，1986 年，第 249 頁。

〔註 65〕《魏書》卷二四《崔玄伯傳》，第 631 頁。

五、結　論

　　如前文所考，《魏書·官氏志》所載太和十九年「官詔」存在合文、錯置以及闕漏的謄錄問題。本文依唐人柳芳《氏族論》、《通鑑》所載「又詔」等史料，將「官詔」復原爲「姓族詔」和「士流詔」，但《魏書》的綴合式書寫造成二詔殘缺，所以據以形成的推斷性復原仍不免存在缺憾。因二詔事類不一，所保存的史實亦各自不同。在「姓族詔」中，「代人諸冑，先無姓族」與《氏族論》和《通鑑》所言「又詔」形成照應，證明在「姓族詔」之前已有一詔──「制：（云云）」，也就是本文復原的「士族制」，二者共同構成孝文帝門閥政策的第一個維度。由制書、詔書等頒行的詳定門第、姓族的法令，成爲孝文帝下一步設計選舉與官品秩序的制度前提。

　　在記錄頒行於鮮卑系統的「姓族詔」時，《官氏志》出現了綴合的現象，被綴入其中的「士流詔」──規定八姓在選舉時「一同四姓」入清流──便是孝文帝基於門品設計出的「班士流」的詔書。「士流詔」在開啓門閥體制的另一維度時，文末又云「自此以外，應班士流者，尋續別敕」，「別敕」作爲「士流詔」的補充性王言構成了所在維度的第二環。本文經過考證認爲，學界將「別敕」目爲「原出朔土（云云）」的觀點是在缺乏對門閥政策之整體性觀照下形成的誤判，作爲「班士流」（官品）之「別敕」與作爲定鮮卑姓族（門品）的「原出朔土（云云）」分別屬於門閥政策的兩個維度。至於「別敕」，依前文所考，即元懌《官人失序表》所言入流「孝文帝制」、「條例」，規定了士族、鮮卑依門品起家時對應的官品序列。本文名之曰「士流敕」。「士流詔」與「士流敕」雖內容殘缺，然主旨一致，二者在起家官品維度與門品維度的「士族制」、「姓族詔」共同支撐起孝文帝所設計的門閥政策之框架。以光極堂大選爲契機，門閥政策的兩條運行機制開始全面運作──「士族制」、「姓族詔」由中正官系統執行〔註66〕，與之相較而言，「士流詔」、「士流敕」屬於另一套執行系統──吏部（選部）機構負責執行。這種政治實踐使得在王言制度運作下產生的姓族政策，轉化爲國家層面有序運行的門閥制度。影響北魏後期已降的門閥大勢，最終形成。

────────────

〔註66〕由「士族制」與「姓族詔」所形成的政策分野、執行者的區分，決定了門品維度的展開必然分漢人士族和鮮卑兩條路徑。漢族州郡區設置由士族擔任的中正，鮮卑統治區亦設置鮮卑勳貴主導的中正，如宣武帝時河南邑中正于忠（後任恒州大中正）受詔與吏部尚書元暉、河南尹元萇等「推定代方姓族」。《魏書》卷三一《於栗磾傳附忠傳》，第742頁。

附表

表 1：門閥政策的構成

詔書名目	詔書內容	史　　源
士族制	制：凡三世有三公者曰「膏粱」，有令、僕者曰「華腴」，尚書、領、護而上者為「甲姓」，九卿若方伯者為「乙姓」，散騎常侍、太中大夫者為「丙姓」，吏部正員郎為「丁姓」	《新唐書》載柳芳《氏族論》
姓族詔	代人諸冑，先無姓族……原出朔土，舊為部落大人，而自皇始已來，有三世官在給事已上，及州刺史、鎮大將，及品登王公者為姓。（後略）	《魏書·官氏志》
士流詔	且宜甄擢，隨時漸銓。其穆、陸、賀、劉、樓、於、嵇、尉八姓……且下司州、吏部，勿充猥官，一同四姓。自此以外，應班士流者，尋續別敕。	《魏書·官氏志》
士流敕	孝文帝制，出身之人，本以門品高下有恒，若准資蔭，自公卿令僕之子，甲乙丙丁之族，上則散騎秘著，下逮御史長兼，皆條例昭然，文無虧沒。	《通典》載元懌《官人失序表》

表 2：北魏姓族族表〔註 67〕

條件 姓族	始　祖	皇始以來三世有官、品
（一）姓	部落大人	（1）給事、州刺史、鎮大將以上
		（2）王、公
	非部落大人	（3）尚書以上
		（4）王、公（中間不降官緒）
（二）族	部落大人	（1）中散監、太守、子都以上
		（2）子、男
	非部落大人	令、副將、子都、太守以上
		（4）侯
（三）族	（一）（二）姓族支親（五世以內）	
（四）族	總麻服以內微有一、二世官者	

〔註 67〕〔日〕宮崎市定：《九品官人法研究──科舉前史》，第 269 頁。宮崎市定鮮卑姓族視為四等。

徵引文獻

一、基本古籍文獻

1. 《史記》，北京：中華書局，1959 年。

2. 《漢書》，北京：中華書局，1962 年。

3. 《後漢書》，北京：中華書局，1965 年。

4. 《三國志》，北京：中華書局，1959 年。

5. 《宋書》，北京：中華書局，1974 年。

6. 《南齊書》，北京：中華書局，1972 年。

7. 《魏書》，北京：中華書局，1974 年。

8. 《晉書》，北京：中華書局，1974 年。

9. 《梁書》，北京：中華書局，1973 年。

10. 《北齊書》，北京：中華書局，1972 年。

11. 《周書》，北京：中華書局，1971 年。

12. 《隋書》，北京：中華書局，1973 年。

13. 《北史》，北京：中華書局，1974 年。

14. 《舊唐書》，北京：中華書局，1976 年。

15. 《資治通鑒》，北京：中華書局，1956 年

16. 〔宋〕李昉等撰：《太平御覽》，北京：中華書局，1960 年。

17. 〔唐〕徐堅等著：《初學記》，北京：中華書局，1962 年。

18. 〔宋〕李昉等編：《文苑英華》，北京：中華書局，1966 年。

19. 〔明〕吳訥著，於北山校點：《文章辨體序說》；〔明〕徐師曾著，羅根澤校點：《文體明辨序說》，北京：人民文學出版社，1982 年。

20. 〔宋〕王觀國撰，田瑞娟點校：《學林》，北京：中華書局，1988 年。

21. 〔唐〕杜佑：《通典》，北京：中華書局，1988 年。

22. 〔唐〕虞世南編撰：《北堂書鈔》，北京：中國書店，1989 年。

23. 〔清〕孫星衍等輯，周天遊點校：《漢官六種》，北京：中華書局，1990年。

24. 〔梁〕僧祐撰：《弘明集》，〔唐〕道宣撰：《廣弘明集》，上海：上海古籍出版社，1991 年。

25. 〔唐〕李林甫撰，陳仲夫點校：《唐六典》，北京：中華書局，1992 年。

26. 劉俊文撰：《唐律疏議箋解》，北京：中華書局，1996 年。

27. 〔南朝梁〕劉勰著，黃叔琳注，李詳補注，楊明照校注拾遺：《增訂文心雕龍校注》，北京：中華書局，2012 年。

28. 〔漢〕蔡邕：《獨斷》，〔清〕永瑢、紀昀等編纂：《文淵閣四庫全書》第850 冊《子部十‧雜家類二》，上海：上海古籍出版社，2003 年。

29. 〔北魏〕酈道元著，〔清〕王先謙校：《合校水經注》，北京：中華書局，2009 年。

30. 〔魏〕楊衒之撰，周祖謨校釋：《洛陽伽藍記校釋》，北京：中華書局，2010 年第 2 版。

31. 〔梁〕蕭繹撰，許逸民校箋：《金樓子校箋》，北京：中華書局，2011 年。

32. 〔清〕趙翼撰，曹光甫校點：《陔餘叢考》，上海：上海古籍出版社，2011年。

33. 〔唐〕許敬宗編，羅國威整理：《日藏弘仁本文館詞林校證》，北京：中華書局，2001 年。

34. 〔清〕徐松輯，高敏點校：《河南志》，北京：中華書局，2012 年第 2 版。

35. 〔梁〕蕭統編，〔唐〕李善、呂延濟、劉良、張銑、呂向、李周翰注：《六臣注文選》，北京：中華書局，2012 年。

二、出土資料文獻

1. 富平縣文化館，陝西省博物館、文物管理委員會編：《唐李鳳墓發掘簡報》，《考古》1979 年第 5 期。

2. 米文平：《鮮卑石室的發現與初步研究》，《文物》1981 年第 2 期。

3. 〔清〕陸增祥撰：《八瓊室金石補正》，北京：文物出版社，1985 年。

4. 北京圖書館金石組編：《北京圖書館藏中國歷代石刻拓本彙編》，鄭州：中州古籍出版社，1989 年。

5. 唐長孺主編：《吐魯番出土文書》（壹），北京：文物出版社，1981 年。

6. 羅新、葉煒：《新出魏晉南北朝墓誌疏證》，北京：中華書局，2005 年。

7. 趙超:《漢魏南北朝墓誌彙編》,天津:天津古籍出版社,2008 年。

8. 毛遠明編著:《漢魏六朝碑刻校注》,北京:線裝書局,2008 年。

9. 陳偉主編:《里耶秦簡牘校釋》(第一卷),武漢:武漢大學出版社,2012 年。

10. 趙君平、趙文成編:《秦晉豫新出墓誌蒐佚》,北京:國家圖書館出版社,2012 年。

11. 〔清〕錢大昕:《潛研堂金石文跋尾》,藏於華東師範大學圖書館古籍特藏部。

三、國內研究論著

1. 王國維:《觀堂集林》,北京:中華書局,1959 年。

2. 鄭欽仁:《北魏中書省考》,臺北:國立臺灣大學文學院,1965 年。

3. 唐長孺:《魏晉南北朝史論拾遺》,北京:中華書局,1983 年。

4. 唐長孺:《山居存稿》,北京:中華書局,1989 年。

5. 祝總斌:《兩漢魏晉南北朝宰相制度研究》,北京:社會科學文獻出版社,1990 年。

6. 嚴耀中:《北魏前期政治制度》,長春:吉林教育出版社,1990 年。

7. 陳仲安、王素:《漢唐職官制度研究》,北京:中華書局,1993 年。

8. 陳琳國:《魏晉南北朝政治制度研究》,臺北:文津出版社,1994 年。

9. 鄭欽仁:《北魏官僚機構研究續篇》,臺北:稻禾出版社,1995 年。

10. 閔庚堯:《中國古代公文簡史》,北京:檔案出版社,1988 年。

11. 李均明、劉軍:《簡牘文書學》,桂林:廣西教育出版社,1999 年。

12. 汪桂海:《漢代官文書制度》,桂林:廣西教育出版社,1999 年。

13. 陳寅恪:《隋唐制度淵源略論稿‧唐代政治史述論稿》,北京:三聯書店,2001 年。

14. 張金龍:《北魏政治與制度論稿》,蘭州:甘肅教育出版社,2003 年。

15. 劉后濱:《唐代中書門下體制研究──公文形態‧政務運行與制度變遷》,濟南:齊魯書社,2004 年。

16. 楊鴻年:《漢魏制度叢考》,武漢:武漢大學出版社,2005 年。

17. 孫同勛:《拓拔氏的漢化及其它──北魏史論文集》,臺北:稻鄉出版社,2005 年。

18. 嚴耕望:《中國地方行政制度史:秦漢地方行政制度》,上海:上海古籍出版社,2007 年。

19. 俞鹿年:《北魏職官制度考》,北京:社會科學文獻出版社,2008 年。

20. 高明士：《天下秩序與文化圈的探索——以東亞古代的政治與教育爲中心》，上海：上海古籍出版社，2008 年。

21. 祝總斌：《材不材齋史學叢稿》，北京：中華書局，2009 年。

22. 葉煒：《南北朝隋唐官吏分途研究》，北京大學出版社，2009 年。

23. 吳震：《吳震敦煌吐魯番文書研究論集》，上海：上海古籍出版社，2009 年

24. 宋靖：《唐宋中書舍人研究》，哈爾濱：黑龍江大學出版社，2010 年。

25. 何德章：《魏晉南北朝史叢稿》，北京：商務印書館，2010 年。

26. 戴衛紅：《北魏考課制度研究》，北京：中國社會科學出版社，2010 年。

27. 黃惠賢：《魏晉南北朝隋唐史研究與資料》，武漢：湖北人民出版社，2010 年。

28. 唐長孺：《魏晉南北朝史論叢續編·魏晉南北朝史論拾遺》，北京：中華書局，2011 年。

29. 黃惠賢著：《魏晉南北朝》，白鋼主編：《中國政治制度通史》第四卷，北京：社會科學文獻出版社，2011 年。

30. 陳蘇鎮：《兩漢魏晉南北朝史探幽》，北京：北京大學出版社，2013 年。

31. 吳麗娛：《敦煌書儀與禮法》，蘭州：甘肅教育出版社，2013 年。

32. 樓勁：《魏晉南北朝隋唐立法與法律體系：敕例、法典與唐法系源流》（上下卷），北京：中國社會科學出版社，2014 年。

33. 李憑：《北魏平城時代（第三版）》，上海古籍出版社，2014 年。

34. 勞榦：《北魏洛陽城圖的復原》，《中研院歷史語言研究所集刊》1948 年第二十一本上。

35. 嚴耕望：《北魏尚書制度考》，《中研院歷史語言研究所集刊》第十八本，1948 年。

36. 嚴耕望：《北朝地方政府屬佐制度考》，《中研院歷史語言研究所集刊》第十九本，1948 年。

37. 陳仲安：《關於魏晉南北朝門下省的兩個問題》，《中國古代史論叢》，1982 年第 3 輯，福州：福建人民出版社，1982 年。

38. 米文平：《嘎仙洞北魏石刻祝文考釋》，《中國魏晉南北朝史學會成立大會暨首屆學術討論會論文集》，1984 年。

39. 陳琳國：《北魏重要官制述略》，《中華文史論叢》1985 年第 2 輯。

40. 康樂：《代人集團的形成與發展——拓跋魏國家基礎》，《中研院歷史語言研究所集刊》第 61 冊第 3 分，1990 年。

41. 黃惠賢、聶早英：《〈魏書·官氏志〉載太和三令初探》，《魏晉南北朝隋唐史資料》第 11 輯，武漢：武漢大學出版社，1991 年。

42. 卜憲群：《秦漢公文文書與官僚行政管理》，《歷史研究》1997 年第 4 期。

43. 王立民：《關於嘎仙洞東側背北石壁新發現文字的初步分析》，《北方文物》，2003 年第 1 期。

44. 孟憲實：《略論高昌上奏文書》，《西域研究》2003 年第 4 期。

45. 趙春娥：《南朝宣詔呈奏機樞制度略論》，《青海師專學報》，2003 年第 4 期。

46. 樓勁：《北魏的科、格、式與條制》，《中國社會科學院歷史研究所學刊》第二集，北京：商務印書館，2004 年。

47. 侯旭東：《中國古代人「名」的使用及其意義——尊卑、統屬與責任》，《歷史研究》2005 年第 5 期。

48. 陶新華：《漢代的「待詔」補論》，《社會科學戰線》2005 年第 6 期。

49. 姜維東：《〈後魏孝文帝與高句麗王雲詔〉中所見魏、麗形勢及雙方關係》，《史學集刊》2006 年第 6 期。

50. 凌文超：《鮮卑四大中正與分定姓族》，《文史》2008 年第 2 輯。

51. 李浩：《兩漢魏晉南北朝天子政務秘書系統的變遷》，華東師範大學歷史學博士學位論文，2009 年。

52. 李都都：《南北朝集議制度考述》，鄭州大學歷史學碩士學位論文，2009 年。

53. 李方曉：《劉宋詔書研究》，山東大學歷史學碩士學位論文，2009 年。

54. 李俊芳：《漢代冊命諸侯王禮儀研究》，《中國史研究》2010 年第 2 期。

55. 付國良：《魏晉南朝草詔制令制度變化述論》，青海師範大學碩士學位論文，2011 年。

56. 郭洪伯：《「天憲王言」——西漢的制詔生成運作》，北京大學第九屆史學論壇論文，2013 年 3 月。

57. 孫正軍：《東晉南朝的東西省》，《中國中古史研究》編委會：《中國中古史研究：中國中古史青年學者聯誼會會刊》（第三卷），北京：中華書局，2013 年。

58. 孫正軍：《漢代詔書之三品》，北京大學中國古代史研究中心編：《田餘慶先生九十華誕頌壽論文集》，北京大學出版社，2014 年。

59. 羅新：《黑氈上的北魏皇帝》，北京大學中國古代史研究中心編：《田餘慶先生九十華誕頌壽論文集》，北京大學出版社，2014 年。

60. 樓勁：《太和元年至十六年定〈律〉、〈令〉及相關問題》，北京大學中國古代史研究中心編：《田餘慶先生九十華誕頌壽論文集》，北京大學出版社，2014 年。

61. 王建榮：《五方唐代〈皇帝詔命〉冊書刻石考釋》，《文博》2014 年第 6

期。

62. 方圓：《北魏孝文帝王業改易與〈魏書〉的歷史書寫》，湖北省社會科學院歷史學碩士學位論文，2014 年。

63. 秦濤：《律令時代的「議事以制」：漢代集議制研究》，西南政法大學法學博士學位論文，2014 年。

64. 魏昕：《漢代詔令研究》，東北師範大學文學博士學位論文，2015 年。

65. 代國璽：《漢代公文形態新探》，《中國史研究》2015 年第 2 期。

66. 張雨：《南朝宋皇太子監國有司儀注的文書學與制度史考察》，《中華文史論叢》2015 年第 2 期。

四、國外研究論著

1. 〔日〕白鳥庫吉：《東胡民族考》，方莊猷譯，上海：商務印書館，1934 年。

2. 〔日〕礪波護：《唐代政治社會史研究》，京都：株式會社同朋舍，1986 年。

3. 〔日〕中村裕一：《唐代官文書研究》，京都：中文出版社，1991 年。

4. 〔日〕中村裕一：《唐代制勅研究》，東京：汲古書院，1990 年。

5. 〔日〕大庭脩：《秦漢法制史研究》，林劍鳴等譯，上海人民出版社，1991 年。

6. 〔日〕中村裕一：《唐代公文書研究》，東京：汲古書院，1996 年。

7. 〔日〕川本芳昭：《魏晉南北朝時代の民族問題》，東京：汲古書院，1998 年。

8. 〔日〕中村裕一：《隋唐王言の研究》，東京：汲古書院，2003 年。

9. 〔日〕窪添慶文：《魏晉南北朝官僚制度研究》，東京：汲古書院，2003 年。

10. 〔日〕宮崎市定：《九品官人法研究——科舉前史》，韓昇、劉建英譯，北京：中華書局，2008 年。

11. 〔日〕尾形勇：《中國古代的「家」與國家》，張鶴泉譯，北京：中華書局，2010 年。

12. 〔日〕富谷至：《文書行政的漢帝國》，劉恒武、孔李波譯，南京：江蘇人民出版社，2013 年。

13. 〔日〕鷹取祐司：《秦漢官文書の基礎的研究》，東京：汲古書院，2015 年。

14. 〔日〕川本芳昭：《東アジア古代にあける諸民族と國家》，東京：汲古書院，2015 年。

15. 〔日〕井上晃：《後魏姓族分定攷》，《史觀》第九冊，1931 年。

16. 〔日〕杉本憲司：《漢代の待詔について》，《社會科學論集》第 4、5 合併號，1973 年。

17. 〔日〕金子修一：《南朝期の上奏文の一形態について——『宋書』禮儀志を史料として》，《東洋文化》第 60 號，1980 年。

18. 〔日〕川本芳昭：《北魏の內朝》，《九州大學東洋史論集》第 6 號，1977 年。

19. 〔日〕田村実造：《北魏孝文帝の政治》，《東洋史研究》第 41 卷第 3 號，1982 年。

20. 〔日〕中村圭爾：《南朝における議について——宋・齊代を中心に》，《人文研究》第 40 卷第 10 號，1988 年。

21. 〔日〕榎本あゆち：《北齊の中書舍人について——顏之推、そのタクチクスの周邊》《東洋史研究》第 53 卷第 2 號，1994 年。

22. 〔美〕丁愛博：《漢族著姓與拓跋貴族的調和——孝文帝太和十九年詔令研究》，魯力譯，《北朝研究》1997 年第 3 期。

23. 〔日〕白須淨眞：《麴氏高昌國における王令とその傳達——下行文書「符」とその書式を中心として》，《東洋史研究》第 56 卷第 3 號，1997 年。

24. 〔韓〕金聖熙：《北魏의門下侍中——그性格과割役變化를中心으로》，梨花女子大學校大學院史學科碩士學位論文，1998 年。

25. 〔日〕中村圭爾：《魏晉南北朝における公文書と文書行政の研究》（研究成果報告書），大阪：株式會社共榮印刷所，2001 年。

26. 〔日〕戸川貴行：《北魏孝文帝の姓族分定と民爵賜與について》，九州大學大學院比較社會文化研究院編：《東ジアと日本——交流と変容》第 2 號，福岡：ミトリ印刷株式會社，2005 年。

27. 〔日〕川井貴雄：《北魏後期における門下省について——北魏末・東魏の門下省質的変化を中心として》，《九州大學東洋史論集》第 37 號，2009 年。

28. 〔日〕窪添慶文：《正史と墓誌——北魏墓誌の官歷記載中心に》，伊藤敏雄（編）《魏晉南北朝と石刻史料研究の新展開——魏晉南北朝史像の再構築に向けて》（科研成果報告書別冊），2009 年。

後　記

月下征程揚馬塵，匆匆問道恐失門。

多煩無意愁人事，伏案秉燭莫惹春。

2016 年 3 月 1 日作

　　余在上海求學問道已有三載，蒙業師牟發松先生悉心指導，問道之心漸漸凝實，此心雖無螢燭之光，卻亦能自明其志。碩論《北魏王言制度》之寫就，或可告慰之。因限於時間，見稿的《北魏王言制度》並非碩論開題時所規劃的完整篇幅，而是比原計劃縮減了不少，這種終始未一的過程，間雜著一些難以預料的研究曲折與思路之變換。

　　該文選題確定於 2014 年 12 月初，在此之前余已經著手整理資料、梳理學界研究成果，所以 12 月 5 日在向牟老師徵求開題意見時已經可以拿出較爲可行的開題報告，針對開題報告所涉及的研究主題與範圍，業師提出了三個研究板塊：其一，王言的制度史（生成、流轉）；其二，王言的政治史（行政運作），其三，王言的文本（文體、格式）。這三個研究板塊構成本文的最早思路，後來的行文架構便是基於這一思路而進行的完善。在開題之前，隨著資料蒐集的日臻完備、對學界研究路徑與問題視點的深入把握，余將行文定格在了兩個研究維度：王言制度與王言政治。之前的「王言文本」問題被移入「王言制度」層面之中。今稿的主體便是「王言制度」，由三個板塊構成：第一，王言的文體；第二，王言的草擬機構；第三，王言的生成與運作機制。「王言政治」便是今稿「附文」部份。業師此前提出的「王言的政治史」，是針對余當時正在修改的一篇論文《北魏孝文帝門閥政策的設計與制定——以姓族詔書爲中心》，也就是本文的「附文」。這篇「附文」是《北魏

王言制度》的一篇「引子」，在 5 月份正式的開題報告中，這篇「附文」是被安排爲「王言政治」研究維度的第一篇專題論文，原本打算繼續寫幾篇專題論文以便充實「王言政治」，從而形成「下篇」（「上篇」是「王言制度」）。

開題答辯之後，碩論正式進入撰寫階段。在此期間，與好友闕海同窗三載、相互砥礪，於 11 月中旬完成初稿。遺憾的是，因限於時間，以及本人資質愚鈍、學力不逮，終未能完成開題計劃。即便是初稿的「王言制度」部份，原計劃內的一些章節仍未能完成。至於下篇的「王言政治」，並未實現專題式的擴充，如果仍保持原有的結構佈局，難免造成「上篇」和「下篇」失衡的觀感，故而取消了「上篇」、「下篇」之名。使得《北魏王言制度》一文僅限於「制度」維度的考察。之所以如此匆忙，除了限於學力與時間之外，其實還與 8 月份以來鋪開的另外一條線索及其漸趨緊迫有關——考博。

聯繫導師的過程以及考博準備與論文撰寫可謂「相映成趣」，二者相輔相翼，構築出研究生三年級的學業軌線。在這兩條軌線上，業師一直在監護著。即便考博，雖然是自己在明面上努力、選擇，卻離不開業師的認可與支持。

若將興振負笈的求學歷程比作一股「流」，那麼《北魏王言制度》這篇碩論便可以不自謙地說成由「流」彙聚而成的「潭」，這個比喻取自廖斯同學的發明〔註 1〕。不過從「流」到「潭」，卻非從線到面一般平鋪而來。除了附文中的文章曾以「引子」的身份開拓出北魏王言這一研究空間之外，《北魏王言制度》的行文與見稿還受益於學業中的諸多「暗流」與「明流」。

在學業一途，有三位老師曾在不同時期點明了我的爲學性格並指授明津。「山寂寂兮無人，又蒼蒼兮多木」，就讀於蘭州大學之時，僕寂靜求學，不過心性如「頑木」尚未雕琢，是沈禎雲、屈直敏兩位老師的評價。有木之性，我一直在借「木」求學、雕琢，這也是《北魏王言制度》的基本性格所在。讀研伊始，學「胚」尚未得以發出，是業師針對我學術觀點被思維與表達問題所遮蔽而作出的評價。有胚之根，我一直努力著呈現「自己」，《北魏王言制度》的行文與見稿，體現的便是這一過程。我在這兩個問題上的持守與改進，是爲《北魏王言制度》成文背後的兩股重要暗流。在蘭大負笈求學之時，張克非、馮培紅、楊林坤、邱鋒四位老師對我進行了早期的學術訓練，雖常針砭有加，然於「頑木」如我實有師授之恩。念茲於懷，歲月不移。

〔註 1〕 2014 年春季，臺灣佛光大學李紀祥教授來華東師大開設一學期的《史通》研讀課程，廖斯同學的發明便是在研讀《史通》過程中形成並提出的。

　　獨學雖有寂靜之樂，然有諸位同門、學友與學與教，雖不至於執手相看，卻能對談無羈、相商相長。在碩論選題、規劃與撰寫過程中，多蒙同門李磊師兄、劉嘯師兄、周鼎師兄、劉書廣師弟基於唐宋文書行政視角所提出的研究問題與意見。碩論開題與答辯之時，莊輝明教授、章義和教授、陳江教授、黃愛梅副教授等對本文提出了諸多可行的建議，本文在撰寫與修改中皆有借鑒、採納，銘感不忘。同時籍助赴京參加史學論壇的四次機會，有幸與葉煒副教授、廖基添博士、陳鵬博士、熊昕童博士交流王言分類、「議」以及姓族政策等具體問題。在參加山大、武大、北大主辦的學術論壇時，亦有幸結識尹承、霍斌、孫齊、馮渝傑、胡耀飛、苗潤博、呂博、方圓、劉凱等青年俊才，星移兩載，或往來文章，或交流問題，或受益於其人格文風，學有輯熙。在華師大求學的三年中，蒙師姐章管燁、同門沈國光、師弟陳兵、趙滿照拂、激勵，我的思維與語言能力多有進益，《北魏王言制度》之文風不同於以往的論文，與此不無關聯。

　　《詩經・小雅》曰「哀哀父母，生我劬勞」，父母之恩是我未敢懈怠、順利完成今稿《北魏王言制度》的情感所繫。黃土之勞已然壓駝了父親的脊梁，耕作之辛徒增母親的皺紋，世云「歲月靜好」，然無子息常伴於身周，只徒然靜寂。

碩論見稿，揮手於茲，是為記。

2016 年 9 月 14 日

謹識於復旦北苑